조선시기 충청우도 향촌사회사

- 보령현과 남포현을 중심으로

조선시기 충청우도 향촌사회사
- 보령현과 남포현을 중심으로

발행일 2023년 10월 20일 **발행인** 이진숙 **지은이** 김영모
펴낸곳 충남대학교출판문화원 **주소** 대전광역시 유성구 대학로 99
전화 042-821-6045 **홈페이지** http://www.cnupress.co.kr **E-mail** cnupress@cnu.ac.kr

ISBN 979-11-6503-215-9 93910
정가 20,000원

조선시기 충청우도 향촌사회사

김영모

- 보령현과 남포현을 중심으로

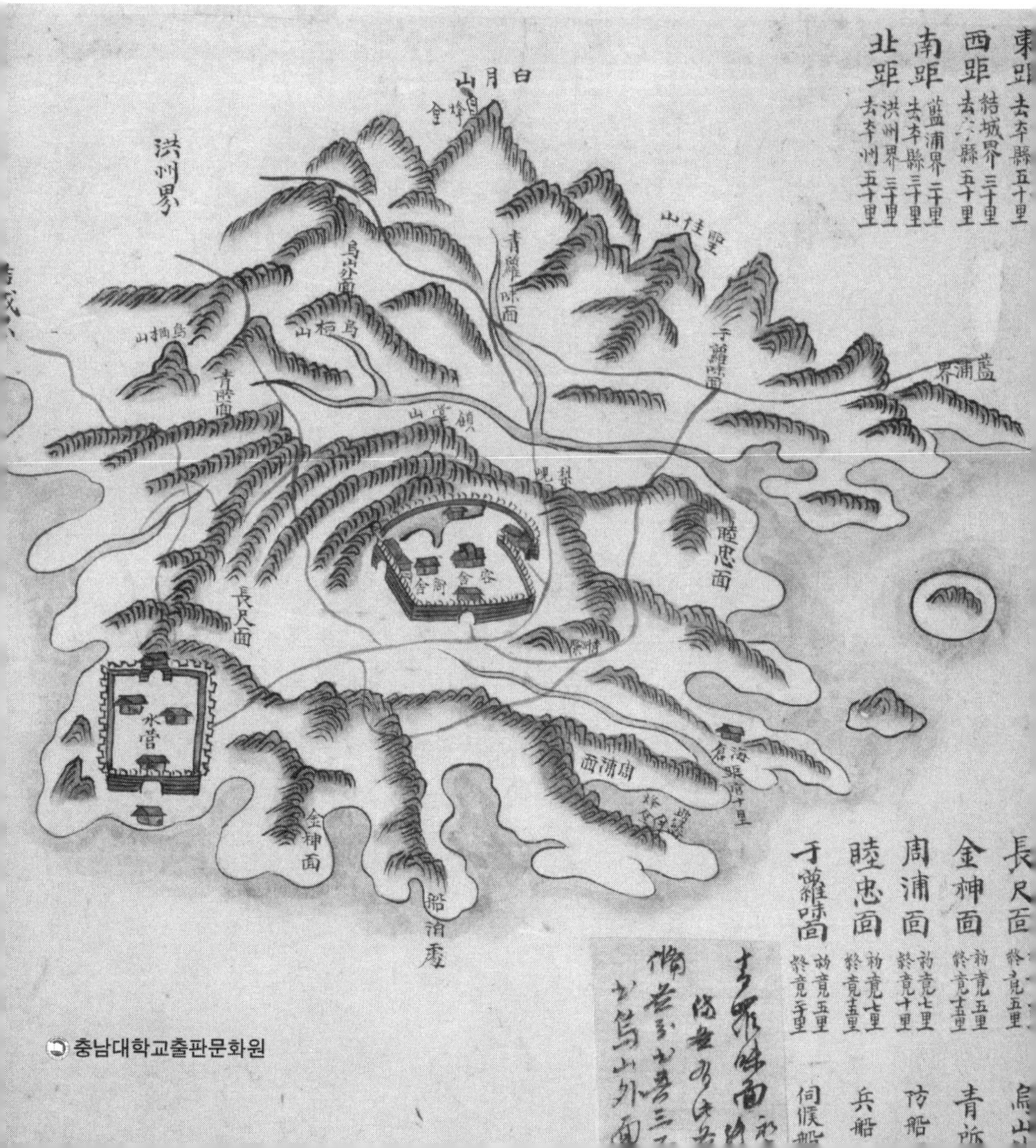

충남대학교출판문화원

책 머리에

현재의 보령(保寧)은 역사적으로 오랫동안 보령현과 남포현으로 행정구역이 구분된 별개의 지역이었다가 1914년 행정구역 개편에 따라 보령군으로 통합되어 현재의 보령시로 발전한 곳이다.

전근대에는 각 군현간의 교류가 적어 오랫동안 서로 생활권이 구별되어왔기 때문에 군현마다 각기 다른 문화전통을 이어와 각기 다른 지역적 특성을 지니게 되었다.

보령현은 서울과 교통이 빈번하여 선진문화 수용이 앞선 내포문화권에 속한 지역으로 인근 내포지방과 활발한 교류와 함께 조선 초기 성리학의 수용과 보급이 빨라 사족의 활동도 활발하여 비교적 빠르게 사족문화가 촉진되었다.

남포현은 충남의 서부지역인 저산팔구(苧産八區)[1]의 생활권에 속하여 이 지역과 교류가 많았다. 그리고 남포 출신인 백이정(白頤正, 1247-1323)은 고려 말 정몽주와 함께 성리학 수용에 크게 공헌한 거유(巨儒)로 남

1 저산팔구는 조선시대 모시(苧)가 많이 생산되던 부여, 홍산, 정산, 임천, 한산, 비인, 남포, 서천 등 8개 읍을 일컫는다. 이 저산팔구는 봇짐장수(褓商)만으로 이루어진 상무우사(苧産八區商務右社)와 등짐장수(負商)만으로 이루어진 상무좌사(苧産八區商務右社)의 주요한 활동무대였다.

포에서 배출되었지만 그의 학맥은 남포현에 이어지지 않았고 사족의 성장도 크게 활발하지 못하였다.

그 동안 필자는 21세기 보령지방 정체성 연구의 일환으로 신라시대 이래 보령현과 남포현에 살았던 성씨와 고려시대를 거쳐 조선시기의 보령현과 남포현 사족의 형성과정과 동향 및 성씨의 통태 연구를 계속해왔다. 이러한 일련의 연구를 통하여 보령지방에 뿌리를 내리고 살았던 성씨를 비롯하여 이들 성씨가 현재의 보령지방에 남긴 다양한 활동을 추적할 수 있었다.

신라시대 이래 조선후기(1800년대)까지 각종 지리지, 방목, 청금록, 선생안 등의 자료를 통하여 확인되는 성씨는 120여 개의 성씨이다(보령현 약 75개, 남포현 약 50개). 그런데 『보령군지』(1991)에 따르면 97개 성씨 233개 본관이 수록되어 있어 역사의 부침 속에서 성씨의 많은 변화를 읽을 수 있다. 21세기를 보령지방에서 살아가는 보령시민들은 대부분이 이 성씨들의 후예들이다. 이 성씨들이 보령현과 남포현에 뿌리를 내리고 살면서 현재의 보령의 역사와 사회문화를 일구어냈다.

그렇다면 21세기 보령의 정체성은 무엇인가? 보령1경 대천해수욕

장에서 보령9경 플러스 오서산에 이르는 보령9경인가? 보령 머드축제인가? 아니면 남포 오석인가? 물론 '보령'과 '남포'라는 지명을 사용한 풍광, 축제, 물산 또한 21세기 보령을 대표한다고 할 수 있을 것이다. 그러면 이러한 보령의 풍광, 축제, 물산의 시원은 무엇일까? 이것은 바로 조선말기까지 현재의 보령시인 보령현과 남포현의 상업, 경제활동을 주도하여 보령의 기초를 다진 이곳에서 살아온 사람들을 빼놓을 수 없을 것이다. 예컨대 보령현의 보령장씨, 보령최씨, 보령이씨 ....,, 남포현의 남포임씨, 남포백씨, 남포임씨, 남포이씨.....가 바로 이들이다. 그런데 이들 성씨 중 현재까지 보령지방에 살아남은 성씨는 남포백씨가 유일하다. 그렇다면 나머지 성씨들은 모두 어디로 갔을까?

이 책의 저술 동기는 바로 이러한 의문에서 출발하여 21세기 보령의 정체성이 무엇인지를 학술적으로 고찰하고 있다.

이 책에 실린 글들은 모두 지난 1990년대 말부터 매 주말과 방학을 담보로 발품을 팔아 향토사 관련 자료를 모으고 또 모아 엮은 조선시기 충청우도의 보령현과 남포현의 향촌사회사에 관한 고찰이다. 부언하자면 지난 세월 보령 땅에 살았거나 지금도 살고 있는 사람들의 발자취를 학술적으로 추적하여 정리한 것으로 그동안 『충청학과 충청문화』, 『충청문화연구』 등에 발표했던 논문 등을 모아 일부 내용을 수정 보완하거나 새로 집필한 것이다. 그러다 보니 일부 내용의 중복도 피할 수 없었음을 미리 밝혀둔다.

이 책은 모두에서 밝힌 바와 같이 역사가 기록되기 시작한 이래 현재의 보령지방에서 살았던 선조들이 남겨놓은 흔적들을 추적하여 잊혀진 지난 시간의 역사를 사회사적 측면에서 복원해보려는 조그만 시도에 불과하다. 하지만 조선시기 보령현과 남포현의 향촌사회사에 관한 학술적 접근이란 연구원칙을 철저히 지키려고 나름으로 최선을 다하였다고 자부한다. 이 책이 21세기 보령의 정체성 제고에서 한 톨의 밀알이라도 될 수 있다면 더 이상 바랄 것이 없다.

그동안의 연구과정에서 부족한 제자를 사랑으로 보듬어주신 고(故) 최근묵 교수님께 이 자리를 빌려 머리 숙여 감사드린다. 최근묵 교수님의 지도하에 어떻게 우리의 역사를 바로 보고 읽고 연구하여 정리해야 하는지를 알게 되었고 후학으로서의 기초를 다질 수 있었다. 때론 최교수님의 기대에 미치지 못하는 학문의 한계로 자책이 들기도

했으나 돌이켜보니 모든 것이 소중한 추억으로 다가온다. 이 책의 출간은 전적으로 고 최근묵 교수님의 격려와 지도로 이루어진 것이기에 그 기쁨을 이루 말할 수 없다.

아울러 졸저를 우리 학교 2023년도 전반기 우수학술도서로 선정해 준 심사위원 교수님들께도 감사드리며, 이 책의 출판을 위해 애써주신 충남대학교출판문화원 서영석 원장님께도 이 자리를 빌려 깊은 감사의 인사를 전한다. 본 연구의 특성상 까다로운 편집이 수반되는 이 책의 완성을 위해 노고를 아끼지 않은 대학 출판부 양광준 과장을 비롯한 편집부 김보라 선생께도 감사드린다.

그리고 족보 등의 고문헌의 조사를 위해 방문할 때마다 문을 열어주는 수고로움을 마다하지 않은 우리대학 도서관 5층 고도서 서고실의 직원 여러분들과 학생들을 비롯하여 국립중앙도서관 5층 고서실의 직원 여러분들의 호의와 친절에 깊이 감사드린다.

또한 이 책이 세상의 빛을 보기까지 물심양면으로 도와주신 전주이씨 고림군 17세손 ㈜엠제이텍의 이희재 사장과 ㈜스필의 장기헌 사장 그리고 ㈜동남아이에스 장정호 사장께 감사드린다. 세 분의 고향 사랑이 이 책의 집필에 큰 힘이 되었다.

마지막으로 그동안 묵묵히 곁에서 버팀목이 되어준 사랑하는 아내와 아들 도익 그리고 딸 유진에게 지아비와 아비로서의 무한한 감사를 표하고 싶다.

독자들은 이 책의 전개 과정이나 내용에서 그간의 연구와는 다른 차이도 발견할 것이다. 특히 일부 성씨의 경우 가계의 족보나 비문의 내용과 차이도 있을 것이다. 하지만 이 책은 특정 성씨를 폄훼하기 위한 것이 아니라 현전하는 각종 사료 등을 참고하여 조선시대사의 관점에서 조선시기 두 벽촌을 학술적으로 고찰한 향촌사회사임을 다시 한 번 강조하고 싶다. 그러다 보니 부득이 각 가문에서 소장하고 있는 족보 등의 자료나 비문 등의 과장되거나 윤색된 부분을 도려내지 않을 수 없었음을 미리 밝혀둔다. 독자 여러분의 질정을 기다린다.

2023년 6월 하짓날 履露齋에서 필자 씀

목차

제2부 남포현

<일러두기>

1. 본서에서 고찰하는 연구 시기는 고려 말에서 1700년대 말까지로 한정하였다.

2. 본서에서는 조선시기 충청우도의 보령현과 남포현을 연구대상으로 하였다. 이처럼 두 현을 선정한 것은 조선시기 보령현은 홍주목에 남포현은 공주목에 각각 소속되어 행정구역이 서로 달랐으나 현재의 보령시로 통합되어 좋은 비교대상으로 여겨졌기 때문이다.

3. 성씨의 소개는 원칙적으로 입향 순서를 따랐으며 전거는 사료(방목 등)를 우선으로 하였으나 필요한 경우 족보, 비문 등의 자료도 참고하였다.

4. 각 성씨의 가계 및 세계도는 입향조(입향시기 및 입향사유)를 중심으로 직계의 계보를 작성하였고 일부 성씨의 경우 입향조를 1세로 하였다. 하지만 필요한 경우 방계도 삽입하여 성씨의 혼연과 입향관계를 살필 수 있도록 하였다.

5. 각 성씨의 입향조는 방목의 거주지와 지리지 인물조 등을 참조하여 2세 이상의 세거가 확인되는 인물로 하였다.

6. 일부 성씨의 경우 내용이 소략한 것은 자료의 한계 때문이고 일부성씨의 경우 내용이 풍부한 것은 성씨의 영향 등을 고려했기 때문이다.

7. 지역 명칭은 독자의 편의를 위하여 조선시기 명칭 대신 현재의 명칭을 사용하였다: 예컨대 보령현의 '금신면'→'오천', 남포현의 '습의면' → '주산' 등

서론(序論)

주지하다시피 1980년대부터 조선시기 향촌사회사에 관한 역사학계의 연구가 진행되어왔다. 지금까지의 연구를 살펴보면 향안(鄕案), 동계(洞契) 등의 자료를 통하여 삼남지방의 향촌사회의 내부 모습을 진단하거나 경기 북부지역 집성촌의 형성과 사족의 동향에 관한 연구가 주를 이룬다.[1] 하지만 조선시기 군현(郡縣)의 사회사를 토성(土姓)과 연계하여 살펴보았거나 현재까지 세거해오고 있는 토성과 동성이본의 성씨와의 연관성에 의문을 제기한 논저는 찾아보기 힘들다. 또한 조

1 삼남지방 향촌사회사의 주요 연구로는 정진영, 이해준 등이 있고, 경기 북부지역 연구로는 정만조(외 3인) 등이 있다.
정진영, 『조선시대 향촌사회사』, 한길사, 1988.
이해준, 『조선시기 촌락사회사』, 민족문화사, 1996.
정만조 외 3인, 『조선시대 경기북부지역 집성촌과 사족』, 국민대출판부, 2004.

선시기를 통틀어 군현의 사회사를 성씨의 입향(시기, 사유)과 세거지(묘산), 재지활동을 중심으로 통시적으로 살펴본 연구도 극히 드물다.[2]

『세종실록』「지지리」를 시작으로 조선말기에 편찬된 각종 읍지에 이르기까지 이들 지리지의 성씨조에 해당지역의 성씨가 수록되어 있다. 이것은 조선말기까지 각 지역에 토성이 존재하였다는 사실을 보여준다. 하지만 현재 대부분의 토성은 소멸되어 그 존재조차 알 수 없다. 하지만 옛 현의 치소가 있던 읍치 일원에 현재까지 토성과 동성이본의 성씨가 세거해오고 있는 현실을 간과할 수 없다.

이 책은 두 가지 의도에서 기획되었다. 하나는 현의 주력 성씨인 토성의 분석을 통하여 성씨의 동태(動態)를 살펴보는 일이다. 다른 하나는 고려말에서 조선시기(1700년대 말까지) 내성(來姓)의 입향(시기 및 사유)과 세거지(묘산) 및 재지활동 등을 추적하여 조선시기 향촌사회사의 또 다른 일면을 살펴보는 일이다. 이를 위해서 본서에서는 조선시기 충청우도의 보령현(保寧縣)과 남포현(藍浦縣)을 연구 대상으로 하였다. 이처럼 충청우도의 두 현을 연구 대상으로 정한 것은 무엇보다도 조선시기 이 두 현이 지리적으로 서로 인접해있으면서도 생활권과 문화권이 서로 다르지만 현재 보령시로 통합되었기 때문에 좋은 비교 대상으로 여겨졌기 때문이다.

이 책은 모두 2부로 구성되었다. 형식상으로 제1부는 보령현, 제2부는 남포현으로 구분하였다. 지금과는 달리 조선시기 현재의 보령지방

---

2 백승종(『한국사회사연구 - 15-19세기 전라도 태인현 고현내면을 중심으로』, 일조각, 1996.)의 연구를 예로 들 수 있다. 하지만 이 연구는 일개 면(面)의 조선시기 사회사적 연구의 사례연구로 평가되지만 고현내면 토성의 실체와 성씨의 입향과정이나 재지활동에 대한 구체적인 언급이 없다.

은 보령현과 남포현이라는 별개의 행정구역으로 모든 것이 서로 상이했기 때문이다. 이렇게 형식 구분을 한 후 보령현과 남포현에 살았던 토성(土姓)부터 탐구를 시작하였다. 이처럼 제일 먼저 토성부터 고찰을 시작한 것은 토성이 두 현의 사회사 연구의 출발이라고 판단되었기 때문이다. 따라서 본서의 연구시기에 보령현과 남포현에 두 현을 본관으로 하는 어떤 토성이 이 땅에서 살았고 현재까지 존속하고 있는 성씨가 또 무엇인지를 방목 등의 자료와 연계하여 살피었다. 이어서 고려 말에서 조선전기까지 보령현과 남포현의 사족이 어떤 성씨를 중심으로 어떻게 형성되었는지를 살피었다. 말하자면 어떤 성씨가 어떤 연유로 보령현과 남포현에 입향하였는지를 방목, 지리지, 청금록, 선생안, 족보 등의 자료를 중심으로 살펴본 후 이들 성씨의 재지활동을 분석하였다.

이어서 조선후기인 임진왜란 이후부터 조선 말기까지(1700년대 말까지) 어떤 성씨들이 또다시 보령현과 남포현에 입향하였고, 이들의 동향은 어떠했는지를 계속하여 살펴보았다. 본서의 연구시기를 1800년까지로 한정한 것은 이 시기 이후 신분변동이 크게 일어나 사족이나 성씨의 동향 파악이 어렵기 때문이다.

또한 조선시기 보령현과 남포현의 향촌사회사를 유학, 서원, 읍지를 중심으로 비교 분석하였다. 보령현의 경우 어떻게 유학이 수용되어 진흥되었는지 그 과정을 먼저 살펴본 후 화암서원의 창건과정을 통하여 보령현 사족의 동향을 심층적으로 살펴보았다. 이어서 보령현읍지인 『증보신안지』의 고찰을 통하여 영조시기까지의 보령현의 사회사를 정리하였다. 남포현의 유학은 백이정 이후 전하는 것이 없고 현전하는 자료가 매우 영세하여 조선후기 신안사의 창건 및 중건에 참여한 인물들을 통하여 남포현 사족의 동향을 살펴보았다.

마지막으로 결론의 장에서는 본서에서 살펴본 내용을 바탕으로 지금까지 도출된 조선시기 향촌 사회사에 관한 일반적인 내용과 어떤 차이가 있는지를 두 현의 특성을 중심으로 비교 정리하였다. 따라서 독자들은 결론의 장을 통하여 조선시기 향촌사회사에 대한 이해의 폭을 넓힐 수 있을 것이다.

제1부

보령현

제1장

보령현의 토성(土姓)

전근대는 백성들의 모든 생활이 생활사이지만 우리나라에서는 서민들의 생활 자료가 민속자료 이외에는 괄목할만한 자료가 없다. 이에 반해 전근대의 지배세력이었던 사족중심의 자료가 사회사의 대부분을 차지한다. 전근대 지방사 자료는 우리나라의 대대분이 고려 이전의 것은 찾아보기 어렵다. 지방의 지배사족이 출현하여 자료를 제공해주는 것은 고려 때의 토성(土姓)이 전부이다.

토성은 고려시대 속현의 지배세력인 호장층으로 이들은 고려 말 신흥사대부로 성장하여 조선에서는 지배사족으로 발전하였다.

군현의 지배세력인 토성이 그 지역에서 어떠한 존재형태인지 그리고 이들이 어떤 변화를 통해서 어떻게 사족화되었는지를 고찰하는 것이 지방사의 발전과정을 살필 수 있는 길이다.

이 서론의 장에서는 보령현의 사족의 고찰에 앞서 이 지방의 토성의 존재가 조선조에 어떻게 변화하였는지를 규명하여 보령현의 정체성을 살펴보고자 한다.

국내의 토성에 관한 연구는 이수건 이후 강은경 등이 있다.[1] 이들의 연구는 우리나라 전체 토성의 형성 및 정착과정 전반을 아우르는 것으로 토성의 지역적 개별연구는 찾아보기 어렵다. 또한 지금까지 보령의 역사와 문화를 아우르는 여러 연구가 진행되어왔다.[2] 하지만 보령의 지방사 연구의 시점인 고려 말 이후의 지방사 자료에 대한 연구는 전무한 실정이다. 따라서 지방사 자료의 최초의 성씨의 기록을 분석 연구함은 보령지방사 연구의 큰 획이 되고 보령지방의 향촌지배세력의 연구에서 중요한 일이다. 따라서 토성의 연구를 통하여 향토사 연구를 더욱 심화할 수 있을 것이다.

이 장에서는 『세종실록』「지리지」 성씨조에 수록된 성씨를 통하여 보령현 토성의 존재형태를 사마, 문과, 잡과 방목과 족보 등을 중심으로 그 실태를 살펴볼 것이다. 이 같은 분석은 보령현의 토성이 어떻게 전개하였는지를 통하여 지방사의 핵심인 사족의 형성과정을 밝히는 중요한 과제가 될 것이다.

---

1 이수건, 『한국 중세사회사 연구』, 일조각, 1984. 이수건, 『고려시대 호장층 연구』, 도서출판 혜안, 2002. 이수건, 『한국의 성씨와 족보』, 서울대 출판부, 2003. 김동수, 「세종실록지리지 성씨조의 검토」, 『동아연구』 6, 1985. 강은경, 「고려후기 호장층의 변화와 세종실록지리지의 토성, 망성」, 『동방학지』 99권, 연세대학교 국학연구원, 1998.

2 황의천, 「보령지역의 향토사 연구현황과 자료」, 『충청문화연구』 창간호, 2008.

1. 토성(土姓)

토성은 신라 말 고려 초에 형성되어 각 본관지역을 장악한 지배성단으로 자연적 촌락공동체로서의 '토(土)'와 혈연적 씨족집단으로서의 '성(姓)'으로 구성되어 읍사의 이족(鄕吏)과 상경관인을 공급했던 성씨로 망성(望姓), 내성(來姓), 속성(續姓) 등이 있다.[3]

토성은 군현의 구획초기부터 그곳에 토착하면서 군현의 명칭을 본관으로 한 군현의 성단이다. 따라서 토성의 형성은 그것의 의미와 군현의 구역 형성과정, 씨족의 분화발전과정 및 성(姓)의 한성화(漢姓化)과정과 밀접한 관계가 있다. 군현의 토성의 수는 구역의 규모에 따라 큰 군현은 7~10개, 중소현은 4~5개, 향소부곡과 촌에는 1~2개의 분포를 보인다.[4]

신라 이래 각 읍에 토착하여 그 지방의 지배층으로 씨족집단이 된 토성은 10세기를 전후하여 군현(郡縣)으로 개편될 때 그 지역을 지배하던 성주나 촌주들의 호족화가 이루어졌다. 이들 호족 가운데는 신라의 귀성(貴姓), 고려 태조로부터 받은 사성(賜姓) 또는 중국의 성을 모방하여 고려 초기에 한성화하면서 각 읍의 토성으로 정착되었다. 이처럼 토성은 군현사(郡縣司)를 구성하던 집단으로 그 진출 시기에 따라 태

---

3 망성은 재지의 토성이 재경관인 공급이 몰락한 성씨로 족세가 쇠미하여 후손이 절손되는 경우와 정치, 사회적 변동으로 몰락하는 경우로 크게 나뉘었다. 내성은 타지방에서 입래(入來) 또는 내접(來接)한 성씨이고, 속성은 『세종실록』「지리지」에 처음 등재된 성씨를 말한다.

4 이수건, 앞의 책(2003). 참고로 『세종실록』「지리지」에는 약 250성에 본관수가 4,400여 개였으나 1930년 통계에서는 본관수가 3,300여 개로 감소하였고, 1985년 통계에서는 174성에 본관수가 3,435개이다.

조 왕건 공신계열과 군현의 향리로 구분되었다. 고려전기까지는 대읍 토성의 중앙 진출이 활발하였고 고려후기에서 말기에는 중소 군현 토성의 중앙 진출이 활발하였다. 고려전기 문벌귀족은 주류가 군현의 토성출신이다. 그리고 고려후기의 신흥사대부도 대부분 토성향리 출신이다. 성현(成俔, 1439-1504)은 "우리나라의 거족은 모두 군현의 토성에서 나왔다"[5]고 하면서 우리나라 토성 거족 75개 성관을 거족(鉅族)이라고 하였다. 조선시대 양반가문 또한 대부분이 토성인 군현이족(郡縣吏族)의 후예들이다.

토성 중에서 여말선초에 상경종사한 향리층은 사족으로 성장하고 재지에 있던 향리층은 조정의 이족의 관인화 방지를 위한 중앙 진출 규제와 직역의 세습으로 양분화되었다. 특히 상경종사한 관인층이 재지 지주적 성격이 강해지면서 경재소(京在所)가 설치되자 재지사족(土姓品官 留鄕品官)은 향촌에서 그들의 집결체인 유향소(留鄕所)를 설립하였다. 이러한 상황은 결국 사족과 이족을 분화시키는 촉진제가 되었다.[6] 따라서 토성의 연구는 그 지방의 지배세력인 사족연구의 첫 번째 작업이다.

2. 보령현의 토성

려말선초 향촌의 지배세력인 토성의 존재 및 분포를 파악할 수 있

---

5 성현, 『용재총화』, 권10, "我國鉅族 皆自州郡土姓而出"

6 이수건, 「조선전기의 사회변동과 상속제도」, 『한국친족제도연구』, 일조각, 1992, 76쪽.

는 자료는 『세종실록』「지리지」이다. 토성이 이 지리지에 등재된 후 15세기 후반에 편찬된 『신증동국여지승람』에서는 토착적인 의미인 토성이란 용어가 사용되지 않고 성씨 또는 인물기재를 거주지에 관계없이 본관 위주로 등재하고 있다.[7] 또한 기성사족의 타읍 이주가 많아지면서 각종 지리지의 인물조에 우거(寓居)라는 항목이 새로 추가되고 있다.

보령현의 성씨[8]를 『세종실록』「지리지」와 『신증동국여지승람』 성씨조의 내용을 살펴보면 다음과 같다.

[표1] 보령현의 성씨

지리지	土姓	亡姓	村姓	비고
세종실록지리지 (1454)	崔	張, 任, 李	文, 陳, 兪, 那	
신증동국여지승람 (1530)	張, 崔, 李, 任, 文, 陳, 那, 兪, 申, 金			(來村姓) 申, 金

보령현의 토성은 『세종실록』「지리지」 편찬 당시 토성인 崔씨와 촌성[9]인 文, 陳, 兪, 那씨가 있었고 張, 任, 李씨는 없어진 망성이다. 16세

7 조선시대 간행되는 각종 인물지는 출생이나 거주지보다 본관 위주로 기록하였기 때문에 해당인물이 대부분 본관지에 거주하지 않았다. 다만 방목에는 본관과 거주지를 기록하고 있다.

8 이하 내용의 전개에서 보령현과 남포현을 본관으로 하는 토성을 보령의 성씨로 부르기로 한다.

9 촌성은 대읍에서는 토성과 임내성(任內姓)의 중간, 소읍에서는 인리성(人吏姓)과 백성성(百姓姓)의 역할을 하였다. 촌성은 군현의 토성, 차성, 내성 다음으로 향소부곡성 보다는 앞에 기재되어 대읍이나 소읍이냐에 따라 그 위치가 달랐다. 촌성은 고려 무신집권기부터 진출이 현저하였고 원 지배시기의 권문세력으로 등장한 지용기(池湧奇) 또한 충주목의 외촌성이었다고 한다. 고려후기부터 촌성도 읍명을 본관으로 하는 성씨로 성장해갔다. 이수건, 앞의 책(1984), 75-76쪽.

기에 편찬된 『신증동국여지승람』에서는 『세종실록』「지리지」의 성씨와 같은 성씨이지만 토성, 망성, 촌성의 구분이 없고 망성도 기록되고 『세종실록』「지리지」 없었던 申, 金씨가 촌성(村姓)으로 추가되어 있다. 또한 배열순서가 다른데 15세기 초까지 보령현의 망성인 장씨가 맨 앞에 위치하고 이어서 최씨, 이씨, 임씨로 순서가 뒤바뀌고 있다. 촌성에서도 유씨와 나씨가 순서가 뒤바뀌고 신, 김씨가 촌성으로 추가되어 기록되어 있다.[10]

3. 조선 전기 보령현의 토성

1) 보령최씨(保寧崔氏)

보령최씨는 현존하지 않는 성씨로 참고할 자료가 없으나 유일하게 방목이 전하여 온다. 임진왜란 직전인 1579년(선조12)에 최복룡(崔伏龍)이 식년시 생원에 합격하고 있다. 그의 호는 덕잠(德潛)이고 전력은 유학, 거주지는 대구이고 부친 최한은 계공랑이다. 방목의 내용으로 보아 그의 가문은 사족이다. 그러나 거주지가 보령이 아닌 대구로 되어 있어 보령최씨의 조선전기 보령세거 여부는 알 수 없다.

하지만 보령최씨의 존재는 조선전기 두 인물의 배위를 통하여 확인

10 이들 촌성은 보령현의 규모로 보아 읍치 주위의 인접 촌락인 오늘날의 청소, 오천, 주포, 주교 일대에 세거해온 것으로 추정된다. 이에 관해서는 이수건 위의 책, 141쪽 참조.

된다. 하나는 명종조에 경상좌도병마절도사를 지낸 최종호(崔終浩)[11]의 부인이 보령최씨이다. 최종호의 무과방목은 확인되지 않으나 그의 형인 최맹호(崔孟浩)의 무과 방목이 확인된다. 방목에는 행충무위부사맹을 지낸 최웅(崔雄)의 아들 최종호는 거주지가 보령이고 관직은 내금위로 1513년(중종8) 식년시 병과 급제하고 있는데 안항에 최종호가 형제로 기록되어 있다.[12] 또한 그의 묘소가 보령 청라동에 위치하고 있다.

다른 하나는 별제(別提)를 지낸 성여기(成汝機)의 초배가 보령최씨이다.[13] 성여기의 부친 성호(成浩, 1545-?)는 좌승지, 진안현감 등을 지냈다. 성여기의 두 손자 성필대(弼大)와 성하대(夏大)는 무과에 급제하여 선전관과 부호군을 각각 지냈다. 성여기는 보령최씨와의 혼연을 통해 처변으로 보령현에 입향한 것으로 보인다.

이후 배위가 보령최씨이거나 본관이 보령최씨인 인물이 확인되지 않으나 두 인물의 예로 보아 조선전기에 보령최씨가 보령현에 세거했던 것은 확실해 보인다.

2) 보령김씨(保寧金氏)

보령김씨는 보령현의 성씨 중 현재까지 그 존재가 확인되는 성씨이

11 최종호의 묘소는 보령시 청라면 황룡리에 위치한다. 그가 『증보신안지』 인물조에 수록되어 있다. 최종호에 관해서는 '양천최씨'를 참조.

12 한국역대인물정보시스템, 『정덕8년계유9월 일문무잡과방목(正德八年癸酉九月 日文武雜科榜目)』. 이하 본서에서 인용한 방목은 이 자료를 참고하였다.

13 『창령성씨족보』, 1925. 세계는 이어지는 '창녕성씨' 참조.

다. 그 시조는 병조정랑을 지낸 김억적(金億積)이다.[14] 보령김씨는 『신증동국여지승람』에 촌성으로 기록되어 『세종실록』「지리지」의 보령 최씨 보다 읍치에서 더 떨어진 향촌에 세거해온 성씨이다. 보령김씨는 보령의 토성 가운데 가장 빠른 시기에 입격하고 있다. 1438년(세종20)에 식년시 진사와 문과 병과에 합격한 김진지(金震知)는 전력이 유학이고 거주지는 미상이다. 그는 충청도관찰사로 재직하던 1465년 8월에 재상에게 뇌물을 바친 죄로 참형을 당하였다. 김진지는 충청도관찰사로 재직 하던 1465년 8월에 재상에게 뇌물을 바친 죄로 참형을 당하여 8도에 조리를 돌리었고, 같은 해 11월 세조는 8도에 김진지의 전례를 살피라는 유시가 내려졌다.[15] 김진지 이후 1564년(명종19)에 역과에 합격한 김영운(金永雲)은 거주지가 미상이다. 조선전기에 김진지가 사마와 문과에 입격하고 그의 관인활동으로 보아 보령김씨는 사족화하였다. 하지만 그의 참형 이후 김진지 계는 단절된 것으로 보이고 공백기를 거쳐 다른 계인 김영운이 역과를 통하여 관인활동을 재기한 것으로 보인다. 하지만 이들의 거주지는 모두 미상이어서 조선전기 보령김씨의 보령세거 여부는 알 수 없다.

---

14 2000년에 통계청의 인구조사에서 총 355가구 1,157명이 있는 것으로 조사되었다. 최실광, 『한국족보대전』, 도서출판 청화, 1989, 900쪽.

15 상당부원군 한명회와 병조판서 김질이 "김진지(金震知)의 죄는 진실로 죽어 마땅하나 그의 어미의 나이가 90이 넘었고 김진지는 또 외아들이니, 이것이 가긍(可矜)합니다."라며 선처를 호소하지만, 세조는 "법(法)이란 만세(萬世)에 전하는 것이니, 어찌 어미의 연고로써 변함이 옳겠는가?"라며 김진지를 참형(斬刑)에 처하게 하고, 죄상(罪狀)을 갖추어 기록하여 군중(軍中)과 8도(八道)에 전하여 보이게 하였다.『세조실록』 36권, 세조11년 8월 25일 경자조.

[표2] 조선전기 보령현 성씨의 과거 합격자(괄호안은 字)

	방목	이름	생졸	입격 년도	전력	거주지	부친이름 및 관직명
보령 최씨	사마	최복룡 (德潛)	1543-?	1579	유학	대구	崔漢 啓功郞
보령 김씨	사마	김진지	?-1465	1438	유학	미상	金熙敬
	문과	김진지	?-1465	1438	진사	미상	金熙敬
	역과	김영운 (慶瑞)	? - ?	1564	전참봉	미상	金世坤 副護軍

위 [표2]에서 조선전기 보령의 성씨 중에서 보령현의 보령최씨와 보령김씨만이 방목에서 확인된다. 조선전기에 보령최씨는 사족으로 보령김씨는 사족과 이족으로 분화된 것으로 보이지만 방목의 숫자가 적고 거주지가 타 지역이거나 미상이어서 재지에서 세거하다가 상경종사하였는지 알 수 없다. 단지 보령최씨의 경우 최종호의 부인과 성여기의 초배가 보령최씨이고 이들의 묘산이 보령현 청라동과 청소면 장곡리 일원에 있는 것으로 보아 조선 중기까지 보령최씨의 보령현 세거를 살필 수 있다.

4. 조선 후기 보령현의 토성

조선 전기와는 달리 조선 후기 방목에서 확인되는 보령현의 토성은 보령장씨, 보령최씨, 보령이씨, 보령문씨, 보령신씨, 보령김씨, 보령정씨, 보령박씨이다.[16]

16 이들 성씨 외에도 보령한씨(韓永楫, 韓世瑜)의 존재도 확인된다. 『동국세보』 참조.

1) 보령장씨(保寧張氏)

보령장씨는 『신증동국여지승람』 이후 조선말기까지 지리지 성씨조의 맨 앞에 위치하는 보령현의 대표적인 토성이다. 조선전기와는 달리 보령장씨는 조선후기에 방목에서 그 존재가 확인된다. 1606년(선조39)에 장익(張翼, 1576-?)이 식년시 무과에 합격하고, 1714년(숙종40)에 장선흥(張善興, 1672-?)이 증광시 병과에, 1784년(영조24)에 장영채(張英彩, 1762-?)와 장취현(張就賢, 1748-?)이 정시 병과에 합격하고 있다. 보령장씨는 모두가 무과급제자로 거주지는 한성과 근기이다. 보령장씨는 『세종실록』「지리지」 성씨조의 망성인데 『신증동국여지승람』 이하 지리지에서는 맨 앞에 위치하고 있다. 보령장씨가 망성임에도 불구하고 조선후기에 무과에 급제하는 것으로 보아 보령장씨 또한 일찍이 타 지역으로 이거한 것으로 보이지만 18세기 말 이후 소멸되어 현재 전하는 것이 없다. 보령장씨의 방목은 다음과 같다.

[표3] 보령장씨 과거합격자(괄호안은 字)

	방목	이름	입격년도	전력	거주지	부친이름 및 관직명
1	무과	장 익 (冲擧)	1606	무학	평산	張復興 學生
2	〃	장선흥 (君淑)	1714	상호군	한성	張貴格 別將
3	〃	장영채	1784	겸사복	한성	張萬善 學生
4	〃	장취현	1784	별마대병	한성	張二柱 兼司僕

2) 보령최씨(保寧崔氏)

보령최씨는 임란직후인 1599년(선조32)에 최영함(崔影涵, 1571-?)이 별시 무과에, 1637년(인조15)에 최애운(崔愛云, 1598-?), 최환수(崔還守, 1608-?), 최응민(崔應敏, 1580-?) 3명이 별시 병과에, 1792(정조16)년에 최창익(崔昌益, 1766-?)이 식년 병과에 합격하고, 1835년(헌종1)에 최상유(崔尙儒, 1803-?)가 증광 문과에 합격하고 있다. 그 명단을 정리하면 다음과 같다.

[표4] 보령최씨 과거합격자

	방목	이름	생졸	입격 년도	전력	거주지	부친이름 및 관직명
1	무과	최영함	1571-?	1599	찰방	이천	崔鶴 幼學
2	무과	최애운	1598-?	1637	부장	이천	崔守林 部將
3	〃	최환수	1608-?	1637	겸사복	한성	崔鶴齡 別侍衛
4	〃	최응민	1580-?	1637	수문장	한성	崔麟 萬戶
5	〃	최창익	1766-?	1792	선무군관	개성	崔宗岳 學生
6	문과	최상유	1803-?	1835	유학	개성	崔昌益

위 표는 보령최씨의 거주지가 모두 보령이 아닌 타 지역으로 한성이나 근기임을 보여준다. 조선전기에 최복룡이 대구에 거주했으나 조선후기 방목의 인물들이 모두 한성과 근기인 것으로 보아 보령거주의 보령최씨의 관인활동은 없고 상경종사한 것으로 파악된다. 보령최씨는 19세기 전반까지만 방목에서 확인되고 이후 존재를 알 수 없다.

3) 보령이씨(保寧李氏)

보령이씨 또한 현전하는 자료나 족보가 없고 장씨, 임씨와 더불어 15세기 초 이후 전하는 자료가 없다. 다만 1637년(인조15)에 이남(李男, 1590-?)이 별시 병과에 합격하고 있다. 망성인 보령이씨가 조선중기에 방목에서 확인되고 거주지가 한성인 것으로 보아 보령장씨처럼 일찍이 상경종사한 것으로 보이지만 17세기 중반 이후 전하는 자료가 없어 소멸된 것으로 보인다. 보령이씨의 방목은 다음과 같다.

[표5] 보령이씨 과거합격자

	방목	이름	입격년도	전력	거주지	부친이름 및 관직명
1	무과	이 남	1637	겸사복	한성	李希貞 忠贊衛

4) 보령문씨(保寧文氏)

보령문씨의 시조는 문욱(文郁)이다. 보령문씨는 조선전기의 방목에는 없으나 조선 후기에 문대성(文大成, 1606-?)과 그의 아들 문이빈(文以彬, 1642-?) 부자의 무과입격이 확인된다. 1644년(인조22)에 문대성이, 1672년(현종13)에 그의 아들 문이빈이 별시 병과에 합격하고 있다. 하지만 이들 이후 방목에서 확인되는 자료가 없고 보령문씨 또한 17세기 말 이후 소멸된 것으로 보인다. 보령문씨 과거합격자는 다음과 같다.

[표6] 보령문씨 과거합격자

	방목	이름	입격년도	전력	거주지	부친이름 및 관직명
1	무과	문대성	1644	보인	교동	文天經 奉事
2	〃	문이빈	1672	교생	교동	文大成

5) 보령신씨(保寧申氏)

보령신씨는 보령김씨와 더불어 『신증동국여지승람』에 추가된 내촌성이다. 1712년(숙종38)에 신정건(申廷建, 1676-?)이 병과 무과에, 1723년(경종3)에 신성유(申聖游, 1694-?)가 식년시에 생원에 합격하고 있다. 이들의 거주지가 청주와 개성이고 부친의 전력이 유학과 충의위인 것으로 보아 사족임을 알 수 있다. 이 성씨 또한 이후 전하는 것이 없고 18세기 중반 이후 소멸된 것으로 보인다. 보령신씨의 과거합격자는 다음과 같다.

[표7] 보령신씨 과거합격자(괄호안은 字)

	방목	이름	입격년도	전력	거주지	부친이름 및 관직명
1	무과	신정건 (君實)	1712	한량	청주	申誘憲 幼學
2	사마	신성유 (大敬)	1723	무학	개성	申澔 忠義衛

6) 보령김씨(保寧金氏)

보령김씨는 김진지 이후 17세기 초부터 방목에서 살필 수 있다. 1601년(선조34)에 김효순(金孝舜, 1569-?)이 식년시 왜학(倭學) 역과에, 1651년(효종2)에 김신(金伸)이 별시 병과에, 1660년(현종1)에 김위삼(金緯三, 1628-?)이 증광시에 진사에, 1689년(숙종15)에 김태영(金泰英,1640-?)이 증광시 무과에 합격한다. 김위삼은 김진지에 이은 보령김씨 사마 입격자로 이후 더 이상의 사마나 문과 입격자가 없다.

보령김씨는 역과, 의과, 율과. 음양과, 취재 등 잡과에서 많은 합격자를 배출하고 있다. 1699년(숙종25) 김경흥(金景興)의 증광시 역과를 시작으로 1891년(고종28) 김종필(金鍾弼, 1872-?)의 의과에 이르기까지 20명(역과 9, 의과3, 음양과1, 율과6, 취재1)이다.[17] 이들 보령김씨의 조선후기 방목을 정리하면 다음과 같다.

[표8] 보령김씨 조선후기 과거합격자(괄호안은 字)

	방목	이름	입격년도	전력	거주지	부친이름 및 관직명
1	역과	김효순(伯進)	1601	전판관	한성	金熙星 副司果
2	무과	김신	1651	무학	해주	金明生 武學
3	사마	김위삼(台卿)	1660	통례원인의	한성	金兌亨 幼學
4	무과	김태영(明淑)	1689	부사과	한성	金承吉 保人
5	역과	김경흥(起甫)	1699	별체아	미상	金振聲 折衝將軍

17 김종필은 1886년 취재에도 합격하고 있다.

6	역과	김경익(汝謙)	1713	별체아	미상	金振昌 司果
7	〃	김응태(聖通)	1812	별체아	〃	金鳳麟 司果
8	〃	김응진(國輔)	1816	우어별체아	〃	金世麟 司正
9	〃	김응관(國汝)	1827	우어별체아	〃	金世麟 司正
10	〃	김동규(元汝)	1840		〃	金應鼎
11	〃	김덕규(盛仲)	1852	피선	〃	金應觀 主簿
12	무과	김장준	1859	별무사	교동	金宗甲 通德郎
13	역과	김면규(錫汝)	1861	첨지	〃	金應泰 僉知
14	〃	김종환(華明)	1885		〃	金冕奎 生父 金義緖 司勇
15	의과	김명규(德仲)	1843	정	〃	金應觀 司譯院主簿
16	〃	김수영(範初)	1891		〃	金鍾協 正
17	〃	김종필(輔卿)	1891	정	〃	金明奎 正
18	음양과	김종협(擇均)	1882		〃	金正奎 武科
19	율과	김인승(日如)	1812	별제	〃	金德瑋 觀象監奉事
20	〃	김인항(士能)	1822	별제	〃	金德瑋 觀象監奉事
21	〃	김의진(雲卿)	1843		〃	金仁豊 觀象監
22	〃	김의필(夢賚)	1843	별제	〃	金仁升 別提
23	〃	김의현(文仲)	1844		〃	金仁豊 觀象監
24	〃	김의서(聖章)	1849	훈도	〃	金仁述 別提
25	취재	김종필(輔卿)	1886	계사	〃	金明奎 正

위 [표8]을 보면 조선후기 보령김씨 방목의 거주지는 조선전기와 마찬가지로 한성과 근기로 상경종사하고 있음을 살필 수 있다.[18] 김진지의 1438년(세종20) 사마 및 문과 방목 이후 200여 년 동안 보령김씨의 방목의 기록은 없다. 보령김씨는 『신증동국여지승람』부터 내성으로 추가되고 있다. 이것은 보령김씨가 조선 초기에 보령현에 입향한 성씨이기 때문에 이 지리지에 내성으로 기록된 것으로 보인다. 김진지 이후 17세기 후반에 김위삼이 사마시에 입격하고 그의 부친이 유학인 것으로 보아 사족이지만 어느 계파인지 알 수 없다. 특히 잡과(역과, 율과, 의과, 음양과, 취재 등)는 혈연으로 서로 연결되어 조선말까지 세전(世傳)되고 있다. 잡과방목을 토대로 이들의 가계를 도표화하면 다음과 같다.

[표9] 보령김씨 과거합격자 가계도

보령김씨 역과합격자 가계도(1)

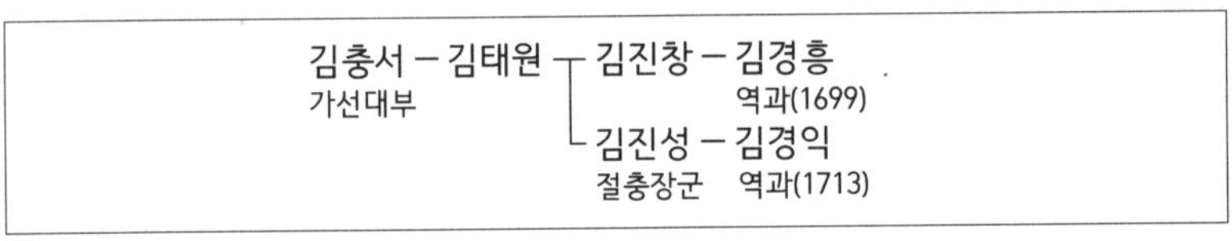

18 김효순을 제외한 잡과의 입격자는 거주지가 모두 미상이나 이들의 직업으로 볼 때 한성과 근기에 거주한 것으로 보인다.

보령김씨 역과합격자 가계도(2)

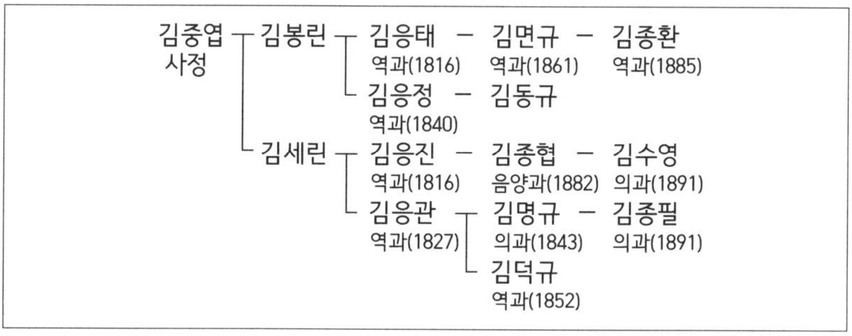

보령김씨 율과합격자 가계도(3)

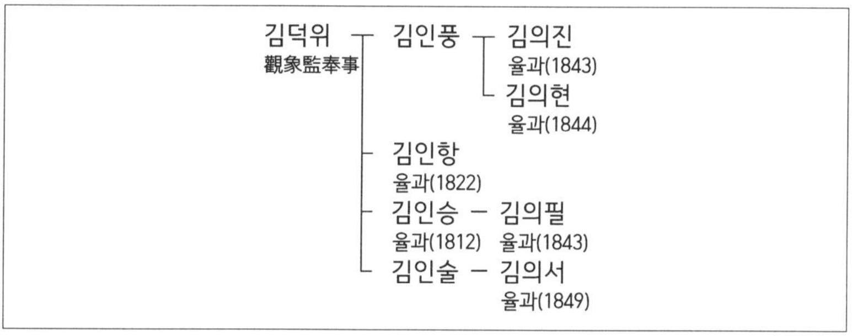

결론적으로 보령김씨의 타 지역 세거자는 방목의 기록으로 사족과 이족으로 분화되었음을 알 수 있으나 보령현 거주자는 기록이 없다. 따라서 보령현 거주자는 이족으로 이어져 오다가 조선후기에 개관한 것으로 보여진다.

7) 보령정씨(保寧鄭氏)

보령정씨는 『세종실록』「지리지」 성씨조에 없는 성씨이나 조선후기 방목에서 확인된다. 1637년(인조15)에 정극명(鄭克明, 1609-?)이 별시 무과에, 1750년(영조26)에 정형서(鄭衡瑞, 1720-?)가 식년시 문과에, 1723년(경종3)에 정후교(鄭後僑, 1694-?)가 식년시 생원에 합격하고 있다. 보령정씨는 조선전기에 그 존재를 확인할 수 없고 조선후기에 방목에 있는 보령을 본관으로 하는 성씨이다. 이들의 거주지 또한 모두 보령이 아닌 한성과 정주로 일찍이 상경종사였음을 살필 수 있다. 정후교의 전력이 유학이고 더욱이 그가 1716년(숙종42) 정주의 서원 편액을 내려줄 것을 청[19]하는 것으로 보아 사족임을 알 수 있다. 하지만 보령정씨가 지리지에 빠져있어 보령입향 사실이나 재지에서의 활동은 알 수 없다. 보령정씨 또한 18세기 중반 자료가 없지만 신씨와 같이 내촌성으로 보인다. 보령정씨의 과거급제자 명단은 다음과 같다.

[표10] 보령정씨 과거합격자(괄호안은 字)

	방목	이름	입격년도	전력	거주지	부친이름 및 관직명
1	무과	정극명	1637	수문장	한성	鄭河吉 正兵
2	사마	정후교	1723	유학	정주	鄭再興 同知中樞府事
3	문과	정형서 (美伯)	1750	유학	정주	鄭尙奎

19 『숙종실록』 58권, 숙종 42년 9월 30일 병술조.

11) 보령박씨(保寧朴氏)[20]

보령박씨는 지리지 등에 기록되지 않은 성씨지만 무과방목에서 확인된다. 1637년(인조15)에 박풍련(朴風連, 1598-?)이 별시 병과에 합격하고 있다. 그의 전력은 우림위(羽林衛)이고 거주지가 광주(廣州)이다. 부친은 보인(保人) 박인수(朴仁守)다. 보령박씨의 과거합격자는 다음과 같다.

[표11] 보령박씨 과거합격자

	방목	이름	입격 년도	전력	거주지	부친이름 및 관직명
1	무과	박풍련	1637	우림위	광주	朴仁守 保人

지금까지 방목을 중심으로 살펴본 보령현 토성의 과거합격자(수), 과거합격자의 전력 등을 정리하면 다음과 같다.

20 참고로 보령현 읍치인근인 주포, 청소에 밀양박씨가 세거해오고 있다. 호구수는 주포23, 주교157, 오천204, 청소76호다. 『보령군지』(1991) 기준.

[표12] 조선시기 보령현 토성의 과거합격자

	과거 / 성씨	司馬	文科	武科	譯科	醫科	陰陽	律科	取才	姓種		보령 거주 여부
1	崔	1	1	5	0	0	0	0	0	土姓	7	
2	張	0	0	4	0	0	0	0	0	亡姓	4	
3	任	0	0	0	0	0	0	0	0		0	
4	李	0	0	1	0	0	0	0	0		1	
5	文	0	0	2	0	0	0	0	0	村姓	2	
6	陳	0	0	0	0	0	0	0	0		0	
7	兪	0	0	0	0	0	0	0	0		0	
8	那	0	0	0	0	0	0	0	0		0	
9	申	1	0	1	0	0	0	0	0		2	
10	金	2	1	3	11	3	1	6	1		28	
11	鄭	1	1	1	0	0	0	0	0		3	
12	朴	0	1	0	0	0	0	0	0		1	
합계		5	4	17	11	3	1	6	1		48	

[표13] 보령현 토성 과거급제자수(호구, 인구수: 세종실록지리지)

		보령현	
호구		365	
인구수		1213	
성관수		11(토성1, 망성3, 촌성4, 내성3)	
과거급제자수	과별	인원	성씨
	사마	5	최1, 신1, 김2, 정1
	문과	3	최1, 김1, 정1
	무과	18	최5, 장4, 이1, 문2, 신1, 김3, 정1, 박1
	역과	11	김
	의과	3	김
	음양과	1	김
	율과	6	김
	취재	1	김
	합계	48	

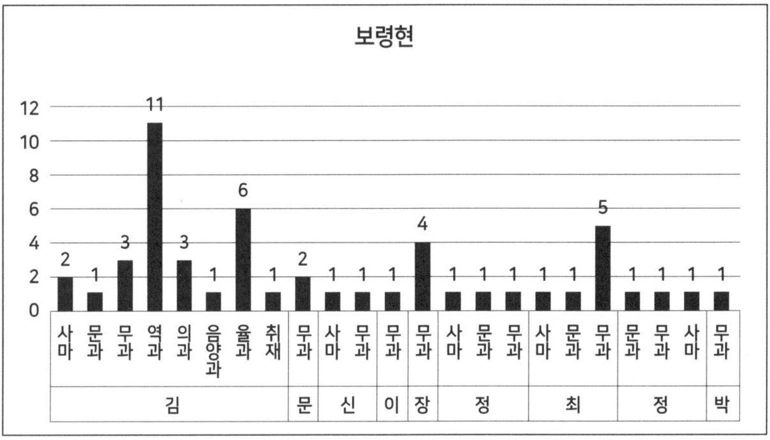

[표14] 보령현 토성의 과거급제자 전력(前歷)

방목	전력 \ 성관	崔	張	李	文	申	金	鄭	朴	합계
사마	幼學	2				1	1	2		6
	通禮院引儀	0					1			1
문과	儒學	1						1		2
	進士						1			1
무과	察訪	1								1
	通德郎									0
	部將	1								1
	兼司僕	1	1	1						3
	守門將	1						1		2
	選武軍官	1								1
	武學		1				1			2
	上護軍		1							1
	別馬隊兵		1							1
	保人				1					1
	敎生				1					1
	閑良					1				1
	免賤									0
	訓鍊院正									0

무과	副司果						1			1
	別武士						1			1
	羽林衛								1	1
역과	參奉						1			1
	前判官						1			1
	僉知						1			1
	偶語別遞兒						2			2
	別遞兒						3			3
	新遞兒									0
	被選						1			1
율과	別提						3			3
	訓導						1			1
	正						2			2
취재	計士						1			1
	미기재						6			6
합계		7	4	1	2	2	28	3	1	

위 [표14]의 입격자의 전력을 보면 유학, 진사, 통덕랑, 겸사복 등의 사족신분과 보인, 공생, 교생, 한량, 면천 등 중인계급[21]의 이족신분으로 구분되는데 이족의 경우 모두 조선후기에 무과나 잡과에 합격하고 있음을 살필 수 있다.

21 조선시대 향리층은 중인계급으로 공생, 교생, 원생, 한량, 무학, 훈도, 별무사 등으로 구성된다. 이준구, 「조선후기 도시지역에서의 신분직역 구성과 상인의 존재」, 『황종동정년기념 사학논총』, 1994.

5. 보령현 토성의 변화 양태

보령현의 토성은 『세종실록』「지리지」(1453)에 수록된 이후 『신증동국여지승람』(1530)에 이어 조선후기 『호서읍지』(1895)에 기록된다. 그 내용은 다음과 같다.

[표15] 보령현 성씨(토성)의 비교

토성	세종실록 지리지	호서읍지 (1895)	성씨 존속여부	비고
崔	토성	존속	소멸	
張	망성	〃	〃	
任	〃	〃	〃	
李	〃	〃	〃	
文	촌성	〃	〃	
陳	〃	〃	〃	
那	〃	〃	〃	
兪	〃	〃	〃	
<申>	내성	〃	〃	신증동국여지승람 추가성씨
<金>	〃	〃	존속	
鄭	문과방목	부재	소멸	문과방목에 본관이 保寧
朴	무과방목	부재	소멸	무과방목에 본관이 保寧

위 [표15]에서 보령현의 모든 토성이 그대로 존속되고 있음을 살필 수 있다.[22] 그런데 이들 토성이 언제까지 존속했는지 구체적인 시기는 알 수 없다. 방목의 자료에는 위 지리지에 등재되지 않은 보령정, 보령박씨

22 陳, 兪, 那씨는 방목에서 보이지 않지만 조선후기 지리지(1895)까지 등재되고 있어 이들 성관이 조선 말기까지 존재하다가 어느 시기에 소멸된 것으로 볼 수 있다.

가 있다.

[표16] 보령현 성씨(토성)의 방목내용

세기	마지막 방목 입격년도	방목	이름	본관	현재 존속여부
17세기	1637	무과	李 男	보령	소멸
			朴風連	보령	〃
	1672	무과	文大成	보령	〃
18세기	1723	사마	申聖游	보령	〃
	1750	문과	鄭衡瑞	보령	〃
	1784	무과	張就賢	보령	〃
19세기	1835	문과	崔尙儒	보령	〃
	1891	의과	金鍾弼	보령	존속

위 [표16]에서 보령김씨를 제외한 나머지 토성들은 마지막으로 기록되는 방목 이후 소멸된 것으로 보인다. 보령현의 이씨, 박씨(1637)와 문씨(1672)는 17세기 말까지, 장씨(1784), 신씨(1723), 정씨(1750)는 18세기 말까지, 최씨(1835)는 19세기 중엽 이후까지 각각 본관이 존속하고 있어 소멸시기에 큰 차이를 보인다. 그런데 이같은 보령현 토성의 소멸에도 불구하고 현재 보령지방에는 동성이본 성씨가 세거해오고 입향시기를 알 수 없는 일부 성씨는 그동안 세거해오던 성씨에 비해 월등한 수치를 보이고 있다. 따라서 이들 성씨의 입향시기, 세거지, 세거 호구수 등을 검토해보면 조선후기 성씨의 동향에 좀 더 접근해볼 수 있지 않을까 한다. 현재 이 지역에 세거해오고 있는 동성이본 성씨의 각 면

별 호구수는 『보령군지』(1991) 성씨조[23]에서 살필 수 있는데 이를 정리하면 다음과 같다.

[표17] 조선시기 보령현 각 면별 성씨 호구수

토성	존속여부	세거성씨		주 세거지역
		본관	호구수	
崔	소멸	慶州	530	주포89, 주교187, 오천121, 청소57
		海州	108	주포13, 주교13, 오천24, 청소21
		陽川	12	주교12
張	〃	仁同	153	주포12, 주교23, 오천52, 청소42
		安東	8	천북8
任	〃	豐川	38	주포1, 주교15, 오천11, 청소3
		羅州林	21	주교17, 오천3, 청소1
		扶安林	8	오천8
		平澤林	94	주포3, 주교4, 오천2, 청소34, 청라51
李	〃	韓山	486	주포18, 주교43, 오천48, 청소9, 청라368
		全州	198	주포32, 주교101, 오천88, 청소75, 청라178
		慶州	167	주포22, 주교45, 오천56, 청소35, 청라9
		水原	70	주교6, 청소64
		遂安	99	주포10, 청소89
		延安	20	주교3, 오천10, 청라7
		龍仁	42	주교39, 청소3
		全義	22	주포11, 청소2, 청라9
		驪州	29	오천7, 청소12, 청라10
文	〃	南平	84	주포6, 주교24, 오천11, 청소13, 청라15

23 1991년 현재 보령지방에 97개 성씨(233본) 20,313 가구가 세거하고 있다. 여기에서는 이들 성씨 중에서 조선후기에 소멸되었으나 1991년 현재 조선시기 보령현과 남포현 지방에 세거하고 있는 동성이본 성씨에 한정하였다. 참고로 1759년 장적에는 8,201가구에 33,459명(보령현 4,097가구 17,518명(남 7,489명, 여 10,029명), 남포현 4,104가구 15,943명(남 6,836명, 여 9,105명))이었다. 2005년 통계로 조선시기 보령현 지역 인구가 19,479명, 남포현 지역 인구가 19,822명으로 파악되어 『보령군지』(1991) 성씨조를 바탕으로 세거 성씨를 분석하는데 큰 문제가 없다고 본다. 『보령군지』, 보령군지편찬위원회, 1991, 559쪽. & 『여지도서』 방리조.

陳	〃	驪陽	12	주교12
兪	〃	杞溪	3	오천3
		務安	7	청소1, 청라6
		文化柳	89	주포9, 주교11, 오천6, 청소9, 청라54
		江陵劉	59	주포11, 주교33, 오천8, 청소6
		晋州柳	34	주포6, 주교15, 청소13
那	〃	羅州羅	4	주교3, 오천1
		錦城羅	3	청소3
		安定羅	9	청라9
申	〃	平山	187	주포10, 주교75, 청소37, 오천65
		高靈	14	오천 14
金	존속	光山	342	주포18, 주교49, 청소89, 청라179
		安東	127	청소37, 청라85
		金海	963	주포80, 주교217, 오천394
		慶州	401	주포22, 주교105, 청소113, 청라71
		羅州	84	주포7, 주교4, 오천9, 청소64
		茂朱	31	청소31
鄭	소멸	東萊	87	주교22, 오천6, 청소17, 청라42
		慶州	51	주포5, 오천37, 청소9
朴	〃	密陽	607	주포23, 주교157, 오천204, 청소76, 청라147

위 [표17]에서 다음 사실을 살필 수 있다. 첫째 보령김씨를 제외한 모든 보령현의 토성이 조선후기에 모두 소멸되었지만 토성의 세거지역인 읍치지역에 이들 동성이본 성씨가 우연하게도 현재까지 세거해오고 있다는 점이다.[24] 조선시기 성씨의 입향이 일반적으로 처변이나 외

24 현재 보령에는 경주최씨 진사공파가 세거해오고 있다. 보령의 경주최씨 세거에 대하여 최근묵 교수는 조선 초기 보령현의 토성으로 조선후기 족보의 간행이 활발해지면서 경주최씨로 된 것이 아닌가 하는 추정을 하고 있다. 보령의 경주최씨의 조선후기 세거지역이 성 밖의 읍치에 동족마을을 크게 형성하고 선대의 묘소가 모두 2,3곳에 조성되고 있는 것 등 향촌에서의 세력화를 그 내용으로 들고 있다. 최근묵 교수는 보령에 세거하는 경주최씨의 후손으로 오랫동안 충청지방의 사족연구에 많은 연구업적을 쌓고 있으며, 『충남도지』, 『보령군

변으로 이루어지고 그 세거지가 읍치에서 벗어난 외곽에 복거(卜居)하여 전장을 확장하는 것이 일반적인 경향인데 어떻게 이들 성씨가 읍치 인근 지역에 세거하게 되었는지 그 연유는 알 수 없다. 다만 토성과 이들 성씨가 서로 연관이 있는 것이 아닌가하는 추정이 가능하지만 기록 등의 자료가 없어 구체적인 상황 또한 알 수 없다. 둘째, 일부 성씨의 입향시기와 호구수에 큰 차이가 주목된다. 이러한 성씨의 족세의 번창이 입향조[25] 계의 번창인지 아니면 다른 계의 입향이나 또 다른 원인인지는 앞으로 밝혀져야 할 사실이다.

지금까지 보령현 성씨의 존재를 『세종실록』「지리지」 성씨조와 방목(榜目)을 중심으로 살펴보았다. 보령현의 토성은 타군현과 마찬가지로 고려시대 이래 보령의 향족으로 조선시대에 사족과 이족으로 분화되었고 일부 토성의 변화를 살필 수 있었다. 이상의 내용을 정리하면 다음과 같다.

보령현의 토성은 崔, 망성 張, 李, 任, 촌성 文, 陳, 兪, 那씨로 인리성(人吏姓)이 몰락하여 망성이 많았다.[26]

방목에서 보령현은 8개 성관(조선 전기 崔, 金, 조선 후기 崔, 張, 李, 文, 申, 金

지』, 『대전시지』, 『논산군지』, 『금산군지』, 『부여군지』, 『연기군지』 등의 편찬에 참여했고 사족에 관한 연구로는 「회덕 사족의 형성」, 「17세기 대전지방 사림」, 「호서사림의 형성」 등 많은 연구논문이 있다.

25 보령현의 한산이씨, 경주이씨, 수원이씨, 수안이씨, 광산김씨, 안동김씨, 무주김씨 등은 입향시기를 고려할 때 세거 호구수에 큰 무리가 없어 보인다. 하지만 보령현의 김해김씨, 경주김씨, 밀양박씨의 족세의 번창을 살필 수 있다. 김해김씨는 숙종조에 군수를 지낸 김홍중(金弘重)이 『증보신안지』에 보인다. 김해김씨는 963호구로 한산이씨 486호구에 비해 족세가 크게 번창했음을 살필 수 있다.

26 이처럼 보령현에 망성이 많은 것은 고려시대 왜구의 침입으로 인한 호구의 감소와 호장층의 이속(移屬)에서 기인한 것으로 볼 수 있다. 『세종실록』「지리지」 편찬 당시 보령현의 호구수나 인구수가 남포현보다 2배 가까이 많지만 보령현에 망성이 많은 것이 주목되기 때문이다. 강은경, 앞의 논문, 114쪽 참조. 보령지방의 왜구에 관해서는 졸저(2017)를 참조.

(鄭), 朴) 48명(사마5, 문과3, 무과18, 잡과 22)의 입격자를 배출하였으나 陳, 兪, 那씨는 입격자가 없었다. 방목의 유형에서도 사마(5), 문과(3) 보다는 무과(18)나 잡과(32)의 비율이 높았고 입격자의 전력은 중인계급이 많았다.

방목의 토성의 존재 형태 또한 다양하였다. 보령현의 보령최씨는 보령현의 가장 유력한 토성으로 일찍이 사족화하였고 보령장씨와 보령이씨는 15세기 초 기록에 없다가 17세기 이후 상경한 씨족 가운데 무과에 입격한 것으로 중인으로 보인다. 보령정씨와 보령박씨는 방목을 통해 새로 발굴된 보령현의 토성이었고 보령김씨는 보령신씨와 함께 조선초기에 입향한 내성(来姓)으로 과거합격자를 가장 많이 배출(28)하였으나 잡과의 비율이 높았고 신분이 세전되었다.

보령현의 보령김씨를 제외한 모든 토성이 조선 말기에 소멸되었으나 이들 토성과 본이 다른 성씨가 토성의 거주지인 읍치 인근에 현재까지 세거해오고 있어 이들 성씨의 호구수와 주 세거지역을 살펴보았다. 그 결과 보령현의 토성은 17세기 이후 진행된 시대적 상황이나 동향에서 크게 벗어나지 않은 것으로 파악되었다. 무엇보다도 보령현의 토성이 소멸한 주요한 원인은 17세기 이후 활발해진 족보의 간행과정에서 같은 성의 본관과 합본되었거나 대성으로 통합되면서 소멸되었거나 민적법이 시행되면서 대성명문으로 개관한 것으로 추정되었다. 왜냐하면 첫째, 지리지 및 방목에서 19세기 말까지 토성의 존재가 확인됨에도 불구하고 이들 토성이 거의 소멸되었고, 둘째, 동성이본 성씨가 현재까지 읍치 인근에 세거해오고 있으며, 마지막으로 입향 시기에 비해 족세가 크게 번창하였고 호구수가 지나치게 많은 점이 주목되기 때문이다. 하지만 이들 토성의 소멸원인이 무엇인지를 밝혀줄 족보 등 전하여오는 자료나 기록이 없어 구체적인 상황은 파악하지 못하였다.

이상에서 알 수 있듯이, 보령현의 토성은 사족과 이족으로의 분화과정이 방목에서 확인될 뿐 재지에서의 활동 자료가 없고 조선 말기에 대부분 소멸되었다. 이같은 현상은 군현의 재지토성이 사림으로 성장하여 16,17세기에 향촌을 지배하는 일반적인 경향과는 또 다른 모습이었다.

제2장

조선전기 보령현 사족의 형성

조선을 양반관료제 사회라고 한다. 양반은 곧 사족으로 지배세력일 뿐만 아니라 향촌에서도 향권을 지배한 지배세력이 되었다. 고려시대 지방의 군현사 지배세력은 토성의 호족이었다. 조선이 건국되면서 토성은 사족과 이족으로 분화되었다. 이족의 토성들은 조선후기까지 대부분 소멸되고 연고를 통한 입향사족이 향촌의 지배세력인 재지사족으로 향촌의 교화와 사회문화를 주도하는 세력이 되었다. 반면에 조선시대 하층민이었던 양인과 천인은 역사적으로 소외된 계층이었다. 조선시대 향촌의 주체는 사족이었고 사족문화가 향촌의 정체성을 형성하였다.

이 장에서는 방목 등의 성관자료를 중심으로 어떻게 조선전기에 보령현의 사족이 형성되어 확대되었는지를 통혼권, 세거지, 유적을 통하여 고찰할 것이다. 이 장에서 살펴볼 내용은 결과적으로 조선전기 보령현 사족 형성의 특징이 무엇인지를 살펴봄으로써 향후 이어질 17세기 이후 보령현 사족변동의 전개과정 연구의 방향으로 삼고자 한다.

1. 성관자료의 분석

사족에 관한 문헌은 지방에서 생산된 문헌자료가 근간이 된다. 조선시대 양반들은 사림이 등장하는 16세기 이후 사족 즉 양반의 명단을 작성하여 그 지역 양인과 구분하였고 사족명단에 수록하는 과정은 엄격한 자격을 요구하였다. 16세기 이후 사족명단은 향사록과 향안이 주축이고 향교와 서원에서 양반자제의 유생명단인 청금록(靑衿錄)이 작성되어 이를 통하여 사족의 형성과 전개를 살필 수 있다.

보령현은 사족명단이 전하는 것이 없고 1921년에 작성된 보령향교 청금록과 1901년에 작성된 선생안(先生案), 1847년과 1922년에 작성된 화암서원 청금록이 있으나 이마저도 분실되어 조선시대 사족의 동향을 살피는데 어려움이 있다.[1]

따라서 본 연구에서는 이같은 자료의 한계가 있지만 임진왜란 이전까지를 조선전기로 구획하고 이 시기 보령현에 거주했던 사족들의 명

1 『보령향교지』에 그 내용이 일부 전하나 영세하다. 『보령향교지』, 보령향교편찬위원회, 1998. 다만 조선시기 삼남지방의 경우 향안, 향규, 향약 등을 중심으로 사족지배 질서가 이루어져 이에 관한 자료가 현전하지만 경기지역은 중앙권력과 연계되어 이러한 규약이 필요없어 상대적으로 문헌이 부재한 것으로 설명하고 있어 참고가 된다. 앞의 정만조 외 3인, 214-215쪽 참조.

단이 수록된 사마방목(榜目), 『세종실록』「지리지」(1456), 『증보신안지』(1748), 『보령군지』(1991)[2], 족보, 금석문 등을 중심으로 고찰하였다.

첫째, 사마방목은 거주지가 보령현으로 등재되어 있는 사족으로 하였다.

둘째, 위의 지리지를 선택한 것은 『세종실록』「지리지」의 경우 조선전기 보령현 토성의 존재를 살필 수 있는 자료이고, 『증보신안지』는 18세기 중엽에 간행되어 그 시기가 가장 빠르고 내용이 풍부하며, 『보령군지』는 최근의 자료이기는 하지만 「성씨입향고」 및 인물조에서 보령세거 성씨를 살필 수 있기 때문이다. 본 연구에서 부득이하게 『증보신안지』, 『보령군지』 등 18세기 및 20세기 자료를 이용한 것은 조선전기 사족의 실체를 파악할 수 있는 방목 이외의 현전하는 조선전기 자료가 없다는 자료의 한계 때문이다.

셋째, 족보와 금석문은 사료로서의 검증이 따르지만 조선전기 보령현 사족의 존재를 참고할 수 있는 자료이다. 족보는 전근대 사회에서 정치사회의 일상사를 파악할 수 있고 묘비 등 금석문은 사족 가문의 역사를 개략적으로 알 수 있다. 조선전기 보령현 사족의 존재는 위의 자료를 통하여 살필 수 있는데 이를 정리하면 다음과 같다.

2 앞의 『보령군지』, 보령군지 편찬위원회, 1991.

[표1] 조선전기 보령현 사족의 존재를 알 수 있는 자료

구분	성관	사마방목	세종실록지리지(토성)	증보신안지	족보	보령군지
보령현(30)	광산김	0	×	0(22)	0	0
	신천강	×	×	×	0	0
	한양조	×	×	×	0	0
	한산이	0	×	0(7)	0	0
	원주원	×	×	0(2)	0	0
	용인이	0	×	×	0	0
	양천최	×	×	0(3)	0	0
	수원이	0	×	0(14)	0	0
	창원황	0	×	×	?	?
	안동김	0	×	0(2)	0	0
	진주소	0	×	×	×	×
	파평윤	×	×	091)	0	0
	경주이	0	×	0(2)	0	0
	나주김	0	×	×	0	0
	단양우	×	×	×	0	×
	청주한	×	×	0(3)	0	0
	인천채	×	×	0(1)	0	0
	공주이	×	×	×	0	0
	교동인	×	×	0(1)	0	0
	보성오	×	×	×	0	0
	거창신	×	×	0(1)	0	0
	전주이	×	×	0(1)	0	0
	능성구	×	×	0(1)	0	0
	양주조	×	×	0(1)	0	0
	문화유	×	×	×	0	0
	청주경	0	×	0(1)	0	0
	무주김	×	×	×	0	0
	원주김	0	×	0(1)	0	0
	수안이	×	×	×	0	0
	밀양박	×	×	×	0	×
	계	11	0	17(63)	29	26

(『증보신안지』 괄호 안의 숫자는 이 지리지에 수록된 성관의 인원수, 문화유씨는 문과방목에서 확인됨)

위 [표1]에서 조선전기 보령현의 사족 성관은 광산김씨 등 30개 성관임을 알 수 있다. 조선전기 보령현 성관을 자료별로 살펴보면 다음과 같다.

1) 사마방목

양반 즉 사족은 관직이 없는 유학, 관직과 관품 소지자, 과거합격자로 구분한다. 사마시(생원 진사)는 입사(入仕)에 뜻을 둔 양반들이 치르는 시험으로 사마시에 합격하면 양반사회에서 일정한 지위를 누리는 중요한 기능을 하였다. 사마는 사류의 근간으로 사족의 기저를 이루었다. 사마방목은 생원, 진사시 합격자 명부로 조선시대 230회가 시행되었으나 현재 186회가 전한다.[3] 보령현 132명은 대읍인 부목주 30여 개를 제외하면 소현으로는 많은 합격자를 배출하였다. 이들 보령현 사마시 합격자가 다양한 성관을 망라하고 있어 조선시기 향촌사회 사족 형성을 이해하는데 중요한 자료이다. 조선전기 사마시 보령현 합격자는 13명이다. 사마시는 해당지역 거주지가 아닌 곳에서 응시할 수 없었다. 보령현에 거주할 당시 응시한 것으로 서울이나 타 지방에서 거주하여 응시한 자를 포함하면 더 많을 것으로 보인다.[4] 조선전기 보령현 사마시 합격자를 성관별로 살펴보면 다음과 같다.

3 시대별로 보면 14세기는 전무하고 15세기 21%, 16세기 81%, 17세기 이후는 4회분을 제외하고 모두 전해온다. 최진옥, 『조선시대 생원진사연구』, 집문당, 1998, 23쪽.

4 보령현의 광산 김태정(1561년 진사)과 한산 이경백(1579년 진사), 이경전(1585 진사)의 거주지가 한성(京)이다. 이들의 연고를 고려하면 조선전기 보령현 사마 입격자는 모두 16명이다.

[표2] 조선전기 보령현 사마시 합격자 성관별표[6]

	성관	15c전	15c후	16c전	16c후	계
보령현	광산김	1[5]	2	1		4
	창원황			1		1
	안동김			1		1
	한산이			1	2	3
	경주이				1	1
	진주소				1	1
	용인이				1	1
	나주김				1	1
계	8	1	2	4	6	13

위 [표2]에서 사마방목에 등재된 성관은 보령현의 광산김씨 등 8개 성관이다. 광산김씨가 15세기 전반에 김맹권, 후반에 김극신(1495년 진사), 김극성(1496년 생원, 진사) 형제를 배출하고 16세기 전반에 광산김, 안동김, 한산이, 창원 황씨가 각각 1명씩을 배출하였다. 16세기 후반에는 한산이 2명, 경주이, 진주소, 용인이, 나주김씨가 각각 1명씩이다. 이들 8개 성관 중 안동김, 진주소씨를 제외한 5개 성관(62%)이 광산김씨 및 그 외예이다(8명, 67%). 사마방목의 거주지 기록으로 보아 안동김, 진주소, 창원 황씨가 조선전기에 보령에 거주한 것으로 추정되지만 안동김씨의 세거만이 조선후기에 밝혀지고 있고 진주소씨의 입향과 세거는 알 수 없다.

5 김극성(1496 생원, 1498 문과)의 방목에 부친 김맹권의 '과거'가 진사로 기록되어 있어 김맹권이 사마시 입격자임을 알 수 있으나 김맹권의 입격년도 및 방목의 자료는 파악되지 않는다.

6 방목 자료는 http://people. aks.kr 참조.

2) 『세종실록』「지리지」, 『증보신안지』, 『보령군지』

『세종실록』「지리지」 성씨조에서 보령현의 토성의 존재를 살필 수 있다. 보령최씨 등 8개의 성관이 타 지역에서 사족과 이족으로 존재해 오다가 보령김씨를 제외한 모든 성관이 조선 후기에 소멸되었다.

『증보신안지』 인물조에는 고려 말에서 조선 영조조까지의 보령현 사족 50개 성관(7개 성관 미상) 254명이 수록되어 있다.[7] 이들 성관 중 조선전기에 광산김(22), 수원이(14), 한산이(7), 원주원(2), 안동김(2), 양천최(2), 경주이(2) 등 56명이 수록되어 있어 이들 성관이 조선전기에 보령현 세거 사족임을 알 수 있다.(앞의 [표1] 참조)

『보령군지』 인물조에서는 앞에서 살펴본 성관 중 보령현의 진주소, 단양우씨를 제외한 모든 성관의 존재를 알 수 있다.

3) 족보, 금석문

족보와 금석문에서도 보령현의 진주소씨를 제외한 모든 성관의 존재를 살필 수 있다.

이상에서 알 수 있듯이, 조선전기 보령현 사족의 존재는 방목, 지리지, 족보 등에서 살필 수 있는데 여말선초에 보령지방에 입향한 신사족이다. 이처럼 보령현은 조선전기에 토성의 사족화를 파악할 수 없고 내성(來姓)으로 사족이 형성되었음을 알 수 있다. 따라서 이들 내성

7 이에 관해서는 '제6장 보령현 읍지 『증보신안지』'에서 상세하게 살펴볼 것이다.

이 어떻게 보령현에 입향하여 조선전기에 보령지방의 사족을 형성하였는지를 살펴본다.

2. 사족의 형성

여말 선초 왕조의 교체기에 각 군현의 토성은 신흥사대부로 성장하여 조선의 지배층인 양반 즉 사족이 되었다. 보령현의 토성은 일부가 타 지역에 세거하면서 이족으로 활동하였으나 조선 후기에 대부분 소멸되었다.

보령현의 사족형성은 고려 말에 입향하는 사족과 15,16세기에 입향하는 사족들이 세거하면서 재지사족의 주축을 이루고 이후에도 향권의 주도적인 세력이 되었다.

1) 고려 말 입향사족

보령현은 14세기 말에 고려의 문벌인 광산김씨가 입향하여 광대한 전장과 관직활동을 바탕으로 보령현의 저성(著姓)으로 사족의 지위를 확보하고 이를 처변(妻邊)으로 하여 입향한 한양조, 한산이, 원주원, 용인이, 경주이씨 등의 성관들이 사족의 중심세력을 이루면서 조선후기까지 향권의 주도적인 세력으로 이어졌다.

(1) 광산김씨(光山金氏)

보령현에 세거하는 광산김씨 판도판서공파는 고려 말 보령에서 왜구를 토벌하고 청라동에 입향한 전라도 도만호(都萬戶) 김성우(金成雨, 1327-1392)[8]를 입향조로 한다. 김성우의 고조인 김주정(金周鼎, 1228-1290, 시호 문숙(文肅))은 과거에 급제하여 세자이사(世子貳師) 등을 지냈다.[9] 김주정은 두 아들 김심(金深, 1262-1338)과 김류(金流)를 두었는데 김류의 3자가 판도판서(版圖判書)를 지낸 김윤장(金允臧, 1302-?)이다. 김윤장의 아들이 전라도 도만호 김성우이고 딸은 원나라 소종의 비(妃)다.[10] 1380년 이후 왜구 침구가 절정에 달하자 김성우는 전라도에서 보령 서해안으로 올라와 보령의 연안과 청라동 의평리 등지에서 왜구를 크게 물리쳤다. 김성우는 왜구토벌의 공로로 보령의 땅을 사패지(賜牌地)[11]로 받아 고만, 청라, 발산 등지에 전장(田莊)을 마련하였다. 고려 말 이성계 세력이 득세하자 친원적인 광산김씨 세력은 축출되고 이성계가 조선을 개창하자 김성우는 역성혁명에 저항하여 청라에서 자결하여 절의를 지켰다. 김성우는 호군을 지낸 김남호(金南浩)와 청단찰방을 지낸 김남염(金南淦) 형제를 두었고 묘소는 청라면 나원리에 있다.

광산김씨의 통혼권은 선대에는 개경에서 관인활동을 하는 동안 개경의 유력가문과 혼인하였고 왜구토벌을 위하여 오랫동안 전라도 해안에서 활약하면서 전라도의 토성들과 통혼하였음을 알 수 있다.[12] 광

---

8 김성우의 행적에 관해서는 졸저(『김성우 평전』, 2017)를 참조.

9 『고려사』 열전 김주정 전.

10 『고려사』 권38, 공민왕 2년 8월 정사조.

11 유형원, 『동국여지지』, 1656~1673.

12 김성우의 증조 김주정은 1280년 소용대장군, 1284년 진변만호로 일본정벌에 참여했고, 고

산김씨 판도판서공파 세계는 다음과 같다.

[표3] 광산김씨 세계도

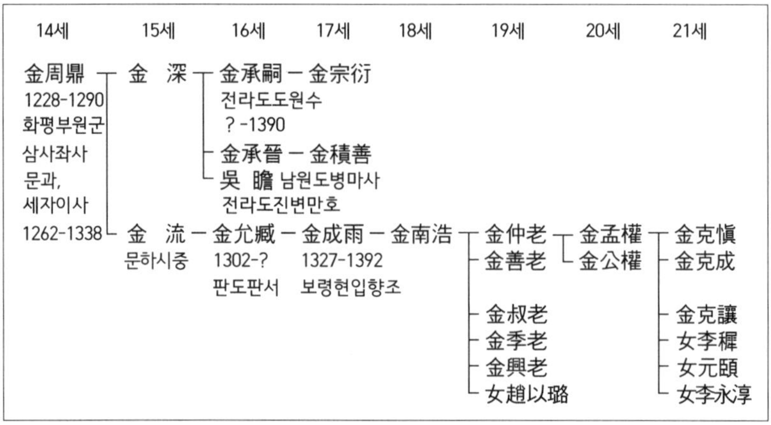

김성우 가계의 인물 중 증손 김맹권과 현손 김극성 등이 주목되는 인물이다. 김맹권(金孟權, 1435-1511, 호 만취당(晩翠堂))은 집현전 학사를 지냈고 광산부원군(光山府院君)에 책록되었다. 김극성(金克成, 1474-1540, 자 성지(成之), 호 우정(憂亭), 시호 충정(忠貞))은 사마시와 문과에 장원급제하고 예조판서 등을 거쳐 우의정을 지냈고 저서로 『우정집』이 있다. 기타 조선전기에 활동한 보령현 광산김씨 판도판서공파의 주요인물은 다음과 같다.

모부 보성인 오첨(吳瞻)은 전라도진변만호로 왜구토벌에 참여했다. 또한 6촌 김종연은 전라도도원수로 왜구토벌에 참여했고 조카인 김적선은 남원도병마사(南原道兵馬使)로 사포(沙浦)와 임실(任實)에서 왜구를 크게 물리쳤다.

[표4] 조선전기 보령현 광산김씨판도판서공파 인물(세는 입향조 김성우를 기준으로 함)

세	이름	생졸	방목	관직	비고
1세	金成雨	1327-1392		도만호	광산김씨 입향조
2세	金南浩			호군	
3세	金仲老		무과(1447)	사헌부감찰	
4세	金孟權	1435-1511	사마	집현전학사	
5세	金克愼	1469-1521	사마(1495)	증좌통례	
	金克成	1474-1540	사마(1496) 문과(1498)	우의정	『우정집』
	金克堅		사마(1507)	생원	
6세	金文瑞	1489-1546	무과(1519)	낙안현령	
	金麟士	1508-1592	음직	양근군수	
7세	金伯幹	1516-1582	음직	안산군수	『詞訟類聚』 저술
	金景祥	1547-1592	별시병과(1583)	군자판관	임란순국
8세	金泰庭	1541-1588	사마(1561), 문과(1569)	형조참판	
	金泰國	1558-1624	음직	금산군수	

2) 15, 16세기 사족의 확대(擴大)

조선의 건국과 함께 지배층이 교체되고 지방에서는 새로운 사족이 계속 입향하여 향촌의 질서가 재편되었다. 고려 말까지 향촌의 지배세력이었던 토성은 조선왕조의 사족과 이족의 분립정책에 따라 향권은 토성이족에서 사족으로 교체되는 과도기를 지나 사족의 향촌지배체제가 강화되어 사족체제가 확립되는 전환기를 맞게 된다.

고려 말 조선 초기 사족은 15세기 이래 처향, 외향 등의 연고를 따라 농장을 개장하면서 신생촌을 형성한다. 이들은 읍사(邑司)를 중심으로 강력한 사회적 경제적 기반을 보유하던 려조의 재지세력인 토성과는 달리 읍치에 벗어난 외곽지역, 즉 행정적 통제가 느슨한 지역을 확보하면서 재지기반을 성장시키고 있었다. 전국의 사족 세거지를 볼 때 대체로 읍치 외곽지역에 형성되고 있다. 이 시기 보령현에 입향하는 사족을 입향시기와 성관별로 살펴본다.

(1) 15세기 입향사족

① 신천강씨(信川康氏)

신천강씨 보령현 입향조는 강계권(康繼權, ?-1413)으로 누이인 태조 이성계의 계비 신덕왕후의 몰락 후 보령현 읍치 인근에 정착하였다.[13] 그의 손자가 세조 때 우의정을 지낸 강순(康純, 1390-1468, 시호 장민(莊愍))이다.[14] 강순은 1468년 10월 세조가 사망하고 예종이 즉위하자 유자광(柳子光, 1439-1512))이 일으킨 무고에 휘말려 남이(南怡, 1441-1468)의 옥사에 연루되어 처형되어 가문이 적몰되었다가 1818년(순조18) 남공철(南公轍, 1760-1840)의 건의로 신원되었다. 강순의 묘는 보령현 읍치인 청연역에 위치한다.[15] 신천강씨가 어떻게 보령현 읍치 인근에 입향하여 이

---

13 앞의 『보령군지』 및 황의천(「강순 장군과 보령 신천강씨」, 『보령문화』22, 2013) 참조.

14 일부 글에서 강순이 1468년 신천부원군에 봉해지고 영의정으로 오위도총관에 임명된 보령 최초로 영의정에 오른 인물이라고 주장하고 있다. 하지만 1468년 영의정은 이준(李浚, 1441-1478)이고 강순은 산양군(山陽君) 겸 오위도총관이다. 『세조실록』 세조14년 무자 7월17일조 및 『예종실록』, 예종 즉위년 무자 10월 24일조.

15 청연역에 있던 강순의 묘는 1994년 이곳에 아주자동차대학이 건립되면서 보령시 미산면 도흥리로 옮겨졌다.

일대에 묘산이 위치하게 되었는지는 알 수 없다.[16] 족보에는 강순의 아들 강유생[17] 이하 후손들의 묘가 남포현 심전면 조치리에 위치하고 증손 강연부터 남포현에 세거하기 시작하였다고 기록하고 있는데 그 이유 또한 알 수 없다.[18] 다만 실록에 강순의 남포현 관련 기사가 보이고[19] 12세 강미동의 배위가 풍천임씨여서 신천강씨의 남포현 세거가 이와 관련이 있는 것으로 보이지만 잘 알 수 없다. 현재 보령 오천 갈현리 산수동 일대에 후손들의 집성촌이 형성되어있다. 신천강씨 세계는 다음과 같다.

[표5] 신천강씨 세계도

중시조	7세	8세	9세	10세	11세
康之淵 …	康允成 ┬	康繼權 ─	康鎭 ─	康純 ─	康維生
문하시중	찬성사	상산부원군		우의정	진산군수
신천부원군		보령현입향조		配전주이씨	
	墓덕원남면	墓보령신성역		墓보령청연역	墓남포심전
	└	신덕왕후			

16 강순의 출생지는 알 수 없으나(남포현 출생으로도 기록) "1468년(세조14) 보령현에 살고 있던 우의정 강순의 어머니가 병중이었는데 세조가 의원과 역말(驛馬)을 내주고 돌아올 때 잔치를 베풀어 위로하였다."라는 기록과 묘소 등에서 보령현 연고를 살필 수 있다. 『세조실록』(세조14) 1월 신미조.

17 참고로 실록에는 2명의 강순의 아들(강석손(碩孫), 강공이(孔伊))가 보이지만 족보에는 빠져있다. 『세조실록』, 세조14년 무자(1468) 1월 10일, 10월 30일 기사참조.

18 『신천강씨대동보』, 신천강씨족보편찬위원회, 농경출판사. 1979.
1991년 현재 신천강씨의 주 세거지는 주포(11), 오천(20), 청소(1)로 총 32가구이다. 족보의 기록과는 달리 남포현의 신천강씨 세거는 잘 알 수 없다. 이처럼 입향 시기에 비해 호구수가 적은 것은 강순의 처형과 가산의 적몰로 보여진다. 『예종실록』, 예종1년 2월 무자조, 3월 무술조.

19 『예종실록』(예종1) 2월 3일 무자조: "保授康純三寸姪金無赤于藍浦住母卜守"

② **한양조씨**(漢陽趙氏)

한양조씨 보령현 입향조는 예문관 부제학을 지낸 조이로(趙以璐)이다. 그는 광산김씨 보령현 입향조 김성우의 장남인 호군(護軍) 김남호(南浩)의 사위가 되어 청라동으로 입향하였다. 부친은 전주판관을 지낸 조의손(義孫)이고 조부는 의영고사(義盈庫使)를 지낸 조육(育)이다. 중종조 사림파의 종사인 정암(靜菴) 조광조(趙光祖, 1482-1519)가 그의 조카이다. 아들은 현감 조강(趙岡)이고 사위는 단양우씨 보령현 입향조 우석손(禹碩孫)이다.[20] 조이로는 광산김씨와의 혼인을 통하여 가장 먼저 보령현 청라동에 입향한 사족이다. 묘산은 청라동 증성리 일원이고 그 후손들이 이 일대에 세거해오고 있다.

조이로의 입향 이후 별좌(別坐)를 지낸 조필(弼, 1477-1536, 1507사마)의 2자 조희웅(希雄)이 종조인 조광조가 1519년 기묘사화(己卯士禍)로 화를 당하자 관직(부사맹)에서 물러나 청라동 옥계리에 복거(卜居)하였다.[21] 증손 조성호(聖豪, 1599-?)는 사마시(1630)에 합격하여 생원을 지냈다. 묘산과 세거지는 옥계리, 화산동 일원이고 화산동 굴고개에 사우인 영모재(永慕齋)가 있다. 한양조씨 세계는 다음과 같다.

---

20 『한양조씨고사공파보』, 1919.

21 『한양조씨대보』, 2005.
이처럼 조희웅이 세거지 양주를 떠나 청라동 옥계리로 입향한 배경에는 그가 조이로의 친족이고 배위가 단양우씨라는 처변이 작용하였기 때문이다. 조이로는 찬성사 조온(溫, 1347-1417)의 5자인 조육(育)의 3세손이고 조희웅은 조온의 4자인 조흥(興)의 6세손으로 조희웅의 증조 조계종과 조이로는 재종간이다. 조희웅의 배위 단양우씨는 조이로의 사위로 청라동 옥계리에 입향한 단양우씨 입향조 우석손의 인척이다. 우석손의 옥계리 입향 이후 한양조씨 조희웅과 능성구씨 구계우가 우석손의 외손으로 차례로 이곳으로 입향하였다(단양우씨 및 능성구씨 세계도 참조). 옥계리에 후손 조석원(錫元, 1849-?, 1867사마)의 글씨로 1883년 건립한 '한양조씨묘천'비가 있다.

[표6] 한양조씨 세계도

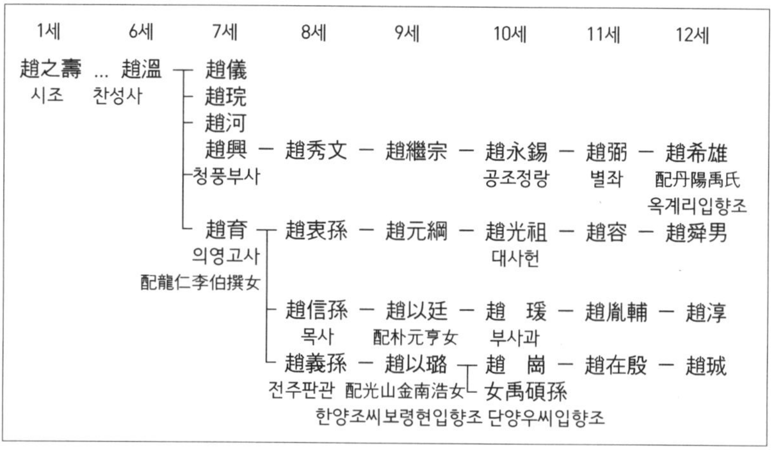

③ 한산이씨(韓山李氏)

한산이씨 보령현 입향조는 이치(李穉, 1477-1530)다. 그는 광산김씨 김맹권의 딸과 혼인하여 처변으로 청라동에 입향하였다. 이치는 1507년(중종2)에 사마시에 합격하여 진사가 되고 수원통판 등을 지냈다. 이치는 4자(지영, 지번, 지무, 지함)를 두었는데 조사(早死)한 장남을 제외하고 모두 현달하였다. 조선전기 이름난 한산이씨 인물로는 다음과 같다.

[표7] 조선전기 보령현의 한산이씨 인물(세는 입향조 이치를 기준으로 함)

세	이름	생졸	방목	관직	세거지	비고
1	李 穉	1477-1530	사마 (1507)	수원통판	청라 장산	보령현 입향조
2	李之蕃	?- 1575	사마 (1546)	청풍군수	주포, 고만	
	李之茂	? - ?	사마 (1543)	생원	청라 장산리	
	李之菡	1517-1578		아산현감	고만	화암서원
3	李山海	1539-1609	사마 (1558)	영의정	청라 장산	아성부원군
	李山甫	1539-1594	사마 (1567)	대사헌	청라 장산	호성공신 화암서원

한산이씨 가문은 당대 현달한 인물을 배출하였는데 그 기반은 광산김씨의 토대 위에 이루어졌다. 이후 한산이씨는 보령현에서 크게 번창하여 조선 후기 보령현의 가장 유력한 사족으로 성장하였다. 한산이씨 세계는 다음과 같다.

[표8] 한산이씨 세계도

중시조7세		11세		12세	13세	14세	15세
李穡	…	李長潤	–	李穉 配光山金孟權女 보령현입향조	李之英(早死)		
					李之蕃	– 李山海	– 李慶全
					李之茂	– 李山甫	– 李慶倬
					李之函	– 李山斗	

④ 원주원씨(原州元氏)

원주원씨 보령현 입향조는 이조참의(吏曹參議)를 지낸 원이(元頤)다. 그는 광산 김맹권의 사위가 되어 청라동 황룡리로 처변으로 입향하였다. 아들 원충량(元忠良)은 무과에 급제하여 용천군수(龍川郡守)를 거쳐 만포첨사를 지냈고 무예가 뛰어났다. 원충량의 아들 원수경(元守敬) 또한 무예와 시에 능하였고 무과에 급제하여 광주판관을 지냈다. 아들 원득회(元得會)는 용인현감을 지냈다. 이들의 행적이 서산군 읍지 『호산록』[22] 인물조에 자세하게 전하여 온다. 입향조 원이의 묘와 증조 원민생(閔生, ? ~ 1435)[23]의 단소 및 재실인 여재각(如在閣)이 청라면 황룡리에 있고 후손들이 이 일대에 세거해오고 있다. 원주원씨 세계는 다음과 같다.

[표9] 원주원씨 세계도

시조		중시조		16세		17세		18세		19세		20세
元克猷 삼한공신	…	元閔生 인순부윤	–	元自恭 이조참의	–	元近禮 좌통례	–	元頤 配金孟權女 보령현입향조	–	元忠良 만포첨사	–	元守敬 판관

⑤ 용인이씨(龍仁李氏)

용인이씨 보령현 입향조는 장례원사평(掌隸院司評)을 지낸 이영순(李永淳)이다. 그는 광산 김맹권의 막내 사위로 청라동 장산리에 처변으로 입향하였다. 슬하에 3자 이요년(李堯年), 이순년(李舜年), 이창년(李昌年)을 두었다. 묘산은 청라동 장산리에 위치한다. 이요년은 결성행훈도(結城

22 한여현, 『호산록』, 1619.

23 중추원부사를 지낸 원빈(賓, 配 수안이씨 요산군 李壽山 女)의 3남으로 이조판서, 인순부윤 등을 역임한 역관이다. 중국어에 능통하여 21회나 명나라를 내왕하였는데 역관으로 14회, 정조사로 7회를 다녀왔다. 시호는 양후(襄厚)이다. 그런데 『증보신안지』나 『원주원씨족보』에 원민생의 시호가 '양도(襄悼)'로 기록하고 있다. 『세종실록』 69권, 세종 17년 7월 30일 기해조, '원민생의 졸기' 참조.

行訓導)를 지냈고 아들 이승헌(李承憲, 1542-?)은 1568년(선조1)에 사마시에 합격하여 진사를 손자 이호(1585~?)도 사마시(1616)에 합격하여 진사를 지냈다. 증손 이익화(李益華, 1646~?)는 문과(1663)에 급제하여 군수 등을 거쳐 통정대부에 올랐다. 용인이씨 세계는 다음과 같다.[24]

[표10] 용인이씨 세계도

시조		17세		18세		19세		20세		21세		22세
李吉卷	…	李守領 주부	–	李孝儉 진사	–	李平甫 별제	–	李永淳 配光山金孟權女 보령현입향조	–	李堯年 훈도	–	李承憲 진사

⑥ 양천최씨(陽川崔氏)

15세기 후반 계유정란(1453)을 피해 보령현으로 은거한 사족의 존재가 확인되는데 양천최씨 최석근(崔碩根, 1422-?)이다. 그러면 어떻게 경기도 양천 세거의 양천최씨인 최석근이 벽촌인 보령현으로 은거할 수 있었을까? 최석근이 보령현으로 은거한 배경에는 양천최씨와 광산김씨와의 오랜 교유에서 비롯되었다. 최석근의 증조 최관(灌)은 광산김씨 보령현 입향조 김성우와 함께 고려 말 도만호 장군이었고, 최석근의 부친 최소(瀟)[25]와 김성우의 손자 김중로는 사헌부감찰을 최석근은 세종조에 병조참의를 김성우의 증손 김맹권은 집현전학사를 각각 지

24 『보령향교지』에 보령시 주교면 신대리에 거주하던 이영순의 11세손 이재동(在東)이 1908년에 지은 용인이씨의 보령현 입향과 세계를 밝히는 <龍仁李氏 五世依履 守護之碑>가 실려 있다. 『보령향교지』, 보령향교편찬위원회, 1998.

25 최소는 1남 3녀를 두었는데 1남은 양천최씨 입향조 최석근(崔碩根, 1422-?), 둘째 사위는 수원이씨 이몽린(李夢麟), 셋째 사위는 교동인씨 인금생(印金生)이다.

냈다.[26] 1453년 세조가 왕위를 찬탈하자 김맹권이 먼저 고향인 청라동으로 낙향하였고 이때 최석근도 김맹권의 전장(田莊)이 있는 청라동으로 함께 은거하였다. 최석근의 손자 최맹호(崔孟浩)는 무과(1513)에 합격하여 내금위를 지냈다. 동생 최종호(崔終浩)도 무과(1514)에 무과에 합격하여 3도병사 등을 지냈다. 양천최씨 세계는 다음과 같다.

[표11] 양천최씨 세계도

1세	2세	3세	4세	5세	6세	7세
崔 遠 밀직부사	崔灌 도만호	崔安甫 부령	崔瀟 현감	崔碩根 사직 보령현입향조	崔雄 사과	崔宗浩 1514무과
						崔孟浩

⑦ 수원이씨(水原李氏)[27]

수원이씨 보령현 입향조는 이자송(李子松, ?-1388)[28]의 4세손으로 생원

---

26 다음의 세계도에서 두 가계의 교유관계를 살필 수 있다.

1세	2세	3세	4세	5세
崔 遠 밀직부사	崔 灌 도만호	崔安甫 종부령	崔 瀟 사헌부감찰	崔碩根 사직 계유정란 보령은거 양천최씨보령현입향조
金允臧 판도판서	金成雨 도만호 광산김씨보령현입향조	金南浩 호군	金仲老 사헌부감찰	金孟權 집현전학사 계유정란 낙향

27 『세종실록』「지리지」 청양군 성씨조에 토성 2성(李, 黃). 촌성3성(孫, 方, 宋)과 속성 2성(金, 異)로 청양이씨가 청양현의 가장 유력한 토성이었음을 알 수 있다. 이자송이 『신증동국여지승람』의 청양현의 인물로 기록되고 『갑술보』(1814) '서문'과 '문정공행적'에도 이자송의 본관을 '청양'이라고 한 것을 보면 이자송이 고려 말 수성부원군에 봉군되면서 상경종사하던 이자송계 후손들이 수성이씨로 개관한 것으로 보이나 그 시기는 알 수 없다. 청양이씨는 2000년에 총 228가구 743명이 있는 것으로 조사되었다.

28 이자송은 양광전라도찰리사(楊廣全羅道察理使), 전법판서(典法判書)를 거쳐 수문하시중

을 지낸 이토(李土)이다. 그는 계유정란을 당하여 아들 이몽린(夢麟)과 함께 입향하였다.[29] 이자송의 7세 이극공(克恭)은 무과(1513) 합격하여[30] 벽동군수(碧潼郡守)를 거쳐 경상우도병마절도사를 지냈다. 11세 이시한(時漢)부터 광산김씨의 세거지인 성연리로 이거하여 현재에 이르고 있다.[31] 수원이씨 세계는 다음과 같다.

[표12] 수원이씨 세계도

1세		2세		3세		4세		5세		6세		7세
李子松 수성부원군	–	李長吉	–	李仁奇	–	李 土 생원 보령현입향조	–	李夢麟 配崔瀟女	–	李 漢 배단양우	–	李克恭 병마절도사

(守門下侍中) 등을 지냈다. 1388년 우왕과 최영의 요동 정벌에 반대하다가 임견미(林堅味) 일당으로 몰려 장류(杖流)에 처해졌고 곧 이어 죽임을 당하였다. 그가 죽자 1389년 대사헌 조준(趙浚)의 소로 창왕은 그에게 정국공신 수첨의정승(守僉議政丞)을 제수하여 수성부원군(隋城府院君)에 봉군되고 시호는 문정(文正)이다. 묘소는 충남 청양군 청양면 교월리 남산 성동에 있다.

29 이몽린의 장인이 사헌부 감찰 최소(瀟)이고 그의 아들 최석근(碩根)이 양천최씨 보령현 입향조이다. 앞의 '양천최씨' 참조.

30 『정덕8년계유9월일방목(正德八年癸酉九月日榜目)』(문무잡과방목(文武雜科榜目). 이 해에 최석근의 아들 최종호, 이몽린의 아들 이극공이 나란히 무과에 급제하고 있다. 이들의 조부와 외조부가 최소로 이들은 내외종 4촌간이다.

31 수원이씨는 입향초기 청소면 신송리 일원에서 세거하다가 이몽린의 아들 이한이 광산김씨 외손인 단양우씨와의 혼연으로 김극성의 사패지인 청소면 재정리를 거쳐 성연리로 이거하였다. 청소면 성연리는 김극성의 사패지로 그의 4손으로 군자판관을 지낸 김경상(景祥, 1548-1592)이 입향한 곳이다. 수원이씨 14세 이진영(震英)의 사위가 광산김씨 김현경(顯慶)이고 외손이 사마시에 입격하여 생원을 지낸 김계환(啓煥, 1765-1789)이다. 이 해에 이의준(李宜俊, 1743-1808)이 사마시에 입격하고 있는데 김계환과 외 삼종간이다.

10세		11세		12세		13세		14세		15세
李璞	–	李時漢	┬	李賚	–	李世萬	–	李震英	┬	李宜楫 女金啓煥(1783생원)
			└	李載	–	李壽萬	┬	李鎭綱 李鎭誠	–	李宜俊(1783생원)

이상에서 알 수 있듯이, 고려말 광산김씨의 보령현 입향 이후 조선 전기에 처변으로 한양조씨, 한산이씨, 원주원씨, 용인이씨가 입향하고 이어서 양천최씨가 광산김씨와 선대에서 맺은 교유의 연으로 계유정란을 피해 최석근이 광산김씨의 전장(田莊)인 보령현으로 입향하면서 양천최씨와의 혼연을 통하여 수원이씨가 입향하였다.

(2) 16세기 전반 입향사족

① 안동김씨(安東金氏) · 진주소씨(晉州蘇氏) · 창원황씨(黃氏)

안동김씨는 조선전기인 1504년에 김우필(金禹弼)이 사마시에 합격한 진사이고 방목에 보령현에 거주한 것으로 기재되어 있어 안동김씨의 보령현 세거를 추정해볼 수 있지만 입향과정이나 세거사실은 알 수 없다. 김우필의 동생 김한필(金漢弼)은 1513년 무과에 합격하고 있다. 이 두 인물이 『증보신안지』 인물조에 보이지만 재지에서의 활동 또한 알 수 없다.

진주소씨는 소개(蘇凱, 1524-?)가 1561년 사마방목의 거주지가 보령으로 되어 있어 진주소씨의 보령현 세거가 확인된다. 하지만 진주소씨는 소개 이후 전하는 자료가 없어 세거 여부는 알 수 없다.[32]

창원황씨 보령현 입향조는 서산군수 등을 지낸 황치성(黃致誠, 1543-

32 광산김씨 김경지의 증손부가 진주소씨이고 묘가 청라동 증산리에 있어 참고가 된다. 1991년 현재 보령 청라에 진주소씨 4가구가 세거하는 것으로 파악되지만 소개((蘇凱)의 후손 여부는 알 수 없다.

1623, 1579사마, 1580문과)이다.[33] 그는 광산김씨 수원판관을 지낸 김중간(仲幹)의 사위로 청라동으로 입향하였다. 황치성이 김중간의 사위가 될 수 있었던 것은 김중간의 조부인 김극신의 처조카 사위가 황진(璡, 1542-1606, 1574문과)[34]인데 황진의 부친 황탕경이 해주오씨 오결(吳潔, 1504문과)의 사위로 김중간의 조부 김극신과 오결은 동서간이다. 이런 혈연관계로 황치성은 김극신의 증손서가 된 것이다. 그의 행적이 서산군 읍지인 『호산록』에 실려있다. 창원황씨 세계는 다음과 같다.

[표13] 창원황씨 세계도

시조	4세	5세	6세	7세	8세	9세
黃石奇	黃禮軒 병조판서	黃衡 공조판서	黃琦 경기감사	黃大用 참봉	黃致成 配光山金仲幹女 보령현입향조	黃滾
					黃致信	
					尹斗壽 영의정	

② 파평윤씨(坡平尹氏) · 나주김씨(羅州金氏)

파평윤씨 보령현 입향조는 충의위 윤지양(尹之讓)이다. 그는 김극성의 사위로 입향하여 딸 둘을 두었는데 큰 사위는 이조판서를 지낸 이량(李樑, 1519-1563)이고 작은 사위는 참봉 최희령(崔希齡)이다. 윤지양의 후손은 절손되었으나 6대 외손 이태형(泰馨)이 김극성 묘소 근처에 세

33 앞의 『광산김씨족보』(1832) 참조.

34 그런데 1504년 방목에 황진(黃璡)의 거주지가 보령으로 확인되나 본관이나 가계를 알 수 없다. 다만 1567년 광산김씨 김정걸의 처외삼촌인 黃璡(1542-1606, 1567사마, 1574문과)이 확인되지만 1504년 방목의 황진(黃璡)과는 동명이인이다. 황진의 장인이 용인이씨 이향성(享成)이고 이향성의 아들 이근민(1551-?, 1583무과)이 김정걸의 장인이다.

거한 것으로 보아 재정리 일대를 분재받은 것으로 보인다.

나주김씨는 입향조는 건공장군을 지낸 광산김씨 김극양의 사위로 청라동에 입향한 김삼로(金三老, 1527-?)이다. 그의 부친은 어유간만호(魚游澗萬戶)를 지낸 김윤건(金胤乾)이다. 김삼로는 1573년 사마시에 합격하여 생원을 지냈다. 나주김씨 세계는 다음과 같다.

[표14] 나주김씨 세계도

시조		중시조		19세		20세		21세		22세
金雲發 문하시중	…	金臺卿 1326문과 제학	…	金鈴	—	金胤乾 만호	┬	金三老 配光山金克讓女 보령현입향조	—	金汝重
							├	金承老		
							└	金仁老		

③ 경주이씨(慶州李氏)

경주이씨 보령현 입향조는 천휴당(天休堂) 이몽규(李夢奎, 1510-1563)이다. 그는 우의정을 지낸 김극성의 딸과 혼인하여 처변으로 입향하였다. 이몽규는 1540년(중종35) 사마시에 합격하고 1547년(명종2) 처가의 별장이 있는 보령현에 입향하였다. 독정리에 천휴(天休)라는 서재를 건립하여 독서와 시 짓기에 전념하였다. 사재(思齋) 김정국(金正國, 1485-1541, 1509문과)의 문인으로 율곡 이이(李珥, 1536-1584)가 지은 행장이 전한다. 아들 이희삼(李希參, 1534-1594)은 1558년 식년시에 합격하여 진사를 지냈다. 이몽규의 묘가 있는 경주이씨의 묘산은 독정리 광산김씨 묘산과 경계하고 있고 그 후손들이 번족하여 이 일대에 세거해오고 있다. 경주이씨 세계는 다음과 같다.

[표15] 경주이씨 세계도

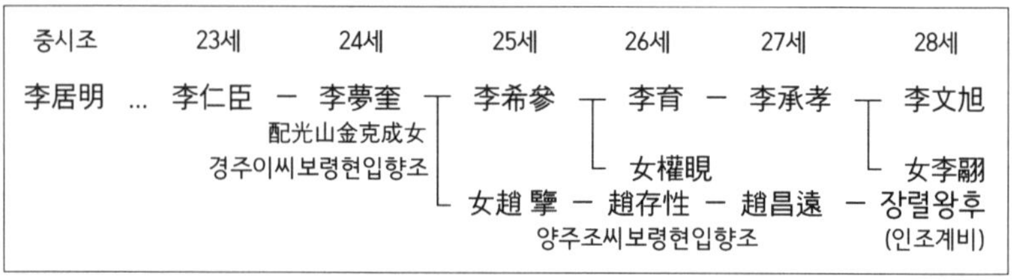

④ 단양우씨(丹陽禹氏)

단양우씨 보령현 입향조는 우석손(禹碩孫)이다. 그는 우탁(禹倬)의 7세손으로 재령군수를 지냈고 광산김씨의 사위인 한양조씨 입향조 조이로의 사위로 청라동에 입향하였다.[35] 우석손의 부친 우공로(恭老)는 남포현감을 지냈고 형 우현손(賢孫)은 충청수사를 지냈다. 우석손의 손자 우수영(壽永)의 부인이 광산김씨 김맹권의 사위인 원주원씨 원이(元頤)이고 우수영의 아들이 우순(純)이고 사위가 구계우(具繼禹)의 부친 구현복(玄福)이다. 단양우씨는 처변으로 청라동에 입향하여 조선후기에 광산김씨의 처변으로 먼저 입향한 한양조씨, 원주원씨, 능성구씨가 또 다시 외변과 처변으로 청라동에 입향하게 되는 계기를 마련하였다.[36] 단양우씨 세계는 다음과 같다.

---

35 『단양우씨예안군파보』, 2000.

36 김맹권의 사위 원이의 보령현 입향 또한 첩혼으로 이루어졌다. 우석손의 모친이 원주원씨이고 우석손이 조이로의 사위이고 우석손의 현손 우광지가 김맹권의 동생인 김종권의 손서이다(아래 [표36]의 혼연도 참조). 이후 16세기 후반 구계우가 외숙인 단양우씨 우순(禹純)에게 양육되어 능성구씨 보령현 입향조가 되는데 구계우의 부친 구현복이 우순의 매제이다. 또한 한양조씨 조희웅(趙希雄)이 단양우씨의 사위로 옥계리에 처변으로 또 다시 입향하고 있다. 이처럼 한양조씨, 단양우씨, 능성구씨는 광산김씨의 외연임을 알 수 있다.

[표16] 단양우씨 세계도

시조	...	12세	13세	14세	15세	16세	17세	18세
禹玄 호장	...	禹承瓊	禹元老					
			禹恭老 ?-1481 남포현감 配原州元氏	禹賢孫 무과 충청수사				
				禹碩孫 配漢陽趙以璐女 단양우씨보령입향조	禹漢鼎	禹壽永 配元頤女	禹純	
							女具玄福—具繼禹	

⑤ 청주한씨(淸州韓氏)

청주한씨 보령현 입향조는 한수준(韓秀俊)이다. 절충장군을 지낸 김공권(金公權)의 손서이자 진사를 지낸 김극견(金克堅, 사마1507)의 사위로 청라동 장산리에 입향하였다. 큰 아들 한덕유(韓德裕)는 창신교위(彰信校尉)를 작은아들 한덕여(韓德輿)는 충순위(忠順衛)를 지냈다. 한덕유의 아들 한진복(韓震復)과 한덕여의 아들 한충원(韓忠元)이 1594년(선조27) 무과에 각각 합격하였다. 이후 한덕의(韓德儀)가 사마시에 합격하여(1689년) 진사를 지냈다.[37] 청주한씨 세계는 다음과 같다.

[표17] 청주한씨 세계도

시조		입향1세	2세		3세		4세		5세
韓蘭	....	韓秀俊 配光山金克堅女 보령현입향조	韓德裕 창신교위	—	韓震復 무과	—	韓晟	—	韓德義
			韓德輿 충순위	—	韓忠元 무과				

37 청주한씨는 조선 후기에 한산이씨의 처변으로 재입향이 이루어진다. 이지함의 6세손 이정래의 외손 한태증(泰增, 1703-?, 1740문과)이 『증보신안지』에 올라있다.

⑥ 인천채씨(仁川蔡氏)

인천채씨 보령현 입향조는 교수를 지낸 채극철(蔡克哲, 1528-1574)이다. 그는 광산김씨 김호지(好智)의 딸과 혼인하여 처변으로 청소면 재정리로 입향하였다. 부친은 참봉 채희조(希祖)이고 외조가 병사 최웅(崔雄)이다. 채희조의 고모할머니가 공주이씨 이사주(思周)의 부인이다. 채극철은 학문이 깊어 숭정처사로 불렸고 조카 채진(蔡津, 1564-?)은 무과(1583) 무과에 급제하였다.[38] 막내 동생 채극효(蔡克孝)의 후손들은 남포현으로 이거하여 남포파를 이룬다. 인천채씨의 묘산과 세거지는 재정리 일원이다. 인천채씨 세계는 다음과 같다.

[표18] 인천채씨 세계도

시조	12세	13세	14세	15세	16세	17세	18세
蔡先茂 ...	蔡倫	蔡任紹 승문원교감	蔡季孫 참봉	蔡倫 도사	蔡希祖 配楊川崔雄女	蔡克哲 光山金好智女 보령현청소면입향조	蔡九汀
			女李思周	李禮	李麟禎		
						蔡克明 1583무과	蔡津
						蔡克孝	蔡九江 (남포현 이거)

⑦ 공주이씨(公州李氏)

경기도 양주 세거 공주이씨의 보령현 입향은 황해수사를 지낸 이사주(李思周)의 아들 이예(李禮)로 외변으로 이루어졌다. 이예의 모친이 인

38 양천최씨 최종호와 수원이씨 이극공이 1513년에 나란히 무과에 급제하였듯이 인천채씨 채진, 교동인씨 인언광(彦光), 풍덕김씨 김세웅(世雄)도 이해에 무과에 합격하고 있다. 이들은 친척 간으로 동일지역에 세거하면서 함께 무과에 응시하였음을 보여준다.

천채씨 채임소(蔡任紹)의 딸이다. 채임소의 증손 채희조가 양천최씨 최웅의 사위이고 현손 채극철이 광산김씨의 사위로 보령현 청소면 재정리 입향조이다. 채희조가 이예의 고종5촌 조카이다.[39] 이예는 입향 이후 풍덕김씨 김린(潾)을 사위로 맞이하는데 김린의 두 며느리가 청라동의 광산김씨 김수용(守傭)과 김수무(守武)의 딸이다.[40] 아들 이기정(麒禎)은 충청수사를 지낸 원주김씨 김말손(末孫)의 손자 김용(金瑢)과 수안이씨 이몽주(夢周)를 각각 사위로 맞이하여 이들이 원주김씨와 수안이씨 입향조가 되었다. 공주이씨의 입향초기 세거지는 금신면(신송리 포함) 일대로 이곳에 묘산이 위치한다. 이후 이사주의 4세손 이회백(懷白)[41]이 부사과를 지낸 김극성의 6세손 김호선(好善, 1585-1667)의 딸과 결혼하여 김극성의 사패지인 청소면 재정리로 이거하여 공주이씨의 묘산과 세거지가 이곳에 위치한다.[42] 공주이씨 세계는 다음과 같다.

39 앞의 양천최씨 세계도 및 인천채씨 세계도 및 위의 인천채씨 세계도 참조.

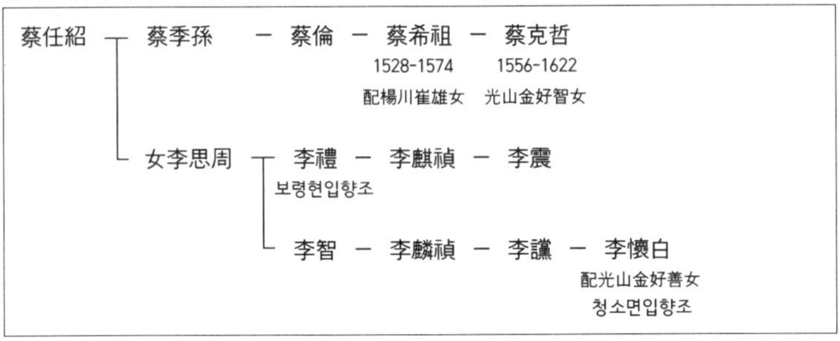

40 이어지는 '공주이씨 세계도' 참조.

41 그런데 『공주이씨대동보』와는 달리 『광산김씨족보』에는 이상(李相)으로 기록되어 있다. 이것은 아마도 족보의 수보 과정에서 발생한 자(字)나 호(號)의 표기의 오류로 보여진다.

42 청소면 재정리 일원(죽림리 포함)에 광산김씨, 인천채씨, 무주김씨, 공주이씨, 수원이씨, 교동인씨의 묘산과 세거지가 위치하는 것은 이들 성씨가 중첩혼으로 서로 연결되었기 때문이다.

[표19] 공주이씨 세계도

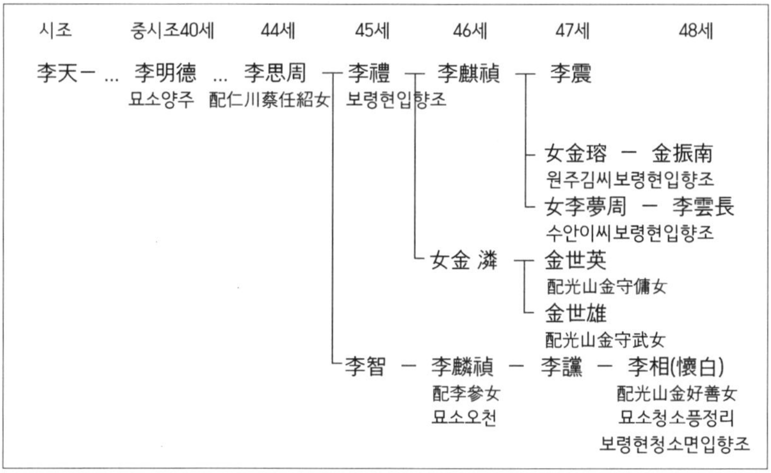

⑧ 교동인씨(喬桐印氏)

교동인씨 보령현 입향조는 사과를 지낸 인금생(印金生)[43]의 아들 인철견(印鐵堅)이다. 그의 입향은 배위가 풍덕장씨로 광산김씨 김종권의 손서 장응한(張應翰)의 딸과 혼인하여 처변으로 이루어졌다. 장응한과 보령현 재정리 입향조 채극철은 외 재종간이다. 이런 연유로 인철견이 재정리로 입향하여 묘산과 세거지가 광산김씨 사패지인 재정리 일원이다. 6세손 인언광(彦光, 1535-?)이 무과(1583)에 급제하여 군자감정을 지냈고 아들 인발(潑)은 임진왜란 당시 선전관으로 참여하여 순국해 정난원종공신에 올랐다. 인발의 5세손 인국신(國信)도 무과(1736)에 급제하여 황해진관병마절제사를 지냈다. 교동인씨 세계는 다음과 같다.

---

43 인금생은 양천최씨 최소의 둘째 사위로 삭주부사를 지낸 인인경(仁敬)의 말자(瑾, 琮, 琛, 球, 金生)이다. 그의 이름이 돌림자가 아닌 '금생(金生)'인 것은 외조인 선산김씨 김겸(兼)의 외가봉사를 하여 지었다고 한다. 『교동인씨족보』(1997) 참조.

[표20] 교동인씨 세계도

중시조		11세		12세		15세		16세		20세		21세
印份	...	印金生 配崔瀟女	−	印鐵堅 配豊德張氏 보령현입향조	...	印彦光 무과	−	印潑	...	印德器	−	印國信 무과

⑨ **보성오씨**(寶城吳氏)

보성오씨의 보령현 입향조는 연산조에 사옹원직장을 지낸 오희(吳希)이다. 그는 연산군조에 혼탁한 정치를 피해 청라동 월치(月峙)로 은거하였다.[44] 청라동의 보성오씨는 오희의 손자 오치인의 2자 오영보의 후손들이다. 보성오씨 세계는 다음과 같다.

[표21] 보성오씨 세계도

1세		13세		14세		15세		16세		17세		18세
吳賢弼	...	吳子慶 1414-1478 묘소천안	−	吳延札	−	吳 希 보령현입향조	−	吳孟池	−	吳致仁 配金氏	┬	吳永弼 남포현으로 이거
											└	吳永寶 보령현 청라동거주

(3) 16세기 후반 입향사족

16세기 후반 보령현에 광산김씨의 처변과 외변으로 거창신, 전주이, 능성구, 양주조, 문화유씨 등의 성씨와 공주이씨, 양천최씨의 외변으로 원주김, 수안이씨 등의 입향이 이루어지는데 이를 살펴보면 다음

---

44 앞의 『보령군지』, 인물조.

과 같다.

① 거창신씨(居昌愼氏)

거창신씨 보령현 입향조는 신여경(愼汝慶, 1538-1592)이다. 그는 광산 김인서의 사위로 장산리에 입향하였다. 부친 신희남(喜男, 1517-1591)은 문과(1555)에 급제하여 예조참의 등을 지냈고 손자 신해익(海翊, 1592-1616)도 문과(1613)에 급제하여 예조좌랑 등을 지냈다. 종 조카 신여현(愼汝賢)이 임진왜란을 피해 청라동으로 피란 내려와 그 자손들이 이곳에 세거하였다. 손자 신옥(沃)의 효애가 『증보신안지』에 올라있다. 거창신씨 세계는 다음과 같다.

[표22] 거창신씨 세계도

중시조	2세	3세	4세	5세	6세	7세	8세
愼衷	愼幾	愼後康	愼榮命	愼友張	愼喜男 예조참의	愼餘慶 配光山金麟瑞女 보령현입향조	愼諲
	愼詮	愼承善	愼守英	愼弘櫶	愼思	愼應龍	愼汝賢

② 전주이씨(全州李氏)

전주이씨 보령현 입향조는 부흥수(傅興守) 이몽열(李夢說, 1542-1607)이

월치는 청라동으로 김성우와 막내 손자인 김흥로의 묘소가 이곳에 위치하고 그 후손이 이 일대에서 세거해오고 있다. 그런데 김흥로의 부인이 오씨이고 김흥로의 조부이자 광산김씨 보령현 입향조인 김성우의 고모부가 보성오씨의 중시조인 전라도진변만호 오첨(吳瞻)이라는 점이 참고가 된다(앞의 [표3] 광산김씨세계도 참조). 보성오씨가 이 시기에 아무런 연고가 없는 청라동 월치로 입향하는 것은 어려워 보인다. 연산조에 사환을 하던 김극성의 종조부가 김흥로임을 고려하면 이런 연고로 입향한 것으로 보이지만 자세한 사항은 알 수 없다.

다.[45] 그는 광산 김인서의 사위로 보령 화산동에 입향하였다. 이몽열이 김인서의 딸과 혼연을 맺은 것은 김인서의 사촌 김인사(麟士)의 배위 전주이씨의 중매를 통해서이다. 김인사의 배위가 감찰 이삼(參)의 딸이고 사위가 청원도정 이간(侃)으로 입향조 이몽열의 종 당숙이다. 이몽열은 입향 이후 보령현에서 조존성(趙存性), 영월부사 이상우(李商雨) 등과 더불어 솔선하여 풍속을 교화하고 향약을 연구하였다.[46] 이몽열의 4자 선교랑 이완(李琓)의 두 사위가 평강채씨 보령현 입향조 채진후(蔡振後)와 평택임씨 보령현 청라동 입향조 임두교(林斗喬)이다. 이완(李琓)의 묘는 화산동 굴고개에 위치한다. 화산동에는 김성우의 6대손 김경조 및 그 후손들의 묘산과 한양조씨 묘산이 서로 이웃하고 있다. 전주이씨 세계는 다음과 같다.[47]

---

45 부흥수 이몽열 호는 돈옹(遯翁)으로 아버지는 의원군(義原君) 이억(李億)(1520-1544)이고 조부는 이성군(伊城君) 이수강(李壽崗), 증조는 성종의 4자 완원군(完原君) 이수(李燧)이다. 완원군 이수의 동생 익양군 이회의 손자 청원군 이간(李侃)이 김인사의 사위이다. 전주이씨 보령현 입향조 이몽열의 부친 이억과 이간은 재종간이고 이몽열의 장인 김인서는 김인사의 4촌 동생이다. 『광산김씨족보』 및 『전주이씨족보』 참조.

1세	2세	3세	4세	5세
李娎 성종	李燧 완원군	李壽崗	李億	李夢說 配光山金麟瑞女 전주이씨보령현입향조
	李澮 익양군	李壽麟 황양정	李侃 청원도정 配光山金麟士女	李成胤 금산군

46 앞의 『증보신안지』 풍속조.

47 조선후기에 또 다른 전주이씨 계파가 보령현 청소면 죽림리로 입향하는데 효령대군(李補)의 손자 고림군(高林君) 이훈(李薰)의 15세손 이기헌(李起憲)이다. 부친 이규의(奎義)는 전의현감 등을 지냈다. 이기헌이 죽림리로 입향한 것은 종척의 연으로 이루어졌다. 고림군 이훈의 사촌 영신군 이이(怡)의 아들인 명원군 이호(顥)가 광산김씨 김백간의 장인이다. 김백간의 종조가 우의정 김극성이다. 이기헌의 4세조 이득신(李得臣, 1742-1802)은 문과(1766)에 급제하여 병조판서 등을 지냈다.

[표23] 전주이씨 세계도

중시조	2세	3세	4세	5세	6세	7세	8세
李燧	李壽崗	李億	李夢說	李琬	李惟澄	李構	
완원군			配金麟瑞女 보령현입향조	配李震男女		女崔瀷	崔世慶 해주최씨입향조
					女蔡振後 평강채씨보령현입향조		
					女林斗喬 평택임씨보령현입향조		

③ 능성구씨(綾城具氏)

능성구씨의 보령현 입향조는 구계우(具繼禹, 1558-1620)다. 그의 보령현 입향은 외숙인 우순(禹純)에 의해 양육되면서 이루어졌다.[48] 고령신씨 입향조 신학의 처외조가 구계우의 아들 구인영이다. 구계우의 사위는 김극성의 5대손 김지선(之善, 1588-1664)이고 이치의 손자 이산보가 구계우의 부친인 구현복의 처남이다. 광산김, 능성구, 한산이씨가 중첩혼으로 혼연관계를 맺고 있다.

중시조	2세	3세	4세	5세	14세	...	17세	18세	19세
李補 孝寧大君	李寀 의성군	李怡 영신군	李顥 명원군	女金伯幹					
	李[illegible] 서원군	李薰 고림군	李璿孫 칠산군	李浩	李得臣 병조판서	...	李奎義 전의현감	李起憲 배밀양박씨 청소면입향조	李康旭 配光山金在鶴女

48 큰 사위 홍명형이 지은 구계우 신도비명에 의하면 청라동에 살던 구계우의 외삼촌인 우순이 무자(無子)여서 우씨가문을 이어간다는 의미의 계우(繼禹)로 작명하고 양육하였다고 한다. 앞의 주)35 참조. 『광산김씨족보』, 『능성구씨세보』(1827) 및 「구계우 신도비」, 『한양조씨참판공파보』, 『단양우씨족보』를 참조.

[표24] 능성구씨 세계도

시조	12세	13세	14세	15세	16세
具存裕 …	具玄福	具繼禹	具仁榮	具文武	具益壽
	配禹壽永女	配茂州金胤先女		女尹 琠	女申 浮
		보령현입향조			보령현입향조
			女洪命亨		
			女金至善	金廷俊	金纘宗
				配申仲淹女	

④ 양주조씨(楊州趙氏)

양주조씨의 보령현 입향조는 조존성(趙存性, 1533-1554)이다. 부친 조람이 경주이씨 보령현 입향조 천휴당 이몽규의 사위이다. 조존성은 외변으로 보령현 죽정동으로 입향하였는데 이몽규가 처변으로 이곳에 입향하였기 때문이다. 아들은 인조의 국구(國舅)인 조창원(趙昌遠)으로 장렬왕후가 그의 딸이다. 양주조씨의 세계는 다음과 같다.

[표25] 양주조씨 세계도

시조	9세	10세	11세	12세	13세
趙岑 …	趙連孫	趙擎	趙存性	趙宗遠	
		配慶州李夢奎女	보령현입형조	趙昌遠	장렬왕후
		보령현입향조			
				趙啓遠	趙晉錫
					趙龜錫

조존성은 이몽열, 김태국 등과 함께 보령현의 풍속을 교화하고 학문진작에 힘썼다. 그의 후손들이 보령현읍지『증보신안지』에 이름을 많이 올린 것으로 보아 재지활동이 컸던 것으로 보이나 이 지리지 이

외에는 크게 남아있는 자료가 없다. 죽정동에 양주조씨 옛 가옥이 최근까지 있었다.[49]

⑤ **문화유씨**(文化柳氏)

문화유씨 보령현 입향조는 문과(1606)에 급제하여 예조좌랑 등을 지낸 유사경(思敬, 1556-?)이다. 그는 전력부위를 지낸 광산김씨 김정걸(挺傑)로 처변으로 청라동으로 입향하였다. 4세손 유용징(龍徵, 1662-?)이 무과(1712)에 급제하여 첨정을 지냈고 아들 유하광(夏光, 1701-?)도 무과에 급제하였다. 문화유씨 세계는 다음과 같다.

[표26] 문화유씨 세계도

시조		18세		19세		20세		21세		22세		23세
柳車達	…	柳子儀	ㅡ	柳仁孫	ㅡ	柳如岡	ㅡ	柳惠 충의위	ㅡ	柳思敬 配光山金廷傑女 보령현입향조	ㅡ	柳璇

⑥ **청주경씨**(淸州慶氏)

청주경씨 보령현 입향조는 통덕랑 경일창(慶一昌)의 아들로 경력을 지낸 경시경(慶時經)이다. 그는 병사를 지낸 양천최씨 최종호의 사위로 처변으로 입향하였다. 그의 6세손 경반룡(攀龍, 1680-?)이 사마시 합격하여 진사를 지냈다. 경반룡이 『증보신안지』 인물조에 올라있다. 청주

49 『증보신안지』 인물조에 전라감사를 지낸 조귀석(趙龜錫, 1615-1665)의 8세손 조장희(趙璋熙, 초명 璋燮)가 1883년 봄 성종대왕의 부마 한천위(漢川尉) 신주를 죽동에 모시고 계속하여 거주하였다는 사실이 참고가 된다. 앞의 『증보신안지』 인물조 참조.

경씨 세계는 다음과 같다.

[표27] 청주경씨 세계도

1세		12세		13세		14세		15세		16세		17세
慶番	…	慶時經 配陽川崔宗鎬女 보령현입향조	–	慶邂	–	慶殷後	–	慶寶	–	慶一昌	–	慶攀龍

⑦ 무주김씨(茂朱金氏)

무주김씨 보령현 입향조는 김해은(金海隱)(1438~ ?)이다. 그의 이름 '해은'(海隱)은 그가 계유정란(1453)을 피해 안면도로 은신했다는 데서 유래한다.[50] 부친 김선지(金善之)와 형, 조부 김득여(得輿, 일명 堪) 등 3부자가 단종복위를 도모하다 처형되었다.[51] 이 때 차남 김해은이 하인 충록(忠祿)에 함께 안면도로 피신하여 겨우 목숨을 부지하였고 1491년 보령현 청라동으로 이거하였다.[52] 아들 김숙(金淑, 1460-?)은 1513년 무과에 급제하여 충청도수군절도사를 지냈고 묘산과 후손들의 세거지는 청소면 재정리 일원이다. 김해은이 청라동으로 입향하여 광산김씨의 세거지인 재정리에 세거하게 된 배경에는 부친 김선지와 김맹권의 집현전에서의 교유[53] 및 혼연에서 비롯되었다. 김해은의 아들 김숙의 삼종형 김윤선이 능성구씨 보령현 입향조 구계우의 장인이고 구계우의 사위

50 『무주김씨족보』(1905) 및 『해은기실(海隱記實)』(1979), 무주김씨종중.

51 『세조실록』, 세조 2년 병자(1457) 6월 21일 기미조.

52 위의 『해은기실(海隱記實)』.

53 참고로 김맹권은 박팽년, 성삼문, 이공린 등과 함께 집현전에서 근무하였다. 박팽년의 큰 사위 김자무(自武)가 김해은의 종조이다. 이에 관해서는 이어지는 제4장 및 제2부 제3장 주 10)을 참조.

가 김극성의 현손 김지선이다. 무주김씨 세계는 다음과 같다.

[표28] 무주김씨 세계도

중시조	4세	5세	6세	7세	8세	9세
金晟 …	金得倫	金 翼	金慶雲	金胤先	女具繼禹 능성구씨입향조	女金至善
	金得輿 (金堪)	金善之	金海隱 무주김씨보령현입향조	金 淑	金 鑌 배양주조씨	金成浩 배한양조씨

⑧ 원주김씨(原州金氏)

원주김씨의 보령현 입향조는 충청병사를 지낸 김말손(金末孫)의 손자 김용(瑢)이다. 그는 공주이씨 이기정의 사위로 처변으로 입향하였다. 김용의 아들 김진남(振南)은 훈련원첨정을 지냈고 손자 김해룡(海龍, 1583-?)은 사마시에 입격하여 생원을 지냈고 5세손 김몽표(夢豹, 1698-1777)은 무과(1730)에 김몽호(夢虎)는 문과(1766)에 각각 급제하였다. 김용의 5촌 조카가 우의정을 지낸 한산이씨 이지번의 사위 김응남(金應南, 1546-1598)이다. 원주김씨 세계는 다음과 같다.

[표29] 원주김씨 세계도

시조	12세	9세	10세	11세	12세
金巨公 .... 문충공	金末孫 충청병사	金安佑	金衍	金應南 配韓山李之蕃女	金命龍
		金安世	金瑢 配公州李麒禎女 보령현입향조	金振南	金繼龍
				金斗南	金海龍 사마

⑨ 수안이씨(遂安李氏)

수안이씨 보령현 입향조는 이몽주(李夢周)이다. 부친은 참봉을 지낸 이삼(蔘)이고 숙부가 중종조의 정국공신으로 요산군(遼山君)에 봉군된 이기(李夔, 1478-?1550?)이다. 이몽주의 선대는 천안 목천에서 세거하였고 부친 및 숙부를 비롯한 선대의 묘산 또한 이곳에 있다.[54] 이몽주가 세거지인 목천을 떠나 보령현으로 입향한 것은 그가 공주이씨 이기정(麒禎)의 둘째 딸과 결혼하였기 때문이다.[55] 원주김씨 입향조 김용과 이몽주는 동서간이고 광산김씨 사위로 입향한 풍덕김씨 김세웅(世雄, 1583무과)이 이몽주의 처남이다. 이몽주의 입향 이후 숙부인 이기의 후손 또한 청소면으로 입향하여 세거해오고 있다. 이처럼 수안이씨의 세거지와 묘산이 이 일대인 것은 공주이씨가 광산김씨의 사패지인 재정리로 이거하였기 때문이다. 이기의 부조묘인 요산군묘(遼山君廟)가 청소면 진죽리에 있다.[56] 수안이씨 세계는 다음과 같다.

---

54 증조 이영견(李永肩, 1403-1482)과 이기의 묘가 목천현 읍지인 『대록지』 총묘조에 올라있고 수안이씨 족보인 『구신유초보(舊辛酉初譜)』가 1621년에 목천에서 간행되어 수안이씨의 목천 세거를 알 수 있다. 안정복, 『대록지』, 1779 및 『구신유초보(舊辛酉初譜)』 참조.

55 앞의 '공주이씨세계도' 참조.

56 위 『대록지』. 요산군묘(遼山君廟)의 건립과정은 알 수 없고 2개의 중수기 편액(1847년 이우명(李遇明) 찬, 1885년 홍문관 교리 류석(柳奭) 찬)이 전한다. 2019년 5월 요산군묘가 보령시향토유적 제8호로 지정되었다. 이기의 외손이 크게 현달한 것을 보면(영의정 이경석, 최명길) 이기의 추숭이 이루어졌어야 하지만 그렇지 않아 의문이다. 다만 실록에 이기가 1547년 진헌사로 명나라에서 돌아오던 중 발생한 황제의 칙서(勅書)와 자문(咨文) 건으로 양사의 탄핵을 받아 고신을 거두고 있어 이 일로 인하여 이기가 연고가 있는 청소면으로 낙향한 것으로 보인다. 이몽주의 고모부 김린의 아들 김세영과 김세웅이 이몽주의 고종사촌으로 이기와 함께 정국공신에 녹훈된 김극성의 4촌 김수용과 김수무의 사위이기 때문이다(앞의 공주이씨 세계도 참조). 김세영의 처당숙이 김극성이라는 인척관계 또한 이기의 낙향에 영향을 준 것으로 보인다. 『명종실록』, 명종 2년(1547) 4월 12일 계사조. 7월 3일 임자조.

[표30] 수안이씨 세계도

중시조13세	17세	18세	19세	20세	21세	22세
李連松 … 요산군	李永肩 – 이조참판	李益齡 ┬	李夔 – 配東萊鄭氏 묘목천심방동	李居仁 – 配坡平尹氏	李俊長 –	李成業
		└	李蓼 ┬ 묘목천심방동	李夢周 – 配公州李麒禎女 묘청소신송 수안이씨보령현입향조	李雲長	
			└	女李麟禎 –	李讜 –	李相(懷白)

⑩ 밀양박씨(密陽朴氏)

밀양박씨는 보령현에 두 계파가 입향하였다. 하나는 수원부사 등을 지낸 박강생(朴剛生, 1369-1422, 1390문과)의 5세손 박응궁(朴應宮)이다. 박응궁의 고조가 세조조에 예조정랑을 지낸 박심문(朴審問, 1408-1456)이다.[57] 부친 박숭림(崇霖, 이후 堯齡으로 개명)은 금정도찰방을 지냈고 묘소는 청양 화성이다. 박응궁 이하 후손들의 묘산과 세거지가 청소면 정전리와 성연리 일대이다.

다른 하나는 대제학 박충원(忠元, 1507-1581)의 손자로 보령현 청라동으로 입향한 박안신(朴安信)이다.[58] 박안신 이하 후손들의 묘산과 세거

57 『밀양박씨세보』(1863)에는 박심문의 2남 박원공(元恭)은 3남(舜齡, 禹齡, 商齡) 1녀를 두고 있다. 『밀양박씨규정공파보』(1928)에 박숭림이 박원공의 4남1녀 중 말자로 입록되었다. 홍양호(洪良浩, 1724-1802)와 김조순(金祖淳, 1765-2832)지은 <예조정랑 박공 묘갈명>(1801)과 <예조정랑 박공 행장>에는 박원공은 1녀이다. 『밀양박씨세보』(1863), 『밀양박씨규정공파보』(1928), 홍양호, 『이계집(耳溪集)』권30, 및 김조순, 『풍고집(楓皐集)』 권12 참조.

58 『밀양박씨규정공파보』, 1928. 및 『고양 금석문 대관』, 고양문화원, 1998. 참조. 박충원을 비롯한 선계의 묘산과 주 세거지는 경기도 고양 일원이나 증손 대부터 보령현과 남포현에 입향하고 있다. 박충원의 증손(박승안)과 현손(박세주)은 남포현으로 입향하였다(밀양박씨 남포현 입향에 관해서는 남포현 '밀양박씨' 참조). 유근(柳根, 1549-1627)이 지은 <박충원 신도비명>에는 박안신의 부친 별제(別提) 박응현은 3녀이다(鄭義臣, 金洛, 宋應一)이다(위의 『고양 금석문 대관』 참조). 박안신의 청라동 입향 이후 박충원의 12세손(박영록)이 청라동으로 또 다시 입향하고 있으나 시기 및 사유는 알 수 없다.

지가 청라동 오삼전 일대이다.

보령현에 입향한 밀양박씨 두 계파의 구체적인 입향시기와 사유는 알 수 없다. 밀양박씨 세계는 다음과 같다.

[표31] 밀양박씨 세계도

중시조	6세	9세	10세	11세	12세	13세	14세
朴鉉 ...	朴切問 ...	朴光榮	朴 藻	朴忠元 대제학	朴應賢	朴安信 配南陽洪氏 보령현청라동입향조	朴承迪
	朴審問 ... 예조정랑	朴應宮 配義人張氏 보령현청소면입향조	朴遇春	朴忠男	朴東馨	朴 均	朴重瑞

이상의 조선전기 보령현의 사족형성과 사족의 입향 시기를 정리하면 다음과 같다.

11세	12세	13세	14세	15세	16세	22세	23세
朴忠元 대제학	朴啓賢	朴安國	朴承順 묘경주	朴自勉	朴見章 ...	朴永錄 配全州李氏 보령현청라동입향조	朴雲和

[표32] 조선전기 보령현에 입향한 성관표

순서	시기	성관	입향조	배위	세거지,묘	입향사유	전거
1	고려 말	광산	김성우	진원박	청라,고만	사패지	동국여지지
2	조선 전기	신천	강계권	미상	주포	알수없음	보령군지
3		한양	조이로	광산김	청라	처변	족보, 증보신안지
			조희웅	단양우	〃	〃	족보, 방목
4		한산	이 치	〃	〃	〃	방목, 증보신안지
5		원주	원 이	〃	〃	〃	〃
6		용인	이영순	〃	〃	〃	〃
7		양천	최석근	해남김	〃	교유	〃
8		수원	이몽린	단양우	〃	처변	〃
9	16세기 전반	안동	김우필	미상	알수없음	알수없음	방목, 증보
10		진주	소개	〃	〃	〃	방목
11		창원	황진	〃	청라	처변	방목
12		파평	윤지양	광산김	청라	처변	족보, 증보신안지
13		경주	이몽규	〃	〃	〃	방목, 증보신안지
14		나주	김삼로	〃	〃	〃	방목, 족보
15		단양	우석손	한양조	〃	〃	족보
16		청주	한수준	광산김	〃	〃	방목, 증보신안지
17		인천	채극철	〃	청소재정리	〃	족보, 보령군지
18		공주	이예	인천채	청소신송	외변	족보
19		교동	인철견	풍덕장	청소재정리	처변	족보
20		보성	오 희	미상	청라	은거	족보, 보령군지
21	16세기 후반	거창	신여경	광산김	〃	처변	족보, 보령군지
22		전주	이몽열	광산김	〃	〃	족보, 증보신안지
23		능성	구계우	무주김	〃	외변	족보, 증보신안지
24		양주	조존성	광산김	〃	〃	족보, 증보신안지
25		문화	유사경	광산김	〃	처변	방목, 족보
26		청주	경시경	양천최	〃	처변	방목, 증보신안지
27		무주	김빈	양주조	청소재정리	외변	족보
28		원주	김용	공주이	오천	처변	족보, 방목
29		수안	이몽주	공주이	청소신송	외변	족보
30		밀양	박응궁	인동장	청소정전	알수없음	족보
			박안신	남양홍	청라	〃	족보

위의 [표32]에서 조선전기 보령현 사족의 형성의 두 가지 모습 가운데 하나는 고려 말 광산김씨의 입향을 시작으로 15세기부터 광산김씨와의 혼연으로 처변과 외변으로 사족의 입향이 확대되었다는 사실이다. 조선전기 보령현에 입향한 30개 성관 중 광산김씨와 그 외연은 21개 성관이고 광산김씨와의 교유를 통해 입향한 양천최씨, 무주김씨와 그 외연의 성씨(수원이, 교동인, 청주경, 공주이, 수안이씨) 등이 입향하였다. 다른 하나는 방목이나 지리지에서 확인되는 안동김, 진주소씨 등과 가계의 족보를 통해서만 입향이 확인되는 신천강, 보성오, 밀양박씨 등 또 다른 사족의 존재이다. 이같은 현상은 토성에서 출발한 신흥사족이 사림으로 성장하여 16세기에 사족의 형성이 이루어지는 일반적인 경향과는 다른 특징이다.

3. 보령현 사족의 재지적 인연

조선사회는 지연 혈연 학연을 기반으로 형성된 것으로 지역에서 서로 얽히고설키어 과갈(瓜葛)의 현상으로 이루어진 구조였다. 특히 남귀여가혼(男歸女家婚)의 관습에 의하여 사족의 입향이 이루어졌다. 보령현 사족의 재지적 인연 또한 이러한 조선전기의 사회구조와 궤를 같이한다. 보령현의 재지적 인연은 광산김씨와 주로 관련되어 이를 중심으로 살펴본다.

광산김씨는 권위와 재력을 바탕으로 보령지방에 많은 사족을 입향시켜 사족의 근간이 되고 외연의 후손들이 이를 이었다. 김성우의 아들 김남호는 한양인 조이로(趙以璐)를 사위로 맞이하고 손자 김맹권은 목은 이색의 6대손 이치(李穉)를 사위로 맞아 한양조씨와 한산이씨 보령현 입향이 이루어졌다. 이들 사족과의 통혼은 이미 선대에 개경에서 맺어진 가연(家緣)에서 비롯된 것이다. 두문동 72현 중의 한 사람인 우현보(禹玄寶)와 김성우 가계는 고려 말 정치적으로 궤를 같이하였고 우현보의 현손 우승경(禹承瓊)이 김남호의 사위인 조이로와 사돈으로 첩혼을 맺고 있다. 이치 또한 두 가문간의 선대에서의 교류와 통혼을 통해서 맺어졌다.[59] 김맹권은 원주인 원이(元頤)와 용인인 이영순(李永淳)을 사위로 맞이하여 원이와 이영순이 각각 원주원씨와 용인이씨의 보령현 입향조가 되었다. 이렇게 해서 조선전기 15세기에서 16세기 초까지 한양조, 한산이, 원주원, 용인이, 경주이씨 등이 광산김씨의 외연으로 보령현 청라동에 입향함으로써 보령현의 사족체제가 형성되었다.[60] 다음은 조선전기 광산김씨와 재지사족과의 혼연도이다.

59 김성우 고모할머니의 손서(孫壻)가 목은 이색으로 김성우와 이색은 고종 6촌이다. 이에 관해서는 졸저(2017)를 참조.

60 사족의 입향관계는 이 책의 전개과정에서 상세하게 살필 것이다.

[표33] 조선전기 광산김씨와 재지사족의 혼연도[61]

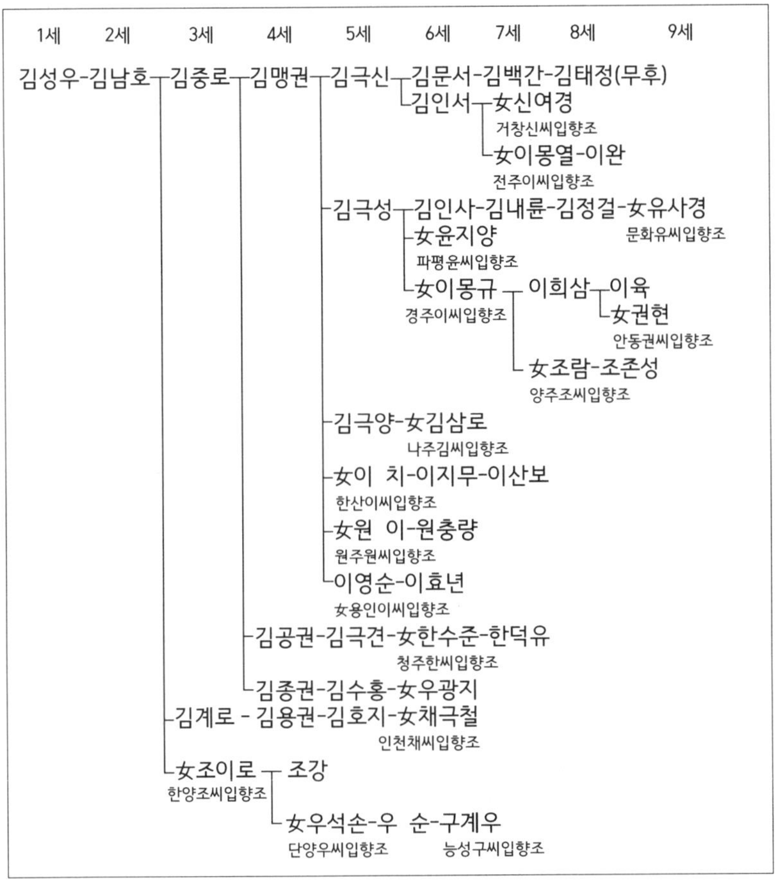

위 표[33]의 혼연도는 고려 말 김성우의 보령입향 이후 보령현에 입향한 사족은 대체로 광산김씨와의 혼연을 통해 입향하였음을 알 수 있다.

입향사유가 뚜렷하지 않은 양천최, 무주김, 수원이, 교동인, 청주경,

61 본 혼인도는 족보와 『증보신안지』 인물조를 바탕으로 한 것이다.

보성오씨 등도 그 연유를 살펴보면 모두 광산김씨와의 인연을 맺은 사족들로 정치적 혼란기를 피해 광산김씨의 세거지인 청라동으로 입향하였다. 양천최씨의 경우 고려 말 무관직(도만호)으로 김성우와 함께 사환한 최관의 가계와 광산김씨와의 교유는 계속하여 이어져 그의 4세손 최석근이 계유정란 당시 김성우의 전장으로 은거하게 된 연유였다. 수원이씨와 교동인씨는 이몽린과 인금생이 최소의 두 사위로 매제인 최석근의 은거 이후 보령현으로 입향하였다. 청주경씨 또한 최소의 현손서(玄孫壻)로 입향한 것으로 확인되었다. 무주김씨도 김맹권과의 집현전에서의 교유로 김해은이 청라동으로 입향하여 김극성의 사패지인 재정리로 이거하였다. 보성오씨의 경우는 오희가 연산군의 폭정을 피해 청라동으로 은거한 것으로 전하고 있는데 이는 당시 김극성이 관직에 있었음을 고려할 때 이들의 교유가 있었기에 청라동으로의 입향이 가능하였다고 추정되었다. 이들 성씨의 혼연관계도는 다음과 같다.

[표34] 조선전기 광산김씨와 입향성씨와의 혼연 및 교유관계도

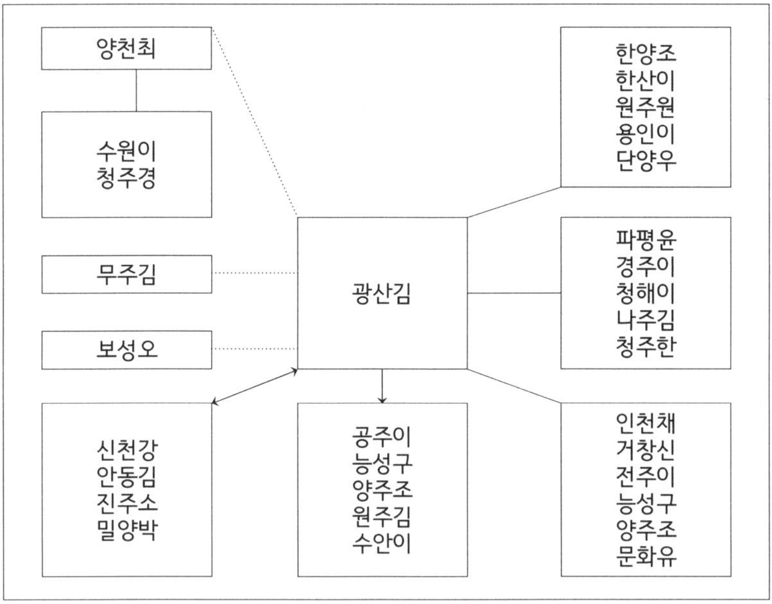

(—처변, →원외손, …교유, ↔알수 없음)

이처럼 조선전기 보령현 입향사족 30개[62] 성관 중 20개 성관(66.7%)이 광산김씨와의 혼연을 통한 외연으로 이루어지고 5개 성관(양천최, 수원이, 청주경, 보성오씨)은 광산김씨와의 인연을 통해 이루어진 것으로 파악된다. 하지만 신천강, 안동김, 진주소, 밀양박씨의 재지적 인연은 잘 알 수 없다.

이상에서 살펴본 바와 같이 조선전기의 사회는 혈연을 통하여 사족이 입향하고 이어 재지사족의 연혼이 이루어져 조선시기의 향촌사회가 지연과 혈연을 기반으로 하고 있음을 확인해 준다.

---

62 조선전기 풍덕김, 풍덕장씨의 광산김씨와의 혼연도 확인되나 조선후기 이들 성씨의 보령현 세사실을 알 수 없어 제외하였다.

4. 보령현 사족의 세거지와 유적

1) 세거지

조선전기 보령현 입향 사족들의 세거지는 신천강씨(보령현 읍치 인근), 양천최씨의 외연 중 수원이씨, 공주이씨, 원주김씨, 수안이씨(청소면 해안지역)[63]와 김극성이 사전으로 받은 청소면(성연리, 재정리)을 제외한 전 지역이 김성우가 왜구를 토벌한 곳과 관계되는 곳이다.[64] 왜구의 분탕으로 황폐화된 후 김성우가 영전(營田)을 했다는 남포현 영전리 일대와 김성우의 왜구토벌 전설이 전하는 관암(冠巖)과 군입리(軍入里)를 거쳐 내륙으로 진출하는 대천천을 따라 최후의 격전지로 전해오는 청라동과 당시 수영이 있던 고만(高巒) 일대이다. 보령현 읍치지역과 충청수영이 있는 곳을 제외한다면 모두 김성우의 보령지방 왜구토벌과 관련있는 전 지역이 광산김씨와 그 외연이 있는 세거지다. 광산김씨의 보령지방의 광대한 세거지는 김성우와 왜구토벌과 관련된 전 지역이 그 당시 사전(賜田)[65] 또는 점유를 통하여 이루어진 것이다. 그 이유는 현손인 김극성 이전은 현관으로 크게 활동한 관인이 없었던 것으로 추정해볼 수 있다. 이는『증보신안지』나『여지도서』김성우조에 "세상 사

63 이들 성씨의 입향초기 세거지와 묘산은 청라동 황룡리, 금신면(신송리 포함) 일대이다. 이후 광산김씨와의 혼연을 기반으로 하여 김극성의 사패지가 위치한 청소면 재정리와 성연리 일대로 이거하였다.

64 앞에서 살펴본바와 같이 방목의 거주지가 보령현인 창원황, 안동김, 진주소씨 등의 세거지는 알 수 없다.

65 유형원, 앞의 책.

람들이 이 땅의 주인이라고 여긴다(世人以爲玆土之主人)"라는 기술과도 일치한다.[66] 조선전기 광산김씨와 외연의 주요 세거지를 정리하면 다음과 같다.

[표35] 조선전기 광산김씨와 외연의 세거지[67]

<table>
<tr><th rowspan="2">세거지</th><th rowspan="2">세거 인물과 김성우와의 관계</th><th colspan="4">외연</th><th rowspan="2">비고</th></tr>
<tr><th>입향조</th><th>본관</th><th>광산김씨와의 관계</th><th>세거지</th></tr>
<tr><td>청라 복병리</td><td>증손 김중로</td><td>조이로</td><td>한양</td><td>김남호 사위</td><td>증산리</td><td></td></tr>
<tr><td>청라 장산리</td><td>증손 김선로</td><td rowspan="2">이 치</td><td rowspan="2">한산</td><td rowspan="2">김맹권 사위</td><td rowspan="2">장산리</td><td rowspan="2">고만[63]</td></tr>
<tr><td>고만 (인근)</td><td>증손 김공권</td></tr>
<tr><td>청라 명대리</td><td>증손 김숙로</td><td>원 이</td><td>원주</td><td>김맹권 사위</td><td>장산리</td><td></td></tr>
<tr><td>청라 세곡리</td><td>증손 김계로</td><td>이영순</td><td>용인</td><td>김맹권 사위</td><td>황룡리</td><td></td></tr>
<tr><td>청라 나원리</td><td>증손 김흥로</td><td>윤지양</td><td>파평</td><td>김극성 사위</td><td>청소 재정리</td><td>김극성 사패지</td></tr>
<tr><td>청라 죽정리</td><td>현손 김극신[64]</td><td>채극철</td><td>인천</td><td>김흥로 손서</td><td>죽림리</td><td></td></tr>
</table>

66 앞의 『증보신안지』 및 『여지도서』 김성우조.

67 후손들의 세거지와 묘산을 근거로 작성한 것임.

68 이치의 청라동 세거지는 장산리에서 고만 인근으로 확대되는데 이 지역은 김성우의 증손 김공권과 후손들의 묘산이 있는 광산김씨의 전장이다. 청라동의 이치의 손자 이산보와 이산광 이하 후손들의 묘산과 고만수영 인근의 광산김씨와 한산이씨의 묘산이 서로 이웃하고 있다. 김학수는 이치가 처가로부터 받은 토지의 구체적인 위치를 청라면과 고만산 일대로 상정하고 있다. 김학수, 「고문서를 통해본 한산이씨 아계-후곡 가문의 사회경제적 기반」, 『아계 이산해의 학문과 사상』, 아계 서거 400주년 추모 기념학술발표대회, 한국역사문화연구원, 2010, 246쪽.

69 김맹권의 현손 김태시 이하 세거지와 묘산이 군두리재에 위치하고 1600년대 초 김근행은 죽정동에 '열파정(閱波亭)'을 건립하였다.

70 이것은 왕대산 아래에 1500년대 초에 김극성이 건립한 '우정(憂亭)'이란 정자에서 알 수 있다. 인근의 남곡동 일원에 김극성의 5손 김경조의 묘산이 위치하고 있다. 또한 전주류씨 류병이 처변으로 이곳으로 입향한 것도 이런 연유에서이다. 『증보신안지』 참조.

군두리, 내항, 청소[65]	현손 김극성	이몽규	경주	김극성 사위	독정리	
청라 장산리	현손 김극양	김삼로	나주	김극양 사위	장산리	
청라 장산리	현손 김극견	한수준	청주	김극견 사위	장산리	
제석리, 영전리	현손 김극양	우석손	단양	김남호 외손서	나원리	
죽정동	현손 김극신	신여경	거창	김인서 사위	죽정동	
화산리	현손 김극성	이몽열	전주	〃	화산리	
청라 장산리	〃	구계우	능성	김남호 외손서	옥계리	원외손
죽정동	〃	조존성	양주	김극성 손서	죽정동	
청라 복병리	〃	유사경	문화	김정걸 사위	복병리	

지금까지 살펴본 조선전기 보령현 재지사족들의 세거지를 지도로 표시하면 다음과 같다.

<지도1> 조선전기 보령현 사족의 세거지(묘산 포함)

1. 광산김씨 세거지역(노란색)
   청라동 전 지역, 독정리, 갈두리, 내항동, 고만, 오천 교성리, 청소 성연리, 재정리
2. 광산김씨 외연 세거지역: 청라동, 고만, 오천 교성리, 청소 재정리, 죽림리
   ①한양조씨 ②한산이씨 ③원주원씨 ④용인이씨 ⑤단양우씨 ⑥파평윤씨 ⑦경주이씨 ⑧나주김씨 ⑨청주한씨 ⑩인천채씨 ⑪거창신씨 ⑫전주이씨 ⑬능성구씨 ⑭양주조씨 ⑭문화유씨 ⑮밀양박씨
3. 오천면(신송리 등)
   ①공주이씨 ②원주김씨 ③수원이씨 ④수안이씨
4. 기타
   ①신천강씨(읍치) ②양천최씨(청라)

위 표와 지도에서 알 수 있듯이, 15, 16세기에 보령현에 사족이 입향하여 형성될 수 있었던 배경에는 김성우의 입향 이후 광산김씨의 사회 경제적 기반을 배경으로 가능하였다. 광산김씨는 과거와 관직을 통하여 사족의 위상을 높이고 또한 혼인을 통하여 유력한 사족을 보령현에 계속하여 입향시켰고 외연의 세거지는 광산김씨의 세거지와 동일지역이다.

2) 유적(遺蹟)

조선전기 보령현 사족의 유적은 광산김씨의 유적 이외에는 전하는 것이 거의 없다.[71]

(1) 누정, 묘비, 족보(함)

광산김씨는 15세기 초부터 청라동을 비롯하여 왕대산 등 풍광이 빼어난 곳곳에 누정을 짓고 당대를 풍미했던 많은 문사들과 교유하였다. 김맹권은 세조 연간에 청라동 복병리에 만취당(晩翠堂)[72]을 건립하였고, 김극성은 왕대산에 우정(憂亭)을 김극양은 구산(駒山)에 문월정(問月亭)을 건립하였다. 현재 이 누정들은 대부분 유실되어 그 흔적을 찾을 수 없지만 만취당은 1661년(현종2) 중수되어 보전되어오다가 1960년 청천저수지가 건설되면서 이건 되었다.[73]

광산김씨 묘비는 1501년에 김극성이 건립한 증조 김남호 묘비와 모친 나주전씨 묘비, 1511년에 건립한 종조 김홍로 묘비가 있다. 김남호 묘비는 보령지방에서 가장 오래된 묘비로 2016년 8월 보령시향토유적 제7호로 지정되었다.

---

71 이맹휴(1713-1751)의 「호유잡록(湖遊雜錄)」, 『아술록(蛾述錄)』에 "강순의 원정(園亭)이 충청수영 인근에 있었으나 그의 처형 이후 수영에 귀속되었다(永保亭本 本睿宗朝 相臣康純園亭 康純死於南怡之獄 沒入官遂爲本軍節度營...)"고 기술되어 강순의 누정의 존재를 추정해볼 수 있으나 자세한 사항은 알 수 없다. 「호유잡록」은 이맹휴가 1741년 홍성, 보령일대를 유람했을 당시 문견한 일을 적은 잡록이다. 이맹휴, 『아술록(蛾述錄)』.

72 앞의 『증보신안지』 누정조.

73 김맹권의 현손 김태국이 지은 '만취당 8경'을 비롯하여 한준겸(韓浚謙, 1557-1627), 유몽인(柳夢寅, 1559-1623) 등이 지은 만취당 8영 개작이 전한다. 장선징(張善瀓, 1614-1678)은 김극양의 문월정에 대한 시를 남기고 있다.

광산김씨족보는 김극성에 의해 주도되어 1580년대 말에 보령지방에서 최초로 족보를 간행하였다.[74] 김맹권의 현손 김태정(1541-1588)은 전라도관찰사로 재직하던 1585년 광산김씨의 본관지인 광주 평장동을 방문하여 족보첩을 세밀하게 필사한 후[75] 족보를 제작하였고, 이듬해인 1589년(선조 22)에 김문서 묘비 상석 아래에 '광산김씨족보함'을 만들어 보관하였다. 하지만 이 족보함에 보관돼오던 족보는 유실되어 현재 그 실체를 알 수 없다. 광산김씨족보함은 2016년 8월 보령시향토유적 7호로 지정되었다. 이상의 조선전기 보령현의 유적을 정리하면 다음과 같다.

[표36] 조선전기 보령현의 유적

<table>
<tr><th>분류</th><th>유적명</th><th>건립자</th><th>관직</th><th>소재지</th><th>년대</th><th>비고</th></tr>
<tr><td rowspan="3">누정</td><td>晩翠堂</td><td>김맹권</td><td>진사</td><td>청라동
복병리</td><td>1457-1465</td><td></td></tr>
<tr><td>憂 亭</td><td>김극성</td><td>우의정</td><td>남곡동
왕대산</td><td>1500년대 초</td><td></td></tr>
<tr><td>問月亭</td><td>김극양</td><td>순창군수</td><td>청라동
구산</td><td>1500년대 초</td><td></td></tr>
<tr><td rowspan="3">묘비
(금석문)</td><td>김남호 묘비</td><td>김극성</td><td>우의정</td><td>대천
독정리</td><td>1501</td><td>보령시향토
문화재7호</td></tr>
<tr><td>나주전씨
묘비</td><td>김극성</td><td>우의정</td><td></td><td>1501</td><td></td></tr>
<tr><td>김흥로 묘비</td><td>김극성</td><td>우의정</td><td>나원리</td><td>1511</td><td></td></tr>
<tr><td rowspan="2">족보
(함)</td><td rowspan="2">光山金氏族
譜函</td><td>김극성</td><td>우의정</td><td rowspan="2">죽정동</td><td rowspan="2">1589</td><td rowspan="2">보령시향토
문화재7호</td></tr>
<tr><td>김태정</td><td>형조참판</td></tr>
</table>

74 『광산김씨천년사』, 광산김씨대종중, 2014.

75 「平章洞世乘」: "噫 壬辰亂前 居京金泰廷, 爲全羅監司時 巡到光州 卽詣平章洞 大會姓族 大開族會之宴取見族帖 曰 前世 相公之墓山 皆在於長湍詳書 細騰書而...)"(『족첩(族帖)』(1660년대 필사본)).

이같은 조선전기 광산김씨의 향촌에서의 활동은 17세기 중엽을 분기점으로 선조현창을 위한 비석건립 등을 활발하게 추진하는 일반적인 경향[76]에 비해 시기적으로 크게 빠르다고 할 수 있다. 왜냐하면 이 시기는 보령현에 집성촌이나 문중화가 아직 이루어지지 않았기 때문이다.

(2) 별묘(別廟), 부조묘(不祧廟)

① 원모당(遠慕堂)

원모당은 광산김씨 보령현 입향조 김성우의 별묘(別廟)이다. 김성우 사후 이어져온 친진(親盡)이 김성우의 증손인 김맹권대에서 끝나자[77] 후손들은 김성우의 신주를 매안(埋安)해야 했다. 하지만 그 때마다 갑자기 뇌성벽력이 일어나 결국 매안하지 못하였다.[78] 이에 후손들은 그의 묘소 옆에 별묘를 지어 신주를 모시기로 하였다. 이렇게 해서 16세기 전반에 청라동 나원리 김성우 묘소 아래 동방향에 김성우의 고려혼을 영원히 사모한다는 의미의 '원모당(遠慕堂)'이라는 김성우의 별묘가 건립되었다. 이처럼 이 시기에 김성우 별묘 건립이 가능했던 것은 이를 관철하고 유지하게 한 신이한 행적과 당시 보령에서 이를 유지

76 이해준, 「조선후기 문중화 경향과 친족조직의 변질」, 『역사와 현실』 48, 2003, 179쪽.

77 이해준은 조선전기의 사당 제사를 증조까지 지냈던 것을 감안하여 김성우의 친진을 김맹권, 김극신, 김극성 대로 추정하고 있다. 이해준, 「보령광산김씨 사적과 그 문화사적 성격」, 『고려절신 김성우 장군 재조명』, 제1회 김성우 장군 추모기념 학술대회, 충남대 인문학연구원, 2010, pp.206-207.

78 『광산김씨족보』 임인보 및 『증보신안지』.

존속시킬 만큼 광산김씨의 위세가 컸고 김성우가 절의를 실천한 인물이라는 향중의 공론이 인정되었음을 보여준다.[79]

김성우 별묘의 건립은 1511~1513년 사이에 김맹권의 세 아들 김극신, 김극성, 김극양과 조카인 김극견 등이 주도한 것으로 보인다. 이것은 첫째, 이 시기가 김성우의 친진이 끝난 시기이고, 둘째, 김맹권의 두 아들 김극신과 김극성이 사마시의 합격에 이어 문과에 급제하고 조카인 김극견이 사마시에 합격하여 사족으로서 확고한 지위를 확보하면서 광산김씨가 보령현의 향권을 주도하였고, 셋째, 1511년에 김맹권이 사망하자 관직에 있던 김극성과 김극양이 낙향하여 고향에서 후학을 양성하던 김극신과 함께 시묘생활을 함께하며 모친 나주전씨의 묘비, 종조 김홍로의 묘비를 건립하는 등의 추숭활동으로 이어지고 있기 때문이다.

김성우의 별묘는 정조조에 김성우의 11대손 진사 김양흠(金亮欽)(1763-1820)이 개축하였고, 1928년에 개수하였으나 1940년 일제에 의해 훼철되었다. 현재 그 자리에 1956년에 건립한 현재의 〈김성우 묘우 유허비〉와 비각이 있다.

② 광성부원군사우(光城府院君祠宇)

광성부원군사우는 김극성 사후 조정에서 내린 보령 최초의 김극성의 국부조묘(國不祧廟)다. 부조묘는 중국의 종묘제도에서 유래한 것으로 향현사(鄕賢祠) · 향사(鄕祠) · 영당(影堂) · 별묘(別廟) 등으로 불리며 왕

79 이해준, 위의 논문, 207쪽. 이에 관해서는 졸저(『김성우 평전』) 참조.

실봉작을 받은 사람과 공신(功臣) 그리고 조공종덕(祖功宗德)이 있는 사람에게 주어졌고 국가의 공인을 받아야했다.[80]

김극성은 사환하는 동안 여러 관직을 거쳐 유교정치의 핵심이 되는 관청인 예조판서[81]를 3차례나 역임하여 조선왕조의 인재선발과 유교적 사회질서를 확립하는데 크게 기여하면서 덕치를 추구하는 경세관을 가지고 대신정치를 추구하였다.[82]

김극성은 관직에 종사하면서 당대 이름난 사림과의 교유를 통하여 사림을 이끄는 중추적 역할도 하였다. 그가 교유한 대표적인 인물은 다음과 같다.

[표37] 김극성이 교유한 인물

이름	생몰	본관	사승 교유	관직	배향 제향	비고
曺 偉	1454-1503	창녕	김종직 문인	동지중추부사	경렴서원	무오사화
李彦迪	1491-1553	여주	이황 종유	좌찬성	명종묘정	김극성 <행장>, 만사, 제문 찬
崔淑生	1457-1520	경주		판중추부사		기묘사화
鄭希良	1469-1502	해주	김종직 문인	선무랑		무오사화

80 신명호,「조선시대 불천위」,『조선시대의 사회와 사상』, 1998, 580-581쪽. 왕실봉작을 받은 대군, 군, 공주, 옹주, 위, 영돈녕부사, 부부인 등 初有奉爵者이고, 조공종적은 정몽주 등 묘정배향신을 말한다. 하지만 조선 후기에 이르러 당파나 학파 심지어 지역사회 유림을 중심으로 불천위를 모시게 되었다. 김미영에 따르면, 안동지역 50개의 불천위 중 정공신 2명(정국공신 이우, 광국공신 류성룡)을 가장 공신력있는 자격요건을 갖춘 불천위로 설명하고 있다. 김미영,「불천위 추대 기준에 대한 제도적, 담론적 고찰, - 안동지역 사례를 중심으로」,『국학연구』17, 2010, 424-425쪽.

81 6조의 관아인 예조는 예악, 제사, 연회, 조빙(朝聘), 학교, 과거 등을 관장했던 중요기관이다.

82 한기범,「우정(憂亭) 김극성(金克成)의 관료활동(官僚活動)과 경세관(經世觀)」,『한국사상문화학회』56, 2011.

金世弼	1473-1533	경주		이조참판	팔봉서원	기묘사화
李長坤	1474-?	벽진	김굉필 문인	대사헌	연암서원	
成重淹	1474-1504	창녕		박사	부동서원	무오, 갑자사화
金安國	1478-1543	의성		대제학	인종묘정	
金正國	1485-1541	의성		형조판서	임강서원	
金 淨	1486-1521	경주		증영의정	상현서원	기묘사화
朴 祥	1474-1530	충주		순천부사	월봉서원	사림파
李賢輔	1467-1555	영천	이황 문인	호조참판	분강서원	

위의 [표37]에서 김극성이 교유한 인물은 사림파를 대표하는 인물이면서 사화의 화를 당한 인물이 많다.[83] 이는 그가 사림과 폭넓은 교유를 하였고 사림은 그에 대하여 "공이 남쪽에서 돌아오니 사림들이 환영했다"[84]라고 하고 그의 죽음에 "슬픔의 물결이 사림을 휘감았다"[85] 또는 "사림의 종사(宗師)"[86]라고 한 것은 그가 사림의 존경을 받아 사림의 종사라고까지 일컬었음을 알 수 있다. 특히 동방 5현의 한 사람인

83 실제로 김극성은 의주목사로 재직할 당시 정희량, 조위(曺偉)와 더불어 시를 읊고 의주에서 20리 떨어져있는 인산(麟山)에 적거하고 있던 성중엄(成重淹)과도 내왕하였다. 김극성, 위의 책.

84 공조판서 윤임, 참판 홍경림 등의 제문. 김극성, 위의 책.

85 영중추부사 류부, 지중추부사 권벌 등의 제문. 김극성, 『우정집』.

86 이조판서 양연, 참판 신영, 선공감정 조익 등의 제문: "官以德懋, 在時尊二, 士林宗師, 廟堂柱石"; "宗匠斯文. 位居弘化, 賁飾皇猷." 김극성, 위의 책.

이언적(李彦迪, 1491-1553)[87]이 그의 제문, 만사, '행장'(1540)[88]을 지은 것은 사림에서의 그의 위상을 엿볼 수 있게 한다.

김극성이 우의정으로 재직하다 1540년 4월 타계하자 중종(中宗)은 3일간 철조를 명하고 좌부승지 한숙(韓淑)과 예조좌랑 안충달(安忠達)에게 사제문(賜祭文) 2편을 보내 그의 죽음을 애도하였다.[89] 김극성은 1506년 9월 8일 중종반정의 공으로 병충분의결책익운정국공신(秉忠奮義決策翊運靖國功臣)으로 책록되어 광성부원군(光城府院君)에 봉군되었다. 그의 사후 정공신의 공적으로 불천위(不遷位)인 부조묘가 청라동에 건립되었다.[90] 불천위에게는 별묘 이외에도 관작이 세습되고 토지와 사패노비가 하사되었을 뿐 아니라 십악대죄를 저지르지 않는 한 감형되는 특권이 주어졌다. 김극성의 묘소가 있는 청소면 재정리에는 그의 묘소를 관리하는 여러 명의 사패노비(묘직이, 산직이)가 있었고 산소 인근의 분암(墳庵)에 재궁(齋宮) 승려가 상주하였다.[91]

김극성의 사우명은 광성부원군사우로 건립연대는 1540년경이다. 그의 사우가 김극성의 시호인 '충정(忠貞)'이 아닌 '광성부원군'으로 명명한 것은 사우의 건립연대와 관계된다. 김극성이 타계한 해인 1540년경에 사우가 건립되었음은 첫째, 그의 시호가 1658년(효종9)에 정해

87 자는 복고(復古), 호는 회재(晦齋)이고 시호는 문원(文元)이다. 1514년(중종9)에 문과에 급제하여 좌찬성 등을 지냈다.

88 김극성, 위의 책.

89 『중종실록』(중종35) 경자 4월 5일 병인조. 이외에도 조야가 조문과 만사를 지었고 『우정집』에 전한다.

90 『경국대전』, 禮典, 奉祀條: 始爲功臣者 親盡而不遷 別立一龕 祭之. 앞의 『추원록』.

91 김극성의 묘소가 있는 이 지역의 이름이 현재까지도 '능동(陵洞)', '산직촌(山直村)', '재궁동(齋宮洞)'으로 불리는 것은 바로 이런 연유에서이다. 참고로 김극성의 산소를 관리하고 제례를 주관하는 여러 명의 승려가 이곳의 분암(墳庵)에 상주하였다. 위의 『추원록』 참조.

진 것으로 보아 사우명이 시호 이전의 김극성의 봉군 명칭이고 둘째, 사우 개축 시의 기와명문 '康熙 十七 戊午'(1678년)에서 '충정'(1658)이라는 시호 이전에 사우가 건립되었음을 알 수 있다. 광성부원군사우는 1960년에 청라동에 청천저수지가 건설되면서 그의 묘가 있는 보령시 청소면 재정리로 이건하여 현재에 이르고 있다. 1983년에 충남도문화재 제143호로 지정되었다.

지금까지 조선전기 보령지방의 사족형성과 전개과정을 사마방목, 지리지, 족보 등을 중심으로 살펴보았다. 그 결과 보령현은 내성(來姓)이 중심이 되어 신흥사족을 형성하였다. 고려 말 광산김씨를 시작으로 16세기 전반에 입향한 보성오씨에 이르기까지 29개 사족이 입향하였다.

보령현 사족의 성관자료 분석을 통하여 첫째, 방목의 7개 성관, 둘째, 『증보신안지』 인물조의 11개 성관(보령현), 마지막으로 족보와 『보령군지』의 11개 성관이 조선전기에 보령현에 세거한 사족임을 알 수 있었다.

이들 성관의 입향시기는 고려 말 광산김씨를 시작으로 15세기에 신천강, 한양조, 한산이, 원주원 등 10개 성관과 16세기에 파평윤, 경주이, 나주김씨 등 19개 성관이 입향하였다.

이들 성관의 입향연유는 대부분의 성관이 광산김씨와의 혼연을 통한 외연이나(29개 성관 중 한양조씨 등 18개 성관) 광산김씨와의 교유(양천최, 수원이, 무주김, 보성오)를 통한 인연으로 입향이 이루어졌다. 단지 신천강, 진주소, 안동김, 밀양박씨의 입향사유는 파악하지 못하였다.

이들 성관의 세거지는 읍치지역과 충청수영이 있는 곳을 제외한 김성우의 왜구토벌과 관련된 전 지역이 광산김씨와 외연의 세거지였다. 김성우의 현손 김극성 이전의 광산김씨는 현관으로 크게 활동한 관인이 없기 때문에 조선전기에 이처럼 많은 성관들이 보령현에 입향하여 사족을 형성할 수 있었던 것은 김성우가 왜구토벌의 공으로 받은 사전(賜田)과 광산김씨의 경제력에 기반하였다(위의 입향연유 미상 성관 예외).

조선전기 보령현의 사족의 활동은 광산김씨 이외에는 크게 활발하지 못하였다. 광산김씨는 누정과 묘비를 비롯하여 김성우의 별묘인 원모당과 김극성의 부조묘인 광성부원군사우를 건립하고 족보를 간행하는 등 조선전기 보령지방의 향촌사회를 영도하였다.

이상의 조선전기 보령지방 사족의 형성의 고찰에서 보령현은 조선전기 사회의 남귀여가혼(男歸女家婚)의 혼인관습과 과갈(瓜葛)로 엮어진 향촌사회의 지연과 혈연관계를 잘 알 수 있었다. 조선후기에는 학연과 당파가 결합되어 조선사회가 지연, 학연, 색연(당색)의 관계가 지역에서 사회구성의 한 요인이다. 따라서 지금까지의 결과를 바탕으로 다음 장에서 보령현의 사족이 조선후기에 어떻게 전개되어 나가는지를 살펴보기로 하자.

제3장

조선후기 보령현 사족의 동향

조선사회는 16세기 이후 사회전반에 큰 변동이 일어났다. 이 가운데 신분변화가 두드러지면서 사족은 사회를 주도하는 계층으로 성장하였다. 특히 재지사족은 향촌의 지배세력으로 향촌사회 운영의 한 중심축이었다. 그러나 18세기 이후 신분계층의 분화와 더불어 사족체계가 동요되면서 해체되기 시작하였다. 따라서 조선후기 향촌사회를 이해하기 위해서는 재지사족의 동향을 파악해야한다.

조선후기 충청지역 재지사족의 동향 연구는 재지사족의 향촌지배를 알 수 있는 방목 · 향안 · 향악의 연구[1]와 지역사례 연구[2]로 대별된다. 하지만 충청지역 사족의 동향연구는 경상좌도나 전라도 지역에 비해 미흡하다. 특히 조선후기 보령지방 재지사족의 동향에 관한 연구는 전무한 실정이다. 조선사회가 사족의 지연, 혈연, 학연, 색연(당색)을 연(緣)으로 사회가 구축되었기 때문에 사족들이 향촌에서 어떤 연으로 구성되었느냐에 따라 군 · 현의 사회문화의 성격이 각기 다르기도 하였다.

주지하는바와 같이 조선시대 사족의 형성과 변동에 관한 연구를 위한 지방 자료로는 유향소, 향교, 서원 등과 관련된 자료와 재지사족의 가계기록이 현지 사족의 명단을 파악하는 1차 사료다. 이들 자료에는 당시 재지사족이 입안하였기 때문에 현장의 자료로 이를 분석하여 사족들의 동향을 파악할 수 있기 때문이다. 하지만 보령현은 이러한 자료가 영세하다. 향교나 서원에 관한 『향안』, 『청금록』 등의 자료는 현재 전하여오는 것이 없어 사족의 동향파악을 파악하기에는 한계가 있다.

이같은 자료의 한계가 있지만 앞 장과 마찬가지로 관찬자료인 『방

---

1 이연숙, 「조선시대 충청도 사마방목 입록실태와 추이」, 『역사와 담론』 58, 호서사학회, 2011. 홍제연, 「금산향교 소장 고문서를 통해본 19세기 금산의 재지세력」, 『역사와 담론』 88, 호서사학회, 2018. 황기준, 「18·19세기 회덕 송촌 대동계 하계의 구성과 운영」, 『역사민속학』 52, 한국역사민속학회, 2017, 김경란, 「조선후기 충청도 공주목의 유력성씨와 향촌지배세력의 추이-향안, 거접명록의 분석을 중심으로」, 『역사와 담론』 92, 호서사학회, 2019.

2 송인협, 「17-18세기 옥천지방 재지사족의 동향: 삼계서원의 치폐를 중심으로」, 『충남사학』 11, 충남대학교사학회, 1999. 김경수, 「조선시대 홍성지역 재지세력의 형성과 추이」, 『조선시대사학보』 53, 조선시대사학회, 2010. 이상순, 「18-19세기 회인현 지역 재지사족의 결합양상」, 『지방사와 지방문화』 17, 역사문화학회, 2014. 안다미, 「부여현 사족의 서원활동과 원향지가의 의미」, 『역사와 담론』 89, 호서사학회, 2019.

목』[3]에 이어 지방의 1차 자료인 『증보신안지』(1748)[4], 향교의 『청금록(靑衿錄)』[5], 『보령군지』(1991), 『보령시지』 (2010)[6], 족보, 금석문[7] 등을 중심으로 사족의 동향을 파악하였다. 이어지는 본론에서 위의 자료를 통하여 살펴본 보령현의 사족의 성관표[8]를 중심으로 조선후기 보령현의 사족의 동향을 살펴보고자 한다.

이 장에서 살펴볼 연구시기를 조선후기인 임진왜란 이후부터 18세기 말까지로 한정하였다. 이처럼 연구시기와 대상을 한정한 이유는 19세기 이후부터 급격한 사회변화에 따른 신분변동이 크게 일어나고 사족이 재지에서의 향권에 큰 영향을 미치지 못하기 때문이다.

---

3 관찬자료인 『방목』은 과거시험 합격자 명단으로 사족의 존재를 파악할 수 있는 중요한 사료다. 『방목』은 크게 『문과방목』, 『무과방목』, 『사마방목』, 『잡과방목』으로 대별된다. 이 책에서는 『사마방목』과 『문과방목』을 중심으로 입격 당시 거주지가 보령현과 남포현으로 기재된 성관으로 하였다.

4 『증보신안지』는 보령현에서 재지사족이 중심이 되어 18세기 중반에 편찬된 자료로 유일하게 사족명단이 등재된 것이다. 고려 말에서 조선 영조조까지 보령현의 역사와 문화 그리고 인물을 살필 수 있는 현전하는 보령현의 읍지다. 이에 관한 자세한 사항은 제6장에서 상세하게 살펴볼 것이다.

5 보령향교에는 『청금록』 2책이 전해오고 있는데 1책은 1723년 도유사 이홍(李泓)에서 1870년 성정수(成政修)까지 2책은 1871년 이승순(李承淳)부터 현재까지 188명의 명단이 기록되어있다. 『청금록』 1책이 임진왜란 이후 131년의 공백기가 있긴 하지만 1723년부터의 보령향교의 선생안으로 조선후기 사족의 동향을 파악할 수 있는 자료이다.

6 『보령군지』, 『보령시지』는 최근의 자료이지만 자료의 한계가 있고 또한 위의 자료에서 살필 수 없는 조선후기 보령지방 사족의 입향 사실이나 존재를 확인할 수 있기 때문에 필요한 경우 참조하였다.

7 족보나 금석문은 성관과 사족의 가계를 참조할 수 있고 조선후기 사족의 향촌활동을 살필 수 있는 자료이다.

8 이장의 전개과정에서 자료의 한계로 누락된 성관도 있을 것으로 본다. 이들 누락된 성관에 관해서는 차후 자료가 보완되는 대로 계속하여 수정 보완해 나갈 것임을 밝혀둔다.

1. 조선후기 보령현의 성관 분석

『방목』, 『증보신안지』, 『청금록』, 『지리지』 등에서 살필 수 있는 조선후기 보령현 사족의 성관을 정리하면 다음과 같다.

[표1] 보령현 사족의 조선후기 성관표

시기	자료	사족의 성관	계	총계
조선전기 입향 성관	사마방목 증보신안지	광산김, 신천강, 한양조, 한산이, 원주원, 용인이, 양천최, 수원이, 안동김, 진주소, 창원황, 파평윤, 경주이, 나주김, 단양우, 청주한, 인천채, 공주이, 교동인, 보성오, 거창신, 전주이, 능성구, 양주조, 문화유, 청주경, 무주김, 원주김, 수안이, 밀양박	30	61
조선후기 입향 성관	사마방목	전주임, 해남김, (원주김), 경주정, 나주임, 평택임, 연안이, 함양박, 창령성, 고령신, (거창신), 기계유, 평해손, 연안김, (청주경)	15 (3)	
	문과방목	여산송	1	
	증보신안지	안동김, 전주김, 김해김, 청해이, 당성이, 평강채, 해주최, 경주최, 진주류, 밀양박, 여산송, 여흥민, 의령남, 함양여, (교동인), (청주경), 신창맹, 안동권, 평산신	20 (2)	
	청금록	순흥안, 무풍김, 월성박, 월성경, 진주하	5	
			65 (5)	

*괄호안의 조선전기 입향 성관

[표2] 보령현 사족의 성관표

	광산김	신천강	수원이	한양조	한산이	원주원	용인이	수안이	창원황	안동김	양천최	무주김	파평윤	경주이	진주소	나주김	단양우	청주한	인천채	거창신
조선전기	0	0	0	0	0	0	0	0	0	0	0	0	0	0	0	0	0	0	0	0

조선후기	0	×	0	0	0	0	0	0	0	0	0	0	0	0	×	0	0	0	0	0
	전주이	능성구	양주조	보성오	전주임	해남김	원주김	경주정	나주임	평택임	연안이	함양박	창령성	고령신	기계유	평해손	연안김	전주김	김해김	청해이
조선전기	0	0	0	0	×	×	×	×	×	×	×	×	×	×	×	×	×	×	×	×
조선후기	0	0	0	0	0	0	0	0	0	0	0	0	0	0	0	0	0	0	0	0
	당성이	평강채	해주최	경주최	진주류	밀양박	여산송	여흥민	의령남	함양여	교동인	청주경	신창맹	안동권	순흥안	무풍김	월성박	월성경	진주하	
조선전기	×	×	×	×	×	×	×	×	×	×	×	×	×	×	×	×	×	×	×	
조선후기	0	0	0	0	0	0	0	0	0	0	0	0	0	0	0	0	0	0	0	

위 [표1], [표2]에서 보령현의 사족은 조선전기는 광산김씨 등 24개 성관(『사마방목』, 『증보신안지』)이 등재되었고, 보령현의 조선후기 성관은 모두 41개인데 이중 5개 성관(원주김, 거창신, 청주경, 교동인)은 조선전기에 보령현에 입향하여 사마방목에 이름을 올린 성씨이고 평택임씨 등 36개 성관(『사마방목』(13), 『문과방목』(1), 『증보신안지』(17), 청금록(5))이 새로운 성관으로 등재되었음을 알 수 있다. 따라서 조선전기의 성관이 조선후기에도 계속하여 존속하였는지 또한 어느 성관이 조선후기의

어느 시기에 보령현에 입향하여 보령현의 사족으로 등재되었는지를 자료별로 살펴보아야 한다.

(1) 『방목』의 사족성관

조선후기 『방목』에 보령현이 거주지인 성관은 총 29개 성관(고려 말 입향 사족인 광산김씨 등 포함)이다. 이를 성관별로 정리하면 다음과 같다.

[표3] 조선후기 보령현 「방목」 입격자 성관별표

성관	조선전기	17c전	17c후	18c전	18c후	계
광산김	4(2)	6(1)	1	1(1)	3	14(4)
안동김	1(1)		3(1)	1		5(2)
한산이	3(4)	1(4)	7(6)	9(8)	6(1)	26(23)
전주류	1					1
경주이	1		1			2
진주소	1					1
용인이	1	1				2
전주임		1				1
해남김		1				1
한양조		1		1	1	3
원주김		1			1(1)	2(1)
경주정			2			2
인천채			1			1
나주임			1			1
평강채			3(3)	1		4(3)
전주이			3	2(1)	3(1)	8(2)
청주한			1	1(1)		2(1)
연안이			2			2
평택임			1			1
함양박			1			1
파평윤			1	1		2

창녕성				1		1
고령신				1(1)	1	2(1)
거창신				1		1
기계유				1		1
양천최				1		1
평해손				1		1
연안김					2	2
수원이					1	1
양주조					1	1
여산송			(1)			(1)
우봉이				1		1
청주경				1		1
31개	12(7)	12(5)	28(11)	25(12)	19(3)	96(38)

(괄호안의 숫자는 문과 입격자 수)

조선시기 보령현 사마시 합격자는 132명으로[9] 대읍인 부목주 30여

---

9 19세기 이후 보령현 거주 성관의 사마방목 입격자는 다음과 같다.

성관	19c전	19c후	계
광산김	2		2
안동김	3		3
한산이	6	3	9
한양조	3	3	6
평강채	1	2	3
연안이	1		1
창녕성	1		1
연안김		1	1
양주조		1	1
평산신	3	3	6
창녕조	2		2
우봉이	1		1
능성구	1		1
전주류		1	1

개를 제외하면 소현으로는 진천, 포천, 용인, 예안에 이어 5번째로 많은 합격자를 배출하였고 충청우도에서는 1위다. 이러한 수적 최상위는 보령현을 양반의 고을이라 일컬을 수 있게 한다. 위 [표3]의 『사마방목』을 살펴보면, 임진왜란 후인 17세기 초에 전주임씨 등 3개 성관, 17세기 후반에 경주정씨 등 6개 성관, 18세기 전반에 창녕성씨 등 6개 성관, 18세기 후반에 연안김씨 등이 보령현의 재지사족으로 세거하였음을 알 수 있다. 임진왜란 이후인 17세기 후반에 10개의 사마시 입격 성관 중 8개의 성관(인천채·평강채·전주이·청주한·함양박·파평윤·평택임·기계유)은 광산김씨의 외연으로 입향한 성씨들이다. 이는 조선후기에도 약간의 성세의 변화가 있긴 하지만 대체로 조선전기의 양상이 그대로 이어지고 조선후기에 사족의 입향이 증가되었음을 보여준다. 광산김씨의 외연이 아닌 성관들은 임진왜란을 피해온 성관이거나 사패지에 입향한 사족들이다. 사마시 입격자의 성관을 세기별로 좀 더 자세히 살펴보면 17세기 전반에는 광산김, 한산이, 용인이, 전주임, 해남김, 한양조, 원주김씨 등 7개 성관에서 12명의 입격자를 내고 있는데 이 중 광산김씨가 6명으로 가장 많은 입격자를 배출하여 17세기 전반까지도 광산김씨가 보령현 향촌사회의 주도적인 재지세력이었던 것으로 파악된다. 이러한 상황은 17세기 후반부터 커다란 변화를 보이기 시작한다. 이는 광김의 외연으로 입향한 한산이씨의 약진이다. 17세기 후반 한산이씨는 7명의 사마시 입격자를 배출하고 이어 18세기 전반에 9명, 후

무주김		1	1
37개	24	15	39

반에 6명 등 22명으로 보령현의 지배사족으로 군림하는 세력으로 충분하였다. 이것은 이 시기부터 한산이씨가 보령현의 향권을 주도하는 세력으로 급부상하였음을 짐작하게 한다.

『문과방목』의 경우 조선후기에 광산김씨 2명, 한산이씨 19명, 평강채씨 3명, 전주이씨 2명, 청주한, 고령신, 여산송, 원주김씨 등이 각각 1명의 입격자를 배출하고 있다. 특히 한산이씨는 17세기 후반부터 문과 입격자가 크게 증가하고 있는데 이것은 앞의 『사마방목』과 마찬가지로 17세기 후반부터 한산이씨가 보령현의 큰 재지세력으로 향권 또한 이들이 지배하였다는 사실을 보여준다. 이상의 방목의 거주지를 통해 조선후기에 보령현에 새로운 사족으로 등장하는 성관을 정리하면 다음과 같다.

[표4] 「방목」(사마 · 문과)의 조선후기 보령현의 새로운 사족[10]

시기	성관	계
17세기 전반	전주임, 해남김	2
17세기 후반	경주정, 나주임, 평택임, 연안이, 함양박, 여산송	6
18세기 전반	창녕성, 고령신, 거창신, 기계유, 평해손	5
18세기 후반	연안김	1
		14

위 표를 통해보면 조선후기 급격한 사회변동에 따라 사족이 증가해

10 이 외에도 무과방목에서 확인되는 몇몇 성씨가 있으나 입격자가 한 두 명으로 이들 성씨의 조선후기 보령현 세게 여부는 알 수 없다. 참고로 무과에서 확인되는 성씨는 풍덕김(김세웅, 1583무과), 경주박(박대승, 1651무과), 성주이(이번, 1670), 교하노(노석기, 1681), 안평이(이세주, 1722)가 있다. 이들 성씨 중 풍덕김씨 김세웅은 광산김씨 김종권의 외손으로 입향하였다. 공주이씨 입향조 이예의 손서가 김세웅이다. 앞의 [표23] 공주이씨 세계도 참조.

서 과거입격자도 증가하였음을 알 수 있다.

(2) 『증보신안지』의 사족

『증보신안지』 인물조에는 고려 말에서 조선 영조조까지의 총 24성씨 50개 성관 254명이 수록되어 있다.[11] 이들 성관 중 조선후기에 등장하는 사족을 정리하면 다음과 같다.

[표5] 「증보신안지」 인물조 조선후기 성관표

성씨	본관	인원수	성씨	본관	인원수
김	전주	2	박	밀양	1
	김해	1		함양	1
			송	여산	1
이	연안	4	민	여흥	2
	청해	1	손	평해	2
	우봉	1	남	의령	1
	당성	3	여	함양	1
채	평강	11	임	평택	1
최	해주	2	맹	신창	1
	경주	3	권	안동	1
신	고령	5	정	경주	2
	평산	2			
류	진주	5			
성	창녕	4			
14개 성씨 25개 성관(59명)					

11 참고로 관찬지리지인 『여지도서』(1757-1765) 인물조에 광산김(10), 수원이(2), 양천최(1), 한산이(13), 경주이(2), 원주원(2), 거창신(1), 양주조(5), 고령신(1), 평강채(1), 청해이(1), 함양박(1), 당성이(1) 등 13개 성관 42명이 수록되어 있다. 이 지리지에 수록된 성관과 인물들은 『증보신안지』(1748) 인물조와 동일하다. 따라서 『여지도서』가 『증보신안지』를 기초로 편간되었음을 알 수 있다.

위 [표5]에서 조선전기 10개의 성관을 제외하면 임란 이후 보령현에 입향한 성관은 모두 26개 성관이다. 이들 성관은 김씨3(전주, 김해, 원주), 이씨4(연안, 청해, 우봉,당성[12]), 최씨2(해주, 경주), 신씨2(고령, 평산), 박씨2(밀양, 함양)과 평강채, 진주류, 창령성, 경주정, 여산송, 여흥민, 평해손, 의령남, 함양여, 평택임, 청주경, 신창맹, 안동권씨 등이 보령현에 새로 등장하는 성관임을 알 수 있다. 이들 성관 중 청해이, 함양박, 고령신, 평산신, 평강채, 여흥민, 평해손, 신창맹, 의령남, 함양여, 교동인, 안동권씨 등은 광산김씨의 처변이나 외변으로 입향한 성관으로 조선후기 『방목』에 수록된 성관과 그 추이를 같이하고 새로운 사족의 증가가 두드러진다(참고로 『방목』에 수록된 38개 성관 중 31개 성관이 『증보신안지』 인물조에 실려 있다).

(3) 보령향교 『청금록』의 사족

보령향교에는 1921년 작성된 『청금록』 2책이 전하여 온다.[13] 이 『청

---

12 당성이씨(唐姓李氏)는 중국 당나라 성씨로 농서이씨(隴西李氏)로도 불린다. 당성이씨 보령현 입향조는 임란 당시 큰 공을 세운 이여매(如梅)의 손자 이성룡(成龍, 1600-1653)이다. 그는 1618년 심하(深河) 전투에서 패배하여 조선에 표류해와 옥성부원군 장만(張晚, 1566-1629)이 호서에 살게 하여 정착한 것으로 전한다(『영조실록』, 영조14년 무오(1738) 12월 13일 신묘조, 강화 유수 권적(權𥛚)의 상소). 그의 묘가 청소면 야현리에 있다. 손자 이동배, 증손 이저, 이훈이 『증보신안지』에 올라 있다.

중시조	2세	3세	4세	5세	6세	7세
李成粱 –	李如梅 –	李憲忠 –	李成龍 –	李翻得 –	李東培 ┬	李著
요동총령		配晋州姜壽南女 당성이씨보령현입향조			└	李薰

13 본고에서는 시기를 1739-1800년까지로 하였고 『보령향교지』(1998)를 참조하였다. 이처럼 시기를 1800년까지 한정한 것은 19세기에 이르러 각 향교에서 더 이상 『청금록』을 작성하지 않았고 1800년까지의 『청금록』이 향촌에서 사족의 후예라는 증거로 이용되고 있기 때문이다. 이에 관해서는 윤희면(『조선후기 향교연구』, 일조각, 1990)을 참조.

금록』 중 1책은 1739-1870년까지, 2책은 1871년부터 현재까지의 보령 향교를 운영했던 인물들을 '도유사', '제1장의', '제2장의', '장의'로 구분하여[14] 이름, 본관, 생년, 재임기간 등을 기록하고 있다. 향교가 서원과 더불어 재지사족의 집합처로 향촌지배의 구심점이었다는 점에서 이 『청금록』에 수록된 사족들은 당시 보령현의 사족들이다. 『청금록』에는 일반유생의 명단이 없어 아쉽지만, 여기에 수록된 성관의 분석은 조선후기 보령현 사족의 동향을 이해하는데 중요한 자료이기도 하다. 1739년부터 1800년까지 향교 운영을 책임졌던 도유사는 총 45명(2명 중복)이다. 도유사 성관을 살펴보면 광산김 10명(2명은 중복연임), 한산이 6명, 한양조 4명, 전주이, 안동권, 능성구, 수원이씨가 각 3명, 경주이씨 2명, 순흥안, 평해손, 경주박, 무주김씨가 각 1명씩이다. 이 『청금록』에 수록된 도유사, 제1장의, 제2장의, 장의를 성관별로 정리하면 다음과 같다.

[표6] 보령향교 「청금록」 도유사 및 장의 분석표(1739~1800)

순서	구분	성관	도유사	1장의	2장의	장의	계
1	려말 조선전기 성관 (재지사족)	광산김	10(8)	8	6	5	29
2		한산이	6	6	6	1	19
3		한양조	4	6	5	0	15
4		수원이	5(2)	2	7	0	15
5		전주이	6(3)	5	3	0	14
6		경주이	4(2)	2	4	0	10
7		능성구	3	1	3	0	7

14 향교의 교임(校任)은 교장(敎長) 1인, 장의(掌議) 2인, 색장(色掌) 2인으로 구성되었다. 교임의 우두머리인 교장은 도유사(都有司), 재장(齋長), 재수(齋首) 등으로 불리었다. 향교의 교임에 관해서는 위의 윤희면 154쪽 참조.

8	조선후기 성관 (신사족)	안동권	3(2)	2	1	0	7
9		순흥안	1	2	0	0	3
10		평해손	1	2	2	0	5
11		무풍김	1	6	1	0	8
12		경주박	1	2	0	0	3
13		경주최	0	0	0	14	14
14	재지사족	양천최	0	0	0	3	3
15		거창신	0	3	0	0	3
16	신사족	창령성	0	0	1	0	1
17		밀양박	0	0	0	3	3
18		여흥민	0	1	0	0	1
19		경주김	0	0	0	4	4
20		월성경	0	1	0	0	1
21	재지사족	용인이	0	0	1	0	1
22	신사족	연안이	0	0	1	0	1
23		파평윤	0	0	0	3	3
24	재지사족	무주김	0	0	0	1	1
25	신사족	우봉이	0	0	2	0	2
26	재지사족	청주한	0	0	0	2	2
27	신사족	김해김	0	0	0	1	1
28		진주하	0	0	0	1	1
28개 성관			45	49	43	38	177

(괄호안의 숫자는 도유사 중복연임 수)

위 [표6]에서 도유사 45명 중 광산김씨(10), 한산이씨(6), 한양조씨(4)가 전체 도유사의 23%를 차지한다. 이로 미루어 조선후기에도 보령현은 광산김씨와 한산이씨가 향촌사회의 주도 세력이었고 그 외의 재지사족은 대체로 이 두 사족의 외예로 연관되어 있다. 또한 이러한 수치는 지금까지 살펴본 『사마방목』, 『문과방목』, 『증보신안지』 인물조의 성관과 거의 궤를 같이한다. 재지사족 중 도유사를 한 명도 배출하지 못하는 성관은 사마시 입격자 배출 시기가 늦거나 사마시 입격자가 없는 성관들이다.[15] 또한 『청금록』의 수록 순서와 향교의 교임에서 성관의 위상을 찾아볼 수 있다. 28개의 성관 중 경주최씨 등 16개 성관은 도유사가 없이 장의 직만을 맡은 성관들이다. 경주최씨는 도유사나 제1장의, 제2장의가 없는 대신 장의만 14명으로 가장 많고 경주김씨(4), 밀양박씨(3), 양천최씨(3), 파평윤씨(3) 또한 장의로만 재임한 성관들이다. 색장(色掌)으로 불리는 장의가 향교의 각종 사무를 담당하는 하급직임이었음을 고려할 때[16], 이들 성관의 교임과 수치는 당시 보령현 재지사족의 위상과 관련이 있어 보인다. 경주최씨와 경주김씨 등은 사마시 입격자를 한 사람도 배출하지 못하였다는 점 등으로 보아 차사족이었던 것으로 보인다.

이상의 조선후기 보령현 사족성관의 존재를 『방목』, 『증보신안지』, 『청금록』 등의 내용을 통하여 사족의 동태를 정리하면 다음과 같다.

첫째, 『방목』, 『증보신안지』, 『청금록』에 수록된 성관들은 약간의 차이를 보이기는 하지만 조선의 전시기 큰 변화가 없어 보인다. 조선후기 사족은 전기와 거의 같은 양상으로 광산김씨와 한산이씨를 외연으로 하는 성관들이다.

둘째, 보령현은 광산김씨와 한산이씨가 조선 전후기를 통하여 지배사족의 존재였다. 이 두성관은 조선전기부터 후기까지 『방목』, 『증보신안지』, 『청금록』에서 수적으로 절대적인 우위를 차지하고 과거급

15 앞의 [표3] 조선후기 보령현 사마 입격자 성관 참조.

16 앞의 윤희면 참조.

제자들이 집중되었으며 향교의 교임에서도 가장 숫자가 많았다.

셋째, 조선후기 사족의 보령현 입향시기와 통혼 및 동향을 잘 보여주고 있다. 광산김씨는 보령현에 가장 먼저 입향한 사족으로 15세기 전반에 사마시에 입격하고 이어서 광산김씨의 처변이나 외변으로 입향한 사족들의 입격과 입향시기를 확인할 수 있다. 15세기에 한양조씨, 16세기에 한산이씨, 경주이씨, 용인이씨, 나주김씨, 17세기에 인천채, 평강채, 전주이, 청주한, 함양박, 파평윤, 18세기에 안동김, 창녕성, 고령신, 거창신, 기계유, 평해손씨 순서이고 이들 성관 대부분이 광김의 외예들이다.[17]

넷째, 일부 성관들 예컨대 방목의 15세기 창원황, 안동김, 16세기 진주소, 17세기 전주임, 해남김, 나주임, 연안김씨 등은 입향연유를 알 수 없다. 이들 성관 중 진주소씨, 해남김씨 등은 방목 이후 조선후기까지 보령현 거주가 확인되지 않아 이들 성관들이 어떻게 변동되었는지 알 수 없다.

다섯째, 『방목』 이후 조선후기까지 소재 파악이 안 되는 일부 성관이나 『증보신안지』의 성관들[18] 또한 보령현 거주 사족이라는 점이다. 왜냐하면 이들 성관이 1800년대 이후 『청금록』에서 확인되기 때문이다(위 [표6] 『청금록』 참조).

17 일부 성관에서 사마 입격순서와 입향시기에 일부 차이가 있긴 하지만 대체로 사족의 보령현 입향시기와 일치하고 있다. 예컨대 조선전기에 입향한 능성구씨는 19세기에 사마시 입격자를 내지만 『증보신안지』의 수록 순서는 입향시기와 일치한다.

18 예컨대 『증보신안지』에 등재되었으나 인원이 적거나 방목 입격자가 없는 성관들이다(김해김1, 밀양박1, 의령남1, 신창맹1, 인동장1).

마지막으로 향교 『청금록』의 순흥안[19], 월성박, 월성경, 진주하씨는 『방목』이나 『증보신안지』에서는 확인되지 않는 성관이지만 이들 성관이 도유사나 장의를 지낸 것을 보면 당시 보령현의 상위 사족이었을 것으로 추정된다. 하지만 이들 성관의 보령입향 연유나 세거는 알 수 없다.

조선후기 보령현의 사족동향은 당시 사회변동과 함께 사족이 크게 증가하고 이에 따라 과거급제자 수가 증가하고 있음을 알 수 있다.

2. 조선후기 보령현의 주요 입향사족

임진왜란 이후 사회변동과 신분상승으로 새로운 사족이 증가하였다. 임진왜란 이후 보령현에 입향한 주요사족을 살펴보면 다음과 같다.

1) 평산신씨(平山申氏)

보령현의 평산신씨는 조선후기에 두 계파가 입향하였다. 하나는 임진왜란을 피해 오천 오포리로 입향한 한성판윤공파의 신정(申禎)이다.[20] 그의 2자 신홍(鴻)은 부장을 3자 신봉(鳳)은 현감을 지냈다. 신정의

19 첨지중추부사를 지낸 순흥안씨 안지도(安志道)는 광산 김극견(金克堅. 사마1507)의 손서(孫壻)이고 그의 증손부가 정민공 안당(安瑭)의 증손녀여서 참고가 된다.

20 『보령시지』 <성씨입향고>. 한성판윤 신하(申夏) 신도비명에 따르면 그의 묘는 함흥 덕천에 있었으나 실전되었다가 1815년 찾았으며 파평윤씨와의 사이에 4남 2녀를 두었다고 한다. 족보에는 16세 신가배 이하 22세 신언(彦)까지 족보의 계보가 단선으로 이어지고 기록이 영세하여 묘산의 위치 등을 알 수 없다. 입향조 신정의 묘비는 1937년에 13세손 신동희(東

입향 이후 후손들의 묘산과 주 세거지는 청라동의 음현리와 신산리 그리고 오천의 선유동 일대이다. 신정 가계의 평산신씨 세계는 다음과 같다.

[표7] 평산신씨 신정가계 세계도

시조	중시조13세	14세	15세	16세	21세	23세	24세
申崇謙	申君平 –	申珪 –	申夏 – 한성판윤	申可培 ...	申彦 – 현령	申禎 사헌부감찰 配慶州金徹運女 보령현입향조	申鵬 현감
							申鴻

다른 하나는 18세기 후반에 처변으로 화산동으로 입향한 사간공파의 신광태(申光泰, 1756-1788)[21]이다. 그의 장인이 천휴당 이몽규의 8세손 이경익(慶翊)이다.[22] 부친 신위(申暐, 1707-?)는 문과에 급제하여 대사성 등을 지냈다. 아들 신재진(申在晉)은 통례원인의(通禮院引儀)를 지냈고 손자 신석붕(錫鵬)은 효행으로 정려를 받았으며, 신석룡(申錫龍)은 사마시(1848)에 합격하여 진사를 지냈다. 청라동의 신광태 가계의 평산신씨 세계는 다음과 같다.

曦)가 지어 세웠다. 『평산신씨한성판윤공파보』(1904) 참조.

21 신광태의 묘소는 현재의 대천 화산동에 위치하는데 이곳은 처가인 경주이씨 세거지인 독정리와 마주하고 있다. 이후 평산신씨는 청라동 장현리로 이거하여 현재에 이른다.

22 신광태가 경주이씨와 혼연을 맺은 것은 그의 증조 신사정(思鼎)의 배위가 삼도통제사 등을 지낸 이수민(壽民, 1651-1724)의 딸이라는 인척관계로 이루어졌다. 이수민의 삼촌이 청해이씨 보령현 입향조 이핵(翮)으로 경주이씨 입향조 이몽규의 증손인 이승효의 사위이다. 이어지는 '청해이씨 세계도' 참조.

[표8] 평산신씨 신광태 가계 세계도

시조		26세	27세	28세	29세	30세
申崇謙	....	申思鼎 配青海李壽民女	申暐 대사성	申光泰 配慶州李慶翊女 보령현입향조	申在晉 통례원인의	申錫龍
					女金履澈 안동김씨 청라동입향조(청라 장현)	

2) 경주정씨(慶州鄭氏)

경주정씨 입향조는 보령현감을 지낸 정신남(信男, 1571-?, 1622문과)이다. 정신남은 고려조 정당문학을 지낸 정진후의 후예로 1617년부터 1622년까지 보령현감으로 재직하였다. 두 아들 정준(鄭晙, 1620, 1651사마), 정호(鄭昈, 1652생원) 형제가 사마시에 입격하였고『증보신안지』인물조에 올라 있다. 정신남의 묘소는 금신동이나 두 아들과 후손들의 묘산과 세거지는 대흥현 등 타지역이다. 경주정씨 세계는 다음과 같다.

[표9] 경주정씨 세계도

(중시조)	18세	19세	24세	...	28세	29세	30세	31세
鄭珍厚	鄭寶奇	鄭僑	鄭吉祥	...	鄭從濩	鄭敬先	鄭信男 1612문과 보령현입향조	鄭晙
								鄭昈

3) 안동권씨(安東權氏)

안동권씨는 권현(晛, 1576-1656)이 이희삼(希參)의 사위가 되어 처변으로 입향하였다. 경주이씨 보령현 입향조 천휴당 이몽규가 처의 조부이다. 이희삼이 권현을 사위로 맞이한 것은 외숙모 안동권씨의 중매로 이루어졌다. 외삼촌 김인사(麟士, 1508-1592)의 장인이 우의정을 지낸 권균(權鈞, 1464-1526)이고 외조 김극성이 권균과 함께 사환한 우의정 김극성이다. 권현은 파주목사 등을 지냈고 아들 권진(縉, 1572-1624)이 병조판서 등을 지냈다. 이렇게 시작된 광산김씨, 경주이씨, 안동권씨의 통혼은 조선후기에 전주이씨, 수원이씨, 한산이씨로 확대되어 권제의 7세손 권황(愰)이 진산군(珍山君) 이유령(有齡, 1584-1643)의 딸과 결혼하고 권황의 손자 권은(癮)[23]이 사헌부감찰을 지낸 수원이씨 이뢰(賚)의 딸과 결혼하여 처변으로 청소면으로 입향하였다. 권은의 증손 권위(撝)의 사위가 광산김씨 김계백(啓白, 1729문과)이다.[24] 안동권씨 세계는 다음과 같다.

[표10] 안동권씨 세계도

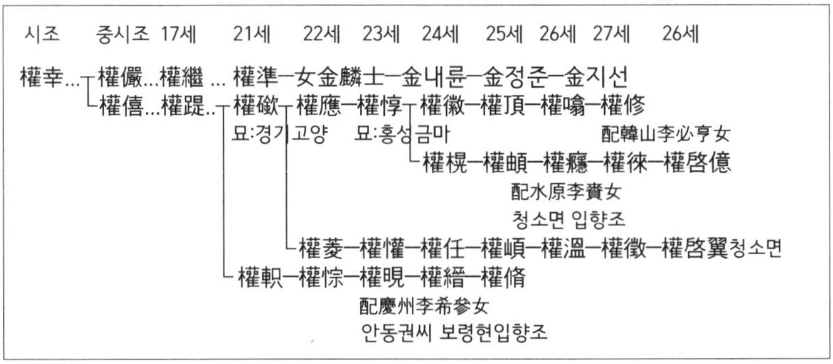

23 보령향교 청금록(앞의 [표6] 참조)에서 확인되는 도유사 권수(須)는 권은(癮)의 장자로 장형 권징(徽)의 증손으로 입후하여 한산이씨 이필형(必亨)의 사위로 입향하였다. 권계억(啓億)은 권은의 손자이다.

24 18세기 후반 권계억의 종제 권계익(啓翼)이 손자의 처변으로 청소면 성연리 단적동으로 입향하였다. 손부(孫婦)와 손서(孫壻) 김건수가 성연리 세거의 광산김씨이다. 이후 권계억의 증손 권철규가 김건수의 숙부 김낙승의 외동딸과 결혼하여 성연리 양지동으로 입향하지만 절손되었다. 입향조 권계익의 묘산이 양지동에 위치하고 후손들의 세거지와 묘산이 단적동에 위치한 배경이다.

4) 평강채씨(平康蔡氏)

평강채씨 보령현 입향조는 채진후(蔡振後)(1602~?)다. 그는 전주이씨 보령현 입향조 이몽열의 아들인 이완(李琬)의 사위로 청라동에 입향하였다. 장인인 이완의 외조가 광산김씨 김인서이고 이완의 처인 수원이씨 승의랑 이진남(李震男)의 딸의 외조 또한 광산김씨 김인보이다. 정조 때 영의정을 지낸 채제공(蔡濟恭, 1720-1799)이 그의 현손이다. 큰아들은 대사헌을 지낸 채시구(蔡時龜)로 광산김씨 김찬종이 그의 사위다. 채진후의 묘소는 청라면 의평리에 위치한다. 평강채씨 세계는 다음과 같다.

[표11] 평강채씨 세계도

시조	14세	15세	16세	17세	18세	19세
蔡敬延	蔡忠衍 —	蔡振後 —	蔡時祥 ┬	蔡明胤		
감찰규정		配全州李琬女	├	蔡成胤 —	蔡膺— —	蔡濟恭
		보령현입향조		配安東金錕女		영의정
			└	蔡彭胤		

21세	22세	23세	24세	25세	26세	27세	28세	29세	30세	31세	32세	33세
權徹 ┬	應 —	惇 —	愰 —	頔 —	鷹 —	徠 —	啓億 —	撝 —	思碩 —	喆圭		
			配水原李賚女				配光山金啓白女		配光山金洛昇女			
└	菱 —	懽 —	任 —	峴 —	溫 —	徵 —	啓翼 ┬	推 ┬	思容 —	鶴圭 ┬	重萬 —	泰薰
			묘:온양	묘:홍성	묘:청양	묘:홍성	묘:청소양지		配光山金弘秀女	└	重億 —	泰舜
									성연리 단적동 입향조			
								└	女金健秀			
							└	擅 —	思欽 —	鼎圭 —	重根 —	泰祜

5) 경주최씨(慶州崔氏)

보령현의 경주최씨는 두 계파의 입향이 확인된다. 하나는 안산군수를 지낸 광산김씨 김백간(金伯幹, 1516-1582)의 사위로 처변으로 청라동으로 입향한 최확(崔確, 1548-1617)이다. 그의 부친은 선전관을 지낸 최안세(崔安世)이고 장인이 극포수(極浦守) 이희남(李希男, 1501-1569)이다. 아들 최몽직(夢稷, 1596-?)은 무과(1624)에 급제하였다.

다른 하나는 진사를 지낸 최몽우(夢禹, 1586-1666)로 그는 임란 이후 서천 봉암에서 보령현 읍치로 입향하였다.[25] 청라동으로 입향한 최확이 그의 숙부이다. 최몽우의 입향 이후 그 후손들의 묘산과 세거지가 주포면 일대이다. 경주최씨 세계는 다음과 같다.

[표12] 경주최씨 세계도

중시조		5세	6세	7세	8세
崔淸 관과정	....	崔潾 – 전라좌도병마절도사	崔安世 선전관	┬ 崔確 – 配光山金伯幹女 경주최씨보령현(청라동)입향조	崔夢稷 1624무과
				└ 崔碏 –	崔夢禹 경주최씨보령현(주포면)입향조

6) 김해김씨(金海金氏)

김해김씨는 두 계파가 보령현에 입향하였다. 하나는 병조참판에 증

25 『경주최씨관과정파보』, 1985.

직된 김순수(舜壽, 1540-?)의 6자 김히이(希伊, 1580~?)이다.[26] 조부 김세준(世準, 1506문과)은 동부승지를 지냈고 증조가 안경공(安敬公) 김영정(永貞)이다.

다른 하나는 사마시(1603)에 합격하여 생원을 지낸 김영보(英甫, 1564-1626)의 4자 김성린(聖麟, 1589-?)이다.[27] 김히이는 문과(1438)에 급제하여 정언을 지낸 김진손(震孫, 1407-1449)의 5세손이고 김성린은 그의 7세손이다.

보령현의 김해김씨는 정언을 지낸 김진손(震孫)의 후손으로 김희이 선계의 묘산과 세거지는 충북 괴산 일원이고 김성린 선계의 묘산과 세거지는 전남 영암 일원이다. 이들이 세거지를 떠나 보령현 읍치인 주포면에 나란히 입향하고 있는데 정확한 시기나 사유는 알 수 없고 재지활동 또한 전하는 것이 없다. 김해김씨 세계는 다음과 같다.

[표13] 김해김씨 세계도

중시조1세	6세	7세	8세	9세	10세	11세	12세
金牧敬 ...	金震孫 ┬	金永貞 ―	金世準 ―	金舜壽 ―	金希伊 ―	金盡亮 ―	金啓承
금령군	정언	안경공	동부승지		配密陽朴氏 보령현입향조		
	└	金永純 ―	金世應 ―	金宗壽 ―	金希讓 ―	金英甫 ―	金聖麟
		석성현감			配坡平尹氏	생원	配全州李氏 보령현입향조

26 『김해김씨안경공파세보』, 2000. 『증보신안지』에 김해김씨 김홍중(弘重, 1701-?, 1728무과)의 이름이 보이지만 다른 계파이다. 참고로 위의 『김해김씨안경공파세보』에는 김순수는 9자(希呂, 希仁, 希奉, 希正, 希安, 希伊, 希喆, 希昌, 希重), 『김해김씨세보』(1985)에는 8자(希呂, 希仁, 希奉, 希正, 希喆, 希直, 希泳, 希盈), 『김해김씨선원세보』(1986)에는 3자(希呂, 希正, 希仁), 『김해김씨안경공파문절공세보』(1986)에는 6자(希呂, 希仁, 希奉, 希正, 希喆, 希昌)를 두고 있다.

27 『김해김씨석성공파세보』, 1989. 김영보 방목의 거주지가 노성의 옛 지명인 '니산(尼山)'이다. 외조가 파평윤씨로 외변으로 노성에 입향하였다. 김영보는 청주한씨와의 사이에서 6자(德龍, 聖種, 聖一, 聖麟, 德民, 德敬)를 두고 있다. 김영보를 비롯해서 장남 김덕룡의 묘산과 세거지는 전남 영암 일원이다.

7) 진주류씨(晉州柳氏)

진주류씨 보령현 입향조는 류탁연(柳卓然, 1618-1675, 1642사마)이다. 그는 부친 류효걸(柳孝傑, 1594-1627)이 이괄(李适)의 난을 평정한 공로로 받은 사패지로 입향하였다. 그의 조부가 수군통제사를 지낸 류형(柳珩)이다. 류탁연(卓然)은 사마시에 합격하여(1642) 홍천현감 등을 지냈다. 주포 마강리 마명산에 그의 묘소가 있고 그 후손들이 이 일대에 세거해오고 있다. 진주류씨 세계는 다음과 같다.

[표14] 진주류씨 세계도

중시조		9세		10세		11세		12세		13세
柳仁庇 판시사	…	柳辰仝 판서	–	柳溶 부사	–	柳珩 통제사	–	柳孝傑 진양군	–	柳卓然 목사 보령현입향조

8) 전주류씨(全州柳氏)

전주류씨 보령현 입향조는 류병(柳昺)이다.[28] 그는 광산김씨 김시겸(金是兼)의 사위로 17세기 중반 남곡동으로 입향하였다. 부친 류행창(柳行昌, 1599-1666)은 과천현감을 지냈고 병자호란 때 보령으로 피신하기도 하였다. 전주류씨의 묘산과 세거지는 남곡동과 내항동 일원이다.

28 조선전기에 유하빈(柳河濱)이 사마시(1519진사)에 합격하고 있는데 거주지가 보령이고 부친 유석정(碩汀)으로 관직이 부사맹이다. 류병이 그의 인척으로 보이지만 계보는 확인되지 않는다.

전주류씨 세계는 다음과 같다.

[표15] 전주류씨 세계도

시조		9세		10세		11세		12세		13세
柳濕 완산백	....	柳永成 군기시정	–	柳楫	–	柳行昌 현감	–	柳昺 配光山金是秉女 보령현입향조	–	柳春榮

9) 청해이씨(靑海李氏)

청해이씨의 보령현 입향은 이지란의 9대손 이핵(李翮, 1635-1702)이 천휴당 이몽규의 증손인 이승효(李承孝)의 사위가 되면서 처변으로 이루어졌다. 부친은 인조반정의 정사원종공신(靖社原從功臣)에 녹훈된 첨정 이문주(文柱)이다. 이승효는 광김김씨 김태국의 사위로 두 가계가 첩혼으로 혼연을 맺고 있다. 이승효의 사위 이핵과 장자인 이신민의 묘는 보령시 죽정동에 위치한다.[29] 죽정동의 광산김씨 묘산에 경주이씨와 청해이씨 묘산이 위치하는 것은 이런 연유에서이다. 청해이씨 세계는 다음과 같다.

29 이핵의 2자로 좌찬성에 추증된 이유민(李裕民)(1658~1729)의 묘소는 남포현(웅천)에 위치한다. 이유민이 남포현의 강릉최씨 최행원의 딸과 결혼하여 처변으로 입향하였기 때문이다. 이해 관해서는 재2부 남포현 제3장 '강릉최씨' 참조.

[표16] 청해이씨 세계도

시조	6세	7세	8세	9세	10세	11세
李之蘭 청해백	… 李麟奇 중추부사	李明老 사복첨정	李文柱 중추부사	李 翾 配李承孝女 보령현입향조	李臣民	
					李裕民 配江陵崔行遠女 남포현입향조	李根(榕)
				李 詡	李壽民	女申思鼎

10) 여흥민씨(驪興閔氏)

여흥민씨 보령현 입향조는 무과에 급제하여 온양군수와 홍주진관병마동첨절제사를 지낸 민최중(閔最重)이다. 그는 광산 김시겸의 작은 사위로 17세기 중반 남곡동으로 입향하였다. 아들 민진기(閔鎭箕, 1676-?)가 1713년 무과에 급제하여 자산부사를 지냈다. 여흥민씨 세계는 다음과 같다.

[표17] 여흥민씨 세계도

중시조16세	17세	19세	20세	21세	22세	23세	24세
閔齊仁 감사	閔思容 군수	閔汝俊	閔構	閔光尹 직장	閔最重 配光山金是兼女 보령현입향조	閔鎭箕 부사	閔徵洙 무과

11) 함양여씨(咸陽呂氏)

함양여씨 보령현 입향조는 양주진관병마절제도위를 지낸 여필함

(呂必咸)이다. 부친이 영의정을 지낸 여성제(呂聖齊, 1625-1691)다. 그는 광산 김여남의 사위로 청라동 장산리에 입향하였다. 아들 여헌주(呂憲周, 1694-?)는 사마시에 합격하여(1719) 진사를 지냈다. 여필함의 매제가 사마시에 합격하여 진사를 지낸 우봉이씨 이관(李綰, 1679-?)이다. 함양여씨 세계는 다음과 같다.

[표18] 함양여씨 세계도

중시조10세		17세		18세		19세		20세		21세
呂稱	....	呂裕吉	–	呂爾徵	–	呂聖齊	┬	呂必咸	–	呂憲周
판서		우윤		참판		영의정	│	配光山金汝南女 보령현입향조		진사
							└	女李綰		

12) 파평윤씨(坡平尹氏)

파평윤씨는 조선전기에 이어 18세기에 통덕랑을 지낸 윤건교(建敎)가 광산 김여남의 사위가 되어 처변으로 청라동 장산리에 입향하였다. 그의 증조가 대사간 등을 지낸 윤황(煌, 1571-1639)이고 조부가 미촌(美村) 윤선거(宣擧, 1610-1669)이다. 소론의 영수 명재(明齋) 윤증(尹拯, 1629-1714)이 그의 큰아버지이다. 아들 윤동순(尹東淳)은 사마시에 합격하여(1723) 진사를 지냈다. 파평윤씨 세계는 다음과 같다.

[표19] 파평윤씨 세계도

시조		22세	23세	24세	25세	26세	27세
尹莘達 삼한공신	…	尹昌世	尹煌 대사헌	尹宣擧	尹拯 配權諰女	尹行敎	尹東源
					尹撥	尹建敎 配光山金汝南女 보령현입향조	尹東淳 진사

13) 고령신씨(高靈申氏)

고령신씨 보령현 입향조는 함경도도사를 지낸 신득홍(申得洪, 1639문과)의 아들 신학(申澩, 1645-1702)이다. 그의 보령현 입향은 그가 해평윤씨 윤전(尹坱)의 딸과 혼인하여 처외가 인연으로 이루어졌다. 윤전은 능성구씨 보령현 입향조 구계우의 아들 구인영의 사위다. 구계우의 사위가 광산 김지선이고 김지선의 모친이 신학의 고모할머니로 감역을 지낸 신중엄의 딸로 김정준(1535-1594)의 배위이다. 신학이 구인영의 사위가 된 것은 김정준 부인의 중매로 이루어졌다. 신학은 1673년 문과에 급제하여 지평, 헌납 등을 역임했다. 고령신씨 세계는 다음과 같다.

[표20] 고령신씨 세계도

중시조8세		12세	13세	14세	15세	16세	
申叔舟	....	申仲淹	申湧 配洪可臣女	申得洪	申澩 配尹坱女 보령현입향조	申文濟 1691사마	
						申兼濟 1708문과	女金致佑 청풍김씨입향조
			女金廷俊 配申仲淹女	金至善 配具繼禹女	金纘宗	金重五	

14) 안동김씨(安東金氏)

조선후기에 안동김씨는 3계파가 보령현에 입향하고 있다. 하나는 17세기 초에 처변으로 청라동으로 입향하는 구안동의 김석기(碩基)이다. 그의 처삼촌이 청라동에 세거하던 광산김씨 김해수이고 장인이 용인이씨 이치경으로 김해수와는 매제지간이다.[30] 그의 부친 김주(金澍, 1512-1563)는 문과에 급제하여(1539) 대사헌 등을 지냈다. 형 김태기(泰基, 1602-1646) 또한 문과에 급제하여(1627) 영광군수 등을 지냈다. 김석기의 아들 김황(鍠)[31]은 화암서원 사액소청을 올린 인물이기도 하다. 김석기 가계의 세계는 다음과 같다.

[표21] 안동김씨 김석기 가계 세계도

중시조		11세		12세		13세		14세		15세		16세
金方慶	...	金澍	–	金季男	–	金悰	–	金碩基	┬	金鍠	┬	金聖澄
								配龍仁李致敬女	│	1663사마	│	
								안동김씨입향조	└	金鍈	└	女蔡成胤

다른 하나는 18세기 중반과 19세기 초에 청라동으로 외변으로 입향하는 우의정을 지낸 김상용(金尙容)의 5세손으로 전라감사를 지낸 신안

30 용인이씨, 광산김씨, 안동김씨의 혼연도는 다음과 같다.

李貞敏	┬	李致敬	–	女金碩基	–	金鍠
	└	女金海壽	–	金榮後	–	金汝南

31 김황은 1663년 사마시에 입격하여 생원을 지냈다. 그런데 그의 방목에는 김황(鍠)이 아닌 김휴(金鑴, 1636-?, 자 鳴世)로 그의 본관이 구안동이고 거주지가 보령이다. 그의 가족사항에 그의 부친이 김석기(碩基), 안항에 아우가 김영(金鍈)으로 기록되어 있어 김휴는 김황의 이명임이 확인된다.

동의 김시걸(時傑, 1663-1701, 1684문과)과 7세손 김이철(履澈, 1782-1855)이다. 부친 김성우(盛遇, 1630-1657)는 진사를 증조 김광현(光炫, 1584-1647)은 청주목사 등을 지냈고 조부 김수인(壽仁, 1608-1660)은 양주목사 등을 지냈다. 김시걸의 고모부가 양주조씨 보령현 입향조 조존성의 손자 조윤석(趙胤錫, 1615-1664)이고 연안이씨 입향조 이언저가 그의 매제이다. 증조 김광현의 4촌 김광혁과 김광찬 형제의 고종사촌이 청라동의 광산김씨 김태정의 조카 김근행(謹行)이다.[32] 이런 혈연관계로 김시걸이 청라동으로 입향하여 말년에 청라동에서 복거하였다.[33]

이후 19세기 초에 김시걸의 종조카인 김이철(履澈, 1782-1855)이 신광태(光泰, 1756-1788)의 사위로 청라동 윗장밭에 입향하였다. 김이철의 6세조가 이조참판을 지낸 김광현(光炫)으로 김시걸이 그의 종조부이다. 김이철이 세운 가소정(可笑亭)이 청라 장현리에 있다.

---

32 김성우의 종 증조 김상관(金尙寬)이 의령남씨 남응정의 사위이고 남응정의 아들 남정지의 배위가 성주이씨 이원(愿)의 딸로 광산김씨 김태정과 남정지는 동서간이고 김상관과 남정지는 처남매부지간이다. 남정지의 사위가 김태정의 조카 김근행이고 김상헌의 손자 김수항의 진외가가 청라동의 한산이씨 이산보 가계이다. 김근행과 김광찬은 내외종간으로 모두가 남응정의 내외손들이다. 또한 김성우의 증조가 우의정을 지낸 김상용이고 좌의정을 지낸 김상헌이 종조부이다. 이러한 혈연관계로 김태국의 부인 여흥민씨 만사(1630)에 김광혁이 김근행과 그의 부인 의령남씨 만사에 김광찬(외제), 김수흥(종질), 김수항(종질)이 각각 만사를 지어 애도하고 있는 연유이다. 다음은 이들 가계의 혼연도이다.

李愿	女金泰廷				
	女南應井	南挺芝	女金謹行	金命賢	金世光
		女金尙寬	金光爀	金壽興	
			金光燦	金壽增	
				金壽恒 配羅星斗女	金昌集

33 조선말기에 홍주목 출신의 의병장 김복한(福漢, 1860-1924, 1892문과)이 을미사변 이후 의병을 일으켰다가 실패한 후 청라동에 은거한 것도 이런 배경에서이다. 김복한이 김성우의 10세손(金盛遇-時傑-令行-履建-養淳-晦根-炳鼎-正均-鳳鎭-福漢)이다.

[표22] 안동김씨 김시걸, 김이철 가계 세계도

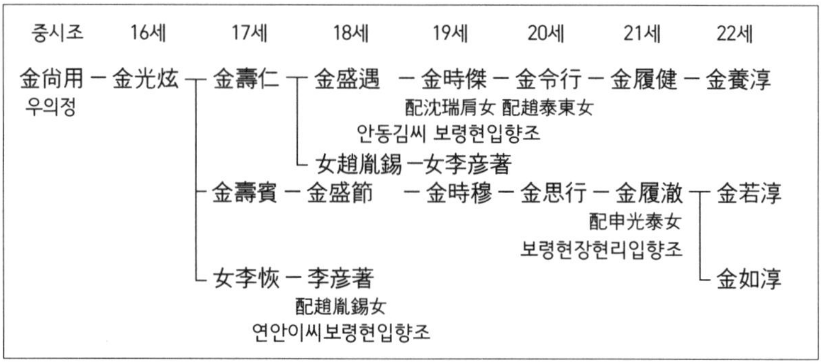

마지막으로는 구안동 김씨로 18세기 후반에 청라동 옥계리에 처변으로 입향하는 김낙원(金樂元, 1761-?)이다. 그는 사마시에 입격하여 생원을 지낸 김영수(永綏)의 3자로 한양조씨 보령현 입향조 조이로의 후손인 호군 조극량(克亮)이 그의 장인이다.[34] 김낙원 가계의 세계는 다음과 같다.

[표23] 안동김씨 김낙원 가계 세계도

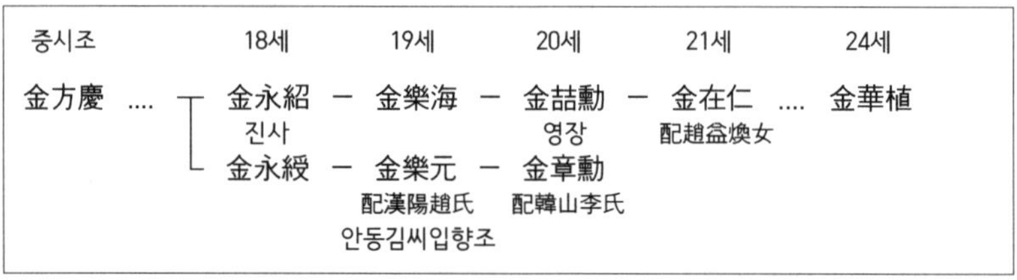

34 김낙원의 입향 이후 김낙원 배위의 중매로 김재인이 한양조씨와 혼연으로 입향하였다. 조선말기 항일독립운동가 김화식의 증조부가 김재인이다. 이에 관해서는 졸고(「항일독립운동가 복암 김화식 재조명」, 『충청문화연구』25집, 충남대 충청문화연구소, 2021.) 참조.

15) 연안이씨(延安李氏)

연안이씨는 인조반정 이후 비슷한 시기에 두 계파가 보령현에 입향하였다. 하나는 외변으로 입향한 충청수사를 지낸 이창정(李昌庭, 1573-1625, 1608문과)의 손자 이문징(文徵)(1629-?, 1675사마)이다. 이창정의 당숙 이간(侃)의 배위가 광산김씨 김문서의 딸이고 이간의 아들 이홍로(李弘老)는 그의 삼종형이다. 이문징의 배위는 여주이씨 이세진(世進)이고 증조가 이상의(李尙毅, 1560-1624, 1586문과)인데 이상의 배위의 외조가 광산김씨 김인서(金麟瑞)로 김문서의 동생이다.[35] 이처럼 광산김씨, 연안이씨, 여주이씨가 중첩혼으로 맺어져 입향이 이루어졌다. 이문징의 아들 이선(渲)은 사마시(1689) 합격하여 진사를 지냈고 증손 이지창(之昶)은 효행으로 지평에 증직되었다. 2자 이광의 배위가 윤전의 딸로 고령신씨 입향조 신학과 동서간이고 광산 김해수의 딸이 처숙모이다.[36]

또 다른 계파는 판의금부사 등을 지낸 연성군 이시방(時昉, 1594-1660)의 손자 이언저(彥著, 1656-1696)이다. 그의 부친이 상주목사를 지낸 이회

---

35 이처럼 이들 가계의 중첩혼은 이어져 김문서(文瑞)의 손자로 금산군수를 지낸 김태국(泰國)의 사위가 이문징의 인척인 이돈오(李惇五, 1585-1637)이다. 이돈오는 인조반정을 지지하여 장례원사평 등을 지내다가 병자호란 당시 훈련도감낭청으로 적과 싸우다 부인과 함께 전사했다. 강화 충렬사에 제향되었고 시호는 충현(忠顯)이다.

```
李根健 ┬ 李仁文 ┬ 李坤 − 李公升 − 李侃 − 李弘老
       │        │                  配光山金文瑞女
       │        └ 李抹 − 李慶宗 − 李澍 − 李昌庭 − 李 垸 − 李文徵
       │                                                配驪州李世進女
       │                                                보령현입향조
       └ 李仁忠 − 李弼 − 李繼長 − 李彥忱 − 李至男 − 李基卨 − 李惇五
                                                        配光山金泰國女
```

36 앞의 '고령신씨 세계도' 참조.

(李恢, 1619-1691)이고 조부는 인조반정에 가담해 정사공신2등으로 연성군에 봉해진 이시방이다. 외조가 우의정 김상용(金尙容)의 아들 부제학 김광현(光炫)[37]이다. 이언저의 부인이 인조의 국구인 조창원의 아들 조윤석(趙胤錫, 1615-1664, 1656문과)의 딸로 안동김씨 입향조 김시걸의 부친 김성우와는 동서간이다.[38] 이시방의 묘와 신도비가 오천면 영보리에 있다.[39] 연안이씨 세계는 다음과 같다.

[표24] 이문징 가계 세계도

중시조7세		12세		13세		14세		15세		16세		17세
李貴山 관찰사	…	李慶宗 현감	–	李澍	–	李昌庭	–	李杬	–	李文徵 配驪州李世進女 보령현입향조	┬	李渲
											└	李浤 配尹琠女

[표25] 이언저 가계 세계도

중시조9세		13세		14세		15세		16세		17세		18세
李石亨 연성부원군	…	李廷華 승지	–	李貴 정사공신	–	李時昉 판서	┬	李恢 목사 配金光鉉女	–	李彥著 配趙胤錫女 보령현입향조	–	李汯
							└	李慣 공조참판	–	李益著	–	李消

37 앞의 주)32 참조. 원래 이시방은 홍주목 결성에 세거하였고 일부 후손들의 묘산도 이곳에 위치한다. 결성 인근의 갈산에 이회의 장인 김광현의 묘산과 세거지가 위치한다.

38 위의 안동김씨 세계도 참조.

39 이곳에 연안이씨의 묘산과 세거지가 위치하는 것은 사패지에 복장(卜藏)이 계기가 되었다. 이시방의 2자 이관(慣)의 후손들은 청소면 정전리로 이거하여 이 일대에 묘산과 세거지가 있다. 이시방의 신도비문은 송시열이 짓고 글씨는 송준길이 썼다.

16) 함양박씨(咸陽朴氏)

함양박씨 보령현 입향조는 소요당(逍遙堂) 박세무(朴世茂, 1487-1564)의 현손 박기조(朴起祖, 1659-1735)이다. 박기조는 사마시(1693)에 합격하여 호조좌랑 등을 지냈다. 그는 토정의 5세손 이필진(李必晉)의 사위로 처변으로 입향하였다. 장인 이필진도 사마시(1684)에 합격하여 생원을 지냈다. 함양박씨 세계는 다음과 같다.

[표26] 함양박씨 세계도

시조		15세		16세		17세		18세		19세		20세
朴善 상서	…	朴世茂 군자감정	–	朴應立 군수	–	朴知讓	–	朴由經	–	朴起祖 配韓山李必晉女 보령현입향조	–	朴聖輯

17) 창녕성씨(昌寧成氏)

창령성씨 입향조는 좌승지 성호(浩, 1545-1588)의 2자로 별좌를 지낸 성여기(汝機)이다. 그의 초배가 보령최씨로 그의 입향은 처변으로 보인다.[40] 창녕성씨의 묘산과 세거지는 청소면 장곡리 일원이다. 성여기의 손자 성필대(成弼大)와 성하대(成夏大)는 무과에 급제하여 성필대는 선전관을 지냈다. 이들의 이름이 『증보신안지』에 올라있다. 창령성씨 세계는 다음과 같다.

---

40 성여기 선계의 묘산과 세거지는 인천 일원에 위치하고 있으나 성여기 이하 후손들의 묘산과 세거지가 청소면 장곡리 일원이기 때문이다. 『창녕성씨찬성공파세보』, 대보사, 2003.

[표27] 창녕성씨 세계도

중시조		11세		12세		13세		14세		15세		16세
成仁輔	…	成希周	–	成世康	–	成浩	–	成汝機	–	成震龍	┬	成弼大
중윤		에빈시정		직장		좌승지		配保寧崔氏		부호군	│	선전관
								보령현입향조			└	成夏大

18) 평택임씨(平澤林氏)

평택임씨는 북평사를 지낸 임준(林畯)의 두 아들의 계파가 보령현에 입향하고 있다. 하나는 청라동으로 입향한 임준의 3자 임정수(林貞秀, 1546사마)의 5세손 임두교(斗喬)이다. 임두교의 배위는 전주이씨 이완(琓)의 딸로 그의 보령현 입향은 처변으로 이루어졌다. 그의 장인 이완의 부친이 전주이씨 보령현 입향조인 부홍수 이몽열(李夢說)이다. 이몽열의 장인이 수원판관을 지낸 광산김씨 김인서로 임두교는 광산김씨의 원외손이다.[41] 임두교의 아들 임연(演, 1644-?)은 1690년 사마시에 입격하여 생원을 지냈다. 배위가 안동김씨 김석기(金碩基)의 딸이다.[42] 동생 임지(潪)는 숙종조에 무과에 급제하여 첨사를 지냈고 그가 〈증보신안지〉 인물조에 올라있다.

또 다른 계파는 청소면으로 입향한 임정수의 형인 임형수(亨秀, 1514-1547)[43]의 현손 임곤(崑)이다. 그의 조부 임구(枸, 1540~?)는 정산현감을 지

---

41 임두교가 김인서의 종 증손 김근행의 만사를 짓고 있는 것은 이런 연유에서이다.

42 앞의 '안동김씨 세계도' 참조.

43 임형수는 문과(1535)에 급제하여 부제학을 지내다가 을사사화로 제주목사로 자리를 옮겼다. 1547년 양재역 벽서 사건이 일어나자 소윤 윤원형(尹元衡) 일파에 의해 대윤 윤임(尹任) 일파로 몰려 사사되었고 후에 신원되었다. 시 문장에 뛰어났고 나주의 송재서원(松齋書院)에 제향되었다(1702). 문집인 『금호유고(錦湖遺稿)』가 있다.

냈다. 임곤의 청소면 입향은 증조인 임형수의 을사사화(乙巳士禍)(1545)와 관련이 있다고 전하나 자세한 과정은 알 수 없다.[44] 임곤을 비롯한 평택임씨들의 묘산이 청소면 정전리 일대에 있고 그 후손들이 세거해 오고 있다. 평택임씨 세계는 다음과 같다.

[표28] 평택임씨 세계도

시조	중시조	9세	9세	10세	11세	12세	13세
林彦修 평성부원군	... 林畯 북평사	林亨秀 부제학	林枸 현감	林得煥	林崑 보령현(청소면) 입향조	林忠基	林禮奉
		林貞秀 생원	林植 부사	林得仁	林巘	林斗喬 配全州李琓女 보령현(청라동)입향조	林演 配金碩基女
							林湝 配全州李

19) 해주최씨(海州崔氏)

보령현의 해주최씨는 세 계파의 입향이 확인된다.[45] 하나는 외변으로 청라동으로 입향한 덕산현감을 지낸 최세경(世慶, 1631-1708)이다. 그의 부친이 전주이씨 이유청(惟淸)의 사위 최익(瀷)이다. 최세경은 세종조에 부제학을 지낸 최만리(萬理? -1422)의 2자로 예조좌랑을 지낸 최정(靖)의 8세손이다. 최세경의 외조 이유청의 부친이 이완이고 조부가 전

44 족보에는 임곤이 임구의 2자로 임곤의 부친인 임득환부터 5세손 임경우까지 족보가 단선으로 이어지고 기록이 영세하다. 문곡 김수항(金壽恒, 1629-1689)이 지은 임형수 묘갈명(1695)에 임형수가 1남 2녀를 두고 있다(男曰枸縣監 無嗣)고 기록하고 있다. 『평택임씨충정공계대동보』, 2018, 및 김수항, 『문곡집』 18권, <금호임공묘갈명> 참조.

45 『해주최씨대동보』, 1990.

주이씨 보령현 입향조 이몽열(李夢說)이다. 최세경의 손자 최홍덕(弘德)은 사마시(1735)에 입격하여 진사를 지냈다. 최세경의 묘산과 세거지가 청라동 음현리, 의평리 일대이다. 최세경과 최홍덕이 『증보신안지』 인물조에 올라있다.

또 다른 해주최씨 계파는 최만리의 2자 최은의 8세손으로 보령현 읍치로 입향한 최인후(仁厚)와 최만리의 3자 최당(塘)의 8세손으로 청소면으로 입향한 최충립(忠立)이다.[46] 최인후 후손의 묘산과 세거지는 주포면 진당산 일대이고 최충립 후손들의 묘산과 세거지는 청소면 성연리 일대이다. 이들 두 계파의 입향 시기 및 연유는 알 수 없다. 해주최씨 세계는 다음과 같다.

[표29] 해주최씨 세계도

중시조14세	15세	16세	17세	18세	…	22세	23세	24세
崔萬理 부제학	崔堝 보령현감	崔昌孫(生父 埥)						
	崔埥 예조좌랑	崔文孫	崔瓊	崔汝舟	…	崔世慶 配坡平尹文擧女 보령현 청라동 입향조	崔浚	崔弘德
	崔塘	崔淑京	崔瑠	崔允簿	…	崔 澄	崔忠立 보령현 청소면 입향조	
	崔垠	崔淑止	崔涇	崔致潤	…	崔雲福	崔仁厚 보령현 주포면 입향조	

46 위의 족보. 최만리의 6세손으로 홍문관부응교지제교를 지낸 최유해(有海, 1588-1641)가 지은 최만리 묘표음기에는 최당과 최은이 각각 1자 최숙동(叔仝)과 최숙손(叔孫)을 두고 있다. 『해주최씨세보』, 1744.

20) 나주김씨(羅州金氏)

조선전기에 이어 조선후기 보령현에 입향한 나주김씨는 1597년 정유재란이 일어나자 전남 무안 몽탄(夢灘) 전투에서 전사한 무안출신의 김충수(忠秀, 1538-1597, 1558생원)의 2자 김만성(晩成)의 후손들이다.[47] 김만성의 2자 김원(元)은 주포 관산리로 청양 화성 세거의 김만성의 1자 김송(松)의 5세손 김광익(光益)의 3자가 보령현으로 입향하고 있다. 장남 김만득(萬得)은 주포면 마강리로 차남 김계득(啓得)은 청소면 장곡리로 막내 김효득(孝得)은 청소면 야현리로 각각 입향하여 그 후손들의 묘산과 세거지가 이 일대에 위치한다. 하지만 이들의 입향시기와 사유 및 재지활동은 알 수 없다. 나주김씨 세계는 다음과 같다.

[표30] 나주김씨 세계도

중시조	21세	23세	23세	24세	25세	30세
金臺卿 … 1326문과 제학	金粹南	金適	金忠秀	金晩成	金松 …	金萬得 配羅州柳氏 주포마강리 입향조
						金啓得 配慶州金氏 청소 장곡리 입향조
						金孝得 配古阜全氏 청소야현리 입향조
					金元 주포 관산리 입향조	

47 족보에는 김충수의 두 아들 김천성(天成)과 김만성이 포로로 잡혔다가 공주에서 탈출하여 그 후손들이 공주와 청양 화성 일대에서 각각 세거해오고 있다고 기록하고 있다. 신사준(愼師浚, 1734-1796)이 지은 <호조참판 귀암공행장(戶曹參判 龜巖公行狀)>에는 김충수의 어린 두 아들이 적에게 잡혀가 무후이나 1905년 전우(田愚, 1841-1922)가 지은 <귀암공행장후(龜巖公行狀後)>(1904)에는 천성의 10세손 김응구(應九), 김명구(命九)의 구보를 상고하여 308년 후인 1904년 족보에 두 아들이 입보되었다고 한다. 김충수는 1704년 무안의 우산사(牛山祠)에 제향되었다. 『나주김씨세보』(1926) 참조.

21) 청풍김씨(淸風金氏)

청풍김씨 보령현 입향조는 김치우(致佑)이다. 부친 김달로(達魯, 1699-?)는 첨사동중추를 지냈고 부인 남양홍씨와의 사이에서 2자(致佐, 致佑)를 두었다. 조부 김고(槹, 1670-1727)는 문과에 급제하여(1714) 승지를 지냈다. 김치우의 보령현 입향은 그가 고령신씨 판결사 신겸제(兼濟, 1675-?, 1708문과)의 딸과 결혼하여 처변으로 이루어졌다. 고령신씨의 보령현 입향은 광산김씨 김정준이 신중엄의 사위가 되어 부인의 중매로 처조카인 신학이 윤전의 사위가 되어 이루어졌다.[48] 김치우의 아들 김종옥(種玉, 1765-?)의 배위가 한산이씨이다. 청라동 장현리에 김달로의 7세손 김진수 등이 세운 제단비가 있다. 청풍김씨 세계는 다음과 같다.

[표31] 청풍김씨 세계도

중시조13세		14세		15세		16세		17세		18세
金仁伯	-	金克亨	-	金洵	-	金槹 1714문과 승지	-	金達魯	-	金致佑 配申兼濟女 보령현입향조

22) 진주강씨(晉州姜氏)

진주강씨의 보령현 입향은 18세기 초에 광산김씨 김명현이 현령 강위재(渭載)의 딸을 부인으로 맞이하면서 김명현의 부인의 중매로 종족

48 앞의 고령신씨 참조.

인 강석무(姜錫武)가 김근행의 딸과 혼인하여 처변으로 이루어졌다.[49] 강석무의 부친 강유후(裕後, 1606-1666)는 문과(1649)에 급제하여 의주부윤 등을 지냈다. 아들 강원부(遠溥, 1669-?)는 사마시(1699)에 급제하여 진사를 지냈다. 진주강씨 세계는 다음과 같다.

[표32] 진주강씨 세계도

시조		9세		14세		18세		19세		21세		22세
姜以式 도원수	–	姜希孟 진천부사	…	姜宗慶 검열	–	姜晉略	–	姜裕後 부윤	–	姜錫武 配光山金命賢女 보령현입향조	–	姜遠溥

23) 풍양조씨(豐壤趙氏)

풍양조씨의 보령현 입향은 좌부승지 등을 지낸 임천 세거의 조방직(邦直, 1574-1637, 1609문과)의 손자 조택중(擇中)이 호조참의에 증직된 김명선(命善) 딸과의 혼연으로 이루어졌다. 김명선의 부친은 승정원 주서를 지낸 김신행(信行, 1579-?, 1612문과)이고 조부가 금산군수 등을 지낸 김태국(泰國)이다. 풍양조씨 세계는 다음과 같다.

[표33] 풍양조씨 세계도

시조		13세		14세		15세		16세		17세		18세
趙孟 시중	….	趙世獻	–	趙德期 장령	–	趙應祿	–	趙邦直 승지	–	趙石亨 통덕랑	–	趙擇中 配光山金命善女 보령현입향조

49 진주강씨는 조선전기에 직장을 지낸 강신윤(姜信胤)이 양근군수를 지낸 광산김씨 김인사의 3자 김경록(金景祿)의 사위로 입향하였으나 그 후손들은 홍성 등지로 이거하였다.

24) 기계유씨(杞溪兪氏)

기계유씨 보령현 입향조는 유보중(兪普重, 1677- ?)이다. 그는 광산김씨 김세광(世光, 1640-1717)의 사위가 되어 18세기 초에 청라동으로 입향하였다. 유보중은 1715년 사마시에 입격하여 진사를 지냈다. 선조 때 무과에 급제하여 동지중추부사를 지낸 유대기(大祺, 1547-1615)가 그의 4대조다. 유보중의 매제가 수찬을 지낸 채명윤(蔡明胤, 1652-1720, 1689문과)이다. 채명윤의 조부인 채진후(振後, 1602-1654, 1633사마)의 처조부가 전주이씨 보령현 입향조 이몽열이다. 광산김씨, 전주이씨, 평강채씨, 기계유씨가 중첩혼을 맺고 있다. 기계유씨 세계는 다음과 같다.

[표34] 기계유씨 세계도

시조	16세	17세	18세	19세	20세	21세
兪三宰 …	兪大祺 – 무과 동지	兪尙曾 –	兪楨 –	兪命成	兪普重 – 配光山金世光女 보령현입향조 女蔡明胤	兪彦哲

25) 경주김씨(慶州金氏)

경주김씨의 보령현 입향은 조선후기 금정도찰방을 지낸 김두성(斗星)이 광산김씨 김영후(榮後)의 사위가 되어 처변으로 이루어졌다. 부친 김세진(世珍, 1643-?, 1675사마)도 금정도찰방을 지냈고 조부 김홍욱은 문과에 급제하여 황해도관찰사 등을 지냈다. 김두성의 6세손이 추사 김정희(正喜)이다. 경주김씨 세계는 다음과 같다.

[표35] 경주김씨 세계도

중시조		15세		16세		17세		18세		20세		21세
金仁琯	…	金好尹	–	金積	–	金弘郁	–	金世珍	–	金斗星	–	金興慶
		무과 동지						찰방		配光山金榮後女 보령현입향조		

26) 우봉이씨(牛峯李氏)

우봉이씨의 보령현 입향조는 이조판서 등을 지낸 이익(李翊, 1629-1690, 1657문과)의 손자 통덕랑 이만달(李晩達, 1662-경진?)이다. 그는 형조판서 조계원(趙啓遠, 1592-1670)의 사위가 되어 처변으로 입향하였다.[50] 조계원의 부친이 양주조씨 보령현 입향조인 조존성으로 천휴당 이몽규의 외손이다. 이만달의 아들 이관(李綰, 1679-?)은 사마시(1705) 합격하여 광홍창봉사 등을 지냈다. 이관의 배위는 영의정을 지낸 여성제(呂聖齊, 1625-1691)의 딸이고 아들 이제인(濟仁)의 배위가 청라동의 광산김씨 통덕랑 김봉의(金鳳儀) 딸이다. 함양여씨 입향조 여필함이 이관의 매제이다. 우봉이씨, 함양여씨, 광산김씨가 중첩혼을 맺고 있다.[51] 우봉이씨 세계는 다음과 같다.

---

50 『보령시지』 <성씨입향고>에는 이관이 경종2년(1722) 신임사화와 관련하여 보령현으로 입향한 입향조로 기록하고 있다. 이것은 족보에서 이관이 "동부참봉과 광흥창 봉사를 지내다가 관직을 그만두고 신임사화로 보령으로 돌아왔다는 기사"(東部參奉 廣興倉奉事 辛壬士禍 棄官 歸保寧)의 번역으로 보인다. 하지만 이관의 1705년 방목의 거주지가 '보령'으로 신임사화 이전에 그가 보령에서 살고 있었음을 알 수 있다.

51 앞의 '함양여씨세계도' 참조.

[표36] 우봉이씨 세계도

중시조8세	13세	14세	15세	16세	17세	18세
李吉培 …	李劼 –	李有謙 –	李翊 –	李晩達 –	李綰 –	李濟仁
황해도관찰사				配趙啓遠女 보령현입향조	配呂聖齊女	配金鳳義女

27) 연안김씨(延安金氏)

연안김씨 보령현 입향조는 선조의 국구(國舅)인 연흥부원군(延興府院君) 김제남(金悌南, 1562-1613)의 7세손 김재상(載尙, 1707-1782)이다. 경기도 고양에 세거하던 연안김씨의 보령현 청라동으로의 입향은 종척의 연으로 이루어졌다. 입향조 김재상의 처는 온양정씨 정수원(壽源)의 딸이고 외조가 민종로(閔宗魯, 1643-?, 1675생원)이다. 민종로의 장인이 이백린(伯麟)으로 선성수(宣城守) 이기(期)[52]의 6세손인데 이기의 사위가 청라동의 김극성의 장손 김내륜(乃崙)이다. 김재상의 아들 김건(鍵, 1729-1785)은 사마시(1756)에 입격하여 영릉참봉을 지냈고 손자 김학연(學淵, 1759-1822)도 사마시에 입격하여 생원을 지냈다. 연안김씨 세계는 다음과 같다.

52 남포현의 '전주이씨 세계도' 참조.

중시조	3세	4세	5세	9세	11세	12세	13세
李塘 …	李禧 –	李期 ┬	李德良 …	李伯麟 ┬	李彦紀 –	李敬躋 –	李宗鼎
영해군	완천군	선성수		지평	참판		
				├	李彦維 –	李敏躋 –	李昌壽
				└	女閔宗魯 –	女鄭壽源 –	女金載尙
		└	女金乃崙 …	金重五 –	金胄慶 –	金啓暘 –	金聲振

[표37] 연안김씨 세계도

시조		13세		17세		18세		19세		20세		21세
金暹漢	…	金悌南 연흥부원군	…	金相稷 대사간	–	金煜	–	金載尙 配溫陽鄭壽淵女 보령현입향조	–	金鍵	–	金學淵

28) 인동장씨(仁同張氏)

인동장씨 보령현 입향조는 홍문관 수찬 등을 지낸 장차주(次週, 1606-1651)의 5세손 장징소(徵紹, 1724-1776)이다. 그는 18세기 후반에 조부 장하현(夏顯)의 처변으로 청라동으로 입향하였다. 조부 장하현의 배위가 성종의 10남 경명군(景明君) 이침(忱)의 10세손 이단양(端陽)의 딸이고 큰 조부 장시현이 안동김씨 입향조 김시걸의 당고모부이다.[53] 부친 장붕익(鵬翼, 1646-1735, 1699무과)은 형조판서 등을 지냈다. 인동장씨 세계는 다음과 같다.

[표38] 인동장씨 세계도

중시조8세		14세		15세	16세		17세		18세	19세
張金用	---	張次周 配金長生女	–	張世明	┬ 張始顯 配金壽民女					
					└ 張夏顯 配李端陽女	–	張鵬翼 형조판서	–	張徵紹 配達成徐氏 보령현입향조	┬ 張志元 └ 張志德

53 성종의 4자 완원군 이수의 4세손 이몽열이 청라동으로 입향한 전주이씨 입향조이고 큰 조부 장시현(始顯)의 처삼촌 김수인(壽仁)이 보령현 입향조 김시걸의 조부이다. 전주이씨, 안동김씨, 인동장씨가 충첩혼을 맺고 있다. 앞의 '전주이씨' 및 '안동김씨' 참조.

29) 기타 성씨

조선후기 보령현 입향 사족 중 방목의 주소지가 보령현인 전주임씨 등 2개 성관(해남김, 나주임)과 『증보신안지』 인물조의 전주김씨, 여산송씨 그리고 청금록의 순흥안씨 등 3개 성관(월성박, 월성경, 진주하) 등은 자료를 확인할 수 없어 입향연유를 알 수 없다.[54]

이상의 조선후기에 보령현에 입향한 주요 사족의 입향 관계를 정리하면 다음과 같다.

[표39] 조선후기 보령현 입향 주요 사족 성관표

	성씨	입향조	배위	입향연유	입향기	세거지역
1	평산신	신 정	경주김	피란	16c말	오천 선동
		신광태	경주이	처변	18c중반	장현리
2	경주정	정신남	파평윤	관직	17c전반	보령리
3	안동권	권 현	경주이	외변	17c전반	독정리
4	평강채	채진후	전주이	처변	17c중반	청라동
5	경주최	최확	광산김	처변	17c중반	청라동
		최몽우	평산신	알수없음	17c중반	주포면
6	김해김	김희이	밀양박	알수없음	17c중반	주포면
		김성린	전주이	알수없음	17c중반	주포면
7	진주류	류탁연	전의이	사패	17c중반	주포면
8	전주류	류 병	광산김	처변	17c중반	남곡동
9	청해이	이 핵	경주이	처변	17c중반	죽동
10	여흥민	민최중	광산김	처변	17c중반	장산리
11	함양여	여필함	광산김	처변	17c중반	장산리
12	파평윤	윤건교	광산김	처변	17c중반	장산리

54 이들 성관의 자료가 거의 없고 족보 또한 열람하지 못하였다. 이들 성관의 입향에 관해서는 앞으로 족보 자료 등을 통한 연구가 진행될 것임을 밝혀둔다.

13	고령신	신 학	해평윤	외변	17c중반	의평리
14	안동김	김석기	용인이	외변	17c중반	의평리
		김시걸	청송심	외변	17c후반	장산리
		김낙원	한양조	처변	18c후반	장현리
		김이철	평산신	처변	19c초	장산리
15	연안이	이문징	여주이	복거	17c후반	청라동
		이언저	양주조	사패, 복장	17c후반	오천면
16	함양박	박기조	한산이	처변	17c후반	청라동
17	창령성	성여기	보령최	처변	17c후반	장곡리
18	평택임	임두교	전주이	처변	17c후반	청라동
		임 곤	전주이	알수없음	17c후반	청소면
19	해주최	최세경	파평윤	외변	17c후반	청라동
		최충립	인동장	알수없음	17c후반	청소면
		최인후	알수없음	알수없음	17c후반	주포면
20	나주김	김 원	알수없음	알수없음	17c후반	주포면
		김만득	나주유	알수없음	18c후반	청소면
		김계득	경주김	알수없음	18c후반	청소면
		김효득	고부전씨	알수없음	18c후반	청소면
21	청풍김	김치우	고령신	처변	18c초	장현리
22	진주강	강석무	광산김	처변	18C초	청라동
23	풍양조	조택중	광산김	처변	18c초	청라동
24	기계유	유보중	광산김	처변	18c초	청라동
25	경주김	김두성	광산김	처변	18c초	청라동
26	우봉이	이만달	양주조	처변	18c초	청라동
27	연안김	김재상	온양정	외변	18c후반	청라동
28	인동장	장징소	달성서	외변	18c후반	청라동

위 [표39]에서 알 수 있듯이, 조선후기 보령현에 입향한 주요 사족은 임란을 피해 입향한 성씨(평산신씨 신정계, 경주최씨 최몽우계, 김해김씨 김희, 김성린계), 사패지로 입향한 진주류씨, 연안이씨(이언저계), 관직으로 입향한 경주정씨, 몇몇 입향사유를 알수 없는 해주최씨(최충립, 최인후계), 나주김

씨 등을 제외한 나머지 성씨들은 대부분이 광산김씨의 처변이나 외변 또는 원외손으로 입향한 성관들이다.[55] 하지만 위의 임란을 피해 입향한 성씨와 입향사유를 알 수 없는 성씨들은 이들 가계의 족보의 기록을 통해서만 입향이 확인되는 성씨들로 재지활동 또한 알 수 없다.

3. 조선후기 보령현 사족의 동향

16세기부터 확대된 사족의 입향 또는 신분상승으로 양란 이후 사족의 수가 급격히 증가하였다. 조선후기 보령현의 사족 또한 조선전기에 비해 그 수가 월등히 증가하고 있다. 조선후기까지 36개 성관(『사마방목』 13개 성관, 『문과방목』 1개 성관, 『증보신안지』 17개 성관, 『청금록』 5개 성관)이 추가되어 총 60개 성관이 확인되었다.

55 조선 전후기에 보령현에 입향한 성씨 가운데 입향사실이 확인되는 성씨 55개(중국성씨인 당성(농서)이씨 제외) 중 40개(조선전기 20, 조선후기 20)의 성씨(72%)가 광산김씨의 처변이나 외변 또는 원외손으로 입향한 성씨들이다. 이것은 김성우의 위상과 관계되는 것으로 『여지도서』 등 지리지 인물조의 기술내용을 뒷받침하는 것이다.

입향사유	조선전기	조선후기	총계
광산김씨 처변	15	7	22
광산김씨 외변	5	13	18
광산김씨 교유	5	0	5

[표40] 조선시기 지리지의 보령현 호구수와 인구수

편간년도	지리지명	호구	인구	남	여
1454	세종실록지리지	365	1213		
1759	여지도서	4,097	17,518	7,489	10,029
1786	충청도지	3,697	15,998	7,654	8,344
1871	호서읍지	1786년도 간행된『충청도지』와 동일			
1895	호서읍지	4,274	16,693	8,385	8,510

위 [표40]에서 15세기 중엽 보령현의 호구수는 365호, 인구수는 1,213명이다. 이러한 호구수는 18세기 중엽 4,097호로 10배 가까이 증가하였고 인구수 또한 17,518명으로 10배 이상으로 늘어나지만 이후 조선 말기에 호구수는 증가하지만 인구수는 800여 명이 감소하지만 큰 변동이 없다.[56] 이같은 증가추세를 살펴볼 때 15,16세기 사족의 확대와 더불어 인구가 증가하다가 임진왜란으로 인해 급감한 이후 17세기 이후 사족의 입향으로 다시 인구가 크게 늘어났고 18세기 후반 이후 큰 변동이 없었던 것으로 보인다.

1) 향권의 주도세력

조선후기 조선의 대부분 향촌사회가 사족체계가 확립되는 것과 같이 보령현의 사족체계도 그 궤를 같이한다. 조선전기 보령현은 광산김씨가 사족의 형성에 크게 기반하고 또 이를 외연으로 하는 사족들

56 [표40]에서 알 수 있듯이, 이러한 보령현의 호구수와 인구수의 증가는 조선전기 사족 성관이 30개에서 임진왜란 이후 35개 성관의 입향으로 65개 성관으로 늘어난 것으로 이해된다.

이 보령현의 사족이 되고 광산김씨는 이들 사족의 주축이 되었다.

조선후기 사회변동으로 인하여 향촌의 지배사족도 크게 변화된다. 이는 조선후기 사회가 학통과 당색으로 파당이 이루어지면서 향촌의 주도세력도 이에 의하여 좌우되었다. 보령현은 조선전기 광산김씨가 사족형성에 주축이 되었다면 조선후기는 한산이씨가 사족체계를 확립하여 향촌의 주도적 세력을 이루었다. 광산김씨는 조선전기 재지적 기반과 과거를 통해 중앙의 관인으로 활동하면서 보령현의 주도세력이었으나 17세기 후반부터 사마시 입격자가 크게 줄었고(17세기 후반 1명, 18세기 후반 3명) 관인으로 활동한 인물 또한 많지 않다.

하지만 이 시기 광산김씨는 입향조 김성우의 묘비(1607)와 김극성의 신도비(1662; 글 이언적, 글씨 최응천)를 건립하고[57] 〈만취당〉 등의 누정[58]

---

57 조선후기 광산김씨가 보령현에 건립한 묘비는 다음과 같다.

묘비	관직	건립자	소재지	년대	비고
김중로	사헌부감찰	김경지	죽정동	1604	
김성우	도만호	김경지	청라 나원리	1607	보령시향토유적 제6호
김근행	연기군수		죽정동	1664	
김태국	금산군수		청라 나원리	1651	
김극성	우의정	김지선	청소 재정리	1662	신도비
김해수	좌승지	김영후	청라 장산리	1666	묘갈
김영후	참봉	김여남	청라 장산리	17후반	
김여남	담양부사		오천 교성리	1707	

58 조선후기 광산김씨가 보령현에 건립한 누정은 다음과 같다.

누정명	건립자	관직	소재지	건립년대	비고
晩翠堂	김맹권	집현전학사	청라동 복병리	조선전기	1661김태국 중수
閱波亭	김근행	연기군수	죽정동 지장굴	17c 중반	
玉溪亭	김영후	창릉참봉	청라동 옥계리	17c 중반	

을 중수하는 등의 향촌활동을 이어간다. 특히 1665년에 심지원(沈之源, 1593-1662)이 김극성의 시호를 청하는 시장을 지어 '충정'(忠貞)이란 시호(1658)가 내려진다.

반면에 한산이씨는 광산 김맹권의 사위로 입향한 이치를 입향조로 하여 가세가 번성하여 과거급제자를 많이 배출하고 중앙의 관직에도 크게 이름을 날리면서 향촌사회도 주도하게된 것이다. 한산이씨는 과거를 통하여 중앙의 요직에 진출하고 명족으로 이름나면서 보령현과 타지로 이주하는데 정치적으로 출세하는 이산해 가문은 예산 등 타 지역으로 이주하고 당색은 남인, 북인이 되었고 보령현에 세거하는 한산이씨의 당색은 서인 노론으로 가문이 크게 양분되고 있다.[59]

이같은 한산이씨의 조선후기 위상과 더불어 보령현에 세거한 한산이씨는 이지함 가문이 주축을 이루는데 이것은 이지함가의 사마 및 문과입격자로 확인된다. 17세기 후반 한산이씨의 보령현 사마시 입격자는 총 28명 중 7명(전체의 약 39%)이며, 18세기 전반은 22명 중 9명(27%), 18세기 후반은 19명 중 6명(32%)다. 특히 사마시가 향권에서 절대적 영향력을 갖는다는 사실을 고려할 때 이같은 수치는 17세기 후반 이후 한산이씨의 보령현에서의 위상을 가늠할 수 있는 근거가 된다. 또한 이 시기 한산이씨는 많은 문과 급제자를 배출하여 중앙의 관인으로 활동하였다. 문과의 경우 17세기 전반에 4명, 후반에 5명, 18세

寄傲堂	김명현	익위사세마	봉황산 하 세마봉	17c 중반	
問渠亭	김시복	장사랑	청라동 장산리	17c 후반	

59 당색의 문제는 '제5장 화암서원'에서 상세하게 살펴볼 것이다.

기 전반에 9명, 후반에 1명의 입격자를 내고 있다.[60] 이지번의 현손 이무(李袤 1600-1684)는 경신환국 이후 보령으로 낙향하였다.[61]

특히 조선후기 주목되는 것은 보령현 세거 이지함 후손들의 문과 급제자자 두드러진다는 점이다. 이 가문의 급제자를 살펴보면 다음과 같다.

[표41] 조선후기 이지함가 사마 및 문과 급제자

세	이름	사마입격년	문과급제년	관직	부친관직
4	이필천	1663			충의위
	이필진	1684			충의위
5	이정래	1662	1669	병조정랑	
	이정석	1675			생원
	이정익	1675			생원
	이정억		1702	사헌부지평	

60 한산이씨의 세기별 『방목』 입격자 분포도

방목 시기	15c전	15c후	16c전	16c후	17c전	17c후	18c전	18c후	19c전	19c후	계
사마	0	0	1	2	1	7	9	6	6	3	35
문과	0	0	0	4	4	5	9	1	2	1	26

61 이지번 가계의 과거 급제자는 다음과 같다.

세	이름	사마입격년	문과급제년	관직	부친관직
1	이 무		1626	예조판서	판중추부사
2	이인빈		1678	헌납	예조판서
3	이효근	1684	1691	설서	헌납
	이동근	1669	1689	시헌부장령	헌납
4	이형운	1773			사간원정언
	이광운	1738			사간원정언
	이흥운	1705			장성부사
	이재운	1747			통덕랑
5	이 관	1747			진사
6	이용서	1762			학생
	이봉서	1780			학생

6	이 진		1675	현감	세자시강원사서
	이 만		1710	병조정랑	병조정랑
	이 심		1705	사헌부장령	병조정랑
	이 완	1693	1702	사헌부장령	병조정랑
	이 자		1708	사헌부지평	병조정랑
	이 한	1705			생원
	이 율	1721			유학
	이 혼	1721			유학
	이 융	1711			학생
	이 준	1717			통덕랑
7	이경석		1711	사헌부장령	현감
8	이문복	1798			학생
9	이의채	1777	1795		유학
	이인채	1780	1783		

조선후기에 한산이씨가 보령현에서 어떠한 형태로 주도권을 잡았는지 향안 등 자료가 없어 잘 알 수 없다. 그러나 문중사우 건립과 사찬읍지인 『증보신안지』 편집에 크게 관여하여 씨족의 위세를 과시하고 있다. 한산이씨는 1610년 이지함과 이산보 배향을 위한 사당 건립을 추진하여 1624년에 향사되었다. 이후 이 향현사는 진사 김황(金鍠)과 최문해(崔文海) 등 지방유생의 상소로 1686년 11월 화암서원으로 사액되었다.[62] 그러면 어떻게 1610년에 한산이씨 향현사 건립운동이 일어났을까? 한산이씨 향현사 건립 배경에는 임진왜란 이후 집성촌을

62 이같은 일련의 과정은 한산이씨의 보령현에서의 재지적 위상을 반영하는 것으로 화암서원이 한산이씨의 향현사에서 출발하여 화암서원으로 사액되었음을 보여준다. 1723년에 경주인 이세현의 발의로 이몽규가 추배되고 1922년에 이정암, 1971년에 구계우가 추배되었다. 화암서원의 창건 배경 등에 대한 좀 더 자세한 이어지는 '제5장 화암서원'에서 살펴볼 것이다.

중심으로 향현사나 묘비건립을 통해 현조를 현양하려는 시대적 상황과 이 시기 보령현에서의 한산이씨의 재지적 위상과 관련된다. 한산이씨는 이치의 보령현 입향 이후 아들 이지번, 손자 이산해, 이산보, 증손자 이경전, 이경탁(李慶倬, 1572-?)[63]으로 이어지는 사마와 문과급제로 재지에서의 위상이 높아졌다. 더욱이 향현사 건립이 추진된 1610년은 이산보의 사위 정엽(鄭曄, 1563-1625)이 충청도관찰사로 부임하여 처가인 한산이씨의 현조 선양의 호기였다. 정엽은 이 해 이산보의 재종 구계우와 처남 이경탁과 공모하여 장인 이산보와 처삼촌 이지함 배향을 위한 향현사 건립을 추진한 것이다.[64]

또한 한산이씨는 양반으로서 세거하면서 명성을 날렸기 때문에 당연히 재지사족으로서 향권을 주도하였음은 재지사족으로서의 읍지편찬 참여활동에서 엿볼 수 있다. 현전하는 보령현 읍지는 보령현감을 지낸 정권(鄭權, 1692-1757)이 1748년 한양에서 편찬한 『증보신안지』이다. 읍지의 편찬이 양란 이후 사족에 의한 향촌질서의 확립과 교화에 관련된다는 점에서 읍지편찬의 중요성이 있다. 『증보신안지』 신증풍속조에서도 당시 양주조, 한산이, 전주이, 광산김씨 등 사족의 활동사실이 확인된다.[65] 여기에서 거론된 조존성(양주), 이무(한산), 이몽열(전주), 김태국(광산), 이상우(경주), 이박(수원) 등 이 읍지편찬에 참여한 사족들은

63 이치의 현손이자 이지무의 손자다. 문과(1606)에 급제하여 호조좌랑 등을 역임했다.

64 이 해에 정엽은 서천군 한산의 이색 묘역에 있던 '효정사'란 사당의 재건에도 처남 이경탁과 함께 참여했다. 정엽은 이 사당을 재건하여 이곡 부자를 비롯하여 이종학, 이자를 배향했고, 이후 효정사는 문헌서원으로 사액되었다. 이처럼 충청도관찰사로 부임한 해 정엽은 처가의 현양사업에 적극 참여했음을 알 수 있다.

65 정권, 『증보신안지』 신증 풍속조. 新增風俗 立紀綱正名分由來舊習而壬丙兵之餘不無頹矣之弊矣故昭敏公趙存性判書李袤副興守夢說錦山金泰國寧越李商雨察訪李璞諸公相繼釐正焉.

1600년대의 보령현을 대표하는 사족들이다. 따라서 읍지를 통하여 사족들의 재지에서의 활동상황을 알 수 있는 근거가 된다. 그런데 1748년 정권이 편간한 『증보신안지』의 편찬자들 대부분이 사마시에 급제하여 진사를 지낸 이융(李瀜, 1683-?)을 비롯하여 이형운, 이광운 형제 등 한산이씨다.[66] 특히 편찬 책임자였던 이융은 정권이 보령현감으로 재직하던 1748년 보령향교의 도유사(1747.8-1748.8)를 지냈다.[67] 이것은 향권의 주도가 이아(貳衙)의 향청에서 이루어졌음을 고려해볼 때 한산이씨가 보령현에서 수령 다음으로 보령현의 향촌활동에 참여하고 있음을 그대로 보여준다.[68]

결론적으로 보령현은 조선후기 새로운 사족이 크게 증가하였으나 향권의 주도세력은 광산김씨와 한산이씨였다.

2) 양반의 고을 – 청라동(青蘿洞)

조선사회가 양반사회라는 것은 널리 알려진 사실이다. 양반은 사족, 향족 등을 포함하여 이들의 신분이 다양하여 한마디로 규정할 수 없으며, 양반이라고 하여 모두 사족이라고 정의하기는 어렵지만 양반은 곧 사족이라고 널리 불리어지고 있다.

---

66 앞의[표41]와 주61) 참조.

67 보령향교『청금록』참조.

68 그럼에도 불구하고 한산이씨 입향조인 이치의 신도비(1960)를 비롯하여 이지함(1965)과 이산보의 신도비(1959)는 최근에 건립되었다. 한산이씨 묘비 중에서 이경탁(1698)과 이준발(1657) 묘비 이외에는 건립연대를 알 수 없다. 조선후기에 건립한 한산이씨의 누정은 다음과 같다: 귀학정(이산광, 17세기), 지정헌(이준발, 17세기), 지계정(이병천, 건립연대 미상). 참고로 조선후기 보령현에 건립된 사족의 묘비는 극히 드물다: 연안이씨 이시방 묘비(1683), 이관묘비(1701), 해주오씨 오귀철 묘표(1685) 등.

광범위한 양반층 가운데 사마와 문과급제자는 국가가 공인하는 양반신분층이고 이들은 향촌에서 절대적인 존숭의 대상이었다. 이러한 양반은 조선전기에 지방에서는 경상도나 전라도가 주류를 이루다가[69] 조선후기에 이르러 충청도가 우위를 이루게 된다. 이는 조선후기 사회가 학파가 정파이고 정파가 되었다. 이것은 인조반정 이후 사계 김장생의 학통과 같은 당색의 인물들인 호서사림의 정계 진출과 무관하지 않다. 하지만 보령현은 호서학통의 유력한 인물도 없고 당색으로는 한산이씨 등 노론이 우세하였으나 현관을 배출하지 못하여 소현인 한적한 시골마을이었다. 그런데도 보령현은 앞에서 살펴본 바와 같이 많은 과거급제자를 배출하였다. 보령현이 특출한 배경을 갖고 있지 않은 데도 이처럼 많은 과거급제자를 배출한 이유는 무엇일까? 아마도 전원에서 글을 읽는 선비가 많았고 이들은 관직에 진출하기보다는 재야에서 은둔하는 생활을 즐겼던 것이 원인이 아닌가 한다. 물 좋고 산 좋은 풍경을 즐기며 유유자적한 보령현 양반들의 이러한 삶은 조선말까지 큰 변화를 겪지 않았다는 점도 한 요인으로 보인다. 이러한 보령현의 십승지로(十勝地)서의 형승(形勝)은 정권의 『증보신안지』 서문에서도 확인된다.

> (중략) 여기 와서 하물며 신안현의 지경은 비록 땅이 좁고 협소하나 아주 산천이 훌륭하다. 명승지와 산이 훌륭하고 큰 바다를 끼고 있어서 아주 청숙한 기운이 훌륭해서 정승판서 같은 사람이 계속해서 나오는 곳이다. 또한 훌륭한 학자가 이어져왔다.(중략)[70]

69 이원명, 『조선시대 문과급제자 연구』, 국학자료원, 2004, 107쪽.

70 『증보신안지』 서문.

특히 보령현 청라동은 산세가 수려하고 별유천지로 그 형승이 중국에까지 알려진 곳으로[71] 고려 말 김성우의 입향 이후 광산김씨와의 혼연을 통하여 많은 사족들이 조선후기까지 입향하여 만세보령의 터전을 마련한 양반의 고을로 자리매김하였다. 이처럼 보령현 청라동이 양반의 고을인 것은 고려 말 광산김씨의 입향 이후 그 처변이나 외변으로 입향한 보령현 사족들의 주요 세거지였고 이들 세거 사족들이 사마시와 문과에 대거 입격하여 생원 · 진사나 거경관료를 지냈다는 사실로 이를 뒷받침 한다.

지금까지 살펴본 보령현 사족의 조선 전 · 후기 입향 성관 및 방목을 정리하면 다음과 같다.

[표42] 보령현 사족의 조선 전 · 후기 성관 수 및 방목 현황

<table>
<tr><th rowspan="2">인구수</th><th rowspan="2" colspan="3">사족의 성관 수</th><th colspan="6">방목</th></tr>
<tr><th colspan="3">사마방목</th><th colspan="3">문과방목</th></tr>
<tr><td rowspan="2">17,518</td><td>전기</td><td>24</td><td rowspan="2">61</td><td>전기</td><td>11</td><td rowspan="2">93
(39)</td><td>전기</td><td>7</td><td rowspan="2">38</td></tr>
<tr><td>후기</td><td>37</td><td>후기</td><td>82</td><td>후기</td><td>31</td></tr>
</table>

(인구수는 『여지도서』 기준, 괄호안의 숫자는 조선말기 사마 입격자수)

지금까지 현전하는 자료를 중심으로 조선후기 보령현의 사족의 동향을 살펴보았다. 그 결과 다음의 사실이 도출되었다.

첫째, 자료의 한계에도 불구하고 본고에서 참고한 『방목』, 지리지인

71 『증보신안지』 산천조. 청라동이 어떻게 중국에까지 알려졌는지 자세한 사항은 알 수 없다. 다만 청라동 태생으로 우의정을 지낸 김극성(1474-1540)이 1500년(연산6) 성절사(聖節使)의 서장관으로 북경에 갔었고, 1521년(중종16)에 또다시 정조사(正朝使)로 중국에 갔다 왔다는 사실이 주목된다. 그가 역사에 기록된 최초의 중국 땅을 밟은 보령현의 청라동 출신임을 고려할 때 그를 통하여 그의 고향인 청라동이 중국에 알려진 것으로 보여진다. 그의 문집 『우정집』에 중국 방문 시에 지은 시가 다수 실려 있고 또한 『황화집(皇華集)』(1450~1633년 사이에 조선에 온 명나라 사절단과 주고받은 시문집)에 그의 시가 수록되어 있어 참고가 되기 때문이다.

『증보신안지』, 『청금록』 등은 조선후기 보령현의 사족의 동향 연구에서 절대적이었고 이들 자료에 수록된 성관들은 조선후기 보령현에서 활동한 사족으로 파악되었다. 특히 『증보신안지』 인물조에 올라있는 성씨들은 입향사실의 파악에서 절대적이었다.

둘째, 보령현은 조선전기와 마찬가지로 조선후기에도 광산김씨와의 혼연을 통한 사족의 입향이 계속하여 이어졌다. 피란이나 우거 등의 연유로 보령현에 입향한 성관은 아주 드물었고 조선전기에 광산김씨와의 혼연으로 입향한 성관들의 처변이나 외변에 의한 입향이 거의 대부분이었다. 이것은 김성우가 사전(賜田)으로 받아 점유한 보령현 점령지가 고만수영 일대를 비롯하여 청라동에 이르는 광활한 지역으로 신사족들의 보령현 입향은 광산김씨의 경제력을 기반으로 하였음이 입증되었다.[72]

셋째, 보령현은 조선후기에도 경제력을 기반으로 한 광산김씨의 향촌사회의 영향력은 계속되었으나 17세기 후반 이후 한산이씨가 보령현 향촌사회를 지배하였다. 이것은 이 시기 한산이씨의 사마와 문과 합격자수, 향현사의 건립, 읍지편찬 참여로 확인되었다.

결론적으로 보령현은 광산김씨와의 혼연으로 사족의 입향이 이루어져 광산김씨의 경제적 기반에서 지연과 혈연으로 연결된 향촌사회였다. 학연과 당색에서도 보령현은 지연과 혈연이 주축이 된 향교와 화암서원을 중심으로 조선후기 향촌사회를 영도하였다.

---

72 참고로 정진영은 조선후기 경상도 하회마을에 풍산류씨의 동성촌락이 형성될 수 있었던 배경으로 풍산류씨의 경제 사회적 기반을 예로 들고 있다. 정진영, 「조선후기 동성촌락의 형성과 사회적 기능」, 『조선시대 향촌사회사』, 한길사, 1998, 340쪽.

제4장

보령현의 유학(儒學)

공자와 맹자를 비롯한 그 제자들의 학문을 체계화한 유학은 유교로도 불리며, 본원(本源) 유학, 훈고(訓古) 유학, 성리학(性理學), 고증학(考證學)으로 시대적 변천을 거쳐 왔다. 조선시대의 성명(性命)과 의리(義理)를 캐고 드는 학문인 성리학은 정주학, 주자학, 명학 등의 여러 명칭으로 불리기도 한다.

고려 후기 권문세가의 권력남용에 맞서 개혁정치에 앞장선 신흥사대부를 중심으로 수용되어 발달한 성리학은 조선시대에 이르러 주자 성리학이 큰 주류를 이루었다. 성리학은 권문세가와는 달리 지방 향리 출신이 주류였던 신흥사대부를 중심으로 수용되어 개혁의 도구로 사용되었다. 이처럼 성리학은 신흥사대부로 성장한 지방의 호족이나 토성을 중심으로 수용되어 조선사회 전반에 미친 영향은 절대적이었다.

따라서 이 장에서는 유학이 어떻게 보령현에 수용되어 전개되었는지를 살펴보고자 한다.

1. 15세기 보령현 유학의 수용

조선 초기 보령현 유학의 수용에서 김맹권(金孟權, 1435-1511)을 빼놓고 말할 수 없다. 하지만 그동안의 호서유학 연구에서 김맹권의 외손인 토정 이지함(李之菡, 1517~1578)이 거론될 뿐 보령현의 유학이 어떻게 수용되어 변화 발전해왔는지에 대한 연구는 찾아볼 수 없다.[1]

김맹권은 사헌부 감찰을 지낸 김중로(仲老)와 부인 결성장씨의 장남으로 1435년에 보령현 청라동에서 태어나 1511년 9월 16일에 타계하였다. 자는 세원(世遠), 호는 만취당(晩翠堂)이다. 광산김씨 보령현 입향조 김성우의 증손이다. 김맹권은 세종조의 유학자로 세종에 의해 왕세자의 교육을 부탁받고 반궁유생 20인에 선발될 정도로 학문이 출중했다.

> 김맹권은 일찍이 사마시에 합격한 후 성균관에서 명성이 높았다. 세종이 20명의 선비를 뽑을 때 포함되어 여러 차례 부름을 받아 만나 보았다. 세종이 무릎에 단종을 앉히고 거듭 돌아보며 간곡히 부탁하기를 너희들은 훗날에 이 아이를 잘 돕도록 해라 했다. 세조가 임금의 자리를 물려받자 김맹권은 바로 그날 걸어서 고향으로 돌아

1 최근묵은 「유학의 수용」에서 김맹권이 보령유학의 진흥에 기여했다고 본다. 최근묵, 「유학의 수용」, 『내포의 전통시대 사상과 삶』, 2015, 충청남도역사문화연구원.

> 간 뒤 평생토록 과거를 치르지 않았다. 호는 만취당(晩翠堂)이다. 당시 사람들은 그를 도연명과 같이 여겼다.[2]

하지만 그는 계유정란(1453)이 일어나자 고향인 청라로 돌아온 후 벼슬길에 나아가지 않고 보령에서 절의를 지키며 보령현의 유학진흥에 평생을 바쳤다. 1490년(성종 21) 직첩을 되돌려 받았다.[3]

김맹권의 행적에 주목되는 것은 그의 절의다. 김맹권은 집현전에서 박팽년(朴彭年, 1434-1456), 성삼문(成三問, 1418-1456) 등과 교유했고 그의 2자 김극성이 박팽년의 외손인 이별(李鼈)[4]과 성삼문의 외손인 박호(朴壕, 1466-1533)와 대를 이어 교유하고 있다는 사실을 주목할 필요가 있다. 이들의 관계를 정리하면 다음과 같다.

2 유형원의 앞의 책, 보령현 인물조(김맹권). 앞의 『증보신안지』 인물조 등 참조.

3 『성종실록』 성종 21년 7월7조. 김맹권은 정경부인 나주(羅州) 전씨(全氏) 가각고승(架閣庫丞) 전삼달(三達)의 딸과 결혼하여 3남 2녀를 낳았다. 좌통례(左通禮)에 추증된 김극신(克愼), 광성부원군(光城府院君)에 책록되고 우의정을 지낸 김극성(克成), 순창군수를 지낸 김극양(克讓) 3형제와 판관(判官) 한산인 이치(李穉), 참의(參議) 원주인(原州) 원이(元이), 장례원사평(掌隸院司評) 용인인 이영순(李永淳)에게 각각 시집간 세 딸이 있다. 묘는 죽정동 독정리 선영에 정경부인(貞敬夫人) 나주전씨(羅州全氏)와 쌍분이다. 김맹권의 묘표는 1589년에 세웠다. 부인 나주전씨의 묘비의 글은 허백당(虛白堂) 홍귀달(洪貴達, 1438-1504)이 지었고 차남 김극성이 1501년 시묘생활 중에 묘비를 세웠다.

4 이별의 정확한 생몰연대는 알 수 없으나 1489년 동생 이벽이 성균관 유생이었던 점으로 미루어 이별도 이 무렵 사마시에 합격한 것으로 보여진다. 따라서 이별의 출생년도는 1475년 이전이 확실해 보인다.

[표1] 김맹권이 교유한 인물의 종속관계

세 \ 본관		광산	경주	순천	창령
1세		김중로	이윤인	박팽년	성삼문
	생졸	1415-1500	1415-1471	1417-1456	1418-1456
	1441 (세종23)		식년 생원, 진사	집현전부수찬	(1435) 식년 생원
	1444 (세종26)	무과 남해현령		집현전부교리	직집현전 直集賢殿
	1447 (세종29)	정묘중시무과	문과 식년시	문과중시	문과중시
	1453	사헌부감찰	사헌부감찰	우승지	우사간
	1455 (세조1)		이조좌랑 원종공신	좌승지 충청도관찰사	좌부승지
2세		김맹권	이공린	女이공린	女박임경
	생졸	1433-1511	1437-1509		
	1455 (세조1)	집현전 학사 단종지지 낙향	장인 박팽년에 연좌		
	1504	후학양성	갑자사화 시 3자 원(黿)에 연좌 창평현령에서 파직 해남유배		
3세		김극성	이 별		박 호
	생졸	1474-1540	(1475?-?)		1466-1533
	1498 (연산4)	문과장원 성균관전적	무오사화에 형 원이 김종직의 문인으로 연루 귀양 - 평산에 은거		
	1499 (연산5)	모친상으로 보령낙향 시묘	평산에 은거 중		
	1501 (연산7)				식년 진사 문과(1502)
	1505 (연산11)	의정부 사인			의금부도사

위 [표1]에서 1세대인 이윤인, 박팽년, 김중로, 성삼문, 2세대인 이공린, 김맹권, 박임경, 3세대인 이별, 김극성, 박호는 동시대 인물이고, 이윤인과 김중로는 사헌부에서 감찰로 박팽년, 성삼문, 김맹권은 집현전에서 함께 관인활동을 하였음을 살필 수 있다.

1455년에 세조의 왕위찬탈이 일어나자 김맹권은 고향인 보령으로 낙향하였고, 이후 박팽년은 단종 복위를 계획하였지만 실패하여 죽임을 당한다. 박팽년의 사위 이공린은 익재 이제현의 6대손이다. 부친 이윤인은 평안도관찰사를 지냈다. 하지만 이공린은 장인 박팽년의 죄에 연좌되어 한동안 관직에 나가지 못하다가 사면되어 통례원인의(通禮院引儀), 한성부참군을 거쳐 홍덕 등 세 고을의 현감을 역임하였다.[5] 하지만 1504년(연산10) 갑자사화에 3남 이원(李黿)이 연루되는 바람에 또 다시 연좌되어 해남에 유배되었다가 중종반정으로 풀려났다. 이공린은 8남을 두었는데[6] 그 중에서도 5남 이별이 김맹권의 2남 김극성과 가까이 지냈다. 이별은 김종직의 문인인 형 이원이 무오사화(1498)에 연루되어 유배되었다가 갑자사화(1504)에 죽임을 당하면서 부친과 형제들이 또 다시 귀양을 떠나자 황해도 평산 옥계산으로 들어가 장육당(藏六堂)이란 당호를 걸고 평생 은거하다가 그곳에서 생을 마감한 것으로 전해진다. 이때 이별이 평산의 은거지에서 지은 시가 「장육당가」[7]로 퇴계 이황의 「도산십이곡(陶山十二曲)」이 이별의 장육당가를 모태로 하고 있음은 널리 알려진 사실이다. 김극성과 이별의 교유는 김극성이 이별에게 지어 보낸 다음의 '몽강은 이별자(夢江隱 李鼈字)'에서

5 신용개, <평창현령이공묘갈명>, 『이요정집(二樂亭集)』권15, 한국고전번역원.

6 『경주이씨익재공파보』에 따르면 이공린은 8자(오(鼇),구(龜), 원(黿), 타(鼉), 별(鼈), 벽(鼊), 경(鯨), 곤(鯤))를 두었는데 이별은 5자이다.

7 '장육당가'는 이황이 '도산십이곡발'에서 "이별(李鼈)의 6가(歌)가 세상에 성대하게 전하니 오히려 그것이 이보다 좋다고는 하나, 그래도 세상을 희롱하고 불공(不恭)한 뜻만 있고, 온유돈후(溫柔敦厚)한 내용이 적은 것을 애석하게 여긴다."고 지적한 작품으로 '육가'계 시조의 첫 작품이라는 것이 시조계의 평이다. '장육당가'는 이별의 증손자인 이광윤(1564-1637)의 『양서집(瀼西集)』(권2)에 '飜藏六堂六歌拙製' 란 제목으로 4수가 실려 있다. 이황, <도산십이곡발>, 『퇴계집』권43, 한국고전번역원. 이광윤, 『양서집(瀼西集)』 참조.

확인된다.

행원의 인재들이 꽃가지를 꺾어
함께 수레 먼지를 피해 날개를 드리웠네.
남북의 군자가 같이 나쁜 짓을 하니
외로운 넋이 두 곳에서 또한 서로 따르는 구나.

'강은(江隱)'은 이별의 자(字)로 김극성은 1499년 보령에서 모친의 시묘생활을 하면서 꿈에 본 친구 이별을 위해 위를 시를 지었다. 또한 "행원의 인재들이 꽃가지를 꺾어 함께 수레 먼지를 피해 날개를 드리웠네"라는 내용으로 볼 때 이별과 김극성이 함께 사마시에 입격하여 잔치에 참여했던 사실을 회상하는 것으로 보인다. 이것은 김극성과 동시대 인물인 박상(朴祥)(1474-1530)이 이별에게 보낸 시 '증강은부(贈江隱父)'[8]에서도 확인된다. 박상이 김극성과 함께 1496년 사마시에 합격하였고 앞에서 살펴본 바와 같이 서로 교유하였음을 고려할 때 이들의 관계는 확실하다 하겠다. 이별과 김극성이 서로 교유하였기에 사화에 연루되어 가문이 풍비박산되어 평산에 은거하고 있던 이별에게 김극성은 위의 시를 지어 서로가 남북으로 떨어져 지내고 있음을 안타까워하는 심정을 토로한 것이다.

따라서 이별의 외조부 박팽년과 김극성의 부친 김맹권이 단종에 대한 절의를 지킨 것은 우연의 일치가 아니었음을 알 수 있다. 특히 김맹권의 사적(事蹟)이 이별의 『장육당집』에 실려있다는 사실은[9] 이별과 김

8 박상, 『눌재집(訥齋集)』, 한국문집총간.
9 김극성, 「소원록」, 『우정집』: (...) 事蹟俱在於藏六堂集 (...). 하지만 「장육당가」를 한역한 이광

극성의 교유를 보여주며 김맹권과 박팽년의 단종에 대한 절의가 후대에까지 이어지는 것으로 이해된다.

또한 김맹권과 성삼문의 교유 사실을 다음에서도 살필 수 있다. 1511년에 김맹권이 죽자 최숙생(崔淑生, 1457-1520), 소세량(蘇世良, 1476-1528), 박호(朴壕, 1466-1533) 등 20여 명이 만사를 지어 그의 죽음을 애도하였다. 이들 중에서 주목되는 인물이 홍주판관 박호이다. 그의 자는 중심(仲深)으로 1501(연산7)에 식년시에 합격하여 진사가 되고 1508(연산8)에 알성시 문과에 합격하여 우참찬 등을 지냈다. 시호는 정간(貞簡)이다. 부친은 목사(牧使)를 지낸 박임경(朴臨卿)이고 외조부가 사육신의 한 사람인 성삼문(成三問, 1418-1456)이다. 그의 부친 박임경의 행적은 알 수 없는데 아마도 장인인 성삼문의 죽음과 관계된 것으로 보인다. 박호는 외조인 성삼문이 단종 복위 운동에 실패하여 부친 성승(成勝)을 비롯하여 동생 상삼빙(成三聘), 아들 성맹첨(成孟瞻) 등 자녀까지 모두 죽임을 당해 절손되자 성삼문의 신주를 모셔다가 외손봉사하였다. 그는 경학(經學)과 사장(辭章)에 밝아 1514년 사유(師儒)로 선발되었지만 승정원승지(承政院承旨) 등으로 임명될 때 신진사류에 의해 성삼문의 외손이라서 거부되는 경우가 많았다.[10] 성삼문, 박호 가계는 다음과 같다.

윤(1564-1637)의 후손이 거주하는 경북 예천군 용문면 하금곡동에 보관해오던 이별의 장육당가 문적과 『양서집』 책판이 1953년 화재로 전소되었다고 한다. 최재남, 같은 책, 38쪽.

10 『중종실록』 중종9년 6월 23일 갑인조. 12월 21일 기유조.

[표2] 성삼문, 박호 가계 및 세계도

시조		7세	8세	9세		10세	11세	12세
成仁輔 호장	…	成達生 판중추	成勝 병사	成三問 승지	┬	成孟詹 좌랑	女柳輯 정랑	
					└	女朴臨卿 부사	朴壕 호조판서	朴大有

그러면 왜 박호는 김맹권의 만사를 지어 김극성을 찾았을까? 이것은 박호의 외조부인 성삼문과 김극성의 부친 김맹권이 집현전에서 함께 일하면서 맺은 교유에서 비롯된 것이다. 이처럼 선대에서 맺어진 집안간의 우의는 자연스럽게 이어졌고 박호와 김극성이 중종조에 함께 관인활동을 하면서 더욱 견고해졌다고 볼 수 있다.[11]

이처럼 박팽년, 성삼문, 김맹권은 집현전이란 공간에서 함께 활동하면서 서로 교유했고 이것이 후대에까지 이어졌음을 살필 수 있다. 따라서 박호가 김맹권의 만사를 지어 김극성을 찾아 조의를 표한 것이다. 박팽년과 성삼문이 사육신으로 칭송되는 것은 이들이 단종복위운동을 꾀하다가 죽임을 당하였기 때문이고 김맹권이 생육신으로 비유되는 것은 낙향하여 단종에 대해 끝까지 절의를 지켰기 때문이다.

---

11 예컨대 1530년 박호는 형조판서, 김극성은 병조판서로 함께 일했다. 또한 성삼문의 외가가 김극성의 친가가 있는 보령현의 이웃인 홍주목이란 점도 이들의 관계에서 참고가 된다.

2. 16세기 보령현 유학의 전개

보령현 유학은 신흥사대부에 의해 수용되지 않고 고려 말 권문세가였던 광산김씨의 보령정착과 더불어 보령에 뿌리를 내린 광산김씨에 의해 시작되었다. 바로 그 중심인물이 앞에서 살펴본 보령현의 세거사족인 김맹권이다. 조선 초기 보령현은 성리학이 보급되지 못한 즉 교화가 덜된 지방이었다. 이런 시기에 김맹권은 보령현의 사족들에게 학문을 전수하였고 그의 학문은 세 아들 김극신, 김극성, 김극양과 외손 이지번, 이지함 형제로 이어졌다.

김극신(1469-1516, 1495사마)은 1516년 문과에 급제했으나 연산군에 의해 삭과(削科)를 당한 후 더 이상 과거를 보지 않고 고향에서 글을 읽으며 후학을 지도하며 여생을 보냈다.[12] 허백당 홍귀달(洪貴達)의 문인으로 좌통례(左通禮)에 추증되었다. 홍귀달이 김극신의 모친 나주전씨의 묘비명을 지은 것도 이러한 그와의 교유에서 비롯되었다.

김극성(1474-1540)은 사마시(1496)와 문과(1498)에 장원급제하여 우의정을 지냈다. 중종반정(1506)의 공신으로 광성부원군에 봉해졌다. 그의 묘는 공신의 녹훈을 받던 날 불천지위(不遷之位)의 은전(恩典)을 입은 부조묘(不祧廟)이며, 시호는 충정(忠貞)이다. 회재(晦齋) 이언적(李彦迪)이 1540년에 지은 '행장'을 비롯하여 월사 이정구의 '신도비명'과 만사 심지원이 지은 '가장'(1655)과 '시장'이 있다. 그의 사우가 충남 보령시 청소면 재정리 능동에 위치하며, 1983년 충남도문화재자료(143호)로 지정

12 김극신의 아들 김문서와 생질 이지함이 서경덕의 문인인 것은 처사형 학자였던 김극신의 영향에서 비롯되었다. 이어지는 [표3] 유학연원도 참조.

되었다.

부친 김맹권의 낙향 이후 광산김씨는 김극성이 문과에 급제하여 중앙으로 진출함으로서 보령의 세거사족으로의 위상을 높였다. 특히 김극성은 예조판서를 세 차례나 지낼 정도로 학문이 뛰어난 인물이었다. 이것은 김극성이 영남의 사림 이언적(李彦迪)과 사문(斯文)에서 교유하였다는 사실과 김극성이 죽자 대사성으로 있던 이언적이 지은 다음의 제문에서도 확인된다.

> 유년월일(維年月日)에 성균관대사성 이언적[13]
> (...) 학문이 풍부하고 깊어 이른 나이부터 명성을 날리셨습니다. 사마시에 장원으로 오르고 거듭 과거에도 장원을 하셨습니다. (...) 사문(斯文)에서 두터운 정을 돌아보며 난초와 혜초의 향을 함께했습니다. 위로는 공을 위해 통곡하고 아래로는 사사로이 눈물을 흘리니, 영령께서는 이르시어 우리의 변변찮은 제수를 흠향하소서. 상향!

이언적은 김극성과의 이러한 인연으로 후일 김극성의 '행장'(1540)을 짓기도 하였다. 김극성의 행장을 이언적이 지었다는 것은 김극성이 사림에서 인정받았음을 의미한다. 왜냐하면 이언적은 예가 아니면 행하지 않았고 학문은 사도(斯道)에 기초하고 덕이 행실에 부합되며 문장이 붓끝에서 나오면 교훈되는 말이 후세에 전해져 동방에서 비견할 사람이 없는 인물로 평가되고 있기 때문이다.[14]

이처럼 김극성이 학문적으로 성장하여 사림의 추대를 받을 수 있

13 김극성, 앞의 책.

14 '이언적 졸기', 『명종실록』 명종 8년 11월 30일 임신조,

었던 것은 바로 가학(家學)이었고 부친 김맹권의 학풍이 있었기에 가능하였다.[15] 김극성의 학풍은 사위인 천휴당 이몽규(李夢奎)에게도 이어진다.

김극양은 순창군수를 지냈고 별과시(別科時)에 천거된 호서명현 중의 한 사람이다.[16]

이지함(李之菡)(1517~1578)은 외가인 청라동 장산리에서 태어나 자라면서 외삼촌 김극신. 김극성 등에게서 배웠다. 그가 처사형 유학자인 것도 외가의 학풍에서에서 비롯되었다. 특히 큰 외삼촌 김극신은 연산조에 삭과를 당한 후 평생을 고향 청라동에서 후학을 양성한 처사형 학자였고, 김극성은 사림의 종사로 추앙을 받았으며, 막내 외삼촌 김극양 또한 『기묘명현록』 오른 호서명현이었다. 둘째 외삼촌 김극성은 관인유자로 활동하면서 생질인 이지함을 유현에게 소개하였고 훗날 이지함은 보령에서 강학하면서 조카인 이산보를 비롯하여 김맹권의 종질인 김응천, 조헌(趙憲, 1544-1592), 서기(徐起, 1523-1591) 등 후학을 양성하였다.

이지함의 삶은 부모의 사망 이후 큰 변화를 겪게 되는데 특히 1548년 절친한 친구였던 안명세(安名世, 1518-1548)가 사형당하고 처가가 화를 입게 되자 유랑생활을 시작하였다. 이 시기 전국을 떠돌며 여러 사람들과 교유하였는데 송익필, 성혼, 이중호 등 과도 어울렸다. 특히 서

15 문경호는 김극성이 보령에서 유학을 퍼트린 비조로 보고 있다. 문경호, 「증보신안지의 편찬 배경과 특징」, 『역사와 담론』 제97집, 244쪽, 2021.

16 「별과시천과인(別科時薦科人)」, 『기묘록속집(己卯錄續集)』. 이정우는 김극양을 기묘 현량과 피천자 93명 중의 한 사람으로 호서사림으로 분류하고 있다. 이정우, 「조선전기 호서사림의 구성과 성격」, 『조선시대사학보』 18, 137, 152쪽.

경덕을 스승으로 하여 상수학, 천문, 지리 등을 공부하여 화담학파의 맥을 이었다. 이후 토정의 사상은 이수광, 이덕형, 유몽인 등 여러 학자들에게 전승되어 실학으로 계승되었다. 그는 포천현감(1573)과 아산현감(1578)으로 재직하는 동안 상공을 장려하고 유리걸식하는 백성을 모아 구제하는 등 목민관으로 위민사랑을 몸소 실천하였다. 그의 묘는 조부 이치의 묘와 함께 한산이씨 선영이 있는 주교면 고만에 있다.

이처럼 조선전기 김맹권에 의해 수용된 보령현의 유학은 가학으로 그의 세 아들과 외손 이지번, 이지함 형제로 이어졌음을 알 수 있다.

3. 17세기 보령현 유학의 진흥

김맹권으로부터 시작된 보령현의 유학은 17세기 이후 김맹권의 동생으로 건공장군을 지낸 김공권(金公權)의 6세손 김해수(金海壽, 1581~1640), 김영후(金榮後, 1601~1671) 부자로 전승되었다. 김해수의 부친은 토정 이지함의 문인으로 지평에 증직된 김응천(金應天)이다. 어머니는 순흥안씨 안로(璐)의 딸로 정민공 안당(瑭)의 증손녀이다. 부인은 감찰 이정민의 딸이다. 김해수가 아주 어린 나이였을 적에 명곡(鳴谷) 이산보(李山甫)가 기이하게 여겨 '이 아이는 가르칠 만하다.'라고 하였는데[17], 이때부터 명성이 더욱더 드러났다. 이로 보면 김맹권의 유학은 세 아들과 외손인 이지함을 거쳐 김응천, 이산보, 김해수로 이어졌음을 알 수 있다.

---

17 송시열, 「김해수 묘갈명」, 『송자대전』175권, 한국문집총간.

김해수는 어려서부터 정철(鄭澈)의 아들 정홍명(鄭弘溟)(1582-1650)과 교유하였고, 사계 김장생(金長生, 1548-1631)의 문하에서 배웠으며, 여러 제자들 가운데서도 특히 칭찬을 받았다고 한다.[18] 김해수의 문인으로는 김장생 이외에도 계곡 장유(張維, 1587 1638), 수몽 정엽(鄭曄, 1563-1625), 동회 신익성(申翊聖, 1588-1644), 백주 이명한(李明漢, 1595-1645) 등이 있다.

김해수는 사계의 제자이자 문인으로 보령현에 호서유학의 전통을 계승 발전시키는 데 결정적인 역할을 하였다. 따라서 김맹권으로부터 시작된 보령현의 유학은 김극신, 김극성, 이지함, 이산보를 거쳐 김해수에 와서 크게 진흥하였다고 볼 수 있다. 김해수는 이지함과 이산보 제향을 위한 한산이씨 사당 건립(1623) 당시 사림들의 반대를 무마하는 데 적극 앞장섰다.[19] 이지함과 이산보의 향사가 이루어질 수 있었던 것은 김해수가 있었기에 가능하였다.[20]

1640년에 김해수가 죽자 정홍명, 박미 등 당대를 풍미했던 30여 명의 인사들이 그의 죽음을 애도하는 만사를 지었다.[21]

김영후(金榮後, 1601-1670, 1624사마)는 김해수의 아들로 참릉참봉을 지냈다. 아버지 김해수에 이어 김장생과 그의 아들 신독재(愼獨齋) 김집(金集)[22], 정철의 아들 정홍명의 문인으로 활동하면서 부친 김해수에 이어 보령현의 유학진흥을 위해 노력하였다. 우암 송시열, 동춘당 송준길,

---

18 위의 송시열이 지은 「김해수 묘갈명」.

19 <김해수 묘갈명>, <이산보 신도비명>, 구계우 <행장> 등 참조.

20 이에 관해서는 이어지는 '화암서원'을 참조.

21 앞의 『나촌유사』, 1692. 김해수의 묘비는 명재 윤증(尹拯, 1629-1714)이 지었고, 글씨는 금평위(錦平尉) 박필성이 썼다. 묘갈은 우암 송시열(宋時烈)이 짓고, 동춘당 송준길(宋浚吉)이 썼으며, 서석 김만기가 전액을 썼다. 김해수의 묘소는 보령시 청라면 장산리에 위치한다.

22 김집, 『신독재전서』 제18권, 한국고전번역원.

서석 김만기, 명재 윤증 등이 그의 문인이다. 김영후는 만년에 청라동 옥계에 '옥계정'(玉溪亭)이란 정자를 짓고 문인들과 교유하면서 풍류를 즐겼다. 옥계천 암반에 그가 새겨놓은 '옥계(玉溪)'란 글자가 새겨져 있다. 당대의 문인 이민구, 이행진, 오도일 등이 옥계의 아름다운 풍광을 읊은 시와 김영후가 지은 '옥계8영'[23]이란 시가 전한다.

마지막으로 김공권 가계에서 주목되는 인물은 장성도호부사 등을 지낸 김여남(金汝南, 1634-1702)이다. 김여남은 서석 김만기의 아우인 김만중, 김만균 그리고 김수항의 아들 김창집을 비롯한 서인 노론과 교유하였다.[24] 특히 김여남은 재종제인 진사 김황(金鍠)[25]과 함께 1686년 한산이씨사우가 '화암'으로 사액되는데 앞장섰다. 조부 김해수가 한산이씨 사우에 이지함과 이산보가 배향될 수 있도록 활동한데 이어 화암서원으로 공인될 수 있도록 재종제인 김황과 함께 적극 노력한 것이다.

이처럼 15세기 김맹권에서 시작된 보령현의 유학은 16세기에 이지함, 이산보, 김응천을 거쳐 활성화되고, 17세기 후반 김해수, 김영후, 김여남 3부자에 의해 한 단계 도약할 수 있었다. 이상의 보령현 유학의 연원을 정리하면 다음과 같다.

23 앞의 『증보신안지』.

24 이러한 이들과의 관계는 1702년 그가 타계했을 때 지은 만사에서 확인된다. 형조판서 민진후, 예조참의 홍수주 등 20여 명의 인사들이 만사를 지어 그의 죽음을 애도하였다. 위 『나촌유사』 참조.

25 김황의 사위가 평강채씨 보령입향조 채진후의 손자 채성윤이다. 김황은 한산이씨 이성(李宬, 1680-1736)의 외조부 이기도하다. 이성의 부친이 이덕운으로 수당 이남규의 5대조이다. 앞의 '안동김씨' 및 '한산이씨' 참조.

[표3] 보령현 유학 연원도(괄호 안은 교유 인물)

- 1. 김맹권
  - 김극신
    - 김문서(서경덕) — 김백간 — 김태정(이이)
    - 이지함
  - 김극성(이언적)
    - 이몽규(이이, 성혼, 정철, 조헌, 이항복) — 이희삼
    - 이지함
  - 김극양(조광조) — 이지함(서경덕)
  - 이지번 — 이산해
  - 이지함
    - 이산보
    - 김응천
- 2. 이지함
  - 이산해
  - 이산보 — 구계우
  - 김응천 — 김해수 — 김영후 — 김여남
  - 서 기
  - 조 헌

4. 18세기 보령현의 호서유학

15세기 김맹권의 보령현 유학의 수용 이후 17세기까지 광산김씨와 한산이씨가 주도해온 보령현의 유학은 18세기부터 남당 한원진(韓元震, 1682-1751)의 학맥을 잇는 호서유학으로 전개된다. 그 중심에 정혁신(鄭赫臣, 1719-1793, 자, 명준(明峻), 호 성당(性堂))이 있다. 정혁신의 행적을 알 수 있는 것은 외손 김박연(金博淵, 1789-?)이 1845년에 지은 그의 〈행장〉을 통해서이다.[26] 정혁신의 본관은 경주로 부친 정언주(彦柱)와 모친 광

26 정혁신, 『성당집』 권5 부록 <행장>. 정혁신의 가계를 살필 수 있는 유일한 자료는 외손 김박연이 지은 그의 <행장>(1845)이다. 하지만 이 <행장>의 기록으로는 그의 가계고찰에 한계가 있다. 우선 김박연이 지은 <행장>이 조선말기로 시기적으로 떨어진다는 점이다. 또한 8대조 정지년(知年)부터 부친 정언주(彦柱)까지 족보의 계보가 단선이고 세거지가 보령현 읍

주이씨(이수만의 딸) 사이에서 1719년 보령현 도랑리에서 태어났다. 그는 자력으로 학문에 힘썼고, 효성이 지극하여 향사의 천거를 받았으며, 33세에 부친상을 40세에 모친상을 당하였다.[27] 46세 되던 1764년에 가족을 이끌고 읍치를 떠나 오서산 성연리로 들어가 양성당(養性堂)을 짓고 수양하며 후진을 양성하였다.[28] 69세인 1787년 암행어사 심환지(沈煥之)가 그의 행적을 높이 평가하여 올린 서계를 올려 광릉참봉에 제수되었으나 병을 핑계로 사양하였다.[29] 1793년 75세의 나이로 성연리 양성정사에서 숨을 거두자 제자 이예환 등이 부여 홍산 월명산(月明山)에 장사 지냈다. 외손 김박연과 손자 정호건, 정호곤이 간행한 『성당집(性堂集)』 2책(1845)이 전한다.

정혁신은 남당 한원진의 성리설을 적극 지지하여 송시열, 한원진으로 이어지는 호서의 기호학맥을 이었다. 그의 문인으로는 보령현의 이문복(李文福, 1754-?)[30]을 비롯하여 홍주목의 이건운(李健運, 1751-1822),

---

치라는 점이다. 그의 7대조 정효상(鄭孝常, 1432-1481)은 문과(1454)에 급제하여 이조판서 등 지냈고 계림군에 봉해진 익대좌리공신이다. 5대조 정종주(宗周, 1571-?, 1603진사)가 권필(權韠, 1549-1612)의 문인이고, 증조 정만(鏋)이 우암의 제자로 스승을 위해 변무제소(辨誣製疏) 올렸다고 기록하고 있는데 변무제소를 올린 사람은 우암의 제자 조정만(趙正萬, 1656-1739)으로 확인된다. 조정만은 1681년 사마시에 입격하여 형조판서 등을 지낸 임천 조씨이다. 정혁신의 증조 정만은 조정만의 우리말 이름이 서로 같을 뿐이다. 또한 남원 세거의 공신 후손이 어떻게 보령현 읍치에서 세거하였으며, 더욱이 명문사족 출신인 그가 보령현의 이웃인 결성현에 거주하던 남당 한원진(1682-1751)의 문하를 출입하지 않은 평생 그의 사숙문인이었는지 그의 문인이 보령현의 인물로 이문복 이외에는 보이지 않는지 의문이다. 정혁신의 가계에 관해서는 졸고(「조선후기 보령현 신사족 동태(動態)에 관한 연구」, 『충청문화연구』 제27집, 2022, 충남대학교 충청문화연구소)를 참조.

27 위의 책 <행장>.

28 오늘날 그가 살았던 보령시 청소면 성연리 '승댕이'라는 지명은 그의 호 '성당'에서 유래한다.

29 『정조실록』, 정조11년 정미(1787) 4월 8일 을사조.

30 이지함의 8세손으로 1798년 사마시에 합격하여 진사를 지냈다. 스승 정혁신이 죽자 이시덕 등과 함께 『성당집』을 교정하고 발문을 지었다. 정혁신의 또 다른 제자로 이지함의 6대 손서 조진호(趙鎭祜)가 있다.

박도환(朴道煥, 1734-1783)[31] 남포현의 이예환(李禮煥, 1772-1837), 백사형(白師亨, 1768-1808) 등이 있다.

이상에서 알 수 있듯이, 정혁신은 보령현 읍치에서 태어나 45세까지 살다가 46세에 오서산으로 들어가 새로운 거처를 마련하고 글을 읽으며 후진을 양성하면서 여생을 보냈고 죽어서는 부여 홍산에 묻혔다. 하지만 그의 재지에서의 활동은 전하는 것이 없다. 단지 그의 가계가 보령현 읍치에 세거하다가 오서산으로 들어가 양성당을 지어 강학하였고 죽어서 제자들에 의해 묘소를 부여 홍산에 마련하였다는 점이다. 하지만 어떻게 한원진의 사숙문인으로 그의 학문을 추종하였는지 또한 그의 명성에 비해 보령현 출신 제자로는 이문복이 유일하고 그의 학문의 사승관계가 무엇인지는 알 수 없다.[32]

이상의 보령현의 유학의 수용과 전개 및 진흥에서 다음의 사실이 밝혀졌다. 무엇보다도 보령현의 유학은 김맹권에 의해 수용되어 파급되었다는 점이다. 일반적으로 유학이 고려 말 토성이나 호족을 중심으로 한 신흥사대부가 주축이 되어 각 지방에 수용된 반면 보령현의 유학은 김성우의 보령현 입향과 더불어 그의 증손 김맹권에 의해서 시작되었다. 이것은 그가 집현전 학사로 박팽년, 성삼문 등과 교유하였고 단종에 대한 절의를 지킨 유학자적 삶의 실천에서 비롯된 것이었다. 그의 학문은 가학으로 그의 세 아들 김극신, 김극성, 김극양에게

31 홍주목 결성 거주의 유생이다. 대제학 박충원의 9세손으로 고조 박자윤(自胤) 대에 남당 한원진의 고향인 홍주목 결성현 서부면으로 이거하였다. 『밀양박씨낙촌공파보』(1867) 참조.

32 조선 말기에 보령현의 유학자인 유호근(柳浩根, 1853-1925), 조구원(趙龜元, 1851-1911) 등이 정혁신을 추모하는 글을 짓고 그의 학문을 추숭하는 것은 남당의 호서학맥이 이들에게까지 이어졌다고 볼 수 있다.

이어졌다. 이것은 특별한 학맥이나 정치적 관계를 유지할 상황이 아닌 시기에 김맹권의 세 아들 모두가 사마시나 문제에 급제하고 관인 활동을 하였다는 사실에서 알 수 있다.

또한 김맹권은 사족과의 혼연을 통하여 사족들이 처변(妻邊)으로 보령에 입향하는 계기를 마련하였고, 16세기 이후 그의 유학은 외예인 성암 이지번, 토정 이지함, 명곡 이산보를 비롯하여 손서인 천휴당 이몽규에게도 자연스럽게 전해져 보령현 유학의 초석을 마련하였다.

마지막으로 15세기 김맹권에 의해 수용된 보령의 유학은 17세기에 이르러 호서유학의 진흥으로 확대되었다는 점이다. 이 시기 김해수와 김영후 부자는 김장생과 김집 부자의 문인으로 호서유학을 보령에 전파하는데 결정적 역할을 하였다. 특히 김해수는 어려서 이산보에게 배웠고 김해수의 부친 김응천은 조헌, 서기와 함께 이지함의 문인이었다. 이것은 김맹권의 학풍이 외예인 이지함, 이산보를 거쳐 김응천, 김해수에게 전해진 것으로 볼 수 있다. 특히 김해수는 한산이씨 사당 건립에 결정적 역할을 하였고 그의 손자 김여남은 한산이씨 사당이 1686년 '화암'으로 사액되는데 일조하였다.

18세기 보령현의 유학은 정혁신이 남당 한원진의 사숙문인으로 남당의 호서학맥을 이어나갔다. 하지만 그의 학문은 보령현 유림으로 이어지지 못하고 오히려 남포현의 유림을 중심으로 이어져 신안사 창건(1797)과 중건(1807) 과정에서 보령현 유림이 큰 역할을 하였다.

따라서 김맹권은 조선 초기 보령현 유학의 수용 및 진흥에서 빼놓을 수 없는 인물로 호서유학에서 재평가되어야 할 것이다.

제5장

화암서원(花巖書院)

화암서원[1]은 내포지방에서 홍주의 녹운서원(綠雲書院)[2]에 이어 두 번째로 사액된 서원이다. 화암서원은 보령현 사족의 향촌 사회문화의 구심점으로 조선시기 보령현의 사회상과 밀접한 관계가 있다. 따라서 보령현의 재지사족의 활동은 화암서원과 밀접하게 연결되어 있다고 볼 수 있다.

---

1 화암서원은 보령시 청라면 장산리 산 27-1에 위치하고 있다. 원래 청라동 장산리 서원촌(서원이 있던 동네를 서원촌이라고 불렀음)에 건립되었으나 1864년 흥선대원군의 서원철폐령으로 철폐되었다가 1922년 복설되었고, 청라저수지 건설로 인해 1959년 현재의 위치로 이전되어 오늘에 이른다. 충청남도지정 문화재자료 제138호(1984.5.17.)로 지정되었다. 화암서원은 상하단으로 터를 조성하여 후면인 상단에 정면 3칸, 측면 2칸의 맞배지붕의 사우를 지어 이곳에 이지함 등 5인의 위패를 모셨다. 1998년 이지함의 영정을 봉안하였고 최근에 이산보의 영정도 봉안되었다. 상단 전면의 하단에 동재, 서재, 강당, 요사, 제기고, 대문, 묘문 등의 건물이 배치되어 있어 전학후묘(前學後廟)식 배치의 구조이다.

2 녹운서원은 1681년 홍주의 유생 조홍정(趙鴻禎)이 노은사(魯恩祠)에 제향된 성삼문의 관작을 청하여 '녹운(綠雲)'으로 사액되었다가 1712년 노은서원(魯恩書院)으로 개칭하였다.

화암서원 관련 자료는 영세하며[3] 지금까지의 화암서원에 관한 연구는 다음과 같이 크게 세 부분으로 정리할 수 있다. 하나는 충청지역 서원의 전반을 다루는 연구에서 서원의 창건 및 사액시기, 건물의 구조, 배향인물 등에 대한 고찰이고[4], 다른 하나는 충청유학의 전개에서 보령지방 성리학의 수용과 학통에 대한 고찰[5], 마지막으로는 서원의 배향인물인 이지함의 경세사상 등에 관한 연구이다.[6] 이들 연구를 통하여 화암서원에 대한 자료와 정보는 제시되었다. 하지만 화암서원이 왜 1610년 창건이 되었는데 이지함, 이산보의 향사가 14년이 지난 1624년에서야 이루어졌으며, 어떻게 1686년 '화암'으로 사액될 수 있었는지 그 과정에 대한 구체적인 연구가 이루어지 않아 이들 문제에

---

3 1847년, 1922년 작성된 화암서원 <선생안>이 있으나 수록인물이 조선말기 인물들이다. 1847년 선생안의 경우 김(9), 이(9), 박(3), 정(3), 차(3), 신(3), 강(2), 임씨(1) 등 33명의 도유사 성관이 수록되어있다. 이들 성관 중 일부만이 본관이 기록되어 있고 1800년대까지 보이지 않던 성관, 예를 들어 차씨, 강씨 등이 포함되어 사족의 동향 파악이 힘들다.

4 충청지역 전반을 살피는 연구에서 화암서원을 다룬 논문과 화암서원 개론서는 다음과 같다. 전용우, 「조선조 서원 사우에 대한 일고찰-건립추이 및 제향인물을 중심으로」, 『호서사학』 제13집, 1985. 전용우, 「호서사림의 형성에 대한 연구-16~17세기 호서사족과 서원의 동향을 중심으로」, 충남대학교박사학위논문, 1994. 이정우, 「조선후기 내포지역 서원 사우의 건립과 운영의 성격」, 『지방사와 지방문화』 7권1호, 2004. 이해준, 「호서지역 서원의 지역적 특성과 정치적 성격-숙종대 노 소론계 서원을 중심으로」, 『국학연구』 11, 2007. 홍제연, 「충청지역 서원 연구의 현황과 과제」, 『충청학과 충청문화』 28집, 2020. 『충남의 서원사우』, 충청남도, 1999. 『충청남도도지』, 충청남도도지편찬위원회, 2008. 『보령향교지』, 보령향교지편찬위원회, 1998. 『보령시지』, 보령시지지편찬위원회, 2010.

5 보령지방 성리학의 전개에서 화암서원과 이지함을 다루고 있는 논문은 다음과 같다. 최근묵, 「보령지방 성리학의 수용과 그 학맥」, 『대보문화』 6, 1977. 최근묵, 「충남지방 서원 사우의 제향인물과 사상배경」, 『충남의 서원 사우』, 충청남도, 1999. 최근묵, 「유학의 수용」, 『내포의 전통시대 사상과 삶』, 충남역사문화연구원, 2015. 이연숙, 「학문과 정치의 장 '서원'」, 『내포의 전통시대 사상과 삶』, 충청남도역사문화연구원, 2015. 황의동, 「내포 유학의 학통」, 『내포의 전통시대 사상과 삶』, 충남역사문화연구원, 2015.

6 이지함의 경제사상 등에 관한 논문이나 저서는 다음과 같다. 임선빈, 「토정 이지함의 생애와 평가」, 『보령문화』, 2004. 신병주, 『이지함 평전』, 글항아리, 2008. 『토정 이지함과 토정비결의 문화사적 재조명』, 충남역사문화연구원, 2011.

대한 의문이 꾸준히 제기되어 왔다.[7]

서원이 조선시기 향촌사회의 교화와 강학의 장수처(藏修處)로 기능하였음을 고려할 때 보령현의 사회사의 이해에서 화암서원이 갖는 의의는 매우 크다고 할 것이다.

따라서 이 장에서는 사우의 건립배경 및 주체, 사액과정과 배향인물, 같은 시기 또 다른 사우의 건립운동 과정의 고찰을 통하여 그동안의 연구에서 미진했던 재지사족의 동향을 보완하고 나아가 화암서원에 관해 제기되어온 여러 가지 의문이 해소되길 기대해 본다.

1. 사우(祠宇)의 건립배경

1) 사회적 배경

사우의 창건은 한 지역의 사족의 위상과 동향에 관계된다. 따라서 사우창건 배경을 살피기 위해서는 당시의 보령현 향촌사회의 사족의 동향을 살펴보아야 한다.

고려 말 도만호 김성우가 보령현에 청라동에 입향한 이후 광산김씨는 15세기에 김극신(金克愼, 1469-1521, 사마1495, 좌통례), 김극성(金克成, 1474-1540, 사마1496, 우의정), 김극견(金克堅, 사마1507)의 사마시 입격에 이어 김극성이 문과에 급제(1498)하여 중앙관료로의 진출하였다. 이 시기 광산김

7 이해준, 「다시 챙겨야 할 보령의 선비들」, 『애향』 19집, 2015, 82쪽.

씨는 청라동 복병리에 누정(만취당, 문월정, 우정), 사우(원모당(16세기초), 광성부원군사우(1540)), 족보합(1589) 등을 건립하여 조선전기 보령현 향촌사회를 주도하는 사족이 되었다.[8]

조선전기에 광산김씨와의 혼연으로 보령현에 입향하기 시작한 사족(士族)들은 16세기 말부터 혈연, 지연 관계에 기초한 공동체를 구성하여 사회적 공간적으로 연결되는 촌락권을 형성하였다.[9] 광산김씨에 이어 조선 중기 보령현 향촌사회에서 급부상한 사족은 한산이씨이다. 한산이씨는 이치(李穉, 1477-1530, 사마1507)가 김맹권의 사위로 보령현에 입향한 이래 16세기 중반에 두 아들 이지번(李之蕃, ?-1575, 사마1546), 이지무(李之茂, 사마1543)가 사마시에 입격하고 막내아들 이지함(李之菡, 1517-1578)은 유학자로 이름을 올렸다. 한산이씨는 16세기 후반에 이르러 이치의 손자인 이산해(李山海, 1539-1609, 사마1558), 이산보(李山甫, 1539-1594, 사마1567)가 사마와 문과에 급제하여 상경종사하면서 광산김씨와 더불어 보령현의 또 다른 유력 사족으로 급부상하였다.

2) 사우의 건립

서원(書院)과 사우(祠宇)는 조선시기 선현을 제향하고 후진을 양성하

---

8 이에 관해서는 제2장을 참조.

9 전종한은 청라동에 두 개의 촌락권이 존재하였다고 분석한다. 하나는 고려 말 김성우의 청라동 입향 이후 광산김씨 복병리를 중심으로 이들과의 혼연으로 입향한 한산이씨, 능성구씨, 경주이씨 등으로 구성된 비교적 정치적, 사회적으로 높은 지위를 유지해온 촌락권이다. 다른 하나는 구릉지를 점유하면서 18세기 이후 정주화되는 평산신씨와 안동김씨를 중심으로 하는 청라동 동북부의 촌락권이다. 전종한, 「사족집단의 사회관계망과 촌락권 형성과정 - 오서산의 계거지 청라동을 사례로」, 『충청남도 내포지역 지역엘리트의 재편과 근대(IV)』, 충남대학교 인문과학연구소, 2004, 129쪽.

는 사설교육기관으로 향촌의 구심점이자 향촌 교화의 중요한 장소이다.[10] 사우는 행의절열(行誼節烈), 즉 충절의 인물을, 서원은 학문도덕이 백대의 사표가 되거나 충절의 유현(儒賢)을 제향하였다.[11] 서원은 사우의 기능 이외에 강학(講學)의 전당으로 강당이 따로 존재하였다. 따라서 충절인(忠節人)이나 유현(儒賢)을 제향하는 장소로서의 사우와 서원이 향촌사회에 끼친 영향은 절대적이었다. 17세기 중엽 이후 집성촌이 형성되면서 재지사족들은 현조 현양을 위한 사우나 서원을 세워 향권을 주도하게 되었다. 하지만 서원은 17세기 후반부터 사림파의 집권과 붕당정치 등의 영향으로 강학보다는 정치적, 사회적 영향력을 행사는 기관으로 변하게 되었다. 이때부터 서원은 학파가 정파가 되었고, 정파에 따라 번성과 쇠락을 거듭하면서 향촌사회에도 그대로 반영되었다.

(1) 자료와 사우의 성격

화암서원과 관련된 문헌자료에 사우 서원의 명칭은 다음과 같다.

---

10 지금까지 조선시기 서원 사우에 관한 많은 연구가 진행되어왔다. 본고의 전개에서 참고한 서원 사우에 관한 연구사적 논저는 다음과 같다. 이태진, 「사림과 서원」, 『한국사』12, 국사편찬위원회, 1978. 이수건, 「17,18세기 안동지방 유림의 정치사회적 기능」, 『대구사학』, 30, 1986. 정승모, 「서원사우 및 향교조직과 지역사회체계」, 『태동고전연구』 상, 태동고전연구소, 1987. 정만조, 『조선시대 서원연구』, 집문당, 1997. 이수환, 『조선후기 서원연구』, 일조각, 2001. 김문택, 「17-19세기 영천지역의 재지동향과 임고서원」, 『조선시대의 사회와 문화』, 조선사회연구회, 1998. 송인협, 「17-18세기 옥천지방 재지사족의 동향」, 『충남사학』 11, 1999. 이해준, 『조선후기 문중서원 연구』, 국민대박사학위논문, 1993.

11 그러나 이러한 제향원칙은 조선후기에 이르러 사우와 서원의 성격이 혼동되면서 대체적으로 서원으로 통칭되었고 숙종 이후 남설로 그 성격이 크게 변하였다. 최근묵, 「충남지방 서원 사우의 제향인물과 사상배경」, 『충남의 서원 사우』, 충청남도, 1999, 57쪽.

[표1] 화암서원 관련 문헌자료

자료명	년도	명칭	창건연대	건립위치	찬자	비고
통문	1610	祠宇	1610		정엽	사액 이전
이산보 신도비	17c후	祠	1623	청라동	송시열	
구계우 행장	17c전	鄕祠			홍명형	
김해수 묘갈	1666	祠			송시열	
사액	1686	화암				사액
증보신안지	1748	화암서원		현 동15리	증보 서원	1686년 사액 이후
연려실기술	1766	화암서원	1610			
대동지지	1861-1866	화암서원	1610			
서원지	1913	화암서원	1623			

위 [표1]에서 사우의 명칭은 두 가지로 구분된다. 하나는 17세기 중엽까지는 사우이고, 다른 하나는 사액된 이후는 화암서원이다. 즉, 정엽의 통문은 '사우祠宇'로, 송시열이 지은 이산보신도비와 김해수 묘갈에서는 '사祠', 홍명형이 지은 구계우 행장에서는 '향사鄕祠'로 기록되었다. 사액된 이후인 『증보신안지』(1748)부터 '화암서원'으로 기록되고 있다. 1686년 '화암'으로 사액되기 이전까지는 '사우', '사', '향사'로 불리었고[12], 1686년 '화암'으로 사액 이후 서원이다. 송시열이 지은 〈명곡공신도비명〉에

> 만력 계해년에 선비들이 보령 청라동에 사당을 세우고 토정선생과 함께 제사지낸다. 금상 병인년에 사액하기를 '화암서원'이라고 했으

12 사우는 향사鄕祠, 영당影堂, 향현사鄕賢祠, 세덕사世德祠, 리사里祠, 생사당生祠堂, 영전影殿 등으로도 불리었다. 김미영, 「의성 진민사의 역사문화적 가치와 의례적 성격」, 『호남학』 62, 2017, 247쪽.

니 성조의 어진 이를 높여서 보답하는 전례가 실로 유감이 없다.[13]

라고 하여 사당에서 서원으로 사액되었음을 살필 수 있다. 화암서원의 전신인 사우는 계해년(1623)에 보령의 선비들이 청라동에 한산이씨 사당을 세워 이지함과 이산보를 향사한 향현사의 성격이었던 사우가 병인년(1686)에 '화암'으로 사액되었음을 알 수 있다. 이로써 화암서원이라는 명칭은 1686년부터 불려진 명칭이고 그 이전은 한산이씨 문중 사우인 향현사였음을 알 수 있다. 그러면 왜 한산이씨 사우가 청라동 옥계리에 건립되었을까? 옥계리는 오서산에서 발원한 시냇물이 합수하는 지점으로 청라동 북쪽의 변방으로 장산리와 경계하고 있다. 장산리는 광산김씨 김공권 계의 세거지로 장산리의 맨 위쪽에 김극견, 김인보, 김충서, 김응천의 묘소, 그 아래쪽에 김해수의 아들 김영후의 묘소, 중간에 이산보의 유허지[14]와 이경탁의 묘소, 맨 아래쪽에 김해수의 묘소가 위치하고 인근 옥계리에 능성구씨의 묘산과 세거지가 위치하고 있다. 이곳에 한산이씨 사우, 김공권계의 누정(옥계정, 문거정)이 위치하는 것은 바로 이 일대가 이들의 세거지이기 때문이다. 이처럼 한산이씨 세거지와 묘산 인근에 사우가 건립된 것은 한산이씨의 번창과 함께 향촌에서 선조의 현양을 통해 사족의 우월적 지위를 확보하려고 건립한 문중사우임을 알 수 있게 한다.

한산이씨의 번창과 함께 조상의 현양을 위해 건립된 또 다른 문중사

13 송시열, 「명곡공신도비명」, 『한산이씨문열공파문헌』 권지상, 559쪽.

14 최근에 보령의 유림에서 세운 <이산보 유허비> 이곳에 있다. 이지함 후예의 세거지인 보령시 오천면 교성리에 김해수의 손자로 장성부사를 지낸 김여남의 묘산이 위치하는 것 또한 같은 맥락이다.

우는 서천의 '효정사(孝靖祠)(1594)'[15]에서 그 예를 볼 수 있다. 이색 묘역 인근에 세워진 효정사에도 한산이씨 이곡, 이색 부자가 배향되었다.[16] 보령현과 서천군에 위치한 한산이씨 사우의 내용은 다음과 같다.

[표2] 서천군의 효정사와 보령현의 한산이씨사우 비교(1610)

명칭	효정사	사우, 사, 향사
창건년도	1610년 이건 (창건 1594)	1610년 창건통문, 1623년 건립 향사
사액년도	1611	1686
사액	문헌(文獻)서원	화암서원
소재지	충남 서천군 기산면 이색 묘정	충남 보령시 청라면 장산리 세거지
이건(창건)자	정엽, 이경탁(이성중)	정엽, 구계우
목적	이곡, 이색 부자 향사	이지함, 이산보 향사
배향	이곡, 이색(1594)	이지함, 이산보(1624)

위의 [표2]에서 충청도관찰사 정엽의 주도하에 1610년에 서천군의 효정사가 현재의 위치로 이건되고 보령현의 한산이씨 사우 또한 같은 해에 창건되었음을 알 수 있다. 또한 두 사우에 배향된 인물은 모두가 한산이씨로 이들 사우는 한산이씨 문중인물을 향사하기 위해 건립되었음을 알 수 있다.[17]

15 효정사는 이성중(李誠中, 1539-1593)이 서천군수로 재직 시인 1594년에 이색(1328-1396)의 묘 아래에 사당을 세우고 '효정(孝靖)'이란 편액을 쓴 것에서 유래한다. 이 사당은 정유재란 때 소실되어 1610년(광해군 3년)에 정엽이 처남 이경탁과 함께 한산 고촌으로 옮겨 다시 세웠다. 『충남의 서원, 사우』, 충청남도, 1999, 603쪽 및 『문헌서원기』(1612) 참조.

16 같은 책, 603쪽. 이항복 찬, 「문헌서원기」, 『한산이씨문열공파문헌』 권상. 이후 한산이씨 이종학, 이자(1611), 이개(1713). 이종덕(1969)이 추배되었다.

17 논산의 황산사(黃山祠)(1626)의 경우, 최명룡과 송흥주가 스승인 김장생을 위해 강학 장소와 이이, 성혼을 향사하기 위해 창건하였다. 이후 김장생이 배향되었고, 1665년(현종6) '죽림(竹林)'이라고 사액되었으며, 조광조(趙光祖), 이황(李滉)을 추배했다. 그리고 1695년(숙종21)에 다시 송시열의 추배가 이루어졌다.

이상의 사우의 명칭, 위치, 배향인물을 보면 두 사우가 모두 한산이씨 문중사우로 창건되어 서원으로 발전하여 사액된 서원임을 알 수 있다.

(2) 창건주체

한산이씨 사우는 임진왜란이 끝난 지 얼마 지나지 않은 1610년 충청도관찰사 정엽과 구계우의 공모와 김지선의 협력으로 창건되었다. 사우 창건을 주도한 정엽과 구계우 그리고 김지선은 누구인가?

정엽(鄭曄, 1563-1625)은 본관이 초계(草溪)로 자는 시회(時晦), 호는 수몽(守夢), 시호는 문숙(文肅)이다. 1583년(선조16) 문과에 급제하여 홍주목사, 충청도관찰사, 대사성을 등을 지냈고 우의정에 추증됐다. 정엽은 이이, 성혼의 문인으로 선조조와 인조조에 걸쳐 활동하며 많은 관료들과 폭넓게 교류한 인물이다. 정엽은 장인 이산보의 행장을 지었고 장유(張維)(1587-1638)로 하여금 이산보의 시장을 지어 후일 이산보가 '문숙'이란 시호를 얻는데 결정적인 역할을 하였다.

정엽은 충청도관찰사로 나가기 3년 전에 처가와 인접해있는 홍주목사로 재직하였으나 권력을 남용하여 간원의 탄핵을 받아 파직되었다가[18] 2년 후인 1609년 대사성으로 중용되었고 이어 1610년 충청도관찰사로 자리를 옮긴다.[19] 1610년은 광해조로서 영의정은 이산해의 사위 이덕형(李德馨), 우의정은 이항복, 대사간은 이덕형(李德泂)[20]이다.

---

18 『선조실록』 선조 40년(1607) 7월29일자 참조.

19 『광해군일기』 광해 1년(1609) 8월20일 무진조 및 광해2년(1610) 3월10일 병술조.

20 이산해의 사위 이덕형과 동명이인인 이덕형(李德泂) 또한 북인으로 이산해의 아들 이경전

1610년 당시 영의정이 이산해의 사위 이덕형이고 이덕형은 이산보의 사위 정엽과 처 6촌간이 된다. 이러한 혈연적 인연과 정엽의 홍주목사에 이은 충청도 관찰사로서의 사회적 위치는 그가 충청도관찰사로 재직하는 동안 장인인 이산보 향사를 위한 사우건립에 자연스럽게 참여했던 것으로 볼 수 있다.[21]

구계우(具繼禹, 1558-1620)는 남포현감을 지낸 구현복의 아들로 능성구씨 보령현 입향조이다.[22] 8세에 부친을 잃고 일찍이 고종사촌인 이산보 문하에서 수학하였다. 구현복의 누이가 이지무의 부인이고 이지무의 아들 이산보는 구계우와 고종사촌간이다. 이처럼 구계우는 태생부터 이산보와 고종사촌이란 혈연으로 맺어졌고, 자라면서부터 이지함과 이산보의 문하에서 수학하여 사제지간이 된다. 따라서 구계우가 자신의 두 스승을 배향할 목적으로 충청도관찰사 정엽이 주도하는 사우건립에 그 누구보다도 적극적으로 행동한 것이다.[23]

김지선(金至善, 1588-1664, 자, 允中)은 음직으로 서부참봉(西部參奉)을 지냈다. 우의정을 지낸 김극성이 그의 고조이고 부인이 구계우의 딸이다. 장인 구계우가 광산김씨의 원외손으로 보령현에 입향하였고 사위가

과 교유했다. 이경전은 1620년 좌참찬으로 있을 때 이상의, 민형남, 이덕형(李德泂), 김신국 등과 함께 산수의 모임인 '청풍수계(靑楓修契)'란 화첩을 만들어 간직했다고 한다. 「석루공 행장」, 『한산이씨문열공파문헌』 권상, 59쪽.

21 정엽이 중앙권력과 밀접한 관계를 갖고 있었던 것은 그가 처남 이경탁과 함께 서천에 문헌서원을 재건한 2년 후인 1612년 이부시랑 이덕형의 청으로 우의정 이항복이 <문헌서원기>를 썼다는 사실에서도 살필 수 있다. 앞의 '한산이씨족보' 참조.

22 이에 대한 자세한 사항은 제3장 '능성구씨' 참조.

23 화암서원 창건해인 1610년 구계우가 등에 종기가 나 크게 고생을 했는데 정엽이 의원을 말에 태워 보내 구계우를 치료하도록 했다는 기록에서도 이들의 관계를 살필 수 있다. 홍형명, 「수암 구선생 행장」, 『보령향교지』, 보령향교편찬위원회.

광산김씨 김지선임을 고려하면 그가 장인 구계우 곁에서 한산이씨 사우 창건 당시 보령현의 여론형성에 큰 역할을 하였던 것은 자명하다.[24]

이처럼 한산이씨 사우의 창건은 정엽과 구계우의 주도하에 김지선 등의 협력으로 추진되었다.

(3) 사우의 창건

「화암서원지」에 따르면

> 花巖書院刱建於萬曆癸亥睡庵具先生與本道伯鄭守夢先生同謀以韓山李公土亭先生爲主享配享則先生之姪鳴谷先生也[25]

라고 하여 계해년(1623)에 구계우와 충청도관찰사 정엽이 공모하여 사우가 창건되어 이지함과 그의 조카 이산보가 향사되었음을 알 수 있다. 그런데 정엽의 충청도관찰사 재직연도(1610)와 서원지의 창건연대(1623)가 서로 맞지 않고 있다. 이러한 차이는 어디에서 오는가? 몇몇 자료를 통하여 이를 추정해볼 수 있다. 먼저 구계우의 사위 홍명형이 지은 구계우의 〈행장〉을 살펴보면

---

24 이것은 혼연으로 유추가 가능하다. 병자호란 당시 강화에서 김상용과 함께 화약에 불을 지르고 그 속에 뛰어들어 자결하여 이조판서 추증된 홍명형(洪命亨)이 구계우의 큰 사위로 김지선의 손위 동서이다. 김지선과 홍명형은 구계우의 사위로 동서이면서 4대조(외조)가 김극성이다. 또한 김지선의 아들 김찬종은 평강채씨 보령현 입향조 채진후(蔡振後)의 손서이고 채진후는 전주이씨 보령현 입향조 이몽열(李夢說)의 손서로 보령현의 사족이 당시 중첩혼으로 서로 연결되었다.

25 「화암서원지서」, 「서원영건통문」, 『보령향교지』, 보령향교편찬위원회, p.733. 738쪽 및 앞의 이산보신도비명 참조. 송시열, 「명곡공신도비명」, 『한산이씨문열공파문헌』 권지상, p.559.

> 공이 어렸을 때부터 노년에 이르기까지 남들에게 원망과 허물을 산 일이 없었지만 유독 토정과 명곡을 위하여 향사 세우는 일을 여러 선비들과 추진하다가 간혹 반대자들에게 시종 비방을 들었지만 추호도 그들을 공갈하거나 위협하지 않았다.[26]

라고 하여 구계우가 이지함과 이산보의 향사를 위해 사우건립을 추진하였으나 당시 사족들의 반대가 있었음을 알 수 있다. 구계우가 1620년에 타계했음을 고려할 때 위 행장의 내용은 1610년 창건 당시의 상황을 설명한 것이다. 또한 송시열이 지은 다음의 아산현감 김해수(金海壽, 1581-1640)의 묘갈명에서도

> ... 일찍이 토정 사당을 세울 때 세력에 편승하는 사람이 있어 평범한 사람을 향사하여 받드는 것이 불가능하다며 제향을 철회하라고 하니 공께서 준엄히 물리쳐 모두가 놀랐다...[27]

라고 하여 사우 건립반대가 있었을 때 김해수(1581-1640)가 이를 무마했음을 알 수 있다. 김해수의 출생연대(1581)를 보아 사우창건 해인 1610년은 그의 나이 19세, 1623년은 43세 이므로 위의 내용은 1623년 당시의 상황을 기술한 것이다. 김해수는 누구인가? 김해수는 김맹권의 동생인 김공권(金公權)의 6세손으로 지평(持平)을 지낸 김응천(1551-1591)의 아들이다. 김응천은 이지함의 문인으로[28], 이산보의 아들 이경

26 홍명형, <수암선생묘갈명>: "自少至老無所怨尤而獨爲土亭鳴谷倡諸儒立鄕祠或異終始至有訾詆不少沮."

27 송시열, 「아산현감 김공 묘갈 병서」, 『송자대전』 175. 한국고전번역원:"嘗爲土亭立祠.有人乘勢.欲以不可於衆者腏享.公峻斥之.人皆代怖.而公固悠然不以爲意".

28 "... 持平遊土亭李公門 ...". 위의 송시열의 묘갈명 및 『광산김씨 족보』 참조.

탁과 교유하였고[29], 김해수와 이산보의 손자 이준성(李畯成)은 김장생의 문인이다. 이처럼 김해수 가계와 이지함, 이산보 가계는 혈연, 학연으로 맺어져 있음을 알 수 있다. 그런데 위 묘갈명에서 이지함의 향사를 반대한 사족이 세력에 편승한 사족이었고, 그가 평범한 인물이어서 반대했다는 사실이 주목된다. 반대사족이 세력에 편승한 사족이라는 것은 당시의 정치상황과 무관해 보이지 않는다. 왜냐하면 당시 보령의 한산이씨가 북인 이산해와 아들 이경전 손자 이무의 남인과 이지함, 이산보의 서인 노론으로 나뉘었고 보령현의 사족 또한 양분되었기 때문이다.[30] 왜냐하면 정엽, 구계우, 김해수가 모두 서인 노론이라는 점, 이산해 타계 후인 1610년에 사우가 창건된다는 점과 이산해 가계가 배향인물에서 빠져있다는 점이 참고가 되기 때문이다.

또한 이지함을 평범한 사람으로 평가했다는 것은 그가 외가인 청라동 복병리에서 태어났지만 일찍이 부모를 여의고 고향을 떠나 타 지역에서 생의 대부분을 보냈고 음직으로 현감을 지냈다는 점이 참고가 된다.[31] 아울러 비록 그가 서경덕(徐敬德, 1489-1546)에게서 배우고 조헌(趙憲, 1544-1592)과 같은 제자가 있긴 했으나 보령현에서 그의 문인이 배출되지 않았고[32], 그가 상수학, 천문, 지리 등 잡학에 밝았으며 그의 기이한 행동 때문에 당시 재지사족들이 이지함을 부정적으로 평가한 것

29 "... 祖妣尹氏鞠養之.鳴谷李公奇其異常而曰.此子可敎也.無何鳴谷沒.公從其子慶倬遊.自是聲譽益著...." 위의 송시열의 <김해수 묘갈명>.

30 이에 관해서는 이어지는 3장에서 상세하게 살펴볼 것이다.

31 이지함은 1713년(숙종 39년) 자헌대부 이조판서 겸 지의금부사 오위도총관 성균관좨주 세지시강원찬선에 추증되고, 1761년(영조37년) '문경(文康)'이란 시호를 받았다.

32 『유학연원도』에 따르면 이지함의 유학은 송제민(宋濟民), 이산보, 서기(徐起)로 이어지지만 보령현에서는 이산보에서 끝난다. 윤영선, 『조선유학연원도』, 1985, 태학사, 34쪽.

으로 보여진다. 이것은 그의 조카 이산해가 지은 〈숙부묘갈명〉에

> .... 재주는 한 시대를 구제하기에 충분하였지만 세상에 시험한 일이 없었으며, 행실은 세속의 규범이 되기에 충분하였지만 세상에서 지표로 삼는 일이 없었으며, 지혜는 미세한 것까지 밝히기에 충분하였지만 아는 자가 없었으며...[33]

라고 하거나, 홍명형이 지은 구계우의 〈행장〉에

> ... 명곡의 막내숙부 토정선생은 당시 세상의 추앙받은 선비로 비록 다정하고 친절하게 사람들을 선도했지만 향인들 중에서 인재로 인정하는 사람은 별로 적었다...[34]

라고 한데서 재지사족의 이지함에 대한 평을 엿볼 수 있다. 이산해와 홍명형은 이지함이 학덕은 갖추었으나 세상에서 그를 알아주지 않았고, 이지함을 인정하는 보령현의 사족 또한 그리 많지 않았다고 기술하고 있다. 특히 이산해는 그의 기인적인 행동을

> ... 이따금씩 사람을 놀라게 하는 특이한 행동을 한 것이 한 두 번이 아니었으니, 이를테면 폐양蔽陽, 녹갈鹿葛, 목구木屨, 목안木鞍을 착용하고서 관부官府나 성시城市에 들어가면 손가락질하면서 비웃지 않는 사람이 없는데도 오히려 태연자약하다는 태도 등을 들 수 있겠다....[35]

33 이산해,「숙부묘갈명」,『아계유고』 권6, 한국고전번역원.

34 『능성구씨세보』: " ... 鳴谷之季父土亭先生爲一世山斗雖諄諄善誘而於鄉人少許可獨燭器 ... "

35 위의 이산해의 「숙부묘갈명」.

라고 하여, 유교를 숭상했던 조선사회에서 이러한 그의 행동거지가 그에 대한 부정적 평가요인이라고 설명하고 있다.

그러면 왜 1610년 사우가 창건되었으나 바로 향사가 이루어지지 않고 13년 후인 1623년 이지함과 이산보의 향사가 이루어졌을까? 정치적으로 1623년은 서인 노론에 의한 인조반정이 성공하여 광해군이 물러나고 인조가 왕위에 오른 해이다. 따라서 이 해에 서인계열의 한산이씨 사우가 창건되어 이지함과 이산보 향사가 이루어지는 것은 우연의 일치가 아니다. 왜냐하면 정엽은 1623년 지돈녕부사로[36], 처남 이경탁(李景倬, 1572-?)은 전적(典籍)으로 재직하였고, 그가 교유한 사람 모두가 서인 노론의 핵심인물들인 김장생, 송시열, 정홍명 등이기 때문이다.[37] 이 중에서도 정엽, 김해수, 김장생, 송시열의 관계가 주목된다. 정엽은 이괄의 난 때 체찰부사로 인조와 함께 공주산성에 머물렀고, 김해수는 김장생과 함께 인조를 공주까지 호종하였다. 정묘호란(1627)이 일어나자 김해수는 김장생의 창의관으로 공을 세워 그의 천거로 사직서참봉을 지냈고,[38] 이후 제용감직장을 거쳐 아산현감을 역임했다. 이산보의 장녀가 송시열의 숙부인 송승조(1556-1597)[39]의 부인이고, 이산보의 2녀가 정엽의 부인으로 두 가문이 서로 연척간이다.[40]

36 『인조실록』 1년 계해 3월 20일 경술조. 1624년 실록의 "사유(師儒)의 장(長)을 겸한데다가 원자(元子)의 사부(師傅)가 되었으므로 한때의 사람들에게 추중(推重)되었다"라는 그에 대한 인물평이 참조가 된다. 『인조실록』 인조2년 갑자 5월4일 정사조.

37 김장생, 『사계전서』, 「문인록」 참조.

38 송시열, 「아산현감 김해수 묘갈명」:"... 人益賢之.守夢鄭公曄薦 公于朝 ... ".

39 지례현감(知禮縣監)을 지냈고 정유재란 당시 청주의 청석교에서 적과 싸우다 순절했다. 사후에 사헌부지평을 증직 받았다.

40 이산보 사후 90여년 후 현손 이속(李涑)은 고조인 이산보의 신도비 건립을 위해 정엽이 지은 <행장>과 장유가 올린 <시장>을 가지고 송시열을 찾아가 신도비명을 얻는다. 송시열,

이상에서 알 수 있듯이, 보령현의 한산이씨는 북인 남인과 서인 노론으로 양분되었고, 이지함에 대한 사족의 부정적 평가로 인하여 1610년 향사가 이루어지지 못하였던 것으로 파악된다. 1623년에 한산이씨 사우가 창건된 것은 당시의 정치적 상황에서 비롯되었고 그 과정에서 서인 노론의 정엽[41]과 김해수의 역할이 컸음을 알 수 있다.

2. 사액서원 '화암(花巖)'

보령 생원 김황(金鎤) 등은 이지함과 이산보의 사우가 건립되어 향사가 시작된 지 61년 후인 1685년(숙종11) 1월 7일 상소에서

> …생원 김황 등의 상소를 보니, '고(故) 현감(縣監) 이지함(李之菡)과 충간공(忠簡公) 이산보(李山甫)를 위하여 사우를 건립하고 사액을 청하는 일과 이지함을 조식(曺植) 등의 예에 따라 시호를 하사하고 관작을 추증하는 일로 상소를 올려 호소합니다.'고 하였습니다…[42]

라며, 이지함이 효성과 우애를 바탕으로 충성과 신의로 사람들을 감동시켰고 이산보의 학문이 후학들의 모범이 되었다며 사액과 시호를 청하였다. 하지만 이 상소는 이지함과 이산보가 다른 서원에 이미 배

『송자대전』및 『한산이씨문열공파문헌』 권 상, 2002, 552쪽 참조.

41 다음의 1623년(인조1년) 실록의 정엽에 관한 기사는 그의 면모를 살펴볼 수 있게 한다. 『인조실록』, 인조 1년 3월 20일 경술조. "정엽(鄭曄)을 지돈녕부사로 삼았다. 엽은 자질이 영민하고 기국이 크며 또 경술(經術)에 능통하였고 관직에 임해 일을 처리하는 데 대단한 능력을 발휘하였다."

42 『서원등록』, 숙종 11년(1685) 정월 초7일조.

향되어 있었으므로 첩설금령(疊設禁令)에 의해 무산되었다. 그러나 같은 해 11월 5일 보령진사 최문해(崔文海) 등이 이지함과 이산보의 덕행과 학문이 훤히 드러나 액호를 하사하는 은전을 시행하는 것이 옳다는 연이은 상소에서

> … 진사 최문해 등의 상소를 보니, '일찍이 지난해에 고(故) 현감(縣監) 신(臣) 이지함(李之菡), 충간공(忠簡公) 신 이산보(李山甫)의 사우(祠宇)에 사액을 청하는 일로 연명(聯名)하여 상소하였는데, 해조(該曹)에서 제대로 살피지 않고 서원을 중첩해서 설립하지 말라는 금령(禁令)을 전례로 들어서 방색(防塞)하였습니다. (중략) 어진 이를 숭상하는 도리에 있어서 표장(表章)하는 은전을 시행하는 것이 마땅하나, 은명(恩命)에 관계되는 것이니, 임금께서 재결(裁決)하시는 것이 어떠하겠습니까?"라고 하였다. 강희(康熙) 24년 11월 초5일에 동부승지(同副承旨) 신(臣) 박태손(朴泰遜)이 담당하였는데, 특별히 사액하라고 계하(啓下)하였다.[43]

라고 하여, 서원으로 사액되었음을 알 수 있다. 사우가 '화암(花巖)'으로 사액된 것은 특별한 곳을 빼고는 일읍일향(一邑一鄕)의 명칭은 군 현의 명칭을 따르고 당시 서원의 명칭은 대체로 소재지 명칭을 따르는 전례에 따라 사우가 위치한 청라동의 '화암'이란 명칭으로 사액된 것이다.[44]

사액 소청에 관계한 인물들을 살펴보면 당시의 재지사족의 동향을 파악할 수 있다. 1차 소두인 김황은 안동김씨로 김해수의 손자 김여남

---

43 위의 『서원등록』, 숙종 11년(1685) 11월 초5일조.

44 이것은 『증보신안지』 산천조에 '화암(花巖)이 현 동쪽 13리에 있다(花巖在縣東十三里)'라는 기록으로 확인된다. 정권, 『증보신안지』(1748) 참조.

의 재종제이다.[45] 김해수는 김장생의 문인[46]이고 아들 김영후는 김집의 문인으로 송시열, 송준길, 윤증, 정철 등의 서인계 인사들과 교유하였다. 김황의 사위는 평강채씨 채성윤(蔡成胤, 1659-1733)이고 그의 사위는 한산이씨 이성(李筬)이다. 채성윤의 조부 채진후(蔡振後, 1602-1654)는 평강채씨 보령현 입향조로 전주이씨 보령현 입향조 이몽열(李夢說, 1538-1592)의 손서(孫壻)이다. 이몽열은 광산김씨 김인서(金鱗瑞))의 사위로 처변으로 보령현에 입향하였다. 1610년 정엽과 함께 사우창건을 주도한 구계우의 사위가 광산 김지선이고, 그의 아들 김찬종의 장인이 채진후의 2자 채시구이다. 이처럼 1차 사액 청원 당시 보령현의 사족인 안동김씨, 광산김씨, 한산이씨, 평강채씨, 전주이씨, 능성구씨 등 보령의 사족은 모두가 광산김씨의 외예로 형성되었고 김공권계의 노론계의 인물이 중심이 되어 사우가 창건되었음을 알 수 있다.

45 김황이 김여남의 모친 8순을 맞아 지은 축시가 김해수 유고집 『나촌유사』에 전한다. 김해수 『나촌유사』(17세기 말) 및 제3장 주)30 혼연도 참조.

46 『사계전서』 제47권 문인록.

[표3] 사우창건 및 서원사액 당시 광산김씨와 보령현 사족 혼연도

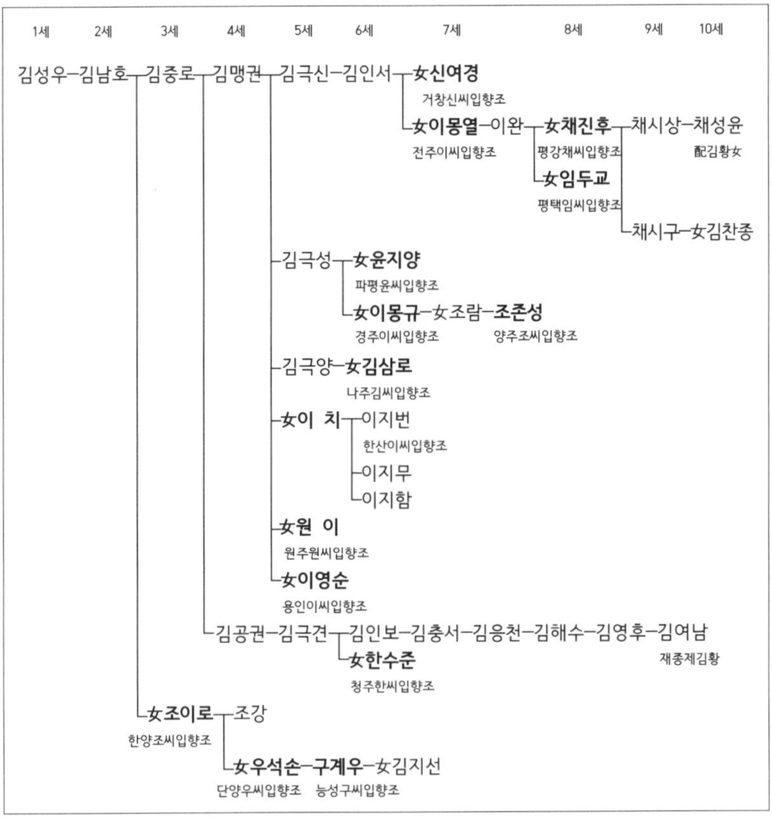

※진한고딕은 사족의 보령현 입향조

1686년 두 번째 상소의 소두 최문해는 실록의 기사에 '보령의 최문해(崔文海)'로 기록하고 있는데 이 시기 사마방목에서 거주지가 보령현인 최문해는 확인되지 않는다. 사마방목에서 확인되는 최문해(1653-1713, 자 文若)는 본관이 해주이고 거주지가 홍주로 그가 1682년 증광시 생원에 합격하고 있어 실록의 인물임이 확인된다. 그러면 어떻게 홍주목의 진사 최문해가 2차 소두가 된 것인가? 이의 이해를 위해서는 그의 가계를 살펴보아야 한다. 그의 부친은 학생 최우성(友聖, ?-1678)이고, 조부는 식년시 사마에 합격하여(1627) 생원을 지낸 최장경(長慶, 1600-?), 증조는 종성도호부판관을 지낸 최홍립(弘立)이다. 조부 최장경은 우의정을 지낸 김극성의 2손 김경록의 외손녀 사위이고 최문해의 모친은 한산이씨 이체(李逮)의 딸이다. 또한 최문해의 인척 최준(浚, 1671-1732)의 부인이 현감을 지낸 한산이씨 이규장(奎章)의 딸이다. 최준의 부친이 덕산현감을 지낸 최세경(世慶, 1631-1708)이고 아들은 사마에 합격한 최홍덕(弘德, 1703-1738)이다.[47] 최세경은 충청도관찰사 등을 지낸 쌍백당(雙栢堂) 최기(沂, 1553-1616)의 손자로 송시열에게서 배웠고 송준길과 김영후의 문인으로[48] 윤증 가문의 사위이기도 하다.[49] 아들 최준은 청라동에 입향한 이후 부친 최세경의 묘를 청라동 마안산(馬按山)에 마련하였고 이하 후손들의 묘소와 세거지가 청라동 음현과 의평리에 위치하고 그 후손들이 이 일대에 현재까지 세거해오고 있다.[50] 이로 보면 최문해가 화암서원의 2차 소두로 참여한 것은 자신이 광산김씨의 원외손으로 해주최씨 보령현 입향조인 부친 최세경과 자신의 처가와 외가가 모두 한산이씨이면서 서로 인척이라는 점과 서인이라는 당

---

47 『증보신안지』 인물조 및 앞의 '해주최씨' 참조. 최세경의 사위 또한 한산이씨 이한익(漢翼)이다. 최세경의 사위, 며느리가 모두 한산이씨이다. 위의 『해주최씨대동보』 참조.

48 송준길, 『동춘당집』 속집 제12권, 문인록. 『나촌유사』에 최세경이 지은 김영후의 만사가 실려있어 이들의 교유를 알 수 있고 당색 또한 서인임이 확인된다.

49 최세경은 김집의 문인인 윤문거(尹文擧)의 사위로 윤증이 지은 만사가 전한다. 윤증, 『명재유고』.

50 위의 『해주최씨대동보』. 대동보에는 최세경의 사위가 한산이씨 이한익(漢翼)이고 아들 최준의 1남 4녀 중 2녀의 사위가 한산이씨 이기준(基俊)의 두 아들 이열(洌)과 이사급(思伋)이다. 이로 보면 최세경의 사위 이한익의 중매로 최준이 한산이씨의 사위가 되었고 이를 인연으로 아들 최준 대에 계속하여 한산이씨와의 혼연이 이어지고 있음을 살필 수 있다.

색이 작용하였음을 알 수 있다.

이상에서 알 수 있듯이, 서원의 사액 청원 당시 보령현의 향촌사회는 혈연으로 맺어진 과갈(瓜葛)의 사회였고, 사액 소청에 참여한 사족들은 모두가 서인 노론으로 당색과 학연에서도 또한 서로 긴밀하게 연결되었다.

화암서원에는 1623년 창건 시 배향된 인물(2명)과 추배된 인물(3명)로 구분된다. 이지함, 이산보는 1624년에 배향되었고 추배인물인 이몽규는 1723년에, 이정암은 고종조에, 구계우는 최근인 1971년에 각각 봉안되었다. 화암서원에 배향된 인물을 정리하면 다음과 같다.

[표4] 화암서원 배향인물

이름	생졸	본관	자	호	관직	향사년도
이지함	1517-1578	한산	馨伯	水山	현감	1624
이산보	1539-1594	한산	仲擧	鳴谷	판서	1624
이몽규	1510-1563	경주	昌瑞	天休堂	생원	1723
이정암	1541-1600	경주	仲薰	四留齋	관찰사	고종조
구계우	1558-1620	능성	丕述	睡庵		1971

3. 또 다른 서원건립 운동

1) 보령현의 당색

조선후기 보령현의 사족은 당쟁의 여파로 같은 씨족간에도 분립되는 현상이 일어났다. 이는 후대에 내려오면서 학연을 달리하고 학연이 곧 당색으로 연결되는 상황에서는 당연한 결과일 것이다. 조선후기는 혈연 학연 색연(당색)의 사회구조였다. 이같은 사회구조는 삼불통(三不通)으로 이어져 혈연, 학연, 색연(당색)이 다르면 가문간의 결혼도 하지 않고 제사에도 참석하지 않았으며 학통 또한 달리하였다. 결국 지역사회에도 그 영향이 그대로 파급되었고 그 한 예로 표출되는 것이 서원 사우의 건립에서도 나타난다.

보령현 사족사회의 근간을 이루는 광산김씨와 한산이씨도 같은 가문에서 당색이 서로 분립되었다. 향촌사회의 구심점인 서원 사우는 지방사족의 사회상과 직결된다. 사족들은 이곳에 모여 향촌의 교화와 향촌문제를 논의하였다. 이곳에 모이는 사족들은 혈연, 학연, 색연을 같이 하지만 당색이 다른 사족들은 참여하지 못하였다. 색연이 다른 사족들이 향사에 참여하지 못하게 되자 또 다른 서원건립을 주도하였다. 이러한 현상은 보령현에서도 살필 수 있다. 보령현의 양대 사족인 광산김씨와 한산이씨는 한 가계 안에서 당색이 서로 달랐다. 광산김씨는 김맹권 가계와 그의 동생인 김공권 가계로 분리되면서 김맹권 가계는 북인 남인계열로 김공권 가계는 서인 노론계열로 갈라진다. 한산이씨는 이지번 가계와 동생 이지무, 이지함 가계로 분리되면서 이지번의 아들 이산해와 손자 이경전은 북인계열로 현손 이무 이하는 남인계열로 이지번의 아들 이산보와 그 후손들, 이지함과 그 후손들은 서인 노론계열로 나뉜다. 이러한 당색의 차이는 김맹권 가계의 『가승(家乘)』[51]과 김공권 가계의 『나촌유사(蘿村遺事)』[52]를 통하여 살필 수 있다. 『가승』에 수록된 김맹권 가계와 교유한 사람들로 한산이씨는 대부분이 북인 남인계열인 이산해를 비롯하여 이경전[53], 이인빈, 이무 등 이지번의 직계 내외 후손들이거나 한성거주의 남인계열인 이현령(李玄齡, 1652-?, 사마1679)[54], 심단(沈檀, 1645-1730)[55] 등이다. 『나촌유사』에 수록된 주요 인물들은 『가승』과는 달리 송시열(宋時烈, 1607-1689), 송준길(宋浚吉, 1606-1672), 김만기(金萬基, 1633-1687) 등 인조반정이나 이괄의 난과 관계되고 이들 모두가 서인 노론계를 대표하는 인물들임을 알 수 있다. 또한 『가승』과는 달리 『나촌유사』에는 한산이씨 인물로는 이지함의 4세손 이필천, 이필괴와 이산보의 현손 이준성이 유일하고 이산해 가계의 인물은 한 명도 등장하지 않는다. 이것은 보령현 재지사족의

51 『가승』(18세기 초). 『가승』은 김맹권(1430-1511)에서부터 손자 김백간(1516-1582), 증손 김태정(1541-1588), 김태국(1566-1624) 형제, 현손 김근행(1582-1650), 5세손 김세광(1640-1717) 등의 제문과 만사, 시 등을 모아 엮은 책이다.

52 『나촌유사』(17세기 말). 『나촌유사』는 김공권의 8세손인 김해수의 손자로 장성도호부사를 지낸 김여남(金汝南, 1634-1702)이 조부 김해수(1581-1640)와 조모 용인이씨(1580-1663), 부친 김영후(1601-1671)와 모친 전주최씨(1601-1688)의 제문과 만사, 시 등을 엮어 17세기 말에 편찬한 책이다.

53 이산해가 김태국의 만사를 짓고, 아들 이경전이 김태국이 중수한 만취당(晩翠堂)을 배경으로 한 '晩翠堂八景'과 김근행에게 준 시 '贈金燕岐'와 그의 누정인 열파정에 올라 지은 '金燕岐閱波亭'을 비롯하여 그의 아들 이무와 손자 이인빈(李寅賓)이 김명현의 누정 기오당(寄傲堂)을 배경으로 '題奇傲堂', '寄傲堂四詩韻'이란 시를 짓고 있어 이들의 관계를 엿볼 수 있다. 위의 『가승』, 이경전, 『석루유고』, 이무, 『과암집』 및 정권, 『증보신안지』 참조.

54 1679년 사마시에 합격하여 진사를 지냈다. 부친은 함경도관찰사를 지낸 이당규(李堂揆, 1625-1684, 자 기중(基仲), 호 퇴촌(退村), 시호 문경(文敬))이고 영의정을 지낸 이성구(李聖求, 1584-1644)의 손자이다. 부친 이당규는 1650년 사마시에 입격하고 문과에 급제하여 정언, 대사헌, 이조참판, 함경도관찰사 등 청요직을 거치면서 숙종 초 남인정권에서 큰 활약을 하였다. 하지만 그는 서인에 의해 남인 일파가 축출된 경신대척출(1680)로 파직되어 폐서인 되었다가 1682년 직첩을 돌려받았다.

55 윤선도의 외손으로 1662년 사마시에 입격하고 1673년 문과에 급제하여 승정원주서, 이조판서 등을 지낸 남인으로 1689년 경신대척출 당시 양덕에 10년 간 유배되었다가 기사환국으로 풀려나 수원부사 등을 역임하였다.

중심축인 광산김씨와 한산이씨 가계의 당색이 서로 양분되었음을 보여준다.

이상의 두 자료를 바탕으로 이들의 당색을 정리하면 다음과 같다.

[표5] 「가승」과 「나촌유사」에 수록된 인물로 본 광산김씨와 한산이씨의 당색

```
북인 남인 ⇒ 김맹권--김태국—김근행—김명현—김세광                              (광산김)
                    이지번—이산해—이경전—이무—이인빈—이동근┬이복운(한산이)
                                                        └이흥운
서인 노론 ⇒ 김공권--김응천—김해수—김영후—김여남                              (광산김)
            이지무—이산보┬이경탁—이준발                                      (한산이)
                         └이경완—이준성
            이지함┬이산두—이거인—이체┬이필천
                  │                  └이필유
                  └이산휘—이경유—이준희
```

2) 북인 남인계 서원건립의 추진

앞에서 살펴본바와 같이, 보령현 사족의 당색은 서인 노론과 북인 남인으로 나뉘었고, 한산이씨 사우의 건립에서부터 향사 그리고 사액에 이르기까지 영향을 끼쳤다. 안동김씨, 광산김씨, 한산이씨, 경주이씨, 능성구씨 등은 혈연, 지연, 학연으로 맺어져 정치적 동맹이 가능하였고, 그 중심축에 광산김씨 노론 서인계열인 김공권계가 자리하였다. 하지만 이 시기 보령현의 북인 남인의 활동은 보이지 않았다. 김맹권이 보령현의 '향선생'[56]으로 불렸고, 보령현에서의 그의 학문적 영향력을 고려할 때 그의 제향을 위한 또 다른 사우나 서원건립 운동이 있

56 『증보신안지』 및 김극성, 『우정집』 참조

지 않았을까? 보령현에서 일어났던 또 다른 서원건립 운동을 통하여 이를 살펴보기로 하자.

16세기 후반 김맹권 제향을 위한 사우건립 운동이 있었으나 임진왜란으로 실현되지 못하였다[57]. 김맹권 향사를 위한 사우건립 운동은 보령현에서의 그의 위상을 보여주는 것으로 그가 보령현에 유학을 수용하여 후학을 양성하고 유학 진흥에 기여한 학자임을 알 수 있다.[58]

1623년 한산이씨 사우가 건립되어 이지함, 이산보가 향사된 이후 보령현에서 김맹권 추숭을 위한 서원건립 운동이 재개되었다. 현종조인 1660년대에 이무(李袤, 1600-1684)가 중심이 되어 김맹권과 그의 증조 이지번, 종조 이지함, 이몽규 향사를 위한 서원 건립을 시도하였으나 뜻을 이루지 못하였다.[59] 이무는 영의정을 지낸 이산해의 손자이다. 이무는 이 시기 대사헌을 거쳐 대사간으로 활동하다가 남인의 윤선도가 유배되자 사직하였다.

이후 1711년 9월에 한산이씨가 내외손이 주축이 되어 김맹권, 이지번, 이몽규 배향을 위한 서원건립 운동이 다시 추진되었다. 추진인물을 살펴보면 이무의 손자인 전 부사 이동근(李東根, 1644~?, 사마1669, 문과1689)[60], 전 정언 이효근(李孝根, 1662~?, 사마1684, 문과1691)[61] 형제, 손자인 문천군수 이덕운(李德運, 1661-?, 문과1691)을 비롯하여 외예로는 전현감 안

---

57 中古(壬亂以前)-- 士論齊發 營建祠宇 而境未就 人莫不嗟鬱, 『충남의 서원, 사우』, 충청남도, 1999. 196쪽.

58 최근묵, 「유학의 수용」, 『내포의 전통시대 사상과 삶』, 충남역사문화연구원, 2015, 80쪽.

59 『광산김씨세계』, 18세기 초.

60 사마시(1669)에 합격하고 문과에 급제하여(1689) 사헌부장령 등을 지냈다.

61 사마시(1684)에 합격하고 문과에 급제하여(1691) 사간원정언 등을 지냈다.

준상(安浚相), 병조판서 최석항(崔錫恒, 1654-1724), 전감역 조우명(趙宇鳴), 전판서 오시복(吳始復) 등이 참여하고 있다. 이 통문에는 '퇴계의 벗으로 호우 사림의 종사인 성암과 만취당, 천휴당 세 분을 향사하고자 청라동 회암(檜岩) 위에 강당과 동서재를 갖춘 서원을 건립하고자 한다'며 전국 열읍 유림에게 협조를 구한다는 내용이다.[62] 하지만 이 또한 실현되지 못하였다.

몇 년 후인 숙종(1674-1719) 말엽에 사림 이현령(李玄齡, 1652-?, 사마1679) 등이 도내에 통문을 돌려 김맹권, 이지번, 이몽규 배향을 위한 서원건립을 또 다시 추진하였다.

> 만취당 김선생은 절의가 뛰어난 사육신에 비유되고 그 이름은 누대에 빛나며 추앙받고 있다. 성암 이선생은 인종 때의 명현으로 퇴계 이황의 친구이자 토정의 스승이며, 천휴당 이선생은 향리에 은거하며 벼슬에 나가지 않았으나 그 덕이 향리에 가득하였다. 세 선생의 행적이 대략 이러하니 서원을 건립하여 향사함이 마땅하다.[63]

하지만 숙종은 서원의 남설과 중첩으로 사회문제가 되자 각도에 새로운 서원건립의 금지령을 내렸다. 이로 인해 이현령 등의 사림이 중심이 되어 김맹권 등의 향사를 위해 건립하려던 서원은 끝내 이루어지지 못하였고 이에 유식자들이 모두 탄식하였다고 한다.[64]

---

62 『辛卯九月八日 通文』. 필사본으로 전하여 오고 있다.

63 위의 『광산김씨세계』, 1764. " ... 肅廟末士林愼澳李玄齡等 更營院宇通文于道內其略曰 晩翠金先生諱某字某卓甭大節不下六臣身晦名顯百代斫仰 省庵先生 諱某字某 仁廟求賢望屬遺逸退溪友善土亭師 天休李先生 諱某字某隱居不仕德化鄕人及其考終夜市三罷 三先生行蹟大略如此云云方不日營構矣適有 ..."

64 위의 책.

그런데 위의 서원 건립과정에서 다음의 몇 가지 사실이 확인된다. 첫째, 김맹권 향사를 위한 사우 건립의 시도가 있었으나 임진왜란으로 불발되었다는 점이다. 둘째, 1623년 이지함, 이산보가 향사된 이후에도 보령현에서 김맹권, 이지번, 이몽규 향사를 위한 또 다른 서원 건립 운동이 숙종말기까지 계속되었다는 점이다. 마지막으로 이 서원창건 운동을 주도한 세력이 보령현에 거주하던 북인 남인계열인 한산이씨 이산해계와 그의 외예를 중심으로 추진되었다는 점이다.

이상에서 알 수 있듯이, 보령현의 사우 서원건립 운동은 임진왜란 이후 두 방향으로 진행되었다. 하나는 서인 노론계열인 정엽, 구계우, 김해수를 주축으로 한 이지함, 이산보 향사를 위한 사우건립이고 다른 하나는 북인 남인계열인 이무 등이 주도한 김맹권, 이지번, 이몽규 향사를 위한 사우건립 운동이었다. 이러한 구도에서 김맹권은 임란 이후 한산이씨 서인 노론계가 중심이 되어 건립한 한산이씨 향현사나 화암서원에 향사될 수 없었던 것이다. 그러면 이몽규는 어떻게 이들과 함께 향사가 추진될 수 있었을까? 이몽규가 김맹권과 함께 계속하여 북인 남인 주도의 서원의 향사의 인물로 거론된 것으로 보아 그 후손들의 당색 또한 남인계였다고 볼 수 있다. 왜냐하면 이몽규의 현손 이승효(李承孝)가 김태국의 사위이고 이경전의 아들 이유(李瀏)가 그의 조카사위라는 점과 이승효의 현손 이세계, 이석오가 김태국의 손자 김명현의 만사를 짓고 있다는 점이 참고가 되기 때문이다.[65]([표5] 참조)

이처럼 보령현의 서원건립은 임란 이후 서인 노론과 북인 남인으로

65 『광산김씨족보』(임인보)

양분되어 진행되었고 북인 남인이 중심이 되어 추진한 김맹권, 이지번, 이몽규 향사를 위한 서원건립은 결국 이루어지지 못하였다.[66]

이상에서 알 수 있듯이, 화암서원은 1610년 이산보의 사위 충청도 관찰사 정엽과 이산보의 고종사촌 구계우의 발의로 1624년에 이지함, 이산보의 향사가 이루어져 1686년 '화암'으로 사액된 문중서원이었다. 1610년에 한산이씨 사우가 창건될 수 있었던 것은 이 시기 보령현에서의 한산이씨의 위상과 정엽의 정치적 역량이 크게 작용하였다. 하지만 정엽의 의도대로 1610년 사우건립은 실현되지 못하였는데 보령현의 주요사족인 광산김씨와 한산이씨가 북인 남인계와 서인 노론계로 당색을 달리하였고 이지함에 대한 부정적 여론이 주요 원인으로 파악되었다. 14년 후인 1624년에 이지함, 이산보의 향사가 이루어진 것은 인조반정의 성공과 관계되고 그 과정에서 서인 노론의 광산김씨 김공권계 김해수의 역할이 컸다. 김공권계는 이지함, 이산보과의 학연, 지연, 혈연으로 맺어졌기 때문이다.

화암서원은 서원의 명칭, 주체, 시기, 위치, 배향인물과 서천군의 효정사와의 비교를 통하여 한산이씨 사우로 출발하여 사액된 문중서원임이 입증되었다. 다른 서원과는 달리 두 사우 모두 한산이씨 인물만

66 1723년 보령현의 유학 이세현(李世炫, 1695-1729)의 상소로 이몽규의 추배가 이루어졌다. 이해준은 보령현 향교의 도유사가 1700년대 초-중반에는 한산이씨와 광산김씨가 집중적이고 1763년 이이원(李以元)이 향교 도유사를 맡은 것이 경주이씨의 토착적 지위의 마련과정으로 보고 이몽규의 추배가 이와 서로 연결되어 있다고 보고 있다. 그러나 이몽규 추배 후 40년이 지나 경주이씨 이이원이 도유사를 맡고 있고 안동권(2), 전주이(2), 능성구(2), 수원이씨(2)의 도유사가 수적으로나 시기적으로나 경주이씨 보다 앞서고 있어 상반된다. 이세현이 이몽규의 추배를 주도한 것은 이몽열의 현손인 이세현이 서인 노론계였기 때문이다. 이몽열은 광김 김인서의 사위로 보령현에 입향하였다. 『경종실록』(경종3년) 7월 11일조 및 이해준 앞의 논문.

이 배향되었고 내외후손들이 주도하에 세거지 인근에 사우를 건립하였기 때문이다.

화암서원의 사액과정에서도 광산김씨 서인 노론계인 김공권계의 영향력이 크게 작용하였다. 1차 사액 소청 소두인 김황은 김해수의 손자인 김여남의 재종제로 당시의 서인계의 재지사족인 안동김씨, 광산김씨, 한산이씨, 평강채씨, 경주이씨, 능성구씨 등이 모두 광김의 외예로 정치적 동맹이 가능하였다. 2차 소두인 최문해 또한 서인 노론의 송시열과 학연으로 연결되어 광산김씨 서인계인 김공권계와 인연을 맺고 있음이 자료를 통하여 밝혀졌다.

마지막으로 보령현의 향선생으로 불렸던 김맹권의 위상에 비해 그의 사우가 건립되지 않은 이유를 살펴본 바 김맹권 향사를 위한 사우 건립은 임진왜란 전후 숙종말기까지 여러 차례 시도되었음이 밝혀졌다. 김맹권 향사를 위한 서원건립은 서인 노론 중심의 한산이씨 향현사와는 달리 이지번, 이몽규를 함께 배향하기 위한 이무를 중심으로 한 북인 남인계가 주도하였다. 따라서 화암으로 사액이후에도 화암서원에 김맹권의 향사는 불가능하였다. 이산해는 북인의 영수였고 후손들이 남인계열이었기 때문에 서인계의 이지함, 이산보가 향사된 서원에 이들이 향사될 수 없었기 때문이었다. 이러한 당색의 차이는 광산김씨 김맹권 가계의 『가승』과 김공권 가계의 『나촌유사』에 수록된 인물들의 비교를 통하여 확인되었다. 김맹권계는 이산해계의 북인 남인계열이었고, 김공권계는 이산보의 서인 노론계열이었다. 하지만 남인계가 추진한 서원건립은 숙종의 서원건립 금지령으로 결국 실현되지 못하였다.

보령현의 재지사족 관련 자료가 영세한 상황에서 이 두 자료는 화암서원을 둘러싸고 제기되어온 제 문제를 살펴보는데 결정적 자료로 평가되었다. 이들 자료에 수록된 인물들의 제문과 만사는 색이 다르면 제사에도 참석하지 않는다는 3불통의 원칙을 그대로 보여주었다.

이상에서 알 수 있듯이, 조선시기 보령현 재지사족의 근간을 이루던 광산김씨와 한산이씨는 한 가계 안에서도 북인 남인과 서인 노론으로 나뉘어져 당색과 학연을 달리하였다. 이러한 당색의 다름은 서원의 건립과 사액과정에서도 그대로 적용되었던 것이다.

제6장

보령현읍지『증보신안지(增補新安誌)』

충청지방에서는 조선 후기 사찬읍지가 전해지는 것이 극히 드물다. 『증보신안지』는 보령현감을 지낸 정권(鄭權, 1692~1757)[1]이 1748년에 한양에서 편찬한 보령현 읍지로 18세기 중반 지방사회의 사회문화상을 파악할 수 있는 중요한 자료이다. 『증보신안지』는 오랫동안 세상에 알려지지 않았다가 세상에 알려진 것은 1990년에 『신안읍지』란 이름으로 보령문화원에서 매년 발행하는 『애향』[2]에 영인본이 수록되면서부터이다. 이후 『증보신안지』는 보령에서 〈1,2차 김성우 장군 추모학

1 자는 道中, 호는 鳴皐인데 후에 정간(鄭幹)으로 개명하고 자를 道眞이라 하였다. 1715년(숙종4) 식년시에 3위로 급제하고 1725년(영조1) 증광 문과에 병과로 급제하여 청양현감, 보령현감을 거쳐 우부승지, 동래부사 등을 지냈다. 묘갈명은 채제공(蔡濟恭)이 지었다. 문집으로『명고집』9권 5책이 전한다.

2 『애향』, 보령문화원, 1990, 명문당.

술대회〉가 개최되면서 학계에서 주목받게 되었다. 필자는 이 과정에서 미국 하버드대학 옌칭도서관에 『증보신안지』가 소장돼있다는 사실을 알고 필사본을 1차 학술대회 당시 전시하여 많은 관심을 받게 되었다.[3] 그리고 이 두 차례의 학술대회를 통해 『증보신안지』의 학술적 가치가 중요함을 알고 보령시에서 번역을 추진했으나 향토사가들의 진위여부 논란으로 번역이 실현되지 못하다가 최근에 보령문화원에서 『신안현지』로 번역 출간되었다.[4]

이 장은 조선시기 보령현 재지사족의 향촌활동을 알 수 있는 보령현의 읍지 『증보신안지』에 대한 분석이다.

1. 읍지의 간행

1) 시대배경

조선 초기에 지방통치를 위해 『세종실록지리지』, 『경상도지리지』 등 관찬지리지가 편찬되었다. 이들 관찬지리지의 기초자료는 각 도의 도지(道誌)였고, 도지는 각 군현의 읍지를 바탕으로 하였다. 이것은 『경상도지리지』 서문에서 예조에서 각 도에 도지를 편찬해 올리라고 명하는 기록으로 확인된다.[5] 관찬지리지는 읍지를 기초자료로 하여 지

3 『동아일보』(2010.9.14.), 『대전일보』(2010.9.15.) 등 기사 참조.

4 황의천(역), 『신안현지』, 보령문화원, 2017.

5 『경상도지리지』 서.洪熙元年 乙巳夏六日 旁死魄庚子 禮曹受敎 各道府州郡縣 歷代官號

방에서 조사해 올린 내용을 바탕으로 편찬되었다. 이 초기의 각 군현의 자료는 대부분 관아에서 보관하던 지방에 대한 잡기나 고사 또는 부로들의 전설 등의 자료였다.[6] 그러다가 관찬지리지 편찬에 이어 16세기 이후부터 사림들이 향촌지방의 지배권을 주도하면서 사림주도의 사찬읍지 편찬운동이 일어난다. 이러한 배경에는 첫째, 이 시기부터 지방 사림들이 이상실현을 위한 유향소복립, 서원건립, 향약보급운동 등을 통해 향촌사회의 교화를 강화하기 시작하였고, 둘째, 수령들이 치민책 강구와 함께 재지사족과 더불어 지역의 역사문화를 정리하고자했기 때문이다. 이렇게 해서 수령들은 지역실정을 파악하여 통치강화를 위해 재지의 사림을 동원하여 읍지간행에 참여하였다. 『증보신안지』 또한 동시대에 편승하여 편찬되었던 것으로 보인다.

지금까지 사찬읍지 대한 검토가 활발하게 이루어져왔다.[7] 조선시대 전국에 그 명칭이 알려진 총 33종의 읍지 가운데 18종의 읍지가 현전한다. 이 가운데 경상도 읍지가 대부분이다. 충청도 지역에서는 공주의 『公山誌』, 홍산의 『鴻山縣誌』, 충주의 『中原志』, 홍산의 『洪陽志』, 목천의 『大麓誌』, 서산의 『湖山錄』 등 6개의 읍지가 편찬되었다. 그

邑名沿革離合 更令右道 將所上規式 推移文.

6 허목, 『척주지』 서. 余於元年十月 來守是府 每以公事之暇日 訪父老傳說 又得老吏金允植 金榮彎私藏雜記古事 參夷輿覽誌

7 양보경, 「16-17세기 읍지의 편찬배경과 그 성격」, 『지리학』, 32, 1983. 양보경, 「조선시대 읍지의 성격과 지리적 인식에 관한 연구」, 『지리학논총』3. 1987. 양보경, 「조선중기 사찬 읍지에 관한 연구」, 『국사관논총』 81, 1998. 윤용혁, 「조선 후기 공주읍지의 편찬과 공산지(1859) - 지방읍지의 연구(1)」, 『공주사범대학논집』, 19, 1981. 임세권, 「영가지의 편찬 및 간행의 의의, 안동문화의 재인식」, 『인문화연구회』, 1986. 김경수, 「정구의 함주지 연구」, 『우강권태원교수정년기념논총』, 1994, 세종문화사, 박인호, 「안동읍지 옥산지의 편찬과 편찬정신」, 『장서각』 22, 2009. 안현주, 「조선시대 장흥의 읍지 특성에 관한 연구」, 『한국도서관정보학회지』 44. 2013.

러나 이 중에서 충청우도에 현전하는 것은 한여현(韓汝賢, 1571-?)이 1619년에 편찬한 『호산록』과 안정복(安鼎福)이 1779년에 편찬한 『대록지』만 알려졌고, 연구 또한 이 두 읍지만이 고찰되었다.[8] 『증보신안지』는 현전하는 충청우도의 읍지 중에서 『호산록』보다 129년 뒤에 편찬된 사찬읍지인데도 『증보신안지』에 대한 연구가 이루어지지 않았다.

본고에서는 『증보신안지』 간행의 목적, 서지사항, 명칭, 편찬과정과 인물 등을 고찰하여 『증보신안지』의 항목과 내용을 살펴보고, 인물항목에 수록된 인물을 통하여 재지사족의 존재형태를 살펴본 후 『증보신안지』의 성격을 정리하는 것으로 결론을 맺고자 한다.

2) 편찬목적

정권은 『증보신안지』의 서문에서 말하기를

> 지역의 기록은 즉 중국 한나라 우왕의 역사와 주나라의 직위와 방책으로 그 유래된 것을 본받아서 인물을 채록하고 그 역사 열전을 붓으로 기록한 예이다. 달이차고 기우는 것, 즉 우주생성은 자연의 이치이다. 그러므로 세상이 새로워지고 사람이 또한 바뀐다. 그런고로 옛것을 바탕으로 본받아서 이것을 다시 속간하지 하지 않으면 안된다.(후략)[9]

라고 하여 자신의 편찬목적을 밝히고 있다. 이를 요약하면, 첫째 한

8 이문종, 「17세기 초 서산지방의 지리적 상황 호산록의 내용을 중심으로」, 『문화역사지리』 4, 1992. 홍제연, 「호산록에 나타난 조선전기 서산의 사회상」, 『역사민속』 2집, 2000. 김수태, 「안정복의 대록지」, 『백제연구』 18, 1987.

9 정권, 『명고집』 권6, 「증보신안지발」, 한국문집총간.

나라와 주나라의 역사를 모델로 인물을 채록하고 역사를 붓으로 기록해야하는 역사기록의 중요성을 강조하고, 둘째, 옛것을 본받아 속간의 필요성을 역설한다. 그리고 정권은 이어서

> (중략) 내가 전후 3번 각 고을의 현감의 직에 있었으나, 대략 여기저기 군지 기록을 살펴보면 수 십 년간 바꾸지 않아 누락되어 읽기조차 힘들었다. (중략) 중간에 책(기록)이 누락되었다. 찢어져 볼 수 있는 것이 많지 않다. 누락된 것이 아깝지 않은가?[10]

라고 하여 기존의 읍지가 일부 결장된 부분과 내용이 누락된 부분이 있어『증보신안지』를 편찬하게 되었다고 밝히고 있다. 따라서『증보신안지』는 기존의 읍지를 증보한 것이다. 또한 정권은 서문의 말미에서

> (중략) 하늘에서 재물을 내리고 모든 인간 천승이 훌륭한데 가르치고 안 가르치고 배우고 안 배우는데 달려있다. 내가 여러 군자들과 이것을 힘쓰라 하노라![11]

라고 한데서 또 다른 편찬목적을 알 수 있다. 정권은 1년이란 짧은 기간 동안(1747.6.10.~1748.6.13.) 보령현감으로 재직하면서 교학에 힘썼다. 이는 그가 '보령현소학훈몽절목(保寧縣小學訓蒙節目)'을 지어 향교에서 8-19세 자제를 선발하여『소학(小學)』을 가르치게 하였고, 부녀자와 상민에게도 언해본을 익히게 했다는 데서 확인된다.[12] 정권은 읍지를

---

10 같은 책.

11 같은 책.

12 같은 책,「잡저」.

간행하여 향촌의 교화에 힘쓰고자 노력했던 것이다. 이처럼 보령현감 정권은 지역의 기록의 중요성을 인지하고 치세위민과 향촌의 교화를 위하여 읍지를 편찬하였다.

3) 간행과정

(1) 서지사항

1748년에 편찬한 보령현 읍지의 원본은 현재 존재하지 않지만 2종의 필사본이 현전한다. 하나는 지역에 전하는 필사본[13] 『신안읍지』이고 다른 하나는 미국 하버드대학 엔칭도서관에 소장되어있는 『보령군지』이다. 다음은 두 필사본의 서지사항이다.

[표1] 현전하는 2종의 보령현 읍지 서지사항

제호	『신안읍지』	『보령군지』
형태	가로 18.4cm, 세로22.2cm	가로 22.5cm, 세로 19cm
면수	95면	96면
판본	필사본	필사본
서지정보 청구번호	없음	TK3492.7/5423.2
(영인)소장지	『애향』(1990)	미국 하버드대 엔칭도서관
편간년도	1748년	1748년
필사년도	1900년대 초	1930년대
필사자	미상	미상
편찬자	정 권(鄭 權)	정 권(鄭 權)

13 앞의 주)2 참조. 지역의 필사본이 『애향』에 영인되었다.

『신안읍지』는 영인본의 겉표지에 '新安邑誌'란 제호가 왼쪽에서 오른쪽으로 쓰여 있고 그 아래에 이 읍지의 간행연대를 살필 수 있는 내용이 '創刊年代 未詳이나 末尾 上之 二十四年 戊辰은 단기 4081年이고 英祖 24年이다.(日本 德川家康 寬廷 7.12日) 誌를 記錄한 사람은 延日 鄭權이란 사람'이라고 주기되어있어 간행시기의 단서를 제공한다. '上之 二十四年 戊辰'은 단기 4081년으로 영조 24년인 1748년은 사실그대로 문제가 되지 않는다. 그런데 그 다음 괄호 안에 표기된 '日本 德川家康 寬廷 7.12日'은 이 필사본의 간행을 파악할 수 있는 것으로 일본 왕 도원(桃園)(1747~1762)이 寬廷[14]이란 연호를 개원한 날이 1748년 7월 12일이란 사실을 설명하고 있기 때문이다. 따라서 이와 같은 일본 연호까지 인용하여 괄호 안에 부연설명까지 한 것으로 보아 이 읍지가 1900년 초 일제강점기에 필사되었음을 짐작하게 한다. 이런 추정이 가능한 것은 인물조에서 조선시대의 인물을 표기함에 있어 '本朝' 대신 '李朝'를 사용하고 있고, 인물조 254명의 마지막에 1872년(고종11)에 한산군수를 지낸 조장희(趙墇熙)가 확인되기 때문이다. 그리고 이 읍지를 필사하면서 『신안읍지』라 칭한 것은 『충청도읍지』, 『호서읍지』처럼 지방지의 명칭과 같이 사용한 것으로 보인다.

『保寧郡誌』는 겉표지에 제호가 오른쪽 위에서 아래로 쓰여 있다.[15] 또한 'HARVARD YENCHHING LIBRARY HARVARD UNIVERSITY

14 寬廷이란 연호는 일본 왕 도원이 1748~1750년간에 사용한 일본의 연호이다. 이어서 도원은 1751년 10월 27일 寶曆이란 연호를 채택하여 1763년까지 사용하였다.

15 그런데 이처럼 제호가 서로 다른 예는 안정복의 『대록지』에서도 확인된다. 1779년 판본의 경우 제호는 『木川縣邑誌』라고 표기되어있으나 하권은 『大麓誌』로 나오고 서문 또한 '大麓誌序'로 표기되어있다. 반면에 1817년 판본의 제호는 『大麓誌』인데 판본에서는 『木川縣邑誌』라고 표기되어있다.

AUG 30 1970'이란 도장이 있고 그 위에 펜으로 쓴 'KR 43'이란 영문과 숫자가 함께 쓰여 있고, 그 아래에 'TK3492.7/5423.2'라는 서지정보가 표기되어있다. 다음 장에는 '新安縣誌 序' 아래에 '哈佛大學哈佛燕京圖書館珍藏印'[16]이란 도장이 세로로 찍혀있다. 이로써 이 읍지가 하버드대학 엔칭도서관 소장본으로 1970년 8월 30일 이 대학 도서관에 한국의 책으로 분류되어 소장하게 되었음이 확인된다. 따라서 이 필사본이 어떤 경로로 이곳에 소장하게 되었는지 잘 알 수 없으나 현존하는 최고의 필사본임에는 틀림없다. 또한 제호가 '保寧郡誌'로 돼있는 것은 아마도 이 읍지를 필사할 당시 보령현이 보령군으로 불렸기 때문에 '保寧郡誌'로 표기한 것으로 보인다.[17] 하지만 두 필사본 모두 현재 필사자가 누군지 알 수 없으나 정권이 편찬한 읍지의 내용을 필사한 것이다.

2. 명칭 및 편찬과정[18]

현전하는 2종의 필사본은 『新安邑誌』와 『保寧郡誌』이다. 그렇다면 보령현 읍지의 처음 명칭은 무엇이었을까? 정권은 그가 재직한 지

16 참고로 '哈佛大學哈佛燕京圖書館'은 하버드대학 연경 도서관의 한자표기다.

17 보령현은 995년(고려 성종14)부터 불려오다가 1895년 지방제도 개편에 보령군으로 불렸고, 이후 1914년 일제의 부군통폐합령에 의해 보령군이 되었다.

18 『증보신안지』의 편찬 배경에 관해서는 앞의 문경호(2021)를 참조. 문경호는 '신안(新案)'이라는 명칭이 김극성이 보령현에 유학을 전파한 공을 주자에 빗대어 지은 것으로 보고 있다.

방의 읍지를 편찬하면서 3개 군현의 발문을 문집에 남기고 있다.[19] 하나는 '濟原誌跋'로 그가 1733년 제원도찰방 때 편찬한 『濟原誌』에 붙인 것이고, 또 하나는 '靑武誌屛風小跋'로 그가 1737년 청양현감일 때 편찬한 『靑武誌』를 병풍으로 만들어 붙인 발문이다. 마지막은 '增補新安誌跋'로 정권이 1748년 한양에서 보령현 읍지를 편찬하면서 붙인 발문이다. '靑武'와 '新安'은 각각 청양현과 보령현의 옛 지명이다. 이로 미루어 청양현과 보령현에 『靑武誌』와 『新安誌』라는 읍지가 존재하였음이 확인된다. 특히 '증보'라는 말에서 1748년에 정권이 편간한 『증보신안지』는 보령현감으로 부임한 그가 기존의 읍지 『新安誌』를 증보하여 편간한 보령현 읍지라는 사실을 입증한다. 따라서 앞에서 언급한 보령현 읍지의 여러 명칭은 『증보신안지』가 후대에 필사되면서 『신안읍지』, 『신안현지』, 『보령군지』 등으로 불리게 된 것으로 파악된다.

보령이 1412년(태종 13년)에 보령현으로 개편되어 현감이 상주하기 시작하였고 이 시기에 관찬지리지가 편찬되었다. 따라서 충청도 각 군현의 현황을 담은 자료가 있었을 것으로 짐작되고 이 시기에 보령현에도 관찬지리지의 기초자료가 존재했을 것으로 보고 있다.[20] 그런데 『신안지』에 정권에 앞서 1600년대에 읍지의 내용을 전하는 중요한 사항이 있다. 이것은 1500~1600(중종~숙종) 연간에 활동했던 조존성(趙存性), 이무(李袤), 이몽열(李夢說), 김태국(金泰國), 이상우(李商雨), 이박(李璞)

19 정권, 앞의 책.
20 『충남의 서원 · 사우』, 충청남도, 1999, 대문사.

등이 등장하고 '新增風俗'조에

> 기강을 쇄신하고 근본을 바로 하여 전승되어야하는데 임진왜란을 겪은 후 불타 없어질 염려가 있어 중간하는 바로 소민공 조존성, 판서 이구, 부흥수 이몽열, 금산 김태국, 영월 이상우, 찰방 이박 등 여러 사람들이 같이 이 책의 편찬에 서로 이어서 고쳤다.[21]

라고 기술되어 있기 때문이다. 따라서 신증풍속조에 거론된 6명의 관향과 생몰을 비교해보면 이 시기의 『신안지』 성격의 파악이 가능하다.

[표2] 신증풍속조에 등장하는 인물

이름	생몰	본관	과거	관직
李夢說	1542-1607	전주	음직	부흥수
趙存性	1554-1628	양주	1590증광 문과	호조판서
金泰國	1566-1624	광산	음직	금산군수
李 璞	1567-1607	수원	음직	찰방
李 袤	1600-1684	한산	1629별시 문과	예조판서
李商雨	1621-1685	한산	1650 증광시	영월군수

이들 가운데 이몽열, 조존성, 김태국, 이박의 생몰연대는 1500년대 후기에서 1600년대 중반이며 이들의 관향 또한 전주, 양주, 광산, 수원이고 이무와 이상우는 모두가 한산이씨로 1600년대 후기를 살았던 사람들이다. 이들이 당시 읍지 편찬에 참여한 것으로 보아 『증보신안지』 이전에 어떤 명칭의 읍지가 존재했던 것으로 보인다. 따라서 이미

21 『증보신안지』 신증 풍속조, 新增風俗 立紀綱正名分由來舊習而壬丙兵之餘不無頹矣之弊矣故昭敏公趙存性判書李袤副興守夢說錦山金泰國寧越李商雨察訪李璞諸公相繼釐正焉.

1600년대 초반에 『증보신안지』의 전신인 읍지 자료가 계속 편찬 수보되었던 것으로 추정할 수가 있으며, 1748년 훨씬 이전에 이 지역의 당대 명사들에 의하여 읍지의 편찬 보완 작업이 계속되다가 이때에 이르러 완편되었다고 볼 수 있다.[22]

그런데 1600년대에 편찬된 읍지의 실체는 정확하게 알 수 없으나 『신안지』라는 명칭이었을 것으로 확신이 간다. 왜냐하면 정권이 1748년에 기존의 읍지를 증보하여 편찬하면서 '新安誌' 앞에 '增補'라는 말을 덧붙여 '增補新安誌'라고 칭했기 때문이다. 이러한 과정은 다음의 관찬지리지 편찬과의 비교로 정리가 가능하다.

[표3] 보령현이 수록되는 지리지

지리지명	편찬시기	비고
관찬지리지 기초자료		보령현 자료
『세종실록지리지』	1454	관찬
관찬지리지 기초자료		보령현 자료
『신증동국여지승람』	1530	관찬
『신안지』	1600	사찬
『동국여지지』	1656~73	사찬(유형원)
『증보신안지』	1748	사찬(정권)
『여지도서』	1757-1765	관찬
『충청도읍지』	영조-헌종	관찬
『호서읍지』	1871	관찬
『신안읍지』	1900년 초	재지 필사본
『보령군지』	1930년대	필사본 (하버드엔칭도서관)

22 이해준, 「보령 광산김씨 사적과 그 문화사적 성격」, 『고려절신 김성우 장군 재조명』, 제1회 김성우 장군 추모기념 학술대회, 충남대 인문학연구원, 2010.

위 표에서 관찬지리지가 『세종실록지리지』 이후 100여 년을 주기로 편찬되었다는 점과 관찬지리지가 각 군현의 자료를 바탕으로 간행되었음이 확인된다. 1600년대부터 사찬읍지가 등장하고, 보령현에도 이 시기에 여러 지역인물들에 의해 읍지가 수보되어 편찬되었다. 이어서 유형원(柳馨遠, 1622~1673)이 전국지리지인 『동국여지지(東國輿地志)』를 편찬하였다. 유형원은 17세기 실학사상에 의거하여 각 지방의 역사 지리적 측면을 강조했고 지역의 실상에 접근하는 지리지를 편찬하였다. 따라서 유형원이 『동국여지지』를 편찬하면서 이들이 편찬한 『신안지』를 기초자료로 하였음엔 이론의 여지가 없다고 본다. 왜냐하면 조선후기 중앙에서 편찬된 전국지리지 가운데 『신안지』의 내용이 가장 먼저 잘 반영된 것이 『동국여지지』로 보여지기 때문이다.[23] 『동국여지지』와 『증보신안지』는 항목에서 큰 차이가 없으나 편집의 서차가 확인되고 『증보신안지』에서 내용이 더 세분화되고 인물항목에 영조조까지의 인물이 추가되어 있다. 그리고 1748년에 정권이 이 『신안지』를 증보하여 『증보신안지』란 이름으로 편찬한 것이다. 이로 미루어 1600년대 편찬된 보령현 읍지의 명칭을 『新安誌』라고 칭할 수 있는 근거가 된다.

정권의 『증보신안지』는 어떤 과정을 거쳐 편찬되었는가? 그는 서문에서

(중략) 그래서 이 고장의 학장, 현감께 위촉 하였는바, 그 인물에 이

23 이후 편찬되는 관찬지리지는 『증보신안지』의 항목이나 내용과 큰 차이를 보이지 않는다.

진사 융과 그의 재종 수가 다 이것을 더 확장하여 빠진 부분을 편집했고, 진사 형운, 광운 형제들과, 유정기, 김계근, 이진강, 이진경 형제에게 더 세밀하게 교정시켜 한 책자를 만들었고, 김세숙을 시켜 글씨를 쓰게 했다.(후략)[24]

라고 하여 현감이 편찬자를 맡긴데서 찾아 볼 수 있다. 그는 보령현에 부임하여 재지사족들을 편찬자로 구성하여 이미 존재하던 읍지의 결장부분을 편집하고, 이어서 교정을 보게 한 후 먼저 책자 한권을 만든 후 옮겨 쓰게 했다. 이 때 편찬에 참여한 인물들과 이들이 맡았던 주요 역할은 다음과 같다.

[표4] 『증보신안지』 편찬자

이름	역할	인원
정 권	감수	1
이 융, 이 수	자료 수집 및 편집	2
이형운, 이광운, 유정기 김계근, 이진강, 이진경	교정	6
김세숙	옮겨 쓴 사람	1

『증보신안지』는 9명의 편찬자로 하여금 각자에게 역할을 분담하였다.[25] 즉 자료수집과 편집 2명, 교정과 집필 6명으로 세분화하였다. 특히 『증보신안지』의 교정에 6명을 참여시켜 그 정확성을 더하였다. 따라서 『증보신안지』에 대한 깊은 고찰이 필요하다.

24 『증보신안지』 서.

25 이와 같은 편찬과정은 『호산록』이나 『대록지』와 구별된다. 『호산록』은 한여현이 『대록지』는 안정복 개인이 각각 편찬한 사찬읍지다. 그런데 1871년 조국인이 편간한 『대록지』엔 이 읍지의 편간에 참여한 김우원 등 유생 8명의 이름이 서문 말미에 기록되어 있다.

3. 편찬인물과 그 역할

읍지의 편찬자료를 수집하고 편집하는 일은 이융(李瀜, 1683-?)과 그의 재종제 이수(李洙)가 맡았다. 이융은 이지함(李之菡)의 5세손으로 숙종조에 생원시에 합격한 진사로 학덕이 뛰어났던 당시 보령현의 재지사족인 한산이씨다. 이융을 도운 이수는 문과에 급제하여 정언을 지낸 이정억(李禎億)의 아들로 이융의 부친인 이정린과 사촌간이다. 즉 이융의 할아버지는 이필명(李必命)이고 이수의 할아버지는 이필괴(李必栯)인데 이들의 아버지가 바로 이지함의 증손자인 이체(李逮)이다. 말하자면 이융과 이수의 할아버지는 서로 형제지간이다. 이들의 가계는 다음과 같다.

[표5] 이융 · 이수 가계도(한산이씨)

이지함	–	이산휘	–	이거인	–	이 체	┬ 이필명 – 이정린 – 이 융	
							└ 이필괴 – 이정억 – 이 수	

교정 책임자인 이형운(李亨運, 1679-?)과 이광운(李匡運, 1695-1787) 형제도 영조조에 사마시에 합격한 한산이씨다. 이 두 형제는 이효근(李孝根)의 아들로 그는 9세에 시를 지을 정도로 총명하고 증광시에 장원하여 한 시대에 회자된 인물이다.

[표6] 이형운 · 이광운 가계도(한산이씨)

이지번 — 이산해 — 이경전 — 이 무 — 이인빈 — 이효근 ┬ 이형운 └ 이광운

이상에 알 수 있듯이, 『증보신안지』의 편찬자들이 모두 한산이씨다. 이들 모두가 이지번, 이지함 형제의 7세손으로 이윤, 이수, 이형운, 이광운은 서로가 혈연적으로 아주 가깝다.[26] 따라서 『증보신안지』의 편찬을 위한 자료의 수집과 편집 및 교정의 책임자가 모두가 이 읍지의 편찬 당시 한산이씨다. 정권은 『증보신안지』를 편찬하면서 사마시 급제자인 이윤과 이형운, 이광운 형제에게는 '상사'라 불렀고, 이들 곁에서 편찬을 도왔던 인물들에게는 '군'이라 불렀다. 그런데 정권이 '군'이란 호칭을 붙인 편찬자들의 상세한 인물정보는 파악되지 않는다.[27]

[표7] 「증보신안지」 편찬자들의 호칭 비교

	上舍	司馬榜目	君	幼學
자료수집 및 편집	이 윤	1711년 식년생원	이 수	0
교정	이형운	1733년 식년진사	류정기, 김계근 이진강, 이진경	0
	이광운	1738년 식년생원		
옮겨 쓴 사람			김세숙	0

26 그런데 이지번은 당색이 북인, 남인계열이고, 이지함은 서인, 노론계열로 당색이 서로 다르다. 정권은 이처럼 한산이씨 한 가문이지만 읍지 편찬의 객관성을 위하여 편집과 교정에도 당색을 고려하여 균형을 맞추고 있다.

27 교정을 도운 사람들 중에서 유정기(柳鼎基)는 보령현감을 지낸 유탁연(柳卓然)의 후예로 1735년(영조11) 식년시 문과에 급제하여 병조정랑 지낸 유억기(柳億基, 1699- ?)와 친족관계가 있는 것으로 추정되지만 김세숙은 파악되지 않는다. 이진강, 이진경은 수원이씨이고 김계업(金啓業, 1685-1760)은 광산김씨다.

위 [표7]에서 정권이 사마시(1700~1740년)를 기준으로 편찬자를 위촉하여 역할을 분담시켰음이 확인된다. 이융은 1711년, 이형운은 1733년, 이광운은 1738년에 각각 사마시에 합격하였다. 가장 먼저 사마시에 합격한 이융을 편찬자 대표로 위촉하여 종제인 이수가 돕도록 하고 유학 류정기 등으로 하여금 1차 교정을 보게 한 후 이형운, 이광운 형제로 하여금 최종 교정하여 감수한 후 편찬하였다.

이색의 5대손인 이치(李穉, 1477~1530)가 처향인 보령에 입향하여 17세기 이후 보령의 향권을 주도해온 대표적인 재지사족이었음을 고려할 때 이와 같은 편찬자의 구성을 통하여 한산이씨의 향촌에서의 위상을 살필 수 있다.[28]

4. 『증보신안지』의 내용

1) 항목분류

현전하는 2종의 보령현 읍지 필사본 『신안읍지』와 『보령군지』는 다음과 같이 27개의 항목으로 구성되어있다. 본고에서는 『신안읍지』를 『증보신안지』로 호칭하였다.

28 이와같은 상황은 17세기 초 보령에 이지함과 그의 생질 이산보를 배향하려는 한산이씨 문중서원인 화암서원이 세워지는 배경과 궤를 같이한다.

[표8] 「신안읍지」와 「보령군지」의 항목

<table>
<tr><th></th><th colspan="2">『신안읍지』</th><th>내용</th><th colspan="2">『보령군지』</th><th></th></tr>
<tr><td>1</td><td colspan="2">지도</td><td>호서읍지(1871) 지도</td><td colspan="2">신안현지</td><td></td></tr>
<tr><td>2</td><td colspan="2">序</td><td></td><td colspan="2">新安縣誌 序</td><td></td></tr>
<tr><td>3</td><td colspan="2">四隣境界</td><td>增補新安縣誌 保寧縣</td><td colspan="2">속현</td><td>保寧縣</td></tr>
<tr><td>4</td><td colspan="2">건치연혁</td><td>신증</td><td colspan="2">건치연혁</td><td></td></tr>
<tr><td>5</td><td colspan="2">관원</td><td>현감1명. 훈도1( )</td><td colspan="2">관원</td><td></td></tr>
<tr><td>6</td><td colspan="2">군명</td><td>2, 신증2</td><td colspan="2">군명</td><td></td></tr>
<tr><td>7</td><td colspan="2">형승</td><td></td><td colspan="2">성씨</td><td></td></tr>
<tr><td>8</td><td colspan="2">성씨</td><td>장씨 등 10개</td><td colspan="2">형승</td><td></td></tr>
<tr><td>9</td><td colspan="2">산천</td><td>49개, 신증</td><td colspan="2">산천</td><td></td></tr>
<tr><td>10</td><td colspan="2">토산</td><td>20개, 신증 2</td><td colspan="2">제언</td><td></td></tr>
<tr><td>11</td><td colspan="2">성곽</td><td>읍성</td><td colspan="2">교량</td><td></td></tr>
<tr><td>12</td><td colspan="2">관방</td><td>수군절도사영</td><td colspan="2">방면</td><td></td></tr>
<tr><td>13</td><td colspan="2">궁실객관</td><td>정대 동헌기</td><td colspan="2">전안</td><td></td></tr>
<tr><td>14</td><td colspan="2">봉수</td><td>조침산</td><td colspan="2">토산</td><td></td></tr>
<tr><td>15</td><td colspan="2">누정</td><td>21개, 신증 2</td><td colspan="2">성곽</td><td></td></tr>
<tr><td>16</td><td colspan="2">학교</td><td>향교, 신증 서원</td><td colspan="2">관방</td><td></td></tr>
<tr><td>17</td><td colspan="2">역원</td><td>청연역 등 5개</td><td colspan="2">궁실객관</td><td></td></tr>
<tr><td>18</td><td colspan="2">불우</td><td>사내사 등 7개 신증</td><td colspan="2">봉수</td><td></td></tr>
<tr><td>19</td><td colspan="2">사묘</td><td>사직단 등 4개</td><td colspan="2">누정</td><td></td></tr>
<tr><td>20</td><td colspan="2">고적</td><td>봉당성 등 7개</td><td colspan="2">학교</td><td></td></tr>
<tr><td>21</td><td colspan="2">제영</td><td>2개, 신증</td><td colspan="2">역원</td><td></td></tr>
<tr><td>22</td><td colspan="2">풍속</td><td>신증풍속</td><td colspan="2">불우</td><td></td></tr>
<tr><td>23</td><td colspan="2">총묘</td><td>김성우 묘 등 3개</td><td colspan="2">사묘</td><td></td></tr>
<tr><td>24</td><td colspan="2">읍재</td><td>이의정 등 15명</td><td colspan="2">고적</td><td></td></tr>
<tr><td>24</td><td rowspan="3">인물</td><td>인물</td><td>254명</td><td colspan="2">제영</td><td></td></tr>
<tr><td>25</td><td>효자</td><td>5명</td><td colspan="2">신증풍속</td><td></td></tr>
<tr><td>26</td><td>열녀</td><td>4명</td><td colspan="2">총묘</td><td></td></tr>
<tr><td>27</td><td colspan="2">전안</td><td>양안 등 7개</td><td colspan="2">읍재</td><td></td></tr>
<tr><td>28</td><td colspan="2">제언</td><td>지내제언 등 9개</td><td rowspan="3">인물</td><td>인물</td><td>252</td></tr>
<tr><td>29</td><td colspan="2">교량</td><td>주교 등 6개</td><td>효자
열녀</td><td>김광찬 등 효자 7명 추가</td></tr>
<tr><td>30</td><td colspan="2">방면</td><td>장척면 등 8개</td><td>추가
인물</td><td>김지선 등 153명 추가</td></tr>
</table>

두 필사본의 항목은 다음과 같은 차이를 보인다.

첫째, 편집서차다. 『신안읍지』는 '보령현지도', '序,' '增補新安縣誌' 라는 제목 그리고 보령현의 '四隣境界.....'로 이어진다. 반면에 『보령군지』는 '新安縣誌', '序' 그리고 보령현의 '四隣境界.....'로 이어진다. 『보령군지』는 '제언, 방면, 교량, 전안'이 '읍재'(위 표의 진한 고딕부분) 다음에 편집되면서 '전언'이 맨 마지막에 설정되어 있다. 또한 속지에서 두 필사본 모두 '新安縣誌'라는 명칭을 사용하고 있으나 『신안읍지』엔 '增補'라는 말이 덧붙여 있다. 그리고 『신안읍지』에 첨가된 보령현 지도는 1871년에 간행된 『호서읍지』에 실린 지도다. 따라서 『신안읍지』 필사자가 『호서읍지』를 참조하여 이 지도를 첨가한 것으로 보이고, 이것은 이 필사본이 1871년 이후에 필사되었다는 사실을 유추하게 한다.

둘째, 인물에서 시기를 구분하고 용어의 차이가 있다. 『신안읍지』의 인물조에는 인물의 시기를 고려와 조선으로 구분하고 있는데 조선시대 인물들을 '本朝'가 아닌 '李朝'로 표기하고 있다. 아울러 영조조의 인물의 설명에서 『신안읍지』는 '今上朝'로 표기하고 있는 반면 『보령군지』에는 '英宗朝'로 표기하고 있다. 이것은 두 필사본의 필사연대를 1900년대 이후로 추정할 수 있는 결정적 단서로, 『신안읍지』 필사자가 정권의 1748년 편찬본을 필사했음을 알 수 있다. 하지만 『보령군지』는 『증보신안지』를 바탕으로 1930년 이후에 필사한 것이 확실하다. 왜냐하면 『신안읍지』와는 달리 『보령군지』에는 1930년대 인물인 신창섭(申昌燮, 1891~ ?)[29]이 인물조 말미에 현재군수로 재직하고 있다고 수록되어있기 때문이다.

셋째, 항목 분류의 차이다. 특히 인물조는 읍지 인물항목의 일반적 분류인 '충신, 효자, 열녀, 명환, 과환, 은일, 우거, 행의, 훈업, 음사, 천거, 생존'으로 분류하는 대신 '인물'안에 효자, 열녀'로 세분하여 시대순으로 기록하고 있다.

넷째, 수록된 인물의 차이다. 『신안읍지』는 고려 김성우부터 약 250여 명의 보령현 인물을 수록하고 있는데 영조조에 참봉을 지낸 김양재에 이어 고종조의 조병흥(趙秉興, 1806-?) 3부자가 수록되어 있다.[30] 그리고 서한경 등 효자 5명과 김씨 등 열녀 4명을 수록하고 있다. 그런데 『보령군지』는 이런 분류와는 다르다. 즉 인물을 설명하기 전에 '古今此土人物'이라는 설명과 함께 김성우를 시작으로 시대 순으로 인물을 나열하는 방식을 채택하고 있다. 또한 『보령군지』는 영조조에 참봉을 지낸 김양재까지만 수록하고 서한경, 김씨 등 효자열녀 9명과 김광찬 등 7명의 정려로 이어진다. 이어서 '此以下人物誌隨聞隨錄年代次序未能詳知必多遺漏後之覽者宜補增而訂正焉'라는 설명과 함께 김지선(1588~1664)에서 1930년대까지의 153명을 추가하고 있다.

29 신창섭은 1931년 조선총독부 군수로 발탁되어 서천군수, 홍성군수 등을 지냈다. 그는 서천군수로 재직 중이던 1935년에 총독부가 편찬한 『조선공로자명감』에 조선인 공로자 353명 중 한 명으로 수록되어 있다.

30 이로 미루어 『증보신안지』의 필사를 양주조씨 집안에서 하면서 조병흥 등 3명을 추가한 것이라는 추정도 해본다.

[표9] 「신안읍지」와 「보령군지」의 인물항목 비교

<table>
<tr><th></th><th colspan="2">『신안읍지』</th><th></th><th>『보령군지』</th><th></th><th>비고</th></tr>
<tr><td rowspan="2">인물</td><td>고려</td><td>김성우 등 2명</td><td rowspan="2">254</td><td rowspan="2">고려 김성우에서 조선 영조 김양재까지 252명</td><td rowspan="2">252</td><td rowspan="2">보령군지엔 시대구분이 없음</td></tr>
<tr><td>李朝</td><td>이자송에서 조장희까지 252명</td></tr>
<tr><td>효자</td><td colspan="2">서한경, 신광제 등 5명</td><td>5</td><td>서한경 등 효자 5명</td><td>5</td><td rowspan="2"></td></tr>
<tr><td>열녀</td><td colspan="2">김씨, 이씨 등 4명</td><td>4</td><td>김씨, 이씨 등 4명</td><td>4</td></tr>
<tr><td>효자(추가)</td><td colspan="2"></td><td></td><td>김광찬 등 7명</td><td>7</td><td></td></tr>
<tr><td>추가 인물</td><td colspan="2"></td><td></td><td>김지선 등 153명</td><td>153</td><td></td></tr>
<tr><td>합계</td><td colspan="3">263명</td><td colspan="2">414명</td><td></td></tr>
</table>

다섯째, 새로 추가된 항목이나 내용엔 '新增'이란 용어를 추가하고 있다. 『증보신안지』에는 11회의 '新增'이 기록되어 『신안지』가 계속하여 기존의 읍지를 증보한 것이 확인된다.

이상에서 알 수 있듯이 『신안읍지』는 1900년대 이후 일제강점기에 필사된 것이 보이지만, 그 내용은 1748년 정권의 편찬본에 가깝다는 사실이 확인된다. 왜냐하면 인물조에 수록된 인물이 263명(효자, 열녀포함)으로 정권이 서문에서 언급한 숫자에 가깝기 때문이다.[31] 반면에 『보령군지』는 고려 말에서 1930년대까지의 보령현 인물을 수록하고 있다는 점에서 이 읍지가 1930년대 이후에 필사되었음을 알 수 있다.

결론적으로 현전하는 2종의 보령현 읍지는 항목분류 순서에서 약간의 차이를 보이지만, 내용에는 추가된 인물 이외에는 차이가 없으며,

31 정권은 『증보신안지』 서문에서 인물조에 수록된 인물이 200여명이라고 밝히고 있다. 그러나 『보령군지』엔 421명(추가인물 153명 포함)이 수록되어있다.

2종 모두 1748년 정권이 편찬한 『증보신안지』를 모델로 필사하였다. 두 필사본 항목분류의 차이를 요약하면 다음과 같다.

[표10] 「신안읍지」와 「보령군지」의 편집항목

읍지명	『증보신안지』	
제호	『신안읍지』	『보령군지』
속지명	증보신안현지	신안현지
편집순서의 차이	'제언, 교량, 방면, 전안' 항목이 인물항목 다음 맨 뒤에 위치	'제언, 교량, 방면, 전안' 항목이 '산천'항목 다음에 위치
보령현 지도	호서읍지(1781)	없음
편찬연도 표기	今上朝	英宗朝
조선조 표기	李朝	각 시기의 왕조 표기
인물	고려 김성우~조선 영조조까지 254명(고종조 조병흥 3부자 추가) 정려 5명, 열녀 4명	고려 김성우부터 김양재까지 252명 효열정려 16명(효자 7명 추가) 추가인물: 1930년대까지 153명

2) 수록내용

『증보신안지』가 『신안지』의 어떤 자료를 토대로 하였는지는 현재 잘 알 수 없으나 그 내용이 당시 사찬지리 편간 형식에서 크게 벗어나지 않을 것으로 보인다. 『증보신안지』의 항목은 총 27개 항목으로 구성되어있는데 학교항목에 '서원'이 추가되고 전안항목이 '양안, 이안, 병안, 재곡, 호안, 천안, 공안'으로 세분화되어있다. 『증보신안지』는 관찬지리지인 『동국여지승람』이나 『여지도서』의 항목보다 많은 지역의 항목을 담아 지역실정을 수록한 사찬읍지의 특징을 보여준다.

다음은 『증보신안지』와 관찬지리지의 항목을 비교한 것이다.

[표11] 「증보신안지」와 관찬지리지의 각 항목 비교

항목	학교	역원	불우	사묘	고적	제영	풍속	총묘	읍재	인물	전안	제언	교량	방면
증보신안지	0	0	0	0	0	0	0	0	0	0	0	0	0	0
세종실록지리지		0			0									
동국여지승람	0	0	0	0	0	0								
여지도서		0	사찰	0	0		0			0		0	0	0

항목	사린경계	건치연혁	관원	군명	형승	성씨	산천	토산	성곽	관방	궁실객관	봉수	누정
증보신안지	0	0	0	0	0	0	0	0	0	0	0	0	0
세종실록지리지	0	0		0	0	0	0	0	0	0		0	
동국여지승람	0	0	0	0	0	0	0	0	0	0	0	0	0
여지도서	0	0	관직	0	0	0	0	물산	0		공해	0	

『세종실록지리지』와 『동국여지승람』은 행정, 경제, 군사 등의 항목이 많고 이와는 달리 『증보신안지』는 사회, 문화, 유적이 많은 것이 특징이다. 『증보신안지』의 경우도 27항목 중 13개 항목이 이에 관한 것이다. 또한 『증보신안지』의 편찬자를 살펴볼 때, 『함주지』나 『대록지』는 현감이 직접 편찬한 것이지만, 『증보신안지』는 재지사족을 중

심으로 독자적으로 편집하여 현감인 정권의 이름으로 편찬된 것이 기존의 읍지와 다른 점이다.[32]

『증보신안지』와 『여지도서』는 대부분의 항목과 내용이 서로 같지만 '누정, 학교, 제영, 총묘, 읍재' 항목은 『여지도서』에 빠져있다. 『여지도서』의 항목이 『증보신안지』 보다 4개의 항목이 더 많지만 『여지도서』에는 전안항목이 '한전, 수전, 조적, 전세, 대동'으로 더욱 세분화되어있고, 『증보신안지』에 없는 '목장, 창고, 진공, 균세, 봉름' 등의 경제관련 항목과 군사에 관계되는 군병항목에 대한 설명이 상세하다. 이것은 『여지도서』가 『증보신안지』 등 지방의 읍지를 바탕으로 편찬되었지만, 지방통치에 필요한 세금이나 균역, 방위 등 국가가 관리하는 부분으로 통치자료로 활용되었음을 알 수 있다.

『증보신안지』의 항목 중에서 특징적인 것을 살펴보면 산천항목은 8개로 세분화되어 총 48개의 내용을 담고 있어 『신증동국여지승람』(15개)이나 『여지도서』(19)와 달리 수적으로 많고 보다 광범위하다. 이를 비교해보면 다음과 같다.

32 『함주지』에 대해선 김경수의 앞의 논문 참조.

[표12] 「증보신안지」와 「여지도서」의 산천조 비교

	증보신안지	신증동국여지승람	여지도서
山	11	4	4
峴	9	3	3
島	4	4	3
川	10	2	7
浦	5	1	2
巖	4	0	0
淵	3	1	0
洞	2	0	0
합계	48	15	19

위 [표12]에서 산천항목의 수가 많은 이유는 정권이 보령현이 명승지와 산천이 훌륭하고 바다를 끼고 있어 정숙한 기운이 넘쳐 정승판서와 같은 사람들이 계속해서 나온다고 믿는 풍수사상을 반영한 것으로 보인다.[33]

특히 『증보신안지』의 누정항목은 다른 읍지와 크게 차이가 있다. 『증보신안지』에는 어풍정(御風亭) 등 13개의 누정과 만취당(晩翠堂) 등 9개의 정자가 기록되어있고, 이들 누정과 정자를 배경으로 보령현의 재지사족을 비롯한 60여 명의 문사들이 풍광을 노래한 제영이나 시가 실려 있다.

33 『증보신안지』서.境雖褊小 地稱名勝 山嶽之所繆結 海濤之所涵滀 扶輿淸淑之氣 鍾之爲人 名公巨卿宗工哲匠 肩磨踵韰

[표13] 누정이나 정자 등을 주제로 지은 제영과 시의 비교

항목	증보신안지	동국여지승람	여지도서
누정	13(22)	5	0
정자	9(23)	0	0
풍광	15(15)	0	0
합계	37(60)	5	0

위 [표13]에서 『증보신안지』에 관찬지리지보다 훨씬 많은 누정이나 정자가 기록되어 있음을 알 수 있다. 이처럼 누정이나 정자 또는 자연의 풍광을 읊거나 노래한 시가 『증보신안지』에 많이 실려있는 것은 당시 향촌사회의 사회사적 실정을 반영하는 것으로 태평한 기상을 엿볼 수 있다.[34] 특히 위의 37편의 중에서 이산해 등 한산이씨 11명의 시나 제영이 실려있는 것은 앞에서 살펴본바와 같이 한산이씨의 향촌에서의 위상을 알 수 있게 한다.

또한 『증보신안지』에는 학교항목에 서원이 증보되고 총묘항목이 추가되어 재지사족의 명망있는 인물들이 수록되어있다. 읍재항목은 2종에 모두 15명의 보령현감의 명단이 수록되어있으나 명단과 순서에 차이가 있어 부실하다.

『증보신안지』와 『여지도서』의 인물항목은 고려와 조선('本朝'로 표기)으로의 시대구분과 내용은 서로 같지만 수록된 인물에서 현저한 차이를 보인다. 그러나 효자와 열녀의 숫자에는 변함이 없어 이 시기에도 여전히 향촌교화가 사회적 이슈였던 것으로 보인다.

---

34 양보경, 앞의 책.

[표14] 「증보신안지」와 「여지도서」의 인물항목 비교

항목	증보신안지		여지도서	
인물	고려	2	고려	1
	조선	252	조선	39
효자	5		5	
열녀	4		4	
합계	264		49	

이상에서 알 수 있듯이, 『증보신안지』의 항목 및 내용은 지역실정을 파악할 수 있는 귀중한 자료로 17세기 중반 보령현 향촌사회의 역사, 성씨, 인물, 사적 등과 관련된 매우 중요한 자료를 제공한다.[35]

5. 『증보신안지』를 통해본 사족의 존재형태

보령현의 재지사족의 존재형태는 『증보신안지』의 인물항목에서 살펴볼 수 있다. 보령현에 사족이 거주하기 시작한 것은 고려 말 서해와 보령에서 왜구를 섬멸한 후 보령에 정착한 광산김씨 전라도 도만호 김성우(金成雨, 1327-1392)로부터이다. 김성우는 왜구토벌의 공으로 보령의 청라, 발산, 고만 등지를 사전(賜田)으로 받아 보령 청라동에 정착하여 광산김씨입향조가 되었다. 김성우의 아들 김남호는 한양인 조이로(趙以璐)를 사위로 맞이하자 조이로는 처변(妻邊)으로 입향하여 보령입향조가 되어 그 후손들이 사족으로 활동하였다. 이후 김성우의 증손

35 이해준, 「다시 챙겨야 할 보령의 선비들」, 『애향』 19호, 2015, 보령문화원.

자인 성균진사 김맹권(金孟權) 대에 이르러 보령 전장(田莊)이 더욱 확대되고, 김맹권은 한산인 이치(李穉, 1477-1530)를 사위로 맞이하였는데 그가 한산이씨 보령입향조가 되었다, 이치는 세 아들, 이지번, 이지무, 이지함을 두었고, 이들의 전장은 청라에서 고만으로 확장되었다. 이렇게 외변을 기반으로 성장한 이치 후손들은 이산해와 이산보로 이어지면서 조선 후기의 명문 가문으로 거듭나는 발판을 삼을 수 있었다.[36] 또한 김맹권은 용인인 이영순(李永淳), 원주인 원이(元頤)를 사위로 맞이하여 청라 장현리와 황룡리 일대를 분재하여 이들이 각각 용인이씨와 원주원씨의 보령입향조가 되었다. 김맹권의 차자로 중종조에 우의정을 지낸 김극성(金克成, 1474-1540)은 파평인 윤지양(尹之讓)과 경주인 생원 이몽규(李夢奎, 1510-1563)를 사위로 맞이해 독정리 일대를 분재하여 윤지양은 파평윤씨 보령입향조가되고 이몽규는 경주이씨 보령입향조가 되었고 이몽규의 외손 양주인 조존성(趙存性, 1554-1628)은 외변(外邊)으로 보령 죽정동에 입향하여 양주조씨 보령입향조가 되었다. 나주김씨 보령입향조 생원 김삼로(金三老, 1527-?)는 순창군수를 지낸 김극양(金克讓)의 사위로 청주인 한수준(韓秀俊)은 진사 김공권(金公權)의 사위로 인천인 채극철(蔡克哲, 1528-?)은 교수를 지낸 김용권(金用權)의 손서(孫壻)로 단양인 우광지(禹光智)는 김맹권의 종제인 김종권(金從權)의 손서(孫壻)로 청라동 옥계리에 각각 입향하였다.

36 김학수, 「고문서를 통해본 한산이씨 아계-후곡 가문의 사회경제적 기반」, 『아계 이산해의 학문과 사상』, 아계 서거 400주년 추모 기념학술발표대회, 한국역사문화연구원, 2009. 김학수에 따르면 분재기가 남아있지는 않지만 『韓李家帖』 등의 후대의 기록에 비춰볼 때, 이치가 처가로부터 받은 토지의 구체적인 위치를 청라면과 고만산 일대로 상정하고 있다. 김학수, 앞의 논문.

이후 김맹권의 손자로 낙안현령을 지낸 김문서는 연안인 이간(李侃)을 김문서의 동생으로 수원판관을 지낸 김인서(金鱗瑞)는 남양인 홍봉조(洪鳳祚), 전주인 최희수(崔希壽), 해평인 윤현(尹晛), 거창인 신여경(愼餘慶, 1538-1592)과 전주인 이몽열(李夢說, 1542-1607)을 각각 사위로 맞이하여 이들이 보령에 입향하는 계기를 마련하였다. 명곡 이산보의 생질인 능성인 구계우(具繼禹, 1558-1620)는 외변으로 청라 옥계리로 입향하여 능성구씨 보령입향조가 되었다.[37] 구계우의 작은사위 김지선(1588-1664)은 우정 김극성의 현손이다. 이렇게 조선 초기부터 광산김씨 처변으로 보령에 하나 둘씩 입향하기 시작한 사족들의 보령입향은 조선중기를 거쳐 그들의 원외손으로 그 범위가 더욱 확대되었다.

이처럼 조선전기에 광산김씨와의 혼인을 통하여 입향한 재지사족들은 보령현의 향촌사회 형성에서 구심축의 역할을 하였다. 하지만 보령에 재지사족의 근간을 마련한 광산김씨는 김태정(金泰廷, 1541-1588)의 문과 급제 이후 쇠락하여 더 이상 과거급제자를 배출하지 못하고 향권에서 점점 멀어지게 되었다. 더욱이 향촌에서 사족의 위상으로 평가되는 사마시에서 급제자를 배출하지 못하였다.[38] 반면에 17세기부터 한산이씨는 보령의 주요한 재지세력으로 향권을 주도하였다. 이것은 앞에서 설명한바와 같이 사마시 급제자의 숫자에서도 확인되며, 1610년에 한산이씨 문중서원이 건립되는 배경과 『증보신안지』의 편

37 큰 사위 홍명형이 지은 <수암선생묘갈명>에 따르면 구계우가 외가인 청라동의 외삼촌 우순(禹純)에게 양육되었는데 우순이 자식이 없어 우씨 가계를 잇는다 해서 '계우(繼禹)'라 이름지었다고 한다. 『광산김씨족보』(임인보) 및 졸저(『김성우 평전』(궁미디어, 2017))를 참조.

38 영조조의 보령광산김씨 사마시 합격자는 『증보신안지』 간행 후인 1756년 김성국(金聲國)(1730- ?)이 유일하다.

찬과정과 그것을 확인할 수 있다.

『증보신안지』에는 24개 성씨(본관 42, 미확인 6) 254명이 수록되어있는데 다음의 사실이 확인된다.[39]

첫째, 『증보신안지』에 수록된 총 254명 중에서 한산이씨(총 59명)가 가장 많으며, 그 다음으로 광산김씨(44명) 순이다.[40] 이것은 보령현의 사마시 합격자의 분포와 비례하고 있음을 알 수 있다. 영조조 보령현 사마시 급제자 16명 중 한산이씨 6명, 전주이씨 3명, 광산김씨, 한양조씨, 안동김씨, 연안김씨, 청주한씨, 고령신씨, 원주원씨가 각각 1명이다. 이것은 『증보신안지』가 편찬되던 시기 한산이씨가 보령현의 대표적인 재지사족이었음을 보여주고, 『증보신안지』가 편찬되던 당시 보령현에서 한산이씨의 위상을 가늠해볼 수 있게 한다.

둘째, 이 두 성씨 다음의 순위를 차지하고 있는 수원이씨(20명)는 고려 말 정승을 지낸 이자송(?-1388)의 후예로 양천최씨의 처변으로 입향하였다. 양천최씨는 고려 말부터 광산김씨와 교유하였고 계유정란 당시 광산김씨의 전장이 있던 보령현 청라동으로 입향하였다. 양주조씨(15명)의 경우 이몽규의 외손으로 임진왜란을 피해 보령으로 입향한 조존성의 후손이다.

셋째, 『증보신안지』에 기록된 소수 성씨들은 대부분의 경우 임진왜

---

39 앞의 졸저 참조.

40 이러한 비율은 『여지도서』에서도 비슷하다(인물항목 수록순서).

성씨	광산김	수원이	양천최	한산이	경주이	원주원	거창신	양주조	고령신	평강채	청해이	함양박	당성이
합계	10	2	1	13	2	2	1	5	1	1	1	1	1
총계	13성씨 40명												

란과 병자호란 이후 처변이나 외변으로 입향한 성씨이다.

그런데 인물항목에 수록된 조선전기의 성씨들은 양천최씨, 수원이씨, 안동김씨(조선전기 김우필계)[41]를 제외하고 모두가 광김과의 혼연을 통해 처변이나 외변으로 보령에 입향했다는 공통점이 확인된다. 『증보신안지』의 성씨(본관)들의 입향을 살펴보면 다음과 같다.

[표15] 광산김씨와의 혼인을 통한 보령현 입향 주요 성씨(본관)(고려 말-조선 영조조)

순서	본관	입향조	입향시기	세거지역	혼연관계	인물조
1	광산	김성우	14c	청라	진원박씨	김성우
2	한양	조이로	15c	청라 나원리	김성우손서	조봉휘
		조희웅	16c	청라 옥계	원외손	조필
3	한산	이 치	15c	청라 장산리 고만	김맹권 녀	이치
4	원주	원 이	16c	청라 황룡리	김맹권 녀	원득회
5	용인	이영순	16c	청라 장현	김맹권 녀	이익화
6	단양	우광지	16c	청라 옥계리	김종권손서	없음
7	파평	윤지양	16c	청라 장산리	김극성 녀	윤흥경
8	경주	이몽규	16c	대천 독정리	김극성 녀	이몽규
9	청해	이 핵	16c	대천 독정리	이승효 녀	이유민
10	나주	김삼로	16c	보령 청소	김극양 녀	김일심
11	청주	한수준	16c	청라동	김극견 녀	한사태
12	인천	채극철	16c	보령 청소	김호지녀	채성린
13	거창	신여경	16c	청라 장산리	김인서 녀	신여현
14	전주	이몽열	17c	청라 장산리	김극신외손	이몽열
15	능성	구계우	17c	청라 옥계	원외손	구계우
16	양주	조존성	17c	대천 죽정동	원외손	조람
17	평강	채진후	17c	청라 옥계리	원외손	채진후

41 이들 성씨 중 수원이씨, 교동인씨는 보령현 입향 이후 혼연을 통하여 김극성의 사패지인 청소면 재정리로 이거하여 후손들의 묘산과 세거지가 위치한다.

<table>
<tr><td>18</td><td>함양</td><td>여필함</td><td>17c</td><td>청라 장산</td><td>김여남 녀</td><td>여헌주</td></tr>
<tr><td>19</td><td>파평</td><td>윤건교</td><td>17c</td><td>청라 장산</td><td>김여남 녀</td><td>윤동순</td></tr>
<tr><td>20</td><td>여흥</td><td>민최중</td><td>17c</td><td>청라 장산</td><td>김시겸 녀</td><td>민진기</td></tr>
<tr><td>21</td><td>고령</td><td>신학</td><td>17c</td><td>청라 의평</td><td>외변</td><td>신학</td></tr>
<tr><td rowspan="3">22</td><td rowspan="3">안동</td><td>김석기</td><td>17c</td><td>청라 장산</td><td>김해수처 조카</td><td>김황</td></tr>
<tr><td>김시걸</td><td>17c</td><td>청라 장산</td><td>원외손</td><td>김시걸</td></tr>
<tr><td>김이철</td><td>19c</td><td>청라 장현</td><td>원외손</td><td>이몽규</td></tr>
<tr><td>23</td><td>연안</td><td>이문징</td><td>17c</td><td>청라 장산</td><td>원외손</td><td>이문징</td></tr>
<tr><td>24</td><td>함양</td><td>박기조</td><td>17c</td><td>청라 장산</td><td>원외손</td><td>박기조</td></tr>
<tr><td>25</td><td>평택</td><td>임두교</td><td>18c</td><td>청라 의평</td><td>원외손</td><td>임지</td></tr>
<tr><td>26</td><td>해주</td><td>최세경</td><td>18c</td><td>청라 의평</td><td>원외손</td><td>최세경</td></tr>
<tr><td>27</td><td>우봉</td><td>이만달</td><td>18c</td><td>보령 주포</td><td>원외손</td><td>이관</td></tr>
<tr><td>28</td><td>평산</td><td>신광태</td><td>18c</td><td>청라 장현</td><td>원외손</td><td>이몽규</td></tr>
<tr><td>29</td><td>청풍</td><td>김치우</td><td>18c</td><td>청라 장현</td><td>원외손</td><td>신겸제</td></tr>
<tr><td>30</td><td>연안</td><td>김재상</td><td>18c</td><td>청라 오삼전</td><td>원외손</td><td>없음</td></tr>
</table>

※16번 이하는 임진왜란 이후에 입향한 성씨임

[표16] 보령현 입향성씨의 광산김씨와의 혼인도

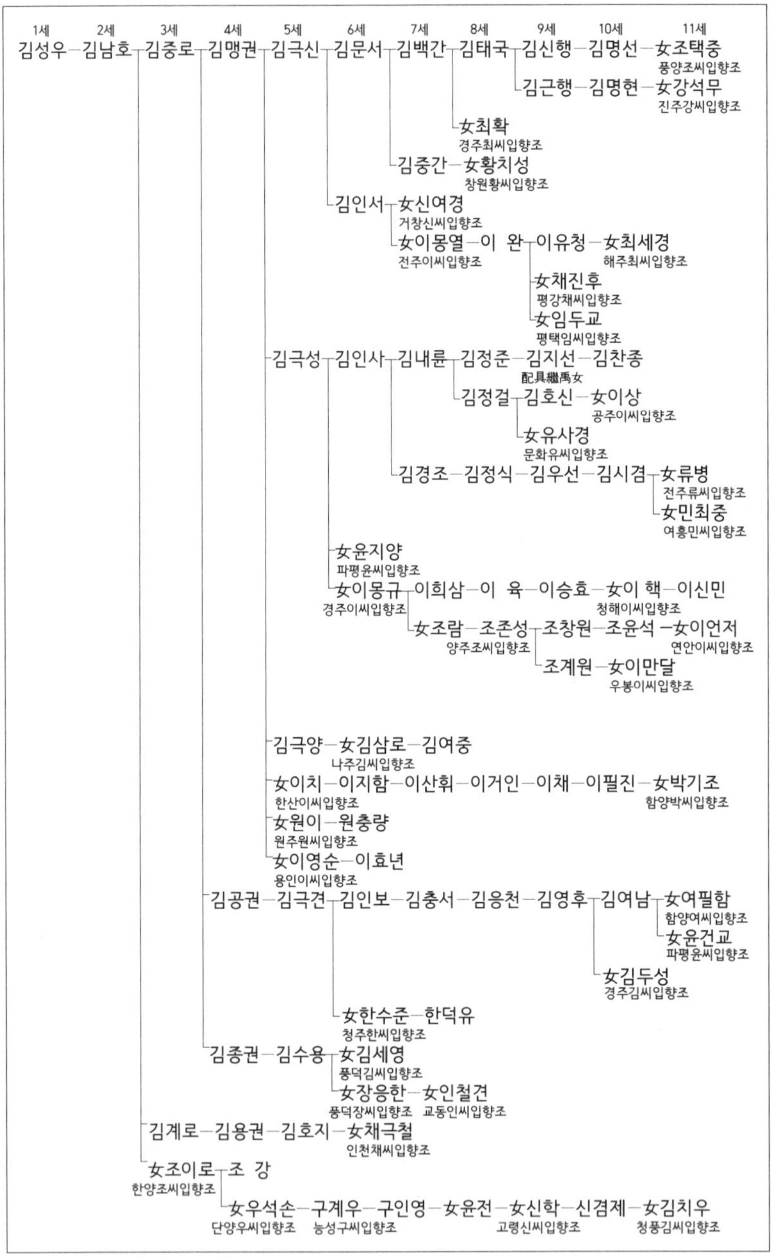

위 [표16]의 혼인도는 고려 말 김성우 이후 조선 영조조까지의 광김과의 혼인을 통해 처변이나 외변으로 보령에 입향한 사족들의 시기별 입향 관계를 보여준다. 조선전기에 한양조씨 조이로를 시작으로 한산이씨 · 원주원씨 · 용인이씨가 입향하였다. 이어서 조선중기에 파평윤씨 · 경주이씨 · 나주김씨 · 청주한씨 · 단양우씨 · 인천채씨가 입향하며, 이후 연안이씨 · 거창신씨 · 전주이씨 · 양주조씨 · 능성구씨 · 평강채씨가 입향하였다. 그리고 임진왜란 이후인 17세기 후반에 안동김씨 · 평산신씨 · 청해이씨 등이 입향하고 있는데 이들은 대체로 광김의 원외손으로 재지사족의 혼연관계를 맺고 있다. 『증보신안지』의 성씨를 볼 때, 보령현에 입향한 사족의 존재를 파악할 수 있는 계기가 되고 있다. 그것은 임란이전에 입향한 사족의 대부분이 광김과의 혼연을 맺거나 교유가 확인되어(안동김씨 제외) 조선전기 사회의 남귀여가혼(男歸女家婚)의 혼인관습과 향촌사회의 혈연관계를 말해주는 중요한 자료이다. 조선후기는 새로운 성씨들의 입향이 늘어나고 혼연도 다양한 형태로 전개되어 조선후기 사회의 또 다른 변화상을 살필 수 있다.

지금까지 현전하는 2종의 필사본을 중심으로 보령현의 읍지 『증보신안지』에 대하여 간행과정과 그 내용을 중심으로 살펴보았다. 그 결과 다음의 결론을 도출하였다.

보령현감 정권은 역사기록의 중요성을 인지하고 치세위민과 향촌의 교화 그리고 재지의 사회문화의 기록을 위해 『증보신안지』를 편찬하였다.

보령현 읍지는 『신안읍지』와 『보령군지』 2종이 현전하는데 원래의 명칭은 『신안지』이며 정권이 이를 증보하여 1748년 한양에서 『증보신안지』로 편찬하였다. 현전하는 두 읍지 중 『애향』에 영인된 『신안읍지』가 하버드대학 엔칭도서관에 소장돼있는 『보령군지』 보다 원본에 더 가까웠다. 이것은 두 필사본에 수록된 인물과 시대표기 등의 고찰로 입증되었다. 보령현에는 일찍부터 관찬지리지 편찬의 기초자료로 활용된 읍지가 존재하였고 계속하여 증보되어왔다. 이것은 무엇보다도 『세종실록지리지』 이후 관찬지리지의 편찬이 대체로 매 100여년의 단위로 이루어졌고, 이들 관찬지리지의 편찬이 읍지를 기초자료로 했다는 점과 1600년대 보령현 재지사족이 중심이 되어 『신안지』를 증보했다는 사실로 입증되었다.

『증보신안지』는 타 읍지와는 달리 재지의 여러 사람들이 편찬에 참여하여 자료수집과 편집의 역할을 분담함으로써 내용에 충실을 기하였다. 정권은 사마시 급제자와 유학(幼學)으로 편찬자를 위촉하여 자료수집과 교정 그리고 편집으로 편찬과정을 세분화하여 각자에게 역할을 분담하였다. 편찬자 중 사마시 급제자가 모두 한산이씨라는 사실은 당시 향촌에서 한산이씨의 재지적 위상을 가늠할 수 있게 하였다.

현전하는 2종의 필사본은 일부항목의 편집서차가 확인되고 『보령군지』에서 인물이 추가될 뿐 내용은 서로 동일하였다. 단지 관찬지리지에 비하여 항목이 더 세분화되고 당시의 향촌사회를 통한 지역실정을 이해할 수 있는 새로운 항목이 추가로 설정되었다. 특히 산천과 누정에 관한 많은 제영과 시 그리고 서원과 총묘 등 사회 문화 풍속항목은 당시 향촌사회 연구의 자료로 평가되었다. 마지막으로 인물항목은 고려 말에서 조선 영조조에 이르는 재지의 인물이 수록되어 조선전기의 혼인풍습과 향촌사회의 형성과정 그리고 사족의 존재형태를 파악할 수 있었다.

이처럼 『증보신안지』는 현전하는 충남의 가장 오래된 사찬읍지 중의 하나로 『호산록』에 이어 18세기 중반 지방 실정을 이해할 수 있는 중요한 자료이다.

조선시기 충청우도 향촌사회사

제2부

남포현

제1장

남포현의 토성(土姓)

남포현의 토성은 남포(藍浦)를 본관으로 하는 성씨이다. 여말선초 남포현의 지배세력이었던 남포현의 토성은 『세종실록』「지리지」, 『신증동국여지승람』 성씨조에 다음과 같이 수록되어 있다.

[표1] 남포현의 성씨

지리지	土姓	次姓	비고
세종실록지리지(1454)	任, 白, 李	庾, 玄, 門	호서읍지(1895)까지 변동사항 없음
신증동국여지승람(1530)	任, 白, 李, 庾, 玄, 門		

남포현은 보령현과는 달리 망성, 촌성이 없고 토성인 임씨, 백씨, 이

씨(任, 白, 李)씨와 차성인 유씨, 현씨, 문씨(庾, 玄, 門)이다.[1] 차성인 庾, 玄, 門씨는 남포현의 차리성(次吏姓)이다.[2] 이들 6개의 성씨는 조선후기 지리지에 이르기까지 순서에 변동이 없다. 임씨가 15세기 이래 19세기 말까지 지리지의 맨 앞에 등재되고 있는 것으로 보아 남포현의 가장 유력한 성씨였음을 알 수 있다.

1. 조선후기 남포현의 토성

조선전기 남포현의 토성은 보령현과는 달리 방목의 기록에서 확인되지 않는다. 조선후기에 남포임씨, 남포백씨, 남포이씨를 살필 수 있다.

1) 남포임씨

남포임씨는 조선 말기인 1895년까지 지리지 인물조의 맨 앞에 등재되어있어 남포현의 가장 유력한 성관으로 이해된다. 하지만 남포임씨는 현재 전하여 오는 족보 등의 자료가 없어 그 존재를 알 수 없다. 남포임씨는 조선 후기인 1609년(광해1)에 서천 거주의 임대립(任大立, 1562-

1 남포현의 차성 중에서 문씨의 한자 표기가 특이한 '門'으로 희귀성이다. 이들 지리에는 없지만 남포김씨(4), 남포박씨(3), 남포정씨(1). 남포한씨(1)의 무과입격이 확인되어 金, 朴, 鄭, 韓氏가 또 다른 남포현의 토성임을 알 수 있다.

2 차성은 고려 사회의 향리성(鄕吏姓)으로 인리성(人吏姓) 다음가는 토착세력이다. 차리성은 촌장(村長), 촌정(村正)을 맡았다. 강은경, 앞의 책 62쪽.

?)이 증광시 생원에 합격하고 있는데 부친은 유학 임백수(任百壽)이다. 임대립과 부친 임백수가 유학인 것으로 보아 당시 사족이지만 남포임씨의 조선전기의 활동상황은 알 수 없다. 더욱이 임대립 이후 남포임씨가 방목에 보이지 않아 사족이나 이족으로 분화되었는지 알 수 없고 17세기 초반 이후 소멸되었다. 남포임씨의 방목은 다음과 같다.

[표2] 남포임씨 과거합격자(괄호안은 字)

	방목	이름	입격년도	전력	거주지	부친이름 및 관직명
1	사마	임대립 (卓爾)	1609	유학	서천	任百壽 幼學

2) 남포백씨

남포백씨는 현재까지 남포를 중심으로 세거해오고 있는 남포현 유일의 성씨이다.[3] 남포백씨는 고려 후기에 상경종사하여 고위관인으로 활동하였다.[4] 고려시기 백이정 이후 17세기 후반인 1651년(효종2)에 백신민(白信敏)이 별시 무과에 합격하고 있는데 거주지는 전주이고 부친은 유학 백남이다. 백신민의 거주지가 전주이고 부친이 유학인 것으로 보아 남포백씨 일부 계파가 전주로 이거한 것으로 보인다. 남포현

3 2000년 통계조사에서 총 1,816가구 6,052명으로 조사되었다.

4 남포백씨의 고려시대 과거합격자를 보면 백광신이 명종조에 아들 백분화(1180-1224)가 1198년에 진사시에, 백문절이 1238년 무술방 을과에, 백분화가 1198년에 무오방 을과에, 백이정(1247-1323)이 1284년 갑신방 병과에 합격하고 있다. 특히 남포백씨는 백문절, 백이정 대에 이르러 여말의 신흥사대부로 성리학 보급에 크게 기여하고 있는데 거주지는 모두 미상이다.

거주의 첫 입격자는 1784년(정조8) 정시 무과의 백동주(白東柱, 1757-?)다. 이후 1837년(헌종3)에 백홍수(白弘洙, 1808-?)가 식년시 문과에, 1867(고종4)년에 백영수(白泳洙, 1842-?)가 식년시 진사에, 1879년(고종16)에 백세진(白世鎭, 1823-?)이 식년시 문과에 합격하고 있는데 이들의 거주지 또한 모두 남포이다.[5] 이처럼 남포백씨는 상경 계와 재지 계의 차이를 보인다. 백이정 계는 일찍이 남포를 떠나 상경종사하여 관인으로 활동하며 개경 인근에 세거하였고[6], 재지 계는 17세기 말부터 과거에 입격하고 있다. 이처럼 남포백씨의 방목은 조선후기부터 보이지만 남포백씨는 고려후기부터 고위관인을 배출한 남포현의 토성으로 재지사족임을 살필 수 있다. 남포백씨의 과거합격자는 다음과 같다.

[표3] 남포백씨 과거합격자(괄호안은 字)

	방목	이름	입격년도	전력	거주지	부친이름 및 관직명
1	무과	백신민	1651	교생	전주	白男 幼學
2	〃	백동주	1784	통덕랑	남포	白師天 前縣監
3	문과	백홍수	1837	유학		白星鎭
4	사마	백영수(聖涵)	1867	유학		白泰鎭 幼學
5	문과	백세진	1879	유학		白秉煦

5 이와는 달리 남포백씨의 고려시대 방목에는 거주지가 모두 미상이다. 이것은 고려전기 상경종사하여 관인으로 진출하면 귀향의 경우를 제외하고 본관지에 복귀하지 않는 것이 재경세력의 특징이었기 때문으로 풀이된다. 앞의 이수건(2003) 168쪽.

6 실제로 백이정 후손들은 그의 사후 상당기간 개경 인근에 살았고 묘소 또한 개경인근에 위치한다. 6세손 백진(珍) 대에 남포현 웅천으로 7세손인 백정수(精粹, 1409-1452) 대에 서천으로 이거했다가 10세 백수(1548-1609) 대에 남포현 신안으로 이거하고 있다.

3) 남포이씨

남포이씨는 남포현의 성씨 중에서 가장 많은 합격자를 배출하고 있다. 1599년(선조32)에 이충련(李忠連, 1552-?)이 정시 무과에, 1637년(인조15)에 이동백(李同白, 1596-?)이 별시 무과에. 1727년(영조3)에 이동주(李東柱, 1702-?)가 증광시 무과에, 1784년(정조8)에 이창저(李昌著, 1761-?)가 정시 무과에, 1790년(정조14)에 이정복(李正馥, 1764-?)이 증광시 진사에, 1801년(순조1)에 이우저(李遇著, 1762-?)가 정시 무과에 합격하고 있다.

남포이씨 또한 보령김씨처럼 잡과에서 많은 합격자를 배출하고 있다. 1696년(숙종22) 이세만(李世萬, 1673-?)의 식년시 역과를 시작으로 1840년(헌종6) 이경진(李景鎭, 1824-?)의 율과에 이르기까지 10명(역과5, 율과5)이다. 남포이씨의 과거 입격자를 보면 다음과 같다.

[표4] 남포이씨 과거합격자(괄호안은 字)

	방목	이름	입격 년도	전력	거주지	부친이름 및 관직명
1	무과	이충련	1599	훈련원정	한성	李春光 忠佐衛
2	〃	이동백	1637	면천	한성	李海雲 保人
3	〃	이동주	1727	한량	한성	李泰華 副司直
4	〃	이창저	1784	별무사	가산	李瑞運 學生
5	사마	이정복(汝慶)	1790	유학	가산	李枝煥 副護軍
6	무과	이우저	1801	별무사	가산	李永馥 幼學
7	역과	이세만(聖久)	1696	신체아	미상	李時樑 新遞兒
8	〃	이지만(盛夫)	1690	신체아		李是樑 司譯院判官
9	〃	이기흥	1714	신체아		李枝萬 新遞兒
10	〃	이혜적(吉甫)	1753	신체아		李箕興 折衝將軍
11	〃	이복대	1786	신체아		李惠迪 嘉善大夫

12	율과	이윤적(德仲)	1771	별제		李斗興 折衝將軍
13	〃	이인대(元伯)	1795			李允迪 教授
14	〃	이지대季貞	1804			李允迪 教授
15	〃	이창희善汝	1825			李仁大 司果
16	〃	이경진(慶浩)	1840			李昌禧 副司果

위 [표4]에서 남포이씨는 조선 후기부터 무과에 급제하고 거주지가 한성과 근기이다. 18세기 말 사마 입격자인 이정복의 전력이 유학이고 부친 또한 부호군을 지낸 것을 보면 사족이다. 남포이씨는 17세기 말 이후 역과, 율과 등 잡과의 입격자가 많고 보령현의 보령김씨처럼 대를 이어 세전되고 있어 남포이씨 또한 조선후기 이족의 토성임을 살필 수 있다. 다음은 방목을 중심으로 남포이씨 잡과 입격자의 가계를 도표화한 것이다.

[표5] 남포이씨 잡과 합격자 가계도

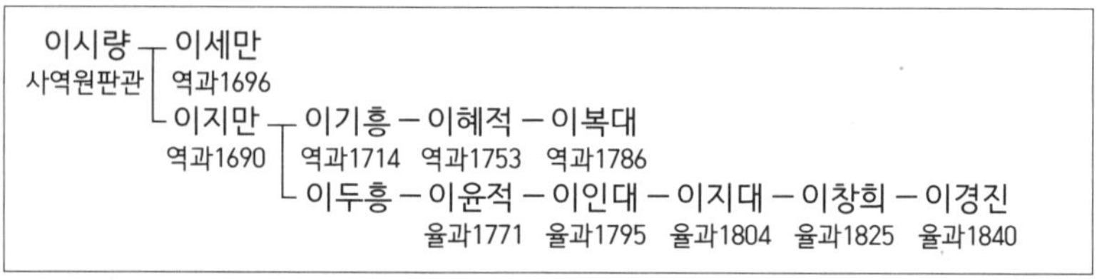

4) 방목에서 확인되는 남포현 토성 - 남포김씨, 남포박씨, 남포정씨, 남포한씨

지리지의 성씨조에 올라있지 않으나 문과, 무과, 잡과방목에서 본관을 남포로 하는 다음 4개의 성씨가 있다.

① 남포김씨(藍浦金氏)

남포김씨는 문과2명, 무과 2명을 배출하고 있다. 문과는 1729년 김성일(金聲一, 1683-?)이 식년시 갑과에, 1741년 김봉서(金鳳瑞, 1720-?)가 식년시 병과에 각각 합격하고 있다. 무과는 1666년(현종7)에 김성달(金成達, 1629-?)이 별시병과에, 1717년(숙종43)에 김한징(金漢澄, 1696-?)이 식년병과에 합격하고 있다. 남포김씨는 평안북도 철산에 집단 세거하고 있으며, 2000년 인구조사에서 남한에 총 235가구 757명이 살고 있는 것으로 조사되었다.[7] 남포김씨의 과거합격자는 다음과 같다.

[표6] 남포김씨 문과 및 무과 합격자

	방목	이름	입격 년도	전력	거주지	부친이름 및 관직명
1	문과	김성일	1729	유학	미상	金始重
2	〃	김봉서	1741	유학		金礪用
3	무과	김성달	1666	무학	신천	金二男 副司正
4	〃	김한징	1717	한량	서흥	金佑仁 業武

② 남포박씨(藍浦朴氏)

남포박씨는 1637년(인조15)에 박계영(朴繼永, 1571-?)이 별시병과에, 1660년(현종1)에 박홍규(朴興奎, 1629-?)가 증광시 을과에, 1678년(숙종4)에 박두

7 예컨대 수안이씨족보에서 이명렬(明烈)의 배위가 남포김씨 직장 김취중(龘重)이고 조부가 판사 김광연(光衍)이다. 『수안이씨세보』(1928) 참조.

년(朴斗年, 1644-?)이 증광시 을과에 합격하고 있다. 또한 1662년(현종3)에 박유년(朴有年, 1641-?)이 역과 증광시에, 1682년(숙종8년)에 박간(朴衎, 1643-?)이 역과 증광시에, 1495년(연산1)에 박인효(朴仁孝)가 취재에, 1578(선조11)에 박침(朴沉)이 취재에 각각 합격하고 있다. 1735년(영조11)에 박문주(朴文周, 1710-?)가 음양과에, 1774년(영조50)에 박성민(朴盛敏, 1755-?)이 음양과에 합격하고 있다. 이들 잡과 합격자 중 박인효의 아들이 박침이고, 박문주의 아들이 박성민으로 대를 이어 잡과에 합격하고 있다. 1938년에 간행된 『남포박씨세보』가 전한다. 남포박씨의 과거합격자는 다음과 같다.

[표7] 남포박씨 무과 및 잡과 합격자

	방목	이름	입격년도	전력	거주지	부친이름 및 관직명
1	역과	박계영	1637	판관	한성	朴海 訓鍊院主簿
2	〃	박흥규	1660	업무	낙안	朴信立 幼學
3	〃	박두년	1678	별파진	한성	朴豪男 直長
4	〃	박유년	1662	교회	미상	朴俊男 司譯院直長
5	〃	박 간	1682	정	미상	朴有年 譯科
6	취재	박인효	1495	계사	미상	朴筠
7	〃	박 침	1578	별제	미상	朴仁孝 計士
8	음양	박문주	1735	삼력관	미상	朴衍 引儀
9	〃	박성민	1774	추보관	미상	朴文周 三歷官

③ **남포정씨**(藍浦鄭氏) · **남포한씨**(藍浦韓氏)

남포정씨와 남포한씨는 각각 한 명의 과거급제자를 배출하였다. 남포정씨는 1637년(인조15)에 정충길(鄭忠吉, 1608-?)이 별시 병과에 합격하고 있다. 남포한씨는 1644년(인조22)에 한광익(韓光益, 1612-?)이 별시 병과에 합격하고 있다. 남포정씨와 남포박씨의 무과입격자를 정리하면 다음과 같다.

[표8] 남포정씨, 남포한씨 무과 입격자

	방목	이름	입격년도	전력	거주지	부친이름 및 관직명
1	무과	정충길	1637	겸사복	양성	鄭倫孫 學生
2	〃	한광익	1644	무학	봉산	韓德霖 幼學

이상에서 알 수 있듯이, 이들 성씨들은 지리지에 기록되어 있는 성씨는 아니지만 문과나 무과 및 잡과방목의 본관이 남포로 등재되어 있어 이들 성씨 또한 남포현의 토성임을 알 수 있다. 이들 성씨 중 남포김씨는 문, 무과를 남포정, 남포한씨는 무과입격자만을 배출하고 있으나 남포박씨는 남포이씨에 이어 모두가 잡과 합격자들이다. 더욱이 이들 입격자는 문과를 제외한 모두의 전력이 무학, 한량 등 중인계급이다.

지금까지 방목을 중심으로 살펴본 남포현 토성의 과거합격자(수), 과거합격자의 전력 등을 정리하면 다음과 같다.

[표9] 조선시기 남포현 토성의 과거합격자

	과거 / 성씨	司馬	文科	武科	譯科	醫科	陰陽	律科	取才	姓種	계	보령거주여부
1	任	1	0	0	0	0	0	0	0	土姓	1	
2	白	1	2	2	0	0	0	0	0		5	0
3	李	1	0	5	5	0	0	5	0		16	
4	庾	0	0	0	0	0	0	0	0	次姓	0	
5	玄	0	0	0	0	0	0	0	0		0	
6	門	0	0	0	0	0	0	0	0		0	
7	金		2	2							2	
8	朴			3	2		2		2		9	
9	鄭			1							1	
10	韓			1							1	
합계		3	4	14	7	0	0	5	0		37	

[표10] 남포현 토성의 과거급제자 수

<table>
<tr><td colspan="2"></td><td colspan="2">남포현</td><td></td></tr>
<tr><td colspan="2">호구</td><td colspan="2">180</td><td rowspan="3">세종실록지리지</td></tr>
<tr><td colspan="2">인구수</td><td colspan="2">949</td></tr>
<tr><td colspan="2">성관수</td><td colspan="2">6(토성3, 차성3)(방목4)</td></tr>
<tr><td rowspan="10">과거급제자수</td><td>과별</td><td>인원</td><td>성씨</td><td>합계</td></tr>
<tr><td>사마</td><td>3</td><td>임1, 백1, 이1</td><td>3</td></tr>
<tr><td>문과</td><td>4</td><td>김2, 백2</td><td>4</td></tr>
<tr><td>무과</td><td>14</td><td>백2, 이5, 김2, 박3, 정1, 한1</td><td>14</td></tr>
<tr><td>역과</td><td>7</td><td>이5, 박2</td><td>7</td></tr>
<tr><td>의과</td><td>0</td><td></td><td>0</td></tr>
<tr><td>음양과</td><td>2</td><td>박</td><td>2</td></tr>
<tr><td>율과</td><td>5</td><td>이</td><td>5</td></tr>
<tr><td>취재</td><td>2</td><td>박</td><td>2</td></tr>
<tr><td>합계</td><td>35</td><td></td><td>35</td></tr>
</table>

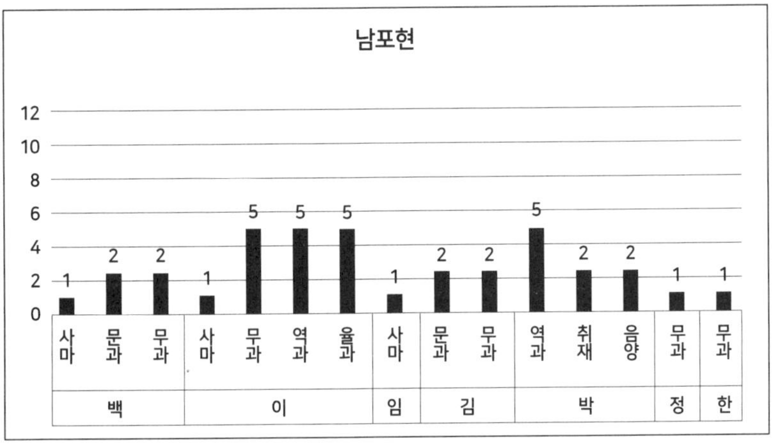

[표11] 남포현 토성의 과거급제자 전력(前歷)

방목	전력 \ 성관	任	白	李	金	朴	鄭	韓	합계
사마	幼學	1	3	1					5
	通禮院引儀								0
문과	幼學		2		2				4
	進士								0
무과	察訪								0
	通德郞		1						1
	部將								0
	兼司僕						1		1
	守門將								0
	選武軍官								0
	武學				1			1	2
	上護軍								0
	別馬隊兵								0
	保人								0
	敎生		1						1
	閑良			1	1				2
	免賤			1					1
	訓鍊院正			1					1
	副司果								0

무과	別武士			2					2
	別破陣					1			1
	判官					1			1
	業武					1			1
역과	參奉								0
	前判官								0
	僉知								0
	偶語別遞兒								0
	別遞兒								0
	新遞兒			5					5
	被選								0
	正					1			1
	敎誨					1			1
음양	三曆官					1			1
	觀象推步官					1			1
율과	別提			1		1			2
	訓導								0
	正								0
취재	計士					1			1
	미기재			4		0			4
합계		1	5	17	4	7	1	1	37

위 표의 입격자의 전력을 보면 유학, 통덕랑 등의 사족신분과 교생, 한량, 면천, 무학 등 중인계급[8]의 이족신분으로 구분되는데 이족의 경우 모두 조선후기에 무과나 잡과에 합격하고 있음을 살필 수 있다.

8 조선시대 향리층은 중인계급으로 교생, 원생, 한량, 무학, 훈도, 별무사 등으로 구성된다. 이준구, 앞의 논문.

2. 조선후기 남포현 관향의 토성의 동향[9]

남포현 토성의 동향을 『세종실록』「지리지」, 『신증동국여지승람』, 『호서읍지』까지의 내용을 정리하면 다음과 같다.

[표12] 남포현 성씨(토성)의 비교

<table>
<tr><th>토성</th><th>세종실록 지리지</th><th>호서읍지(1895)</th><th>성씨 존속여부</th><th>비고</th></tr>
<tr><td>任</td><td>토성</td><td>존속</td><td>소멸</td><td rowspan="6">세종실록지리지 이후 호서읍지까지 성씨의 변동사항 없음</td></tr>
<tr><td>白</td><td>〃</td><td>〃</td><td>존속</td></tr>
<tr><td>李</td><td>〃</td><td>〃</td><td>소멸</td></tr>
<tr><td>庾</td><td>차리성</td><td>〃</td><td>〃</td></tr>
<tr><td>玄</td><td>〃</td><td>〃</td><td>〃</td></tr>
<tr><td>門</td><td>〃</td><td>〃</td><td>〃</td></tr>
<tr><td>金</td><td>문,무과</td><td>부재</td><td>〃</td><td rowspan="4">문,무,잡과방목에 본관이 남포로 등재된 성씨</td></tr>
<tr><td>朴</td><td>무과</td><td>〃</td><td>〃</td></tr>
<tr><td>鄭</td><td>〃</td><td>〃</td><td>〃</td></tr>
<tr><td>韓</td><td>무과, 잡과</td><td>〃</td><td>〃</td></tr>
</table>

위 [표12]에서 남포현의 모든 토성이 조선후기(1895)까지 그대로 존속되고 있음을 살필 수 있다.[10] 하지만 이들 토성이 언제까지 존속했는지 구체적인 시기는 알 수 없다. 참고로 남포현의 토성을 방목에서 보면 다음과 같다.

9 여기에서 거론된 성씨는 토성의 동향이라는 측면의 학술적인 접근으로 특정 성씨에 누가되지 않기를 바란다.

10 庾, 玄, 門씨는 방목에서 보이지 않지만 조선후기 지리지(1895)까지 존속되었음을 알 수 있다. 하지만 이들 성관이 조선 말기까지 존재하다가 어느 시기에 소멸되었는지는 알 수 없다.

[표13] 남포현 성씨(토성)의 방목내용

세기	마지막 방목 입격년도	방목	이름	본관	현재 존속여부
17세기	1609	사마	임대립	남포	소멸
	1637	무과	정충길	남포	〃
	1644	무과	한광익	남포	〃
18세기	1741	문과	김봉서	남포	존속
	1774	음양	박성민	남포	소멸
19세기	1840	율과	이경진	남포	〃
	1879	문과	백세진	남포	존속

위 [표13]에서 남포김씨와 백씨를 제외하고 나머지 성씨들은 마지막 방목 이후 기록이 없어 소멸되었음을 살필 수 있다. 임씨는 17세기 초까지(1609), 정씨(1637)와 한씨(1644)는 17세기 전반까지, 박씨(1774)는 18세기 후반까지, 이씨(1840)는 19세기 중엽 이후까지 각각 본관이 존속되고 있어 소멸시기에 큰 차이가 있다. 그런데 조선시기 보령현 지역과 마찬가지로 남포현 지역에도 동성이본 성씨가 현재까지 세거해오고 있다. 따라서 이들 성씨의 통계상 호구수를 검토하여 성씨의 동향에 좀 더 접근해보고자 한다.

[표14] 조선시기 남포현 각 면별 동성이본 성씨 호구수[11]

토성	존속여부	세거성씨		주 세거지역
		본관	호구수	
任	소멸	豐川	603	남포15, 웅천198, 주산219, 미산156, 성주15
		長興	42	주산1, 미산41

11 앞의 『보령군지』.

白	존속	藍浦	341	남포64, 웅천173, 주산30, 미산74
		水原	52	웅천10, 주산14, 미산13, 성주15
李	소멸	慶州	1022	남포261, 웅천210, 주산209, 미산209, 성주133
		全州	838	남포221, 웅천197, 주산204, 미산19, 성주187
		星州	82	남포56, 웅천18
		牛峯	59	주산5, 미산54
庾	〃	江陵劉	56	남포2, 웅10, 미산18, 성주26
		杞溪柳	40	남포21, 웅천2, 주산17
		文化柳	57	남포4, 웅천34, 주산4, 성주15
玄	〃	없음	0	
門	〃	南平	63	남포5, 웅천10, 주산8, 미산14, 성주26
金	〃	慶州	1,387	남포298, 웅천655,주산78,미산126,성주230
		金海	843	남포252, 웅천241, 주산52, 미산107, 성주191
朴	〃	密陽	719	남포178, 웅천159, 주산94, 미산85, 성주203
鄭	〃	慶州	70	남포67, 주산3
		溫陽	37	웅천37
韓	〃	淸州	151	남포75, 웅천59, 주산5, 미산12

위 [표14]에서 앞에서 살펴본 보령현과 마찬가지 현상을 살필 수 있다. 첫째, 남포김씨와 남포백씨를 제외한 모든 토성이 조선 후기에 소멸되었음에도 불구하고 동성이본 성씨가 세거해오고 있다.[12] 둘째 일부 성씨의 주세거지가 읍치 또는 그 인근이지만 입향 배경이나 세거 동기 등을 알 수 없다. 셋째, 입향 시기와 호구 수에 큰 차이가 있다. 하지만 이러한 원인이 입향조[13] 계의 번창인지 아니면 다른 계의 입향

12 남포백씨 곁에서 수원백씨의 세거도 확인되는데 남포백씨 일부가 수원백씨로 통합된 것으로 추정된다. 玄씨는 이 지역에 세거해오고 있지 않고 보령현 지역에 성주현씨 20호(주포3, 주교5, 오천8)의 세거가 확인된다.

13 남포백씨, 풍천임씨 등은 입향 시기와 세거 호구수에 큰 무리가 없어 보인다. 장흥임씨는 16세기 후반 임백(伯)이 유배지에 정주하였다. 경주김씨 남포입향조는 계유정란을 피해 남

이나 또 다른 원인에서 기인한 것인지 이 또한 기록이 없어 제시한 사항은 알 수 없다.

이상의 조선후기 남포 관향 성씨의 동향의 고찰에서 남포현 토성 중 일부는 조선 전기까지 존속하다가 조선 후기에 소멸되었고 또 일부 성씨는 사족이나 이족으로 분화되어 존재해오다가 대체로 1840년 이후 소멸되고 있음을 살피었다. 또한 대부분의 성씨가 소멸되었음에도 불구하고 동성이본 성씨들이 읍치 주변에 세거해오고 특히 입향시기 등에 비해 호구수가 지나치게 많다는 점은 앞으로 조선후기 입향성씨와 토성과의 관계의 고찰에서 중요하다.

결론적으로 남포현은 토성 任, 白, 李, 차성(次姓) 庾, 玄, 門씨로 3개 성관(조선후기 任, 白, 李) 22명(사마3, 문과2, 무과7, 잡과10)의 합격자를 배출하였으나 庾, 玄, 門씨는 입격자가 없었다. 남포현의 남포임씨는 남포현의 가장 유력한 토성이지만 17세기 초 이후 소멸되었고 남포백씨는 신라시기 이후 고려 말까지 남포현의 유력 토성으로 17세기 말 이후부터 합격자를 배출하여 백이정의 상경 계와 재지 계로 구분이 가능하였다. 남포이씨는 남포현 토성 중 과거합격자(16)가 가장 많지만 보령김씨처럼 잡과의 비율이 높았다. 하지만 남포현의 토성은 남포백씨를 제외하고 모두 타 지역으로 이주하여 관직에 올랐고 남포현에서의

포에 은거한 김한(金漢(?-1456), 경주이씨 남포입향조는 기묘사화(1519)를 피해 남포에 은거한 이전(李筌, 1500-1563), 전주이씨 남포입향조는 이덕온(1562-1635)으로 전한다. 밀양박씨는 박승안 16세기 말에 박세주가 17세기 후반에 주산과 미산으로 각각 입향하였다. 경주김씨 1,387 호구, 경주이씨 1,022 호구, 전주이씨 838, 밀양박씨 719호구로 세 성씨의 번창을 살필 수 있다. 이 수치는 남포백씨 341, 풍천임씨 603 호구수에 비해 4배에 가깝다. 특히 이 세 성씨의 주 세거지가 읍치인 남포지역으로 이 지역에 958호구수(경주김 298, 경주이 261, 전주이 221, 밀양박 178)를 보이고 있어 주목된다.

관인활동이나 세거는 알 수 없었다.

남포현의 토성 중 남포백씨를 제외한 모든 토성이 조선 말기에 소멸되었으나 이들 토성과 본이 다른 성씨가 토성의 거주지인 읍치 인근에 현재까지 세거해오고 있어 이들 성씨의 호구수와 주 세거지역을 살펴보았다. 그 결과 남포현의 토성은 17세기 이후 진행된 시대적 상황이나 동향에서 크게 벗어나지 않은 것으로 파악되었다. 무엇보다도 남포현의 토성은 17세기 이후 활발해진 족보의 간행과정에서 같은 성의 본관과 합본되었거나 대성으로 통합되면서 소멸되었거나 민적법이 시행되면서 대성명문으로 개관한 것으로 추정되었다. 왜냐하면 첫째, 지리지 및 방목에서 19세기 말까지 토성의 존재가 확인됨에도 불구하고 이들 토성이 거의 소멸되었고, 둘째, 동성이본 성씨가 현재까지 읍치 인근에 세거해오고 있으며, 마지막으로 입향 시기에 비해 족세가 크게 번창하였고 호구수가 지나치게 많은 점이 주목되기 때문이다. 하지만 이들 토성의 소멸원인이 무엇인지를 밝혀줄 족보 등 전하여오는 자료나 기록이 없어 구체적인 상황은 파악하지 못하였다.

이상에서 알 수 있듯이, 남포현의 토성은 남포백씨를 제외하고 사족과 이족으로의 분화과정이 방목에서 확인될 뿐 재지에서의 활동 자료가 없고 조선 말기에 대부분 소멸되었다.

제2장

조선전기 남포현 사족의 형성

이 장에서는 앞에서 살펴본 보령현의 경우와 마찬가지로 방목, 지리지, 족보, 금석문 등의 성관자료를 중심으로 어떻게 조선전기에 남포현의 사족이 형성되어 확대되었는지를 통혼권, 세거지, 유적을 통하여 고찰할 것이다.

본 장에서 살펴볼 조선전기 남포현 사족의 형성에 관한 연구는 결과적으로 조선전기 남포현 사족의 특징이 무엇인지를 살펴봄으로써 다음 장에서 이어질 17세기 이후 남포현 사족변동의 전개과정 연구의 방향으로 삼고자 한다.

1. 성관자료의 분석

남포현은 사족명단이 전하는 것이 없고 1908년부터 정리해놓은 남포향교의 선생안과 청금록이 있다. 이들 자료는 20세기에 생산된 문헌으로 사족형성 연구자료는 미급한 점이 있다. 이같은 자료의 한계가 있지만 임진왜란 이전까지를 조선전기로 구획하고 이 시기 남포현에 거주했던 사족들의 명단이 수록된 사마방목(榜目), 『세종실록』「지리지」(1456), 『보령군지』(1991)[1], 족보, 금석문 등을 중심으로 고찰하였다.

첫째, 사마방목은 거주지가 남포현으로 등재되어 있는 사족으로 하였다.

둘째, 위의 지리지를 선택한 것은 『세종실록』「지리지」의 경우 조선전기 보령지방 토성의 존재를 살필 수 있는 자료이고, 『보령군지』는 최근의 자료이기는 하지만 「성씨입향고」 및 인물조에서 보령세거 성씨를 살필 수 있기 때문이다.

셋째, 족보와 금석문은 사료로서의 검증이 따르지만 조선전기 보령지방 사족의 존재를 참고할 수 있는 자료이다. 족보는 전근대 사회에서 정치사회의 일상사를 파악할 수 있고 묘비 등 금석문은 사족 가문의 역사를 개략적으로 알 수 있다. 조선전기 남포현 사족의 존재는 위의 자료를 통하여 살필 수 있는데 이를 정리하면 다음과 같다.

1 앞의 『보령군지』(1991).

[표1] 조선전기 남포현 사족의 존재

순서	성관	사마방목	세종실록지리지(토성)	족보	보령군지
1	남포백		0	0	0
2	풍천임			0	0
3	경주김			0	0
4	통천김			0	0
5	의성김			0	
6	순천김			0	0
7	우봉이			0	0
8	경주이			0	0
9	보성오			0	
10	고성이	0		0	
11	광주안			0	0
12	파평윤			0	0
13	장흥임			0	
계(11)		1	1	9	9

[표1]에서 조선전기 남포현의 사족은 남포백씨 등 11개 성관임을 알 수 있다. 조선전기 남포현 성관을 자료별로 살펴보면 다음과 같다.

1) 사마방목

조선시기 남포현 사마시 입격자는 55명이다. 이 중 조선전기 사마시 남포현 합격자는 1명이다.

[표2] 조선전기 보령지방 사마시 합격자 성관별표

	성관	15c전	15c후	16c전	16c후	계
남포현	고성이				1	1
계	1					1

위 [표2]에서 사마방목에 등재된 성관은 고성이씨가 유일하다. 임진왜란 직전인 1588년(선조21)에 이관(李灌)(1561-?)이 진사에 합격하였는데 본관이 고성이고 거주지가 남포로 기록되어 고성이씨의 조선전기 남포현 세거를 알 수 있다.[2]

2) 『세종실록』「지리지」, 『보령군지』

『세종실록』「지리지」 성씨조에서 남포현 토성의 존재를 살필 수 있다. 남포백씨 등 6개의 토성 중 남포백씨만이 토성에서 사족화한 재지사족이고 나머지는 모두 소멸되었다. 『보령군지』 인물조에서는 고성이씨를 제외한 모든 성관의 존재를 알 수 있다.

3) 족보, 금석문

족보와 금석문에서도 남포현의 고성이, 통천김씨를 제외한 모든 성관의 존재를 살필 수 있다. 하지만 남포현에는 이들 자료 이외에는 다른 자료가 전하여오지 않아 이를 통해서만 사족의 존재를 알 수 있다.

이상에서 알 수 있듯이, 조선전기 남포현 사족의 존재는 방목, 지리지, 족보 등에서 살필 수 있는데 신라 이래 보령지방에 세거해온 재지사족이거나 여말선초에 보령지방에 입향한 신흥사족이다. 남포현 사족의 성관은 11개로 남포백씨는 토성에서 재지사족화하였다. 이처럼

2 이 해에 동생 이필(李滭)(1567-?)도 사마시에 입격한 연벽(聯璧)(兄弟同榜)으로 이필의 거주지는 한성이다.

남포현은 조선전기에 남포백씨를 제외한 토성의 사족화를 파악할 수 없고 내성(來姓)으로 사족이 형성되었음을 알 수 있다. 따라서 이들 내성이 어떻게 남포현에 입향하여 조선전기에 남포현의 사족을 형성하였는지를 살펴본다.

2. 남포현 사족의 형성

남포현의 토성은 대부분의 토성이 타 지역에 세거하면서 이족으로 활동하였으나 조선 후기에 대부분 소멸되었고 남포현의 남포백씨만이 사족으로 활동하였다.

조선전기에 남포현의 토성인 남포백씨 이외에 몇 개의 사족의 남포현 입향 사례를 볼 수 있으나 전하는 자료가 영세하여 조선전기 향촌에서의 사족의 활동은 잘 알 수 없다.

남포현의 사족명단은 조선전기의 방목자료나 읍지 등 전하는 것이 없다. 다만 『세종실록』「지리지」 성씨조와 『동국여지승람』 인물조에 남포백씨가 신라 후기 이래 남포의 사족으로 기록되어있다. 또한 『보령군지』, 족보, 금석문에서 고려 말에 풍천임씨, 15세기후반에서 16세기에 경주김, 통천김, 파평윤, 경주이, 광주안씨, 우봉이씨의 남포현 입향 사실을 살필 수 있다.

1) 남포현의 사족

(1) 남포백씨(藍浦白氏)

남포백씨는 남포현의 유력한 토성으로 최초로 기록되는 인물은 신라 헌강왕조에 간관을 지낸 백중학(白仲學)이다.[3] 중시조 백창직(昌稷)은 중랑장을 지냈고 상장군에 추증되었다. 묘는 경북 예천에 있고 남포 옥산사에 배향되었다. 슬하에 두 아들 백길(吉)과 백탁(卓)을 두었는데 남포백씨는 백탁의 후손들이다.

남포백씨의 현조(顯祖)인 8세 백이정(白頤正, 1247-1323, 호 이재(彛齋), 시호 문헌(文憲))은 과거에 급제하여 여러 벼슬을 거친 후 참의평리 등을 지냈고[4] 상당군(上黨君)에 봉해졌다. 백문보(白文寶, 1303-1374)가 1373년에 찬한 〈행장〉[5]이 전한다. 묘는 남포 동막동[6]에 있고 슬하에 군수를 지낸 백세렴과 이달존에게 시집간 딸이 있다. 백이정 사후 묘를 동막동에 썼으나 그 직계 후손은 벼슬에 종사하면서 개경과 그 인근에 세거하였고 조선 후기에 다시 남포현에 입향한 것으로 추정된다.

---

3 남포백씨의 세계를 알 수 있는 것은 『남포백씨족보: 미산공파보』(2003)와 후손 백동혁(白東赫)이 영중추부사 조인영(趙寅永, 1782-1850)의 서문을 받아 1838년에 편찬한 『이재선생실기(彛齋先生實記)』 3권이다. 1권은 백이정의 유고와 연거시(燕居詩)에 대한 차운이 실려있고, 2권은 백문보가 지은 <행장>과 백동혁이 지은 <가장>을 비롯하여 신도비, 묘갈 및 신원서원 봉안에 관련된 글과 문인록 등이 실려있다. 3권은 부록으로 세승, 유고, 옥산사 봉안 축문, 성신계첩 등이 실려 있다. 백씨는 본관이 다른 토성 54개 중 29개 분파가 백씨로 통합되어 『백씨대동보』에 합보되어 있다. 하지만 남포백씨는 대동보에 통합되지 않고 남포를 본관으로 하는 백씨 중의 하나이다.

4 백이정 이후 남포백씨가 방목에 기록되는 것은 조선 후기인 1651년에 전주 거주의 백신민이다. 남포현 거주 남포백씨의 첫 방목은 1784년 백동주의 무과입격이다. 이에 관해서는 앞의 '토성' 참조.

5 백문보, 『담암일집(淡庵逸集)』 권2.

6 <백이정행장>에는 남포 東樂洞으로 되어있다. 위의 백문보, 『담암일집(淡庵逸集)』.

남포백씨의 가계를 보면 백이정의 손자인 백함정까지 기록이 소략하다. 그러다가 현손인 14세 백정수(精粹, 1490-1452)와 그의 아들 백경(慶, 1449-1515) 대에 서천군 시포면 풍정리에 세거하기 시작하여 20세까지 서천일대에서 세거한 것으로 기록되고 있다. 조선 후기 21세 백노훈(老勳) 대에 남포현 심전면 쌍계리로 이거하고 있다. 또한 백함정의 동생인 백함명은 황해도 서원 일대에서 세거하다가 백함명의 손자로 전라도관찰사를 지낸 백유공(惟恭, 1408-1461)[7]의 묘는 전라도 고산(高山)에 위치하는데 증손인 13세 백진(珍, 1437-1498)대에 이르러 남포현 웅천으로 이거하고 16세 백세영(1548-1609) 대에 다시 남포현 신안면으로 이거하고 있다. 이처럼 백이정계의 남포현 세거는 13세 백진의 묘가 남포현인 것으로 보아 15세기 중엽 이후로 보이나 재지에서의 활동은 알 수 없다. 남포백씨 세계는 다음과 같다.

[표3] 남포백씨 세계도

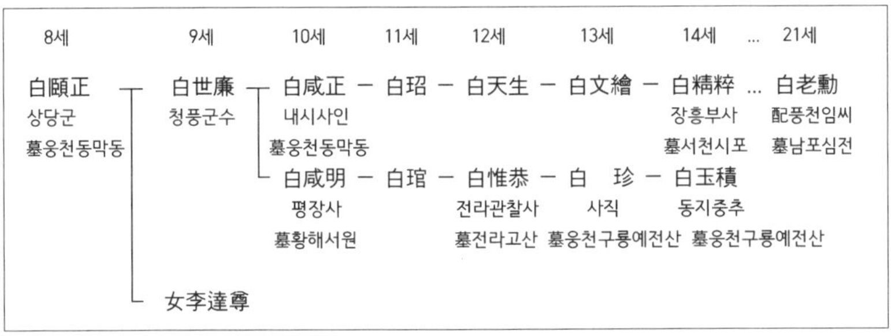

7 『보령시지』 <성씨입향고>에 따르면 백유공은 금성대군과 함께 단종 복위운동에 가담하였고, 백유공의 후손이 6개파(판서공파(웅천 구룡리 장좌울), 첨추공파(웅천 구룡리 마차울), 참봉공파(남포 월전리 월곡), 부사공파(남포 양기리 양촌), 충정공파(남포 양기리 기동), 현회공파(미산 삼계리 동산절))로 남포현에 집성촌을 이루며 번성해왔다고 한다. 앞의 『보령시지』(2010),

(2) 풍천임씨(豐川任氏)

남포현 풍천임씨 입향조는 고려 말에 정승을 지낸 임향(任珦)이다. 그는 신돈(辛旽, ?-1371)의 실정에 직간하다가 홍주 고구도에 유배되었다가 남포현 죽도로 이배되었다.[8] 이후 유배가 풀리자 주산 동오리에 정착하여 풍천임씨 남포현 입향조가 되었다. 아들 임안길은 진사를 중손 임영지(永智)는 동지중추부사를 지냈다. 풍천임씨의 남포현 세거를 알 수 있는 것은 그의 7세손 임백기(任百期)가 1562년에 지은 고조 임명신(任命新)의 묘표이다.[9] 풍천임씨의 묘산과 세거지는 고읍면(웅천)과 주산 일원이다.

남포현의 또 다른 풍천임씨는 성종조에 예빈시주부를 지낸 임준(任俊)이다. 그는 연산조에 벼슬을 버리고 남포현 심전면 봉성리에 우거하였다.[10]

남포현의 풍천임씨는 모두가 민부전서를 지낸 임자순(任子順)의 후손으로 경주김씨, 경주이씨와 더불어 조선시기 남포현에서 족세가 가장 번성한 성씨 중의 하나이다. 풍천임씨 세계는 다음과 같다.

---

8 『풍천임씨세보』(1797년 정사보 영인본), 1991.

9 임명신 묘비는 남포현에서 가장 오래된 묘비로 주산면 황률리에 있다. 황률리는 조선시대 남포현 불은면(佛恩面)으로 이곳은 고려시대 읍치였던 고읍면(古邑面)과 이인도찰방에 딸린 남전역(藍田驛)과 경계하고 있다.

10 <임준 묘비문>, 1904. 『보령의 금석문』. 임준의 묘소는 보령시 미산면 봉성리 중조에 있다.

[표4] 풍천임씨 세계도

시조	7세	8세	9세	10세	11세	12세
任溫 .... 은자광록대부	任子順 민부전서	任珣 장령 남포현입향조	任安吉 진사	任 俊 동지	任永智 통정대부	任命新
		任瑨 원융대부좌사윤	任山寶 한성부윤	任中善 이조판서	任孝信 병조참의	任治 별좌
					任貴孫 수의교의	任俊 예빈시주부 남포현입향조

(3) 경주김씨(慶州金氏)

경주김씨 남포현 입향조는 양주목사를 지낸 김대(玳)[11]의 손자로 사헌부감찰을 지낸 김한(金漢, ?-1456)이다. 그는 세종조에 문과에 급제하여 단종조에 사간에 제수되었으나 계유정란(1453)이 일어나자 벼슬을 버리고 남포로 은거하였다.[12] 아들 김자돈(子惇)은 군자감주부를 지냈고 10세손 김석래(碩來, 1667-?)는 사마시(1705)에 입격하여 생원을 지냈고, 김대기(大器, 1676-?), 김일기(一器, 1686-?)는 무과(1707, 1725)에 급제하여 통덕랑을 지냈다. 김한의 입향 이후 남포현의 경주김씨는 크게 번창하여 남포현의 저성(著姓)이 되었다. 입향조 김한 이하 묘산과 주세거지는 웅천 구룡리 일원이다. 경주김씨 세계는 다음과 같다.

11 『경주김씨세보』(1874)에 김한의 조부 김대(玳)는 하음최씨(崔汲)와의 사이에서 병조정랑 金自溫(1401문과)(3녀(柳承順, 金淑貞, 尹士昕))과 봉례 金自恭 형제를 두고 있다. 『경주김씨세보』(1874).

12 『경주김씨태사공파대동보』, 학문사, 1997. 김효기는 김한이 남포현으로 은거한 계기가 경순왕 사당인 김부대왕사가 옥마산에 있었던 사실과 성주사를 창건한 무염국사가 경순왕의 선계라는 사실로 추정하고 있다. 경주김씨의 남포현 입향에 관해서는 김효기(「경주김씨 양주목사공파 남포 입향고」, 『보령문화』 11집, 2002) 참조.

[표5] 경주김씨 세계도

중시조1세	…	8세	9세	10세	11세	12세
金仁琯	…	金玭 양주목사 문과1401, 병조정랑	金自溫	女尹士昕		
			金自恭 봉례	金漢 사헌부감찰 남포현입향조	金子惇	金允輔
						金允衡

(4) 통천김씨(通川金氏)

통천김씨 남포현 입향조는 세종조에 문과에 급제하여 남포현감을 지낸 김훈(金勛)이다.[13] 그는 단종이 폐위되자 벼슬을 버리고 남포현으로 은거한 불사이군의 선비이다.[14] 통천김씨는 고려 말 판도판서를 지낸 김원등(金遠登)이 강원도 통천에 토착한 이후 사족으로 성장한 가문이다. 김훈의 입향 이후 그 후손들이 남포와 비인지역에 세거해오고 있다. 통천김씨 세계는 다음과 같다.

[표6] 통천김씨 세계도

중시조	…	3세	4세	5세	6세	7세
金遠登 판도판서	…	金浩 141문과	金仲福	金勛 남포현감 남포현입향조	金仁範	金鍊精 남학훈도

13 『통천김씨족보』, 1861.

14 앞의 『보령군지』, 『보령시지』, 인물조. 14세손 김윤환(1874-1936)이 1904년에 지은 입향조 김훈 묘비에는 김훈이 남포현감 임기만료 후 사직하고 남포현에 은거한 것으로 기록하고 있다.

(5) 의성김씨(義城金氏)

의성김씨 남포현 입향조는 마도천호(馬島千戶)를 지낸 김담(澹)의 4자 김원(源)이다.[15] 6세손 김기수(麒壽, 1550-?))와 김덕택(德澤)이 1594년 무과에 급제하였다. 의성김씨의 남포현 입향시기는 김담의 형인 김섭(涉)이 1396년에 문과에 입격하고 있어 그의 조카인 김원의 남포현 입향을 15세기 중반 이후로 추정해볼 수 있다. 의성김씨의 입향사유 또한 알 수 없으나 부친 김담이 마도영군(馬島營軍) 천호(千戶)였고 그 후손들이 무과에 급제하고 있는 것으로 보아 무관직으로 입향한 것으로 보인다. 9세손 김명귀(命龜, 1601-?)는 사마시(1666)에 합격하여 생원을 지냈다. 의성김씨의 묘산과 세거지는 웅천 구룡리 양청동에 위치한다. 의성김씨 세계는 다음과 같다.

[표7] 의성김씨 세계도

시조		9세		10세		11세		12세		13세		14세
金錫 의성군	....	金居翼 좌사윤	–	金澹 마도영군천호	–	金源 남포현입향조	–	金和	–	金廷	–	金禹臣 配慶州金商女

(6) 순천김씨(順天金氏)

순천김씨의 남포현 입향조는 세종조에 좌의정을 지내고 평양부원군에 봉군된 김승주(金承霔, 1353-1424)의 증손 김자태(自兌, 1467-1525)이다. 그는 연산현감 등을 지내다가 연산조의 혼미한 정국을 피해

15 『의성김씨세보』, 1802. 족보에는 김원의 남포현 시거(始居藍浦) 사실이 기록되어 있고 김담이 김거익(居翼)의 3자이다. 김거익의 1자 김섭(涉)은 1396년 문과에 급제하여 대사성 등을 지냈다. 그의 방목 안항에는 두 동생이 河, 洲이다.

1497년 남포로 은거하였다.[16] 증손 김순장(順璋)과 김덕수(德秀)는 무과(1594)[17]에 급제하여 봉사를 지냈다. 조부 김유검(有儉)의 묘[18]와 신도비를 비롯하여 후손들의 묘산과 세거지가 웅천 두룡리에 있다. 김자태의 묘비명은 1959년에 백관형(白觀亨)이 지었다.[19] 순천김씨 세계는 다음과 같다.

[표8] 순천김씨 세계도

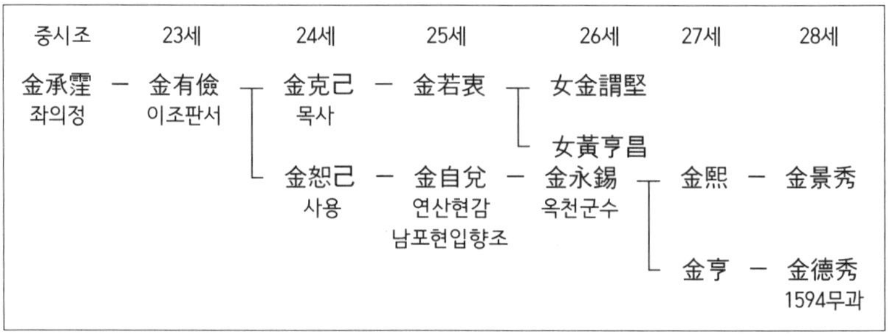

16 『순천김씨세보』, 1857. 족보에는 이때 옥천현감으로 있던 아들 김영석(永錫, 1488-1545)도 함께 낙향했다고 한다. 김자태의 부친 김서기(恕己) 또한 계유정란 당시 영남으로 낙향한 것으로 기록하고 있는데 이것은 아마도 계유정란 당시 피살된 인척인 절재 김종서(金宗瑞) 사건과 무관해 보이지 않지만 자세한 사항은 알 수 없다. 위의 『순천김씨세보』

17 방목에는 이들의 본관이 '승평'(昇平)이다. 『세종실록』「지리지』 순천부 성씨조에 순천부는 승주, 평양으로도 불리며 '張, 朴, 金, 康(全,辛,黃,任,呂), 망성(陶), 내접성(林), 속성(李) 鄕吏(車)'로 기록하고 있어 김씨가 순천부의 토성임을 알 수 있다.

18 원래 김유검의 묘는 경북 예천 용궁에 있었다. 그의 묘가 용궁에 위치한 것은 그가 안동권씨 권건(健)의 사위로 이곳으로 입향하였기 때문이다. 장남 김극기와 손자 김극충의 묘산 또한 이곳에 있는데 김약충이 딸 둘을 두어 절손되는 바람에 차자인 김서기 후손들이 김유검의 묘를 이곳으로 이장한 것으로 보인다.

19 묘비명은 김자태의 15세손 김일정(一貞)이 김자태의 7세손 김성시(成始)가 지은 <가장>을 근거하여 백관형을 찾아가 김자태의 묘비명을 부탁하여 짓고 있다. 김일정은 이해에 김서기, 김영석의 묘비명을 짓고 있어 김일정에 의해 현조의 추숭사업이 대대적으로 이루어졌음을 알 수 있다.

(7) 우봉이씨(牛峯李氏)

우봉이씨 남포현 입향조는 이승춘(李承春)이다. 그는 갑자사화(1504)를 피해 남포현 늑전리에 은거하였다.[20] 이승춘은 황해도관찰사를 지낸 이길배(李吉培(? ~1440)의 손자로 사촌 이승건(李承健, 1452-1502)이 부제학으로 재임 시 궁금비사(宮禁秘事)를 논하였다 하여 갑자사화 때 부관참시 당하고 가산이 적몰되었다.[21] 아마 이 영향으로 이승춘이 남포현으로 은거한 것으로 보이지만 조선전기 우봉이씨의 재지에서의 활동은 자료가 전하는 것이 없다. 이승춘의 5세손 이범룡(範龍)과 이종(琮)이 무과(1594)에 급제하였다. 우봉이씨 세계는 다음과 같다.

[표9] 우봉이씨 세계도[22]

중시조8세	9세	10세	11세	12세	13세	14세
李吉培 —	李埏 —	李承春 —	李仁茂 —	李從善 ┬	李世增 —	李範麟
황해도관찰사		평안병사 남포현입향조				
				├	李世均 —	李範龍
				└	李世墩 —	李琮

(8) 경주이씨(慶州李氏)

경주이씨 남포현 입향조는 이제현의 8세손으로 생원을 지낸 이전(李筌, 1500-1563)이다. 그는 기묘사화(1519)를 피해 남포현 내동(內洞)으로 은

---

20 위의 『보령군지』, 인물조.

21 『연산군일기』 54권 연산 10년 6월 1일 경신조.

22 족보에는 이승춘의 4세손 이세돈의 아들 이응삼(李應參)이 무과에 급제하여 임란원종공신록에 올라있다고 기록하고 있다. 배위는 경주이씨 입향조 이전의 손자 이린(璘)의 딸이다. 무과방목에는 이세돈의 아들이 이종이다. 『우봉이씨세보』(1927) 참조.

거하였다.[23] 이전의 증조 이숙지가 석성현감을 지냈고 이숙지 이하 3대의 묘가 부여 내산 마전곡에 위치하여 3대가 이곳에 세거한 것으로 보인다.[24] 그런데 왜 이전(李筌)이 마전곡을 떠나 남포현으로 이거했는지는 알 수 없다. 다만 족보에 이전(李筌)의 부인이 풍천임씨의 이칭(異稱)인 서하(西河: 풍천의 다른 지명)임씨여서 남포의 사족인 풍천임씨와의 혼연으로 처변으로 입향한 것으로 보이지만 자세한 사항 또한 알 수 없다. 8세손 이홍재(弘栽, 1670-?)가 사마시(1699)에 입격하여 진사를 지냈다. 미산면 용수리에 익재 이제현의 사당인 용암영당(龍巖影堂)(1740)이 있다. 경주이씨는 풍천임씨, 경주김씨와 더불어 남포현에서 가장 번성한 성씨 중의 하나이다. 경주이씨 세계는 다음과 같다.

[표10] 경주이씨 세계도

중시조17세	---	21세		22세		23세		24세		25세
李齊賢	---	李俶祉 석성현감	–	李孫壽 이인도찰방	–	李龜齡	–	李 筌 配서하임씨 남포현입향조	┬	李堯年
									└	李舜年

(9) 보성오씨(寶城吳氏)

보성오씨 남포현 입향조는 통덕랑을 지낸 오영필(吳永弼)이다.[25] 증조

23 『경주이씨마곡공파보』, 2006.

24 이전의 8세손 이홍재(李弘栽, 1670-?,)가 지은 '홍산마전곡선묘개봉기(鴻山麻田谷先墓改封記)'에 따르면 마전곡의 선대 묘소 3기는 실전되었다가 남포이씨의 선산이라는 제보로 1740년에 찾게 되었다고 한다. 위의 족보 참조.

25 『보성오씨남포파세보』, 1989, 정예문화인쇄사. 위 파보에는 오영필의 부친 오치인(吳致仁)이 남포현에 우거하였고 아들 오영필이 시거(始居)한 것으로 기록하고 있다. 『보령시지』 <성씨입향고>에는 오영필의 증조 오희가 보령현 청라동으로 입향하였으나 권세가의 극성

오희가 보령현으로 입향한 후 오영필 대에 남포현 고읍면으로 이거하였다.[26] 보성오씨의 정확한 남포현 입향시기는 알 수 없으나 오영필의 입향 이후 재지사족과의 혼연 등을 고려해볼 때 16세기 중반에 입향한 것으로 보인다.[27] 증손 오언방(彦邦)은 선략장군을 지냈고 5세손 오형(詗)은 황산찰방을 지냈다. 보성오씨 세계는 다음과 같다.

[표11] 보성오씨 세계도

1세		13세		14세		15세		16세		17세		18세
吳賢弼	...	吳子慶 1414-1478 묘소천안	–	吳延札	–	吳希	–	吳孟池	–	吳致仁	–	吳永弼 配경주김씨 남포현입향조

(10) 고성이씨(固城李氏)

고성이씨 남포현 입향조는 홍주목사를 지낸 이응(應)이다. 조부 이칙(則, 1438-1496, 1462문과)은 충청도관찰사 등을 지냈고 선계의 묘산은 경기도 김포에 위치한다. 부친 이줄(茁) 이하 묘산과 세거지가 남포현 주산 화평리다. 이응은 홍주목사직을 마치고 15세기 말에 남포현으로 입향한 것으로 보인다.[28] 조선시기 남포현 최초의 사마시(1588) 입격자

을 피해 3대가 청라동에서 음직으로 살다가 오영필 대에 남포현으로 이거한 것으로 기록하고 있으나 이러한 주장은 당시의 사회구조상 설득력이 떨어진다. 오치인의 2자 중 1자인 오영필만이 남포현으로 이거하고 2자인 오영보와 그 후손들이 청라동에 세거하고 있기 때문이다. 오치인의 배위가 김씨이고 아들인 입향조 오영필의 배위가 경주김씨인 것으로 보아 당시의 관습상 경주김씨와의 혼연을 통하여 처변으로 입향한 것으로 보이지만 자세한 것은 알 수 없다.

26 앞의 제1부 보령현의 '보성오씨' 참조.

27 예컨대 오언방의 배위가 경주이씨 입향조 이전의 딸이고 순천김씨 입향조 김자태의 손서가 오인(吳認)이다.

28 이응이 홍주목사로 재직하면서 광산김씨와 혼연을 맺었고 이런 연유로 목사직에서 물러나

이관(灌, 1561-?)이 이응의 현손이다. 이관의 매제가 광주안씨 안대진(大進)이다.[29] 고성이씨 세계는 다음과 같다.

[표12] 고성이씨 세계도

시조	13세	14세	15세	16세	17세	18세	19세
李璜 … 밀직부사	李則 관찰사	李茁 목사	李應 配水原崔閏明女 남포현입향조	李保 配金克愼女	李諿	李灌 진사	李克門
						女安大進	
				李偉	李訥	女安廣	
						女朴煌 밀양박씨입향조	

(11) 광주안씨(廣州安氏)

광주안씨 남포현 입향조는 사마시(1510)에 입격하여 진사를 지낸 안자문(安子文, 1482-1548)이다. 그는 조광조의 문인으로 기묘사화(1519)를 피해 남포현 소황리로 은거하였다.[30] 그의 부친 안윤손(安潤孫, 1450-1520, 1476년 문과)은 형조참판 등을 지냈고 현손 안대진(安大進, 1561-1604)

보령현과 이웃한 남포현으로 입향한 것으로 보인다. 아들 이보(保)의 배위가 광산김씨 김극신(克愼)의 딸이다. 고성이씨와 광산김씨의 혼연은 이어져 이응의 증손 이형(泂)의 사위가 김정태(廷泰)이고 7세손 이운(贇)의 배위가 김낙선(樂善)의 딸이다.

29 이어지는 '광주안씨세계도' 참조.

30 입향조 안자문의 외조가 선공감판사 김원석으로 순천김씨 남포현 입향조 김자태의 당숙이라는 점이 안자문의 남포현 입향에서 참고가 된다. 안윤손의 부인과 김자태는 재종간으로 안윤손이 그의 매부이다.

金承霔	金有溫	金元石	金若勻	
			女安潤孫	安子文 광주안씨 남포현입향조
	金有儉	金恕己	金自兌 순천김씨 남포현입향조	金永錫

은 문과(1586)에 급제하여 예빈시정 등을 역임하였다. 광주안씨 세계는 다음과 같다.

[표13] 광주안씨 세계도

중시조19		21세	22세	23세	24세	25세	26세
安省 참찬	...	安克卞 –	安潤孫 – 형조참판	安子文 – 配坡平尹伯燉女 남포현입향조	安士擢 –	安公弼 –	安大進 예빈시정

(12) 파평윤씨(坡平尹氏)

파평윤씨 남포현 입향조는 윤황(尹璜)이다. 그는 을사사화(1545)를 피해 남포현 주산면 송림으로 은거하였다.[31] 윤황은 후사가 없어 형의 아들 윤필은(尹弼殷)을 양자로 삼았으나 후손이 없어 친척인 윤성(言+省)을 양자로 하여 아들 윤사주(師周)를 낳았고 그 후손들이 오늘의 송림 파평윤씨 3파를 이루고 있다.[32]파평윤씨 세계는 다음과 같다.

[표14] 파평윤씨 세계도

시조		22세	23세	24세	25세	26세	27세
尹莘達	....	尹健 –	尹起祥	尹球 –	尹就殷		
				尹瑛	尹鳴殷		
					尹弼殷(출계)		
				尹璜 – 상의원직장 남포현입향조	尹弼殷 – 군수	尹言+省 –	尹師周

---

31 앞의 『보령군지』, 인물조.

32 『만가보』에는 윤황이 윤기상의 2남이고 윤영이 3남이다. 『만가보』 참조.

(13) 장흥임씨(長興任氏)

장흥임씨 남포현 입향조는 경주부윤 등을 지낸 임종선(從善, 1419문과)의 증손 임백(伯, 1518-?)이다. 그는 간관으로 재직 중 남포로 유배를 왔다가 심전면 내동(內洞)에 정주하였다.[33] 18세기 후반에 임주원(柱元, 1726-?)이 사마시(1759)에 입격하여 진사를 지냈다. 장흥임씨 세계는 다음과 같다.

[표15] 장흥임씨 세계도

시조	…	7세		8세		9세		10세		11세		12세
任懿 전첨우승	…	任獻 配廉悌臣女	–	任從善 경주부윤 묘소양주	–	任會	–	任淑堅	–	任伯 병조참지 配全義李泰氷女 남포현입향조	–	任應亨

이상의 조선전기 남포현의 사족형성과 사족의 입향 시기 등을 정리하면 다음과 같다.

[표16] 조선전기 남포현의 사족 성관표

순서	시기	성관	입향조	세거지,묘	입향 사유	전거
1	신라후기	남포	백중학	구룡리	토성	신증동국여지승람
2	고려 말	풍천	임향	고읍	유배	족보
3	1453	경주	김한	구룡리	은거 (계유정란)	
4	1453	통천	김훈	두룡리	은거	

33 『장흥임씨문충공파세보』, 현문, 2005,

5	15세기	의성	김원	구룡리	알수없음	
6	1504	순천	김자태	두룡리	갑자사화	
7	1504	우봉	이승춘	늑전리	은거 (갑자사화)	
8	1519	경주	이전	내동	은거 (기묘사화)	
9	16세기 전반	보성	오영필	고읍	알수없음	
10	16세기 후반	고성	이응	화평리	관직	방목, 족보
11	1519	광주	안자문	소황리	은거 (기묘사화)	족보
12	1545	파평	윤황	송림	은거	
13	16세기 후반	장흥	임백	내동	(을사사화) 유배	

이상에서 알 수 있듯이, 조선전기에 남포현에 입향한 성씨는 남포백씨를 제외하고 대부분이 정치적 혼란기에 정변이나 사화를 피해 은거한 사족들이다. 남포현에 가장 먼저 입향한 사족인 풍천임씨와 16세기 후반에 입향한 장흥임씨는 유배와 관계되고 고성이씨, 의성김씨, 보성오씨, 고성이씨의 입향사유는 알 수 없다. 경주김씨와 통천김씨는 계유정란(1453), 순천김씨는 무오사화(1497), 우봉이씨는 갑자사화(1504), 경주이씨와 광주안씨는 기묘사화(1519), 파평윤씨는 을사사화(1545)를 피해 각각 남포현으로 입향하고 있으나 이들 사족의 입향연유는 이들 가계의 족보를 통해서만 알 수 있고 역사적으로 아직 밝혀지지 않고 있다.[34]

34 조선전기 전남지방의 유력 성씨의 입향시조 대부분이 조선개국이나 세조의 왕위찬탈에 반대하는 절의의 인물로 묘사하거나 기묘사화 등에 연계시켜 일반화하고 있다는 점은 조선전기 남포현 사족의 입향 사유의 이해에서 참고가 된다. 이해준, 『조선후기 문중서원 연구』,

2) 남포현 사족의 세거지와 유적

남포현 사족의 세거지는 족보에서 살필 수 있는데 토성인 남포백씨는 묘산과 세거지가 고읍인 웅천과 그 외곽지역이고 풍천임씨는 웅천과 주산지역이다. 나머지 입향사족의 세거지는 산간이나 해안가의 피난처다. 남포백씨, 경주김씨, 의성김씨, 순천김씨는 웅천지역에 경주이씨와 우봉이씨는 내륙인 미산지역에 광주안씨는 해안가인 웅천 소황리에 고성이씨와 파평윤씨는 주산 화평리와 송림 일대이다.

조선전기 남포현 사족의 유적은 전하는 것이 많지 않다. 14세기 후반에 조성된 백이정의 묘가 동막동에 있으나 묘비와 신도비, 사당인 옥산사는 조선후기에 건립되었다. 1562년에 임백기가 세운 풍천임씨 임명신 묘비는 남포현의 가장 오래된 묘비다. 경주김씨의 시조인 경순왕을 모신 김부대왕사(金傅大王祠)가 옥마산에 있으나 건립 시기나 배경은 알 수 없다.[35] 기타 누정 등 다른 유적은 전하는 것이 없다. 조선전기 남포현 사족의 세거지와 유적을 지도로 표시하면 다음과 같다.

국민대박사학위논문, 1993, 18쪽.

35 『신증동국여지승람』(1530), 20권 남포현 사묘조. 경순왕의 영사(靈祠)인 김부대왕사에 관한 최초의 기록은 <숭엄산성주사적(崇嚴山聖住寺事蹟)>이다. 이후 『신증동국여지승람』 사묘조에 옥마산정에 김부대왕사가 있다고 기록하고 있다. <여지도서> 단묘조에는 '지금은 없다'라고 기록하고 있어 18세기 중반 폐사되어있음이 확인된다. 참고로 경순왕은 그의 사후 여러 전설이 생겨났으며 신령으로 모셔져 경상도 경주, 포항, 영풍, 월성, 강원도 원주와 충청도 보령, 제천, 청풍, 경기도 안산, 서울 시흥 등지에서 한국무(韓國巫)의 신령이 되었다. 김부대왕사는 보령 옥마산 외에도 청풍의 덕주사(德柱寺) 뒤편에도 있었다. 이처럼 옥마산의 김부대왕사 또한 민간신앙 차원의 사당으로 건립되었다가 폐사된 것으로 보인다. 현재의 경순왕 사우는 남포현 세거 경주김씨들에 의해 1980년대 <경순왕영모전>으로 중수되었고 2016년 보령시향토유적 제5호로 지정되었다. 『한국민족문화백과대사전』, 웅진출판사, 1991.

〈지도1〉 조선전기 남포현 사족의 세거지와 유적

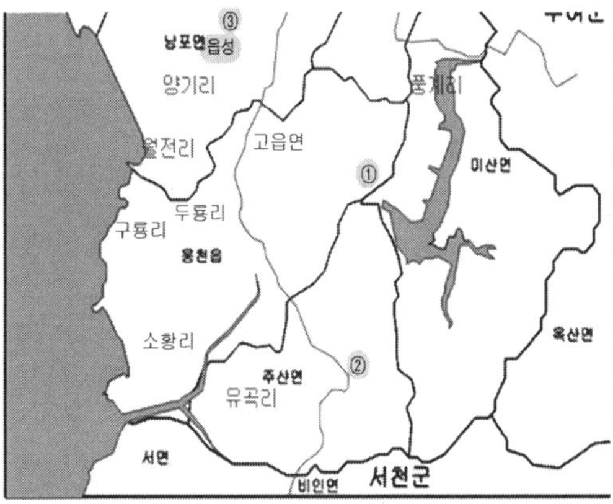

1. 세거지 및 묘산
 1) 고읍면(당원, 성동)
  ①풍천임씨 ②보성오씨
 2) 구룡리
  ①남포백씨 ②의성김씨
  ③경주김씨
 3) 두룡리
  ①통천김씨 ②순천김씨
 4)미산
  ①경주이씨 ②우봉이씨
  ③장흥임씨
 3)소황리
  ①광주안씨
 5)주산
  ①고성이씨 ②파평윤씨
2. 유적(진한색)
 ① 백이정 묘소
 ② 임명신 묘비
 ③ 김부대왕사

지금까지 조선전기 남포현의 사족형성과 전개과정을 사마방목, 지리지, 족보 등을 중심으로 살펴보았다. 그 결과 남포현은 토성인 남포백씨 곁에서 내성(來姓)이 중심이 되어 신흥사족을 형성하였다. 신라후기 남포백씨를 시작으로 16세기 전반 파평윤씨에 이르기까지 12개 사족이 남포현에 입향하였다.

남포현 사족의 성관자료 분석을 통하여 첫째, 방목의 3개 성관(사마1(고성이), 무과2(의성김, 순천김)[36], 둘째, 『세종실록』「지리지」 성씨조의 1개 성관(남포현 1), 셋째, 족보와 『보령군지』의 8개 성관이 조선전기에

36 임란 이후 17세기 전반기까지 무과방목에서 거주지가 남포인 해안백, 약목김, 진잠김, 청산김, 안성이, 곤양전, 우봉이, 경주이, 낙안오씨가 확인되어 이들 성씨의 남포현 세거를 알 수 있다(부록 '남포현 무과방목' 참조). 하지만 방목 이후 이들 성씨의 세계를 알 수 없고 재지활동 또한 확인되지 않아 본 논의에서 제외하였다. 향후 이들 성씨에 관한 자료가 확보되면 수정 보완할 것이다.

남포현에 세거한 사족임을 알 수 있다.

이들 성관의 입향시기는 신라 말에 남포백씨, 고려 말에 풍천임, 15세기 이후 경주김씨 등 12개 성관이 입향하였다. 이들 성관의 입향연유는 남포백씨를 제외한 10개 성관이 정변(풍천임씨)이나 유배(장흥임씨)나 사화를 피한 은거(순천김씨, 우봉이씨, 경주이씨)와 우거(寓居)에 의한 입향으로 조선전기 입향 시조를 세조의 왕위찬탈, 기묘사화 등 사화로 연계시키는 경향과 일치하였다(의성김, 보성오씨, 고성이씨는 알 수 없음).

이들 성관의 세거지는 자료가 영세하여 입향사족의 구체적인 세거지역이나 재지에서의 활동은 잘 알 수 없었으나 입향시조 현양의 일반적인 시대적 경향을 잘 보여주었다.

제3장

조선후기 남포현 사족의 동향

조선후기 남포현의 재지사족의 동향을 파악해볼 수 있는 유향소, 향교, 서원 등과 관련된 자료가 영세하다. 현전하는 자료로는 19세기 말 이후 작성된 남포향교 선생안이 유일하다.

따라서 이같은 자료의 한계가 있지만 앞 장과 마찬가지로 관찬자료인 『방목』에 이어 지방의 1차 자료인 향교의 『청금록(靑衿錄)』[1], 『보령군지』(1991), 『보령시지』 (2010)[2], 족보, 금석문[3] 등을 중심으로 사족의

1 남포현에 유일하게 전하는 자료로는 남포향교에서 1908년에 작성된 『청금록』이다. 이 『청금록』은 비록 20세기 초에 작성된 선생안이지만 이 자료를 통하여 조선후기 남포현의 사족의 형태를 유추해볼 수 있다.

2 『보령군지』, 『보령시지』는 최근의 자료이지만 자료의 한계가 있고 또한 위의 자료에서 살필 수 없는 조선후기 남포현 사족의 입향 사실이나 존재를 확인할 수 있기 때문에 필요한 경우 참조하였다.

3 족보나 금석문은 성관과 사족의 가계를 참조할 수 있고 조선후기 사족의 향촌활동을 살필 수 있는 자료이다.

동향을 파악하였다. 이어지는 본론에서 위의 자료를 통하여 살펴본 남포현의 사족의 성관표[4]를 중심으로 조선후기 남포현 사족의 동향을 살펴보고자 한다.

본 장에서 살펴볼 연구시기를 보령현과 마찬가지로 조선후기인 임진왜란 이후부터 18세기 말까지로 한정하였다. 이처럼 연구시기를 한정한 이유는 임란 이후 시작된 사회적 변화가 19세기 이후 신분변동에 큰 영향을 미치고 사족의 재지활동 또한 크게 위축되기 때문이다.

1. 조선후기 남포현의 성관

남포현의 조선후기 사족의 존재를 살필 수 있는 현전하는 자료는 아주 영세하다. 남포현의 『사마방목』에서만 성관의 존재가 확인되고 그 외의 자료는 전하는 것이 없다.[5] 그러나 『청금록』은 비록 1908년에 작성되었지만 이를 토대로 그 이전이 소급 가능하다고 본다. 『사마방목』, 『청금록』 등에 수록된 자료를 통하여 사족의 존재를 정리하면 다음과 같다.

---

4 본고의 전개과정에서 자료의 한계로 누락된 성관도 있을 것으로 본다. 이들 누락된 성관에 관해서는 차후 자료가 보완되는 대로 계속하여 수정 보완해 나갈 것임을 밝혀둔다.

5 18세기 이후 무과방목에서 강릉김, 고령신, 수원백, 광산김, 광주이, 남양홍씨의 거주지가 남포여서 이들 성씨의 남포현 세거를 살필 수 있다. 하지만 이들 성씨의 남포현 입향과정과 재지활동은 알 수 없다. 더욱이 향교의 청금록에서도 이들 성씨가 확인되지 않아 이들 성씨는 본 논의에서 제외하였다. 이들 성씨는 차후 자료가 확보 되는대로 수정보완 할 것이다.

[표1] 남포현 조선시기 사족 성관표

<table>
<tr><th>시기</th><th>자료</th><th>사족의 성관</th><th>계</th><th>총계</th></tr>
<tr><td>조선전기 입향 성관</td><td>사마 족보 등</td><td>남포백, 풍천임, 경주김, 통천김, 의성김, 순천김, 우봉이, 경주이, 보성오, 고성이, 광주안, 파평윤, 장흥임</td><td>13</td><td rowspan="3">37</td></tr>
<tr><td rowspan="2">조선후기 입향 성관</td><td>사마 방목</td><td>성주이, 강릉최, 장수황, 전의이, 전주이, 광주김, 여양진, 한산이, 청송심, 안동권, 무주김, 성주도, 장흥임, 양주조, 청해이</td><td>15</td></tr>
<tr><td>청금록</td><td>무송윤, 김해김, 순천김, 청주한, 경주최, 연주현, 파평윤, 함평이, 의령남</td><td>9</td></tr>
</table>

[표2] 조선후기 「방목」, 「청금록」에 등재된 남포현 성관 동향표

	남포백	풍천임	경주김	통천김	파평윤	경주이	우봉이	광주안	고성이	성주이	강릉최	의성김	장수황	전의이	전주이	광주김	여양진	한산이	청송심	안동권
조선전기	0	0	0	0	0	0	0	0	0											
조선후기	0	0	0	0	0	0	0	0		0	0	0	0	0	0	0	0	0	0	0
	무주김	성주도	장흥임	양주조	청해이	보성오	무송윤	김해김	순천김	청주한	경주최	온양정	연주현	의령남	함평이					
조선전기																				
조선후기	0	0	0	0	0	0	0	0	0	0	0	0	0	0	0					

위 [표1,2]에서 남포현의 사족은 조선전기에 남포백씨 등 13개 성관,

조선후기에 성주이씨 등 24개 성관임을 알 수 있다. 이는 조선전기에 비해 새로운 사족의 존재가 2배 증가하였음을 보여준다. 따라서 조선전기에 입향한 성관들이 조선후기에 어떻게 전개되었는지 또한 조선후기에 새로운 성관의 입향연유가 무엇인지를 고찰하여 조선후기 남포현 사족의 동향을 알아보아야 한다.

1)『사마방목』의 성관

『사마방목』의 거주지가 남포현인 사족 성관의 사마 입격자를 정리하면 다음과 같다.

[표3] 조선후기 남포현 사마시 입격자 성관별표

성관	17c전	17c후	18c전	18c후	계
성주이	1				1
강릉최	1	2	1		4
광주안	1				1
의성김		1			1
장수황		2			2
전의이		1			1
전주이		1	2	1	4
경주이		1			1
광주김		1			1
여양진			1		1
한산이			1		1
청송심			1		1
안동권			1		1
무주김			2		2
성주도			1		1

장흥임				1	1
양주조				1	1
청해이				2	2
18개	3	9	10	5	27

위 [표3]에서 조선후기 남포현 거주 『사마방목』 입격자 성관은 총 18개이다. 조선전기 『사마방목』에서는 고성이씨 1명 이외에는 남포현 거주 사마시 입격자가 보이지 않다가 이처럼 조선후기에 많이 보이는 것은 임진왜란 이후 많은 사족들이 남포현으로 입향하였음을 보여준다. 하지만 특이한 점은 17세기 전반까지도 남포백씨나 고려 말에서 조선전기에 입향한 재지사족들의 사마시 입격은 확인되지 않는다. 조선후기 재지사족의 사마시 입격은 17세기 후반의 의성김씨(김명귀, 사마1666), 경주이씨(이홍재, 사마1699), 경주김씨(김석래, 1705사마)가 유일하다.[6] 남포백씨, 풍천임씨, 통천김씨의 방목 입격자는 조선말기에 보인다. 반면에 신사족은 많은 사마시 입격자를 배출하였다. 이를 시기별로 살펴보면 17세기 전반에 3개 성관(성주이, 강릉최, 광주안), 17세기 후반에 5개 성관(장수황, 전의이, 전주이, 광주김), 18세기 전반에 6개 성관(여양진, 한산이, 청송심, 안동권, 무주김, 성주도), 18세기 후반에 3개 성관(장흥임, 양주조, 청해이)이다.[7]

6 남포백씨의 경우 1651년 백신민의 무과 입격이 확인되지만 거주지가 남포가 아닌 전주이다. 따라서 백신민 가계는 본관지인 남포를 떠나 전주로 이거했음을 알 수 있다.

7 참고로 19세기 이후 남포현 거주 성관의 사마시 입격자는 19세기 전반 3개 성관(진주강1, 밀양박1, 안동김1), 19세기 후반 8개 성관(남양홍1, 남포백1, 보성오1, 연안김1, 기계유1, 풍천임1, 통천김1, 의령남1)이다.

2) 남포향교『청금록』의 사족

남포향교에는 1908년에 작성된 선생안인『청금록』이 전하여 온다. 이 자료는 조선시기 마지막에 해당하는 자료이긴 하지만 조선후기 사족의 성관을 유추해볼 수 있어 참고가 된다. 남포향교 선생안은 직능의 표기가 향교의 우두머리인 '전교'와 그 밑에 장의가 아닌 '직원'으로 그 직을 구분하고 성관을 표시하고 있다.[8] 남포향교 선생안에 수록된 성관을 정리하면 다음과 같다.

[표4] 남포향교 「청금록」(1908)의 사족

순서	구분	성관	전교	직원	계
1	조선전기 성관 (재지사족9)	남포백	2	2	4
2		풍천임	3	4	7
3		통천김	1	0	1
4		순천김	1	0	1
5		경주김	3	7	10
6		경주이	2	2	4
7		보성오	3	1	4
8		파평윤	0	2	2
9		장흥임	0	1	1

8 보령향교에는 1910년에 '직원(진주 유기익 외 26명)'이 '제2 장의' 아래로 처음 등재되고, 1955년부터 '전교'와 '장의'로 통합되어 현재에 이르고 있어 참고가 된다. 앞의『보령향교지』참조.

10	조선후기 성관 (신사족13)	성주이	1	2	3
11		무송윤	2	1	3
12		광산김	1	1	2
13		김해김	1	0	1
14		청주한	1	0	1
15		경주최	1	0	1
16		온양정	1	0	1
17		연주현	1	0	1
18		장수황	0	1	1
19		강릉최	0	3	3
20		전주이	0	2	2
21		의령남	0	1	1
22		함평이	0	1	1
		22개 성관	24	30	54

위 [표4]에서 알 수 있듯이, 남포향교 『청금록』에 수록된 전교는 24명으로 이중 조선전기 성관(재지사족)이 15명(풍천임3, 경주김3, 남포백2, 순천김1, 경주이2, 보성오3, 통천김1)이고, 조선후기 성관(신사족)이 8명(광산김, 김해김, 청주한, 경주최, 온양정, 연주현씨 등 각 1명)으로 재지사족과 신사족으로 양분되지만 재임회수로 보면 재지사족의 비중이 배에 가깝다. 직원은 30명 중 조선전기 성관이 19명(경주김7, 풍천임4, 남포백2, 경주이2, 보성오1, 파평윤2, 장흥임1), 조선후기 성관이 12명(성주이2, 강릉최3, 전주이2, 나머지 성관이 각 1명)으로 재지사족의 수가 훨씬 많다. 선생안에 수록된 성관 중 『사마방목』에 보이지 않는 성관은 김해김씨 등 8개 성관(경주김, 순천김, 청주안, 경주최, 온양정, 연주현, 파평윤, 함평이)이다. 따라서 남포향교 『청금록』이 비록 근대의 자료일지라도 조선후기 남포현에 세거한 사족의 성관이라고 유추해볼 수 있다. 하지만 선생안에 수록된 전교와 직원의 수치는

조선전기 성관이 조선후기 성관에 비해 월등이 많다. 특히 조선후기 남포현의 유력 성관인 장수황, 강릉최, 전주이씨 등은 전교가 한 명도 없고 광주안씨, 청해이씨는 확인되지 않는다. 이로 미루어 남포현 향교가 재지사족 중심으로 운영된 것으로 파악된다.

이상의 조선후기 남포현 사족의 성관의 존재를 『사마방목』, 『청금록』을 중심으로 정리해보면, 첫째, 『사마방목』, 『청금록』에 수록된 성관들은 조선시기 남포현의 사족으로 조선후기 이후에도 계속하여 새로운 성관이 많이 유입되고 있는 것이 특징이다(『사마방목』: 진주강, 안동김(19세기 전반), 남양홍, 연안김, 기계유, 의령남씨(19세기 후반), 『청금록』: 김해김, 순천김, 청주한, 경주최, 온양정, 연주현, 파평윤, 함평이).

둘째, 조선후기 남포현 향촌사회의 추이를 살필 수 있다. 조선후기 남포현 향촌사회는 재지사족과 신사족으로 크게 양립되었다. 재지사족은 남포백, 풍천임, 경주김, 경주이씨 등을 주축으로 하여 향교를 중심으로 향촌활동을 하였고([표6] 남포향교 『청금록』의 전교와 직원 수 참조), 신사족은 강릉최, 장수황, 전주이씨 등이 주도한 것으로 파악되었다([표3] 조선후기 남포현 사마시 입격자 참조). 왜냐하면 재지사족의 성관들이 조선말기에 가서야 사마시 입격자를 배출하지만(경주이씨 제외, 경주김씨의 입격자는 보이지 않음) 이들 성관들이 남포현 향교 『청금록』의 주류를 이루고 있다는 점과 조선후기 남포현 사마시 입격자 대부분이 신사족이지만 향교 운영에는 크게 참여하지 못하고 있기 때문이다.

마지막으로 『사마방목』의 성관 중 『청금록』에 보이지 않는 고성이씨 등의 성관은 입향연유나 조선후기 이후 활동과 세거사실은 알 수 없어 이들 성관이 타지역으로 이주한 성관으로 보여진다. 향교의 임원 명단을 볼 때 신구사족이 서로 양립되지만 직능을 볼 때 재지사족이 향교의 주축이었던 것으로 보인다.

2. 조선후기 남포현의 주요 입향사족

남포현에 조선후기 입향한 새로운 사족은 26개 성관(『사마방목』16, 『청금록』10)으로 파악되었다. 17세기 이후 남포현에 입향한 주요 사족을 살펴보면 다음과 같다.

1) 성주이씨(星州李氏)

성주이씨 남포현 입향조는 판서를 지낸 이숭문(崇文)의 9세손 이환(瓛)이다. 그는 임란 직전에 남포현 옥동리 동주포(東周浦)로 입향하였다.[9] 그의 종조가 도은 이숭인(李崇仁, 1347-1392)으로 입향조 이환의 9세조 이숭문의 형이다.[10] 이환의 손자 이형원(馨元, 1574-?, 1612사마)이 효자

9 이환의 입향 사유는 알 수 없다. 족보에는 참봉 이환이 승지에 증직된 것으로 『성주이씨세진록』에는 그의 남포현 입향이 벼슬과 연관이 있는 것으로 기록하고 있다. 『성주이씨세보』(1896) 및 『성주이씨세진록』(1995) 참조.

10 계유정란으로 희생된 절재 박팽년의 둘째 며느리가 이숭문의 손자 이철주의 딸로 박팽년과는 사돈간이다. 계유정란 당시 박팽년과 두 아들(憲, 珣(詢:방목(1456사마))은 죽임을 당하였고 박순의 부인은 경상감영의 관노비가 되었다. 이때 박순의 부인이 임신중이었고 출산하여 낳은 아들을 마침 출산한 여노비의 아들과 바꾸어 살아남았는데 그가 박일산(一珊:婢)이다. 그의 이름 '일산'은 박순 부인의 형부인 이극균이 마침 경상감사로 부임하여 그의 권유로 조성에 자수하여 사실을 알게 된 성종이 기뻐하며 이름을 지어준 것으로 전한다(이긍익, 『국역연려실기술』 1집, 한국고전번역원, 1977, 444-445쪽). 이런 연유로 남포현의 성주이씨들이 고려 말의 명유인 종조 도은 이숭인의 사당을 지어 현양하게 된 것이다.

정려를 받았고 종제인 이선원(李善元, 1582-1669)도 사마시(1616)에 합격하여 사헌부 지평에 증직된 효자이다. 1655년 정려가 내려져 그의 효자문이 남포 소송리에 있다. 성주이씨 세계는 다음과 같다.

[표5] 성주이씨 세계도

중시조12세	16세	17세	18세	24세	25세	26세
李長庚 .. 호장	李崇仁 대제학	李次若	李仙根			
	李崇文 판서	李次弓	李鐵柱 ...	李瓛 配水原白玉岡女 남포현입향조	李汝玉	李馨元 생원
					李汝珠	李善元 생원

2) 밀양박씨(密陽朴氏)

밀양박씨는 조선 후기 남포현에 두 계파가 입향하였다. 하나는 대제학 등을 지낸 낙촌(駱村) 박충원(忠元, 1507-1581, 1531문과)의 증손 박승안(承顔, 1572-1653)이다. 부친 박안명(安命)은 선교랑을 지냈고 조부 박계현(啓賢, 1524-1580)은 문과(1552)에 급제하여 홍문관제학 등을 지냈다. 그

朴彭年 ┬ 朴憲
├ 朴珣 ― 朴一珊 ― 朴連孫
│ 配李鐵柱女 (婢)
├ 女金自武 ― 金涉
└ 女李公麟 ― 李龞

李鐵柱 ┬ 李元幹
├ 李宗幹 ― 李思九 ― 李萬珍 ― 李興孫 ― 李性君 ― 李瓛 남포현입향조
├ 女李克均
└ 女朴珣

의 입향은 처변으로 이루어졌는데 그의 배위가 고성이씨 충의위 이눌(訥)의 딸이다.[11] 김장생, 조익, 정홍명, 김영후가 그의 문인이다. 6세 박노환(魯煥)은 신안사 중건 유사로 참여했고 8세 박태진(泰鎭)이 사마시(1819)에 입격하여 진사를 지냈다. 박승안의 묘산과 후손들의 세거지는 주산면 회룡리 일원이다.

다른 하나는 박충원의 현손 박세주(朴世胄, 1641-1725)이다. 그의 남포현 입향은 형인 박동주(朴東胄)가 청양현감을 지낸 것이 인연이 되어 형을 따라 낙향하면서 이루어졌다.[12]. 부친 박승건(朴承健, 1609-1667)은 문과에 급제하여 상주목사 등을 지냈다. 박세주는 벼슬에 나가지 않고 후진을 양성하고 교화에 힘썼다. 부친 박승건과 그의 효자정려가 도화담에 있다.[13] 박승안과 박세주의 부친 박승건은 재종지간이다. 밀양박씨 세계는 다음과 같다.

[표6] 밀양박씨 세계도

중시조	11세	12세	13세	14세	15세
朴鉉 …	朴忠元 대제학	朴啓賢	朴安命 선교랑	朴承顔 配固城李訥女 남포현주산입향조	朴自成
		朴好賢 생원	朴安行 봉례	朴承健 목사	朴東胄 현감
					朴之胄
					朴世胄 남포현도화담입향조

11 『고성이씨족보』(1938)에는 이눌이 2녀를 두고 있는데 작은사위가 밀양박씨 박황(煌)이다. 앞의 '고성이씨 세계도' 참조.『고성이씨족보』(1938) 및 『밀양박씨 낙촌공파보』(1897).

12 『보령시지』 <성씨입향고>.

13 박승건의 묘는 원래 양주에 있었으나 후손들이 옥마산으로 천장하였다. 묘비명은 우암 송시열이 지었고 1886년 건립했다.

3) 장수황씨(長水黃氏)

장수황씨 남포현 입향조는 조선전기 영의정을 지낸 황희(黃喜, 1363-1452)의 7세손 황정직(黃廷直, 1581-1657)이다. 6세조 황치신(致身, 1397-1484)은 세조조의 원종공신으로 판충추원사 등을 지냈고 고조 황사경은 평창현령을 지냈다. 그의 남포현 입향은 좌승지에 증직된 부친 황즙(黃葺, 1560-1613)이 서천의 비인현 저동으로 임진왜란을 피해 처향으로 낙향한데서 비롯되었다. 비인현 저동은 황즙의 처가인 풍천임씨 임서신(瑞臣)의 세거지이다. 황정직은 부친 사후 묘소를 남포현 증산록(현재의 웅천 대창리)에 정하고 황교리 광암에 정착하여 남포현 입향조가 되었다.[14] 이후 장수황씨는 남포현의 광주안씨, 강릉최씨, 전주이씨, 전의이씨 등과의 혼연을 통하여 조선후기 남포현의 유력사족이 되었다. 황정직의 아들 황대명은 음사로 평시서 봉사를 황석명은 갑산부사 등을 지냈고, 손자 황유손(有孫, 1625-?)은 무과(1660)에 급제하여 선전관을 지냈다, 증손 황익증(益曾)과 황만증(晚曾)은 사마시(1679, 1681)에 각각 입격하여 생원을 지냈다. 장수황씨 세계는 다음과 같다.

---

14 따라서 장수황씨의 남포현 입향은 졸후택지(卒後擇地)의 복장(卜藏)이 계기가 되었다고 볼 수 있다. 황의천은 황정직의 남포현 입향이 조선전기 광주안씨 남포현 입향조 안자문과의 인척관계로 이루어졌고 입향 시기를 1616-1622년 사이로 추정하면서 황즙의 묘소를 남포현에 정하게 된 배경을 다음과 같이 설명하고 있다. 그에 따르면 황즙의 묘소를 원래 선영이 있는 경기도 고양의 장지로 정하고 발인하려 했으나 날짜가 오래되고 더욱이 황즙 사망 후 2개월 후 황정직의 부인 나주박씨까지 사망하여 두 사람을 고양 선영에 동시에 모시기 어려워 고심 끝에 남포 벽동(현재의 웅천 대창리)에 안장했다고 한다. 족보(전계묘보(1723)에서 병오보(1906)까지)에는 황정직이 광해군 치세 시에 세상을 피해 남포 광암으로 이거한 것으로 황정직 묘비(1953)에는 임란을 피해 남포현 광암으로 이거한 것으로 각각 기록하고 있다. 황의천,「장수황씨 보령입향고」,『보령문화』16집, 2007, 120쪽. 및 위의『장수황씨족보』참조.

[표7] 장수황씨 세계도

중시조	4세	5세	6세	7세	8세	9세	10세	11세
黃石富 ...	黃喜 −	黃致身 −	黃事敬 −	黃應 −	黃允宕 −	黃楫 −	黃廷直 ┬	黃大鳴
	영의정		평창현령 配安克辨女	군수			配羅州朴氏 남포현입향조	
							└	黃碩鳴

4) 무송윤씨(茂松尹氏)

무송윤씨 남포현 입향조는 부사과(副司果)를 지낸 윤순(尹洵, 1554-1611)으로[15] 임진왜란을 피해 남포현 소황리에 입향하였다.[16] 부친은 별좌 윤언청(彦淸)이고 세조 때의 좌리공신으로 무송부원군에 봉군된 윤자운(尹子雲)이 그의 6세조이다. 윤회와 윤자운을 제향한 문헌사(文憲祠)(1723)가 보령시 향토유적 제2호로 지정되었다. 무송윤씨 세계는 다음과 같다.

---

15 『보령시지』 인물조에는 윤순이 종계변무의 공훈으로 광국원종공신에 녹훈되고 좌승지에 증직되었다고 기록하고 있다. 허목이 지은 <무성부원군 윤공 신도비명>의 윤형(尹泂, 1549-1614)과 행적이 동일하다. 허목『기언별집』제17권, 한국문집총간 참조.

16 황의천,「조선시대 보령지역 거주 사마시 급제자와 양반사회」,『보령문화』, 181쪽. 고성이씨 남포현 입향조 이응의 처의 외조가 덕수이씨 진사 이의석(宜碩)이고 이의석의 외조가 윤회이다. 윤회의 8세손 윤순이 남포현으로 피란 온 배경의 이해에서 이들 성씨의 혼연이 참고가 된다.

尹淮 ┬	尹景淵 −	尹子雲 −	尹澣 −	尹化溟 −	尹深 −	尹彦淸
└	女李抽 −	李宜碩 −	女崔潤命 −	女李應 −	李保 −	李諿
				고성이씨 남포현입향조		

[표8] 무송윤씨 세계도

시조	9세	10세	11세	12세	13세	14세	15세
尹良庇 호장	…. 尹子雲 영의정	— 尹瀚 상호군	— 尹化溟 현감	— 尹深 증좌찬성	— 尹彦清 별좌	┬ 尹泂 의금부사	
						├ 尹洵 무송윤씨남포현입향조	— 尹仁滭
						└ 女崔光弼 강릉최씨남포현입향조	

5) 강릉최씨(江陵崔氏)

강릉최씨 남포현 입향조는 강원도도사 등을 지낸 최광필(崔光弼, 1553-1608, 1588문과)이다. 그의 남포현 입향은 처변으로 이루어졌는데 별좌를 지낸 무송윤씨 윤언청(尹彦清)이 그의 장인이다. 무송윤씨 남포현 입향조 윤순과 처남매제간이다. 최광필의 두 아들 최업(業, 1585-?)과 최집(集, 1589-?)이 각각 사마시(1618, 1630)에 입격하여 진사를 지냈다. 장남 최율(崔律)의 아들 최수원(崔壽遠)은 먼저 남포현에 입향한 장수황씨 황일증(黃一曾)과 이덕온의 증손 이장익을 각각 사위로 맞이하였다. 강릉최씨 세계는 다음과 같다.

[표9] 강릉최씨 세계도

시조	13세	14세	15세	16세	17세	18세
崔必達	… 崔士淳	— 崔福慶 진사	— 崔蕨 감찰	— 崔光弼 강원도도사 配茂松尹彦清女 남포현입향조	— 崔律	— 崔壽遠

6) 전주이씨(全州李氏)

전주이씨는 두 계파가 남포현에 입향하였다. 하나는 임영대군 이구(李璆)의 현손으로 문과에 급제하여 우부승지 등을 지낸 이덕온(李德溫, 1562-1635)이다. 그는 광해군조에 어지러운 정치를 피해 남포현 증산리로 낙향해 학문연구에 전심하였고 『구촌집(龜村集)』이 전한다. 충청수영 영보정에 걸린 '보정효등왕각계해현판(永保亭效滕王閣癸亥懸板)'이 있다. 전주이씨는 남포현에서 조선후기 강릉최씨, 양주조씨와 더불어 가장 많은 사마시 입격자(6명)를 배출하였다.[17] 이덕온 가계의 전주이씨 세계는 다음과 같다.

[표10] 전주이씨 이덕온 가계 세계도

중시조		2세		3세		4세		5세		6세		5세
李璆 임영대군	–	李濯 윤산군	–	李枝 익주령	–	李雷 호남령	–	李德溫 승지 남포현입향조	┬	李愼徽 부사		
									└	李愼徵 부호군	–	李世龜 부호군

다른 하나는 18세기 말에 남포현 주산 창암으로 입향한 영해군 이당(李瑭)의 15세손 이교빈(李校彬, 1820-1886)이다.[18] 그의 입향은 이조판서를 지낸 증조 이병정(秉鼎, 1742-1804)이 충청도관찰사 등을 지낸 고조

17 부록 '남포현 사마시 급제자' 참조.

18 이교빈의 입향시기로 볼 때 이 책의 범위에서 벗어나지만 그의 고조 이창수의 묘산으로 입향하였기에 이 책에서 다루었다.

이창수(昌壽, 1710-1777, 1740문과)의 묘소를 주산 창암리에 마련한 데서 비롯되었다. 이병정이 아무런 연고가 없는 남포현에 부친 이창수의 묘소를 마련한 것은 외조 조태일(泰一)이 양주조씨 남포현 입향조 조규빈의 당숙이었기 때문이었던 것으로 보인다.[19] 조규빈과 이창수의 부친 이민제는 처남 매부간이다.[20] 전주이씨 이교빈 가계의 세계는 다음과 같다.

[표11] 전주이씨 이교빈 가계 세계도

중시조	10세	11세	12세	13세	14세	15세
李塘 …	李彦維	李敏躋	李昌壽	李秉鼎	李祖默	李校彬
영해군	목사	목사	관찰사	이조판서		配眞寶李淳道女
		配楊州趙泰一女				남포현입향조
	女閔宗魯					

7) 인천채씨(仁川蔡氏)

인천채씨 남포현 입향조는 만호를 지낸 채극효(蔡克孝)의 증손 채지한(蔡之漢)이다.[21] 그는 경주김씨 김세현(金世賢)의 사위가 되어 처변으로 남포현 구룡리에 입향하였다. 채지한의 손자 채광익(光益, 1700-?)은 무

---

19 『전주이씨영해군파보』(1996) 및 이어지는 '양주조씨 세계도' 참조. 참고로 이곳에 이창수 묘소뿐만 아니라 증조 이언유, 조부 이민제의 묘소가 위치하고 이언유의 묘비명은 이창수가 이민제의 묘비명은 이병정이 음기를 짓고 있다.

20 연안김씨 보령현 입향조 김재상과 이창수는 외재종간이다. 앞의 제1부 3장 주)52 '전주이씨 세계도' 참조.

21 채지한의 고조 채희조 이하 선대의 묘산과 세거지는 보령현이다. 보령현에 이들의 묘산과 세거지가 위치하는 것은 채희조의 아들 채극철이 광산김씨의 사위로 입향하였기 때문이다. 채지한의 남포현 입향 이후 묘산과 세거지는 남포현이다. 앞의 보령현 인천채씨 참조.

과(1740)에 급제하여 만호를 지냈다. 인천채씨 세계는 다음과 같다.

[표12] 인천채씨 세계도

시조		16세		17세		18세		19세		20세		21세
蔡先茂	…	蔡希祖	–	蔡克孝	–	蔡九江	–	蔡變甲	–	蔡之漢	–	蔡時瑞
		참봉		만호						配慶州金世賢女 인천채씨남포현입향조		

8) 전의이씨(全義李氏)

전의이씨 남포현 입향조는 산음현감 등을 지낸 이광조(李光肇, 1662-1729, 1689사마)이다. 부친 이세선(李世選, 1628-1698)은 무과에 급제하여 병조참판 등을 지냈다. 이세선의 장인이 장수황씨 남포현 입향조 황정직의 아들 황대명이다.[22] 조부 이지형(李枝馨, 1608-1699, 1644무과)은 남포현감(1645.6.~1648.7.)을 지냈다. 이처럼 전의이씨는 이광조의 조부 대부터 남포현과 인연을 갖고 있으며 그의 남포현 입향은 외변으로 이루어졌다. 그 후손들이 남포 봉덕리 일대에 세거해오고 있다. 전의이씨 세계는 다음과 같다.

22 전의이씨 남포현 입향에 관해서는 황의천(2008)을 참조. 황의천, 「전의이씨 남포현 입향고」, 『보령문화』 17집, 2008, 보령문화연구회.

[표13] 전의이씨 세계도

시조		18세		19세		20세		21세		22세		23세
李棹 태사	....	李俊民 좌참찬	–	李從訓 군수	–	李眞卿 병마절도사	–	李枝馨 남포현감	–	李世選 삼도통제사 配黃大鳴女	┬	李昌肇
											└	李光肇 남포현입향조

9) 청송심씨(青松沈氏)

청송심씨 남포현 입향조는 생원을 지낸 심득삼(得三, 1677-?, 1711사마)이다. 그의 남포현 입향은 외변으로 이루어졌는데 외조가 장수황씨 남포현 입향조 황정직의 손자인 황유중(黃有中)이다. 지제교를 지낸 심벌(沈橃, 1645-1711)이 그의 부친이다. 심벌은 사마(1675)와 문과(1675)에 급제하여 충청도관찰사 등을 지냈다. 청송심씨 세계는 다음과 같다.

[표14] 청송심씨 세계도

시조		11세		12세		13세		14세		15세		16세
沈弘孚 위위시승	....	沈友勝 호조참찬	–	沈諮 이조판서	–	沈光泗 종친부전부	–	沈橃 지제교 配黃有中女 남 포현입향조	–	沈得三 생원	–	沈埅

10) 청해이씨(青海李氏)[23]

청해이씨 남포현 입향조는 이유민(李裕民, 1658-1729)이다. 그는 문과

23 청해이씨 세계는 앞의 제1부 3장 '청해이씨' 참조.

에 급제하여(1696) 홍주목사 등을 지냈고 시호는 정민(貞敏)이다. 부친은 첨지중추부사를 지낸 이핵(李翮)이고 모친은 천휴당 이몽규의 손자인 이승효(李承孝)의 딸이고 부인이 남포현 강릉최씨 최행원(崔行遠)의 딸이다. 그의 남포현 입향은 그가 최행원의 사위가 되어 처향으로 이루어졌고 묘산 또한 강릉최씨 묘산과 이웃하고 있다. 증손 이홍규(鴻逵, 1732-?)와 이성규(星逵, 1740-?)가 사마시(1744, 1780)에 입격하여 진사와 생원을 각각 지냈다. 청해이씨 세계는 다음과 같다.

[표15] 청해이씨 세계도

시조		6세		7세		8세		9세		5세		7세
李之蘭 청해백	....	李麟奇 중추부사	―	李明老	―	李文柱 사복첨정	―	李 翮 중추부사 配李承孝女 보령현입향조	┬	李臣民		
									└	李裕民 配崔行遠女 남포현입향조	―	李根

11) 의령남씨(宜寧南氏)

의령남씨는 두 계파가 비슷한 시기에 남포현 관당리로 입향하였다. 하나는 아산에 세거하던 예빈시직장을 지낸 남국삼(國三)의 아들 남세관(世寬)이다.[24]

---

24 관당리 소재 <의령남씨세천비(宜寧南氏世阡碑)>에는 남세관이 부친 사후 모친 경주이씨를 따라 동생(星斗)과 함께 입향하여 이곳에 남세관 이하 묘산과 세거지가 있게 되었다고 기록하고 있다. 족보에는 남세관의 부친과 고조의 묘소는 아산에 조부와 증조부의 묘소는 서산에 위치하지만 족보의 내용이 영세하여 입향시기나 사유는 알 수 없다. 다만 모친이 경주이

다른 하나는 당진 세거의 통덕랑 남익휘(益輝, 1677-1724)이다. 그는 조부 남옥(南沃, 1619-?, 1651무과)[25]이 남포현감(1668.8-1662.6.)으로 재직 시에 마련한 복장지[26]에 입향하였다. 고조가 안변부사 등을 역임한 충장공(忠壯公) 남이흥(以興, 1576-1627, 1602무과)이고 부친이 충청수사를 지낸 남륜(崙)이다. 남포현 의령남씨 두 계파는 모두가 병조의랑을 지낸 남경문(景文)의 후손들이다.

[표16] 의령남씨 세계도

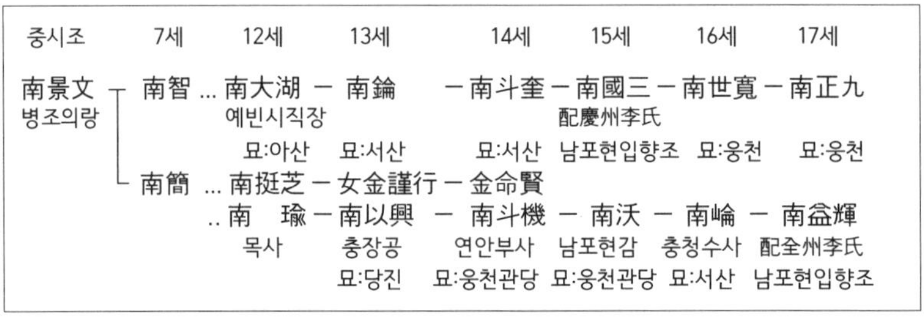

12) 양주조씨(楊州趙氏)

양조조씨 남포현 입향조는 조규빈(趙奎彬, 1691-1757)[27]이다. 보령현 양

씨이고 묘소가 웅천(伍峴)이라는 점과 종 당숙인 남옥이 당시 남포현감이었다는 점을 고려할 때 외변이나 친척의 인연으로 입향한 것으로 보이지만 자세한 사항 또한 알 수 없다. <의령남씨세천비> 및 『의령남씨족보』(2006) 참조.

25 연기군수를 지낸 보령현의 김근행(謹行, 1582-1650)이 남이흥의 삼종처남이다. 남옥이 김근행의 처 의령남씨 상사 시에 지은 만사가 전한다. 위의 세계도 및 광산김씨 『가승』 참조.

26 남옥은 남포현 관당리에 부친의 묘소를 마련하고 자신도 이곳에 묻혔다. 손자 남익휘도 입향하여 이곳에 묻혔으나 증손(正寅) 대에 다시 당진으로 이거하였고 25세 남갑우(甲祐) 대에 다시 묘산이 있는 관당리로 재입향하였다. 남두기, 남옥, 남익휘의 묘는 선산이 있는 당진 대호지면으로 2016년 이장하였다.

27 조규빈의 4촌 매제가 목사를 지낸 전주이씨 이민제이다(위 양주조씨 세계도 참조). 이민제

주조씨 입향조 조존성의 현손으로 사마시에 합격하여(1710) 부평부사 등을 지냈다. 노론 4대신 중의 한 사람인 계부 조태채(趙泰采, 1660-1722)가 화를 입자 한산에 은거했다가 영조가 등극하여 4대신의 관작이 회복됨에 따라 장악원주부 등을 지내다가 물러나 남포 미산 삼계리로 은거하여 양주조씨 입향조가 되었다. 양주조씨 세계는 다음과 같다.

[표17] 양주조씨 세계도

시조	10세	11세	12세	13세	14세	15세	16세
趙通	趙擎 配李夢奎女	趙存性 보령현입향조	趙宗遠				
			趙啓遠	趙晋錫			
				趙禧錫	趙泰采 좌의정	趙觀彬 대제학	趙榮順 호조참판
					趙泰彙 괴산군수	趙奎彬 영천군수 남포현입향조	趙榮進 부평부사
				趙嘉錫 호조참의	趙泰一 응교	女李敏躋 목사	李昌壽 판서
					趙泰萬 시직		

13) 무주김씨(茂朱金氏)

홍주세거 무주김씨의 남포현 입향은 김석래(錫來, 1689-?)가 전주이씨 통덕랑 이시창(時昌)의 사위가 되어 처변으로 이루어졌다. 그는 사마시(1723)에 입격하여 진사를 지냈다. 동생 김양래(陽來, 1695-?)도 사마시

의 손자 이병정(李秉鼎, 1742-1804, 1766문과)이 부친 이창수(1710-1777, 1740문과)의 묘소를 주산 창암리에 마련하였고, 현손 이교빈(李校彬, 1820-1886)이 주산면 창암리 입향하고 있다. 이창수의 후손들이 남포현에 세거하게 된 것은 모친이 양주조씨 조태일의 딸로 조규빈의 입향과 관련이 있어 보인다.

(1723)에 입격하여 생원을 지냈다. 무주김씨 세계는 다음과 같다.

[표18] 무주김씨 세계도

시조		7세	8세	9세	10세	11세	12세	13세
金晟	…	金起宗	金彦瑜	金惠	金弘望	金琥	金錫來 배전주이씨 남포현입향조	金溥
							金陽來 1723생원	女權裕

14) 함안조씨(咸安趙氏)

함안조씨 남포현 입향조는 공조좌랑 등을 지낸 조익(釴, 1584-1635, 1616사마)의 현손 조영부(榮富, 1676-1728)이다.[28] 그의 입향 시기 및 사유는 알 수 없다. 조부 조원순이 덕산현감을 지냈고 그의 후손들의 묘산과 세거지 덕산, 예산, 대흥 등이어서 조부의 관직과 연관이 있어 보인다. 함안조씨의 묘산과 세거지는 웅천 구룡리에 위치한다. 함안조씨 세계는 다음과 같다.

[표19] 함안조씨 세계도

시조		12세		17세	18세	19세	20세	21세	22세
趙鼎 대장군	…	趙旅 생육신	…	趙毅道	趙釴 공조좌랑	趙淳源 덕산현감	趙樸 통덕랑	趙榮富 配全州李寬浩女 남포현입향조	趙重奉

28 『함안조씨참판공파보』, 2007.

15) 김해김씨(金海金氏)

남포현 김해김씨는 전라도관찰사 등을 역임한 안경공(安敬公) 김영정(永貞, 1437-1509, 1475문과) 후예인 두 계파가 입향하였다. 하나는 웅천 동막리로 입향한 김영정의 8세손 김우진(宇鎭, 1704-?)이다.[29] 그의 고조가 김해김씨 보령현 입향조 김희이(希伊)이다.[30]

다른 하나는 남포면 삼현리로 입향한 김영정의 12세손 김명조(明祚)이다.[31] 아들 김보현(輔鉉, 1742-1804)은 오위장을 지냈고 18세기 중반 웅천 관당리로 이거하여 관당리 입향조가 되었다.

남포현 김해김씨는 족세가 크게 번성한 성씨로 조선후기 남포향교 전교(1명)를 배출하였다(앞의 [표6] 남포향교 '청금록' 참조). 김해김씨의 묘산과 주세거지는 남포와 웅천 일원이다.[32] 남포현 김해김씨 두 계파의 정확한 입향 시기나 배경은 알 수 없다. 다만 김우진의 배위가 경주이씨로 처변으로 입향한 것으로 보인다. 김해김씨 세계는 다음과 같다.

29 앞의 『김해김씨안경공파세보』, 2000.

30 제1부 제3장 보령현 '김해김씨 세계도' 참조.

31 <오위장 김보현 묘비문>(1993)

32 1991년 현재 김해김씨 호구수는 총 843호이다(남포252, 웅천241, 주산52, 미산107, 성주191). 앞의 『보령군지』 참조.

[표20] 김해김씨 세계도

중시조1세	8세	9세	10세	11세	12세	13세	14세
金牧敬 금령군	... 金世準	– 金舜壽 동부승지	– 金希伊 配密陽朴氏 보령현입향조	– 金盡亮	– 金啓承	┬ 金洪三	– 金宇東
						└ 金洪茂	– 金宇鎭 配慶州李氏 남포현입향조

16) 인동장씨(仁同張氏)

남포현 인동장씨 입향조는 형조판서를 지낸 장붕익(鵬翼, 1646-1735)의 손자 장지덕(志德, 1761-1816)이다. 그는 경주이씨 이호영(李好榮)의 사위가 되어 처변으로 입향하였다.[33] 보령현 입향조 장징소(徵紹)가 그의 부친이다. 인동장씨의 세계는 다음과 같다.

[표21] 인동장씨 세계도

중시조8세	14세	15세	16세	17세	18세	19세
張金用	--- 張次周 配金長生女	– 張世明	┬ 張始顯 配金壽民女			
			└ 張夏顯 配李端陽女	– 張鵬翼 형조판서	– 張徵紹 配達城徐氏 보령현입향조	┬ 張志元
						└ 張志德 配李好榮女 남포현입향조

33 『인동장씨대동보』, 1998. 제1부 3장 보령현의 '인동장씨' 참조.

17) 기타 성씨

『사마방목』의 거주지가 남포인 광주김씨 등 4개 성관(여양진, 한산이, 안동권, 성주도)과 『청금록』의 6개 성관(청주한, 경주최, 온양정, 연주현, 의령남, 함평이)은 자료가 영세하여 입향연유를 알 수 없다.[34]

이상의 조선후기 남포현 주요사족의 입향관계를 정리하면 다음과 같다.

[표22] 조선후기 남포현 입향 주요 사족 성관표

	성관	입향조	배위	입향사유	입향시기	세거지역
1	성주이	이 환	수원백	알수없음	16말c말	남포 소송리
2	밀양박	박승안	고성이	처변	17c초	주산 회룡리
		박세주	한산이	은거	17말	미산 도화담
3	장수황	황정직	나주박	복장	17c초	웅천 광암리
4	무송윤	윤 순	성주이	피란	17c초	웅천 소황리
5	강릉최	최광필	무송윤	처변	17c초	웅천 소황리
6	전주이	이덕온	순천박	은거	17c초	주산 증산리
		이교빈	진보이	복장	19c초	주산 창암리
7	인천채	채지한	경주김	처변	17c말	웅천 구룡리
8	전의이	이광조	한양조	외변	17c말	남포 봉덕리
9	청송심	심득삼	장수황	외변	17c말	웅천 광암리
10	청해이	이유민	강릉최	처변	17c말	웅천 소황리
11	의령남	남세관	전주이	알수없음	17c말	웅천 오현리
		남익휘	전주이	복장	18c초	남포 관당리
12	양주조	조규빈	여흥민	은거	18c초	미산 삼계리
13	무주김	김석래	전주이	처변	18c초	주산 증산리
14	함안조	조영부	전주이	알수없음	18c초	웅천 구룡리

34 이들 성관에 관해서는 계속하여 연구를 진행할 것임을 밝혀둔다.

15	김해김	김우진	경주이	알수없음	18c초	웅천 동막리
		김명조	평산신	알수없음	18c초	남포 삼현리
		김보현	청송심	알수없음	18c후	웅천 관당리
16	인동장	장지덕	경주이	처변	18c말	남포 옥동리

위 [표22]에서 알 수 있듯이, 조선후기 남포현 사족의 입향연유는 조선전기와 확연히 구분되고 보령현과는 큰 차이를 보인다. 무엇보다도 조선후기 남포현으로 입향하는 사족의 수가 보령현에 비해 크게 적다는 점이다. 아울러 조선전기의 남포현 사족의 형성은 주로 피화나 우거에 의한 입향으로 이루어졌으나 조선후기에는 피란(무송윤), 복장(장수황, 전주 이교빈계, 의령 남익휘계), 은거(전주이, 밀양박, 양주조), 처변(밀양박, 강릉최, 인천채, 청해이, 무주김, 김해김, 인동장), 외변(전의이, 청송심) 등 다양한 형식으로 이루어지고 입향사유 파악이 가능하다는 점이다(성주이, 함안조, 김해김씨 예외). 마지막으로 조선후기에 입향한 사족은 보령현과는 달리 임진왜란 이후 입향한 사족과의 혼연을 통해 처변이나 외변으로 입향이 이어지고 있음을 살필 수 있다(강릉최, 전의이씨, 청송심씨, 무주김씨 등).[35]

3. 남포현의 사족의 양립

남포현 또한 16세기부터 양란 이후 사족의 수가 급격히 증가하였다.

35 이들 사족의 남포현 입향관계 및 재지적 혼연은 황의천(「장수황씨 보령입향고」, 『보령문화』 16집, 2007) 및 앞의 『보령시지』 <성씨입향고>를 참조.

조선후기 남포현은 26개 성관(『사마방목』 16개 성관, 『청금록』 10개 성관)이 추가되어 조선후기까지 35개 성관이 확인되었다.

[표23] 조선시기 지리지의 남포현 호구수와 인구수

편간년도	지리지명	호구	인구	남	여
1454	세종실록지리지	180	949		
1759	여지도서	4,104	15,943	6,836	9,105
1786	충청도지	4,159	16,126	6,925	9,201
1871	호서읍지	4,043	16,143	7,682	8,461
1895	호서읍지	4,159	16,126	6,925	9,201

위 [표23]에서 15세기 중엽 남포현의 호구수는 180호, 인구수는 949명이다. 이러한 호구수는 18세기 중엽 4,104호로 10배 가까이 증가하였고 인구수에서도 15,943 명으로 10배 이상으로 늘어나지만 이후 조선 말기까지 큰 변동이 없다.[36] 이것은 임진왜란 이전까지 사족의 확대로 인구가 증가하다가 임란으로 인해 급감한 이후 17세기 이후 재기된 사족의 입향으로 인구가 크게 늘어났고 18세기 후반 이후 큰 변동이 없었던 것으로 파악된다.

남포현은 조선전기 사족형성 과정과 사족체제의 확립 등에서 확연히 드러나는 사실이 나타나지 않는다. 대체로 신분이 비슷한 계층에는 신분적인 벽이 크게 보이지 않는다. 조선후기에 이르러 신분변동

36 1871년 『호서읍지』의 호구수는 1786년 『충청도지』 호구수보다 100여 호가 적으나 인구수에는 큰 변동이 없다. 그런데 1895년 『호서읍지』의 호구수와 인구수는 1786년 『충청도지』와 동일하다. 이로보아 1895년 『호서읍지』의 호구수와 인구수는 1786년 『충청도지』를 그대로 전사한 것으로 보인다.

과 새로운 사족의 남포현 입향이 빈번해지자 조선전기부터 세거하던 재지사족과 새로 입향하는 사족의 향촌에서의 위상이 서로 비슷해지면서 재지사족은 재지사족끼리 신사족은 신사족끼리 양립되면서 통혼권과 세거지에서 서로 다른 인연을 갖게 되는 현상이 일어났다.

1) 통혼권과 세거지[37]

남포현의 통혼권과 세거지를 살펴보면 다음 두 가지 사실이 뚜렷이 구별된다. 하나는 남포현 토성과 고려 말에서 조선전기에 입향한 재지사족들끼리의 통혼권과 세거지다. 남포현의 토성인 남포백씨, 고려 말 입향사족인 풍천임씨, 조선전기에 입향한 경주김씨, 의성김씨, 순천김씨, 경주이씨, 보성오씨 등 재지사족들은 혼연을 통해 서로의 결속을 강화하고 있거나 타 군현의 토성사족과 혼연을 맺고 있다. 예컨대 풍천임씨의 경우 5세 임명신부터 배위의 주요 성씨는 예산장, 예산김, 진도임, 서천백, 낙안오, 장성서씨 등이다. 경주이씨는 입향조 이전의 배위 서하임씨를 시작으로 천령최, 순천최, 아산김, 경주김, 함양박, 함평모씨 등이고 경주김씨는 진잠김, 승평김, 봉성장, 거제백, 수원반씨 등이다. 이들 재지사족의 혼연관계도를 정리하면 다음과 같다.

37 이장에서 말하는 '재지사족'은 임란 이전에 남포현에 입향한 성씨를 '신사족'은 임란 이후 입향한 성씨를 지칭한다.

[표24] 조선시기 남포현 재지사족의 혼연관계도

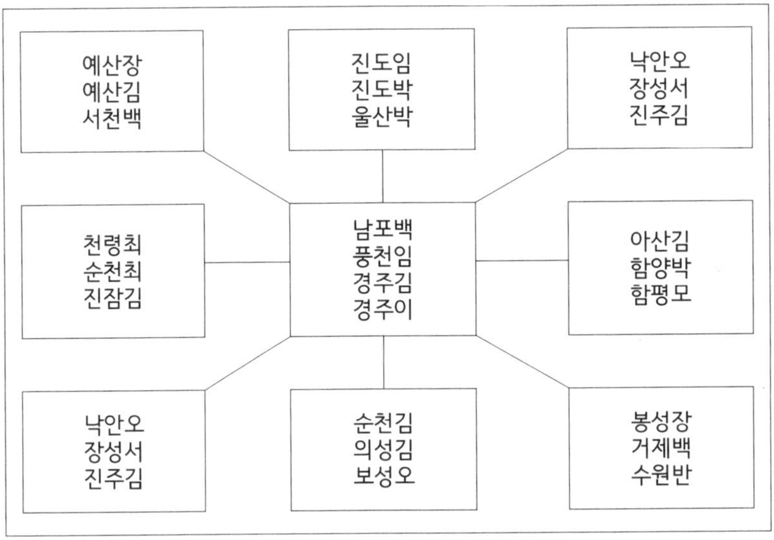

위 [표24]에서 알 수 있듯이, 이들 성씨의 혼연이 임란 이전에 입향한 남포현의 재지사족끼리 이루어지거나 타 군현의 토성사족과 맺고 있다.

반면에 양란 이후 남포현에는 성주이씨 등 약 40여 개의 성씨가 입향하고 있다.[38] 이들 성씨 중 '안 · 황 · 윤 · 최씨'를 남포현의 대표적인 신사족으로 꼽는다. 이들 신사족들의 입향배경을 살펴보면 광주안

38 양란 이후 남포현에 입향한 성씨를 방목 등의 자료에서 정리하면 다음과 같다.

입향시기	성씨	전거	총계
1600-1799	성주이, 강릉최, 광주안, 의성김, 장수황, 전의이, 전주이, 광산김, 경주이, 경주김, 한산이, 청송심, 무주김, 여양진, 안동권, 성주도, 장흥임, 양주조, 청해이	사마방목	19
	낙안오, 무송윤, 강릉김, 고령신, 인천채, 수원백	무과방목	6

씨가 기묘사화를 피하여 제일 먼저 입향하였고 이어서 장수황씨, 무송윤씨, 강릉최씨가 임란 이후 남포현으로 입향하고 있다.[39] 이들 신사족의 혼연을 살펴보면 안, 황, 윤, 최씨 등 4개의 신사족은 앞서 살펴본 재지사족과 마찬가지로 끼리끼리 혼연을 맺고 있다. 이들 신사족의 주요 혼연 성씨를 살펴보면 고성이씨는 광산김, 평산신, 덕수이, 순흥안, 안동권씨, 광주안씨는 순천김, 기계유, 파평윤씨와 장수황씨는 기계유, 파평윤, 전주이, 한산이씨와 무송윤씨는 광산김, 한산이, 전주이씨와 강릉최씨는 전의이, 성주이, 경주이씨, 밀양박씨는 기계유, 고성이, 전유류, 전주이씨 등과 각각 혼연을 맺고 있다. 이들 신사족의 혼연관계는 다음과 같다.

1800년 이후	진주강, 밀양박, 안동김, 보성오, 연안김, 기계유, 풍천임, 통천김, 의령남	사마방목	9
	광주이, 남양홍	무과방목	2
	보성오, 김해김, 순천김, 청주한, 경주최, 온양정, 연주현, 파평윤, 함평이	향교청금록	9
	총계		45

39 이들 성씨의 입향에 관해서는 앞의 제2장을 참조.

[표25] 조선시기 남포현 신사족의 혼연관계도

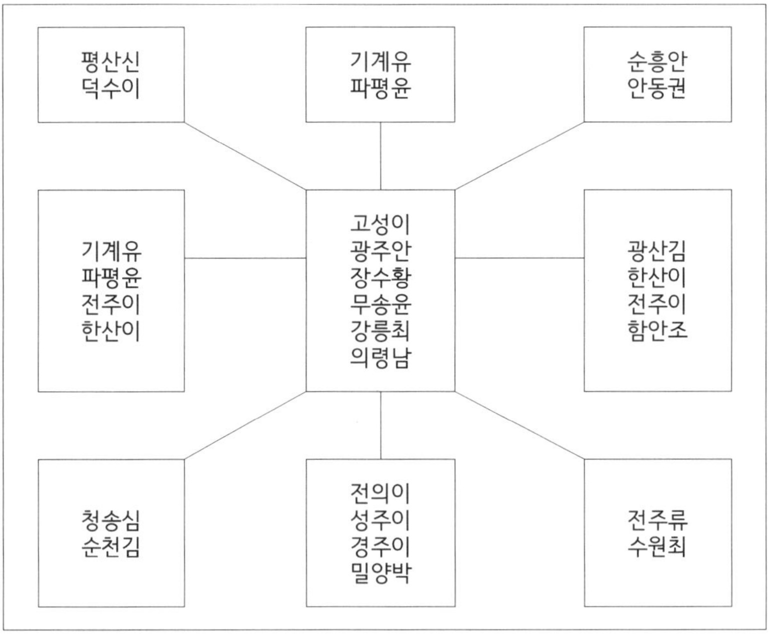

위 [표25]에서 알 수 있듯이, 이들 신사족들은 앞서 살펴본 재지사족들과는 달리 저성(著姓)이거나 고려시기 과거를 통하여 중앙으로 진출한 명망있는 현조를 갖고 있는 성씨들과 혼연을 맺고 있다.

또한 재지사족인 남포백, 풍천임, 의성김, 순천김, 경주이씨의 주 세거지를 살펴보면 구 읍치지역인 웅천과 남전역이 있었던 주산과 미산일대를 비롯하여 신읍치인 남포일대이다. 이 지역은 남포현에서 풍요로운 지역으로 이들 재지사족이 이곳에 터를 잡아 임란이후 크게 성장한 것으로 파악된다. 이러한 재지사족의 세거지는 이들이 고려 말이래 읍치 일대에서 원향으로 세력을 형성해왔고 이들이 남포현의 토호로 군림했던 것으로 볼 수 있다.

반면에 임진왜란 이후 남포현에 입향한 신사족들인 장수황씨, 전주이씨, 강릉최씨, 전의이씨, 청해이씨 등의 세거지는 남포현의 남부권이다.[40] 이들 사족들의 입향은 처변이나 외변으로 이루어졌고 이들의 입향지는 조선전기까지 입향한 재지사족들의 세거지와는 떨어진 해안가(소황리, 광암리)나 읍치 인근(소송리, 봉덕리) 또는 기타 지역(증산리, 삼계리, 성주)로 재지사족과는 거리적 차이를 두었다. 이것은 재지사족들과 신사족들의 세거지와 통혼권이 서로 달랐음을 보여준다.

2) 재지활동

조선시기 남포현 사족의 재지활동 또한 재지사족과 신사족 간의 차이를 보인다. 조선후기에 입향한 신사족들은 선조의 사우와 묘비건립 등을 통한 활발한 향촌활동을 이어간다.

먼저 조선후기에 남포현에 건립된 사우를 살펴보면 백이정의 위패를 모신 남포백씨의 옥산사(玉山祠), 윤회(尹淮, 1380-1436, 자, 청경(淸卿), 호, 청향당(淸香堂))와 윤자운(尹子雲, 1416-1478, 자, 지망(之望), 호, 낙한재(樂閑齋))을 모신 무송윤씨의 문헌사(文憲祠), 이제현(李齊賢, 1287-1367, 자, 중사(仲思), 호, 익재(益齋))을 모신 경주이씨의 용암영당(龍巖影堂 일명 三思堂)(1740)[41],

40 황의천은 신사족의 남부지역 세거지와 통혼권을 생활권(시장권)으로 보고 있다. 황의천, 「장수황씨 보령입향고」, 『보령문화』, 16집, 2007.

41 용암영당은 경주이씨 최초의 사마시 입격자인 이홍재(李弘栽, 1670-1750, 사마1699)가 1740년에 건립한 이제현의 사당이다. 이홍재는 이 해에 잃어버렸던 선대의 묘소를 부여 마전곡에서 되찾고 입향조 이전의 묘비(1731)를 세우고 용암영당을 창건하였다. 이것은 이 해에 이홍재의 주도로 경주이씨 현조의 현양사업이 대대적으로 추진되었음을 보여준다. 이후 1800년에 이예환(李禮煥, 1772-1837)을 중심으로 이제현의 영정을 봉안하여 향사하였고 보령댐 수몰로 현재의 미산면 용수리로 이건하였다. 『경주이씨마곡공파보』 참조.

이숭인(李崇仁, 1347-1392, 자, 자안(子安), 호, 도은(陶隱))을 모신 성주이씨의 사창사(士昌祠)(1730)[42]가 있다. 이들 사우는 모두가 문중사우이고 18세기 초반 이후 집중적으로 건립된다는 공통점을 갖는다.[43] 누정은 윤사수(尹士秀)가 건립한 이요정(二樂亭) 대표적이다.[44]

남포현의 묘비를 살펴보면 재지사족은 17세기말까지 일부 성관(경주김1, 풍천임2[45])에서만 확인되며(아래 [표27]참조) 18세기말까지도 입향조의 묘비는 보이지 않는다(경주이씨 제외). 재지사족 입향조의 묘비나 신도비는 조선 말기에 가서야 세워진다.[46] 이처럼 재지사족 입향조의 묘비(신

---

42 사창사는 웅천면 두룡리에 위치한다. 이처럼 사창사가 두룡리에 위치한 배경에는 19세 이규철(奎哲)의 배위가 남포백씨여서 혼연을 통해 이곳으로 입향하여 사창사를 건립한 것으로 보인다. 사창사에는 남포현 성주이씨의 직계인 이숭인의 동생 이숭문(崇文)과 입향조 이환이 최근에 추배되었다.

43 남포현에서 문중사우가 아닌 향현사는 남포현감으로 부임한 권상신(權常愼, 1759-1824)이 1797년에 남포현 신안면 매천에 주자의 영정을 봉안하고 백이정의 위패를 모시기 위해 건립한 신안사(新安祠)이다. 신안사에 대해서는 이어지는 장에서 상세하게 살펴보기로 한다.

44 허목(許穆)의 <이요정기>가 전한다. 허목,『기언별집』제9권, 한국문집총간.

45 풍천임씨 임명신의 묘비(1562)는 남포현 최고의 묘비다. 임명신의 묘비 이후 100여년 만에 건립된 묘비가 임가신의 묘비다([표27]참조).

46 조선말기에 남포현에 건립된 재지사족 입향조의 묘비 및 신도비는 다음과 같다.

인물	본관	관직	소재지	건립 년대	구분	비고
이승춘	우봉	평안도 병마절도사	미산 늑전리	1819	묘비	우봉이씨입향조
백이정	남포	첨의평리 상당군	웅천 동막동	1822	신도비	남포백씨현조
〃	〃	〃	〃	1822	묘비	〃
김 한	경주	사헌부감찰	웅천 구룡리	1848	묘비	경주김씨입향조
김 훈	통천	남포현감	웅천 두룡리	1892	묘비	통천김씨입향조
임 향	풍천	정승	웅천 동막동	1907	신도비	풍천임씨입향조
〃	〃	〃	〃	1908	묘비	〃
오영필	보성	통덕랑	웅천 신기리	1945	묘비	보성오씨입향조
김자태	순천	현감	웅천 구룡리	1959	묘비	순천김씨입향조

도비) 건립이 늦어진 것은 족세와 무관해보이지 않는다. 반면에 신사족은 장수황, 전주이, 양주조씨를 중심으로 18세기 초반 이후 집중적으로 묘비건립에 참여하고 있다(장수황3, 전주이3, 양주조2)(아래 [표29] 참조).

먼저 조선후기 재지사족이 남포현에 건립된 사우를 정리하면 다음과 같다.

[표26] 조선후기 남포현 재지사족의 사우[47]

구분	유적명	건립자	소재지	건립년대	배향인물	비고
사우	玉山祠	남포백씨	웅천읍 동막동	1710	백이정	1989년 재건
	龍巖影堂(三思堂)	경주이씨	미산면 용수리	1740	이제현	충남문화재자료 제141호

위 [표26]에서 남포현에 조선후기에 두 개의 사우가 건립되었음을 알 수 있다. 하나는 남포현의 토성인 남포백씨의 백이정 사당이고 다른 하나는 익재 이제현의 사당이다. 고려말에서 조선 전기까지 모두 12개의 성씨가 입향한 것으로 파악되지만 이들 사족 중에서 사당은 경주이씨가 세운 익재 사당이 유일하다.

조선후기 남포현에 건립된 재지사족의 묘비를 정리하면 다음과 같다.

황정직	장수	사포제별제	웅천	1953	묘비	장수황씨입향조

47 이 외에도 조선말기에 삼희당 윤석봉(尹錫鳳)이 주도하여 1898년 3월에 세운 집성당(集成堂)이 있다. 이 사당에 주자와 송시열을 모시고 향사를 행하였고 특히 구한말 이곳의 유림을 중심으로 위정척사운동에 적극 참여하였다. 집성당이 남포현 유림의 활동 장소로 그 의미가 크다고 하나 시기적으로 구한말이어서 이 책에서는 제외하였다.

[표27] 조선후기 남포현 재지사족의 묘비

인물	본관	건립자	소재지	건립연대	비고
김인수	경주		웅천 노천리	1658	경주김씨
임가신	풍천		주산 황률리	1661	풍천임씨
임응상	풍천		미산 봉성리	1690	〃
이 전	경주	이홍재	미산 용수리	1731	경주이씨입향조

위 [표27]에서 조선후기 남포현에 재지사족이 건립한 묘비 또한 사우의 경우와 유사하다. 풍천임씨, 경주김씨, 경주이씨의 묘비가 확인되지만 입향조 묘비는 경주이씨 이전의 묘비가 유일하다.

신사족 또한 조선후기 남포현에 사우와 누정을 비롯하여 묘비를 건립하고 있다. 먼저 이들 신사족이 건립한 사우와 누정을 살펴보면 다음과 같다.

[표28] 조선후기 남포현 신사족의 사우 및 누정[48]

유적명	건립자	소재지	건립년대	배향인물	비고
文憲祠	무송윤씨	웅천읍 소황리	1725	윤회 윤자운	보령시향토유적 제2호
士昌祠	성주이씨	웅천읍 두룡리	1730	이숭인	
二樂亭	윤사수	웅천읍 대천리	1659		<이요정기>
雙碧堂	황정직	웅천읍 광암리	17c후반		

48 하지만 이 시기까지 남포현 사족의 파보간행은 이루어지지 않았다. 주요사족의 파보는 경주김씨 경신보(1980), 장수황씨 신축파보(辛丑派譜)(1961), 경주이씨 신해보(1911), 보성오씨남포파보(1986)등이다.

조선후기 남포현의 신사족도 재지시족과 마찬가지로 사우를 건립하고 있으나 11개 입향성씨 중에서 무송윤, 성주이씨만이 문중사우 건립에 참여하고 있고 누정의 경우 무송윤, 장수황씨가 유일하다. 조선후기 남포현에 건립된 신사족의 묘비를 정리하면 다음과 같다.

[표29] 조선후기 남포현 신사족의 묘비

인물	본관	건립자	소재지	건립연대	비고
황 즙	장수		웅천 대창리	17C	장수황씨현조
황대명	장수		웅천	17c말	
황석명	장수		웅천 대창리	17C말	
이신징	전주	이선익	주산 증산리	1694	
이세구	전주	이명조	주산 황률리	1712	
조규빈	양주	조관빈	미산 삼계리	1754	양주조씨입향조
이창수	전주	이병정	주산 창암리	1777	전주이씨현조
조영진	양주	조광규	미산 삼계리	1782	

위 [표29]에서 조선후기에 입향한 신사족 중에서 장수황씨, 전주이씨, 양주조씨가 묘비건립에 참여하고 있는데 입향조의 묘비는 양주조씨가 유일하다.

이상에서 알 수 있듯이 남포현은 17세기 이후 집성촌이 형성되면서 각 문중이 현조 현창을 위한 사우나 묘비의 건립 운동을 이어가는 시대적 흐름에서 크게 벗어나지 않아 보인다. 하지만 남포현에 입향한 재지사족이나 신사족의 구성에서 볼 때 일부 성씨에 한정되거나 수적으로 미미하다.

결국 남포현의 사족들은 신구사족이 대등한 위치에서 서로 양립하면서 또한 서로 조화를 이루면서 최상위 사족은 존재하지 않았던 것으로 파악된다. 재지사족은 향교를 중심으로 그 세력을 이어갔고, 이에 맞서 신사족들은 문중사우와 묘비의 건립을 통하여 씨족들의 위세를 나타내는 양상을 보였다.

〈지도1〉 조선후기 남포현 입향사족의 세거지와 유적

1. 묘산 및 세거지
 1) 구룡리
  ①장수황씨 ②인천채씨
  ③무주김씨 ④함안조씨
 2) 두룡리
  ①성주이씨
 3)미산(도화담, 삼계리)
  ①밀양박씨 ②양주조씨
 4)광암리, 소황리
  ①장수황씨 ②무송윤씨
  ③강릉최씨 ④청해이씨
  ⑤청송심씨
 5)주산
  ①밀양박씨 ②전주이씨
  ③무주김씨 ④김해김씨
 6)관당리
  ①의령남씨 ②김해김씨
2. 유적
  ①옥산사 ②용암영당
  ③문헌사 ④사창사

지금까지 살펴본 남포현 사족의 조선 전 후기 입향 성관 및 방목을 정리하면 다음과 같다.

[표30] 남포현 사족의 조선 전 후기 성관 수 및 방목 현황

인구수	사족의 성관 수			방목				
				사마방목			문과방목	
15,998	전기	13	37	전기	1	28 (11)	전기	0
	후기	24		후기	27		후기	

(인구수는 『여지도서』 기준, 괄호안의 숫자는 조선말기 사마 입격자수)

이상의 고찰에서 다음의 사실이 도출되었다. 첫째, 자료의 한계에도 불구하고 본고에서 참고한 『방목』, 지리지, 『청금록』 등은 조선후기 남포현의 사족의 동향을 잘 보여주었고 이들 자료에 수록된 성관들은 조선후기 남포현에서 활동한 사족으로 파악되었다.

둘째, 남포현 사족의 통혼권과 세거지가 양립되었다. 재지사족의 경우 통혼권과 세거지는 남포백씨, 풍천임씨, 경주김씨, 의성김씨, 순천김씨, 경주이씨, 보성오씨 등의 재지적 혼연으로 이루어지고 이들 사족의 세거지는 읍치의 외곽 즉 주산, 미산, 웅천의 북부지역이었다. 반면에 임진왜란 이후 입향한 신사족(피란: 무송윤, 복장(장수황 등), 피화: 전주이, 혼연을 통한 처변이나 외변: 밀양박, 전의이, 강릉최, 청해이, 청송심, 무주김, 김해김)의 경우 신사족끼리의 혼연으로 이루어지고 세거지 또한 남부지역과 해안가에서 내륙으로 확대되거나 재지사족이 점유하지 않은 지역이었다.

셋째, 남포현의 사족은 내성(來姓)으로 형성된 공통점이 있으나 조선후기 사족의 동향 또한 양립되었다. 즉, 남포현은 사족이 크게 번성하지 못하여 지배사족이 부재하는 결과를 초래하여 새로 유입되는 신사족과 재지사족이 서로 양립하였다. 재지사족은 향교를 중심으로 향촌활동을 이어갔고 신사족은 사마시를 통해 자신들의 세를 들어내려

고 하였음이 향교의 『청금록』과 『사마방목』으로 확인되었다. 또한 토성인 남포백씨를 비롯한 조선전기에 입향한 재지사족들의 동향은 일부 성관의 묘비건립 등의 향촌활동 이외에는 알 수 없었고 18세기 초 10년 이후부터 신사족들의 문중사우나 묘비 건립 등을 통하여 현조를 선창하는 등의 향촌활동을 보였다.

지배사족이 없었던 남포현은 신구사족의 양립속에 새로운 인물들이 배출되어 성장하는 계기가 되었다.

제4장

남포현의 유학(儒學) - 신안사(新安祠)

남포현은 고려 말 유학의 거유(巨儒)로 알려진 백이정(白頤正, 1247-1323)을 배출한 지역이다.[1] 안향(安珦)이 고려 말 성리학을 처음 도입하여 소개하였으나 백이정은 이를 깊이 연구하여 학문적으로 체계화하였다. 백이정은 권부(權溥), 우탁(禹倬), 윤선좌(尹宣佐) 등과 함께 안향 문하에서 수학하고 충선왕을 따라 원나라에 가서 10여 년을 머물며 성리학을 깊이 연구하고 1309년(충선왕 원년)에 정주(程朱)의 성리지서(性理之書)를 가지고 돌아왔다.[2] 그의 문하에 이제현(李齊賢), 박충좌(朴忠佐), 이곡(李穀), 이인복(李仁復), 백문보(白文寶), 임자순(任子順) 등 고려 말의 뛰

---

1 『신증동국여지승람』(1530), 남포현 인물조.

2 『고려사』 106, 열전 19, 백문절전,

어난 유학자가 있다. 백이정은 만년에 고향 남포의 화산 아래 동쪽 부친 백문절이 은거했던 옛터에 은둔한 것으로 전해질 뿐 그에 대한 자세한 기록은 전하는 게 없다.[3] 이것은 남포현에 백이정의 직계 후손들이 살지 않아 그를 천양하지 못한 데서 비롯되었다.[4] 이런 연유에서인지 백이정 이후 남포현 사족의 학문은 조선전기에 이어지지 않고 있다. 백이정의 직계 후손은 개경 인근에 세거하였다. 재지의 남포백씨는 조선전기까지 과거에 급제하여 관인으로 활동한 사람이 없고 조선후기에 가서야 그 모습이 보인다.[5]

임란 이후 집성촌이 형성되면서 선조 현창을 위한 묘비나 사우의 건립 등의 사족의 활동이 전개되는데 남포현 또한 이러한 사회적 변화를 감지할 수 있다. 하지만 앞에서도 살펴보았듯이 남포현은 재지사족과 신사족 사이에 세거지와 혼연에서 서로 양립하고 있다. 남포백씨 등의 재지사족은 읍치 인근의 내륙과 북부지역에 세거하고 광주안씨 등의 신사족은 해안가를 비롯한 남부지역에 세거하고 있다. 혼연 또한 재지사족은 재지사족끼리 신사족은 신사족끼리 혼연관계를 맺고 있어 재지사족과 신사족이 서로 양립된 모습을 보이고 있다.[6] 이러한 남포현 사족의 동향은 타 군현과는 달리 유학의 수용에도 영향을 끼쳐 남포현에서 유학의 수용은 18세기 말인 1797년에 가서야 주자와

---

3 『국역 이재선생실기』, 한국유교학회, 199쪽.

4 위의 『국역 이재선생실기』, 한국유교학회, 135쪽. 이것은 백이정의 위상에 비해 그의 묘소가 실전되고 그의 신도비나 묘비가 조선 말기에 가서야 건립되는 것과 무관하지 않다.

5 백이정의 묘소와 신도비가 보령시 웅천면 동막동에 위치한다. 남포백씨에 관해서는 앞의 '조선전기 남포현 사족의 형성', '남포백씨' 및 '조선후기 남포현 사족의 동향' 참조.

6 앞의 제3장 참조.

백이정 배향을 위한 신안사(新安祠)의 창건으로 이루어진다.

따라서 이 마지막 장에서는 조선시기 남포현 유학의 상징인 신안사의 고찰을 통하여 조선후기 남포현 사족의 동향에 한 발 짝 더 다가가고자 한다.[7]

1. 신안사(新安祠)의 창건

1) 창건 발의

신안사는 18세기 말인 1797년에 창건되었다. 보령현에서 1610년에 한산이씨 사우의 창건 발의가 있었고 14년 후인 1624년에 이지함과 이산보 향사(1686년 '화암'으로 사액)가 이루어졌다는 점에서 남포현의 신안사 창건은 보령현에 비해 약 173년 뒤지고 있다. 이처럼 늦은 시기에 남포현에서 사우가 건립된 배경에는 앞에서 살펴본 바와 같이 조선후기 남포현 사족의 동향과 관계된다. 남포현은 백이정 이후 유학이 이어지지 않았고 더욱이 재지사족과 신사족이 서로 양립된 것도 한 요인으로 보여진다. 남포현에 입향한 사족들은 18세기 중반 이후

7 이 장에서는 신안사 창건과 중건 당시의 남포현 사족의 동향을 중심으로 살펴볼 것이다. 일제 강점기 남포현의 유학자 황온(黃穩, 1860-1938)이 필사한 이점규(李漸逵)가 지은 '신안사영건사실기(新安祠營建事實記)'가 전한다. 이 필사본에서 신안사의 영건 및 중건 사실을 살필 수 있다. 신안사의 창건 및 훼철 과정 등에 관해서는 이해준(2015), 황의천(「남포 신안사와 신안사영건」, 『보령문화』, 보령문화연구회, 2019, 및 『남포신안사』, 보령문화원, 2020)을 참조.

부터 입향조나 현조 선양을 위한 사우를 건립하였다.[8] 하지만 이후 남포현에서 서원건립을 위한 재지에서의 활동은 경종조에 가서야 처음으로 보인다.

남포현의 서원건립 운동은 숙종조(1674-1720)에 태학(太學)에서 처음으로 시작되었다. 태학에서는 남포현이 백문절, 백이정 부자의 고향이지만 아직 제향이 이루어지고 있지 못하므로 이들의 제향을 위한 서원건립을 독려하는 통문을 남포향교에 보냈다.[9] 이후 경종조(1720-1722)에 남포현의 진사 황익증(黃益曾, 1651-?, 1679생원)[10] 등이 순무사에게 유장을 보내 남포가 백문절, 백이정 부자의 고향이지만 아직 받들지 못하고 있으므로 사우를 건립하여 제를 올릴 수 있도록 해달라고 청하였다.[11] 이 유장은 숙종조에 태학에서 보낸 통문의 내용과 같다. 하지만 서원건립은 이루어지지 못하였고, 경종조에 시직(侍直)을 지낸 조태만(泰萬, 1672-1727)[12]이 백이정의 사우건립이 이루어지지 않은 것을 안타까워하며 남포현 유생들이 모의하여 거듭 서원건립 소를 올려줄 것을 남포향교 재임에게 호소하였다. 하지만 백이정 제향을 위한 서원건립은 여전히 실현되지 못하였다.[13]

---

8 경주이씨의 '용암영당', 무송윤씨의 '문헌사', 성주이씨의 '사창사'를 예로 들 수 있다.

9 앞의 『국역 이재선생실기』, <태학에서 서원을 건립하는 일에 대한 통문>.

10 남포현 장수황씨 입향조 황정직의 4세손으로 사마시(1679)에 입격하여 생원을 지냈다. 부친은 통덕랑 황유업이다. 황익증의 재종 황만증(1649-?)도 사마시(1681) 입격하여 생원을 지냈다. 부록 '남포현 사마시 입격자 목록' 참조.

11 위의 『국역 이재선생실기』, <남포 유생이 순무사에게 올린 서원을 건립하기를 청하는 유장>.

12 양주조씨 보령현 입향조 조존성의 증손으로 남포현 입향조 조규빈과는 당숙간이다. 부친이 호조참의를 지낸 조가석이고 권상하가 그의 문인이다. 앞의 제3장 [표18] 양주조씨세계도 참조.

13 황의천은 이처럼 남포현에 서원건립이 실현되지 못한 이유가 향권을 주도하면서 중앙과 연계된 유력문중이 없었고, 중앙의 붕당정치와 이해관계를 가질만한 인물이 없었기 때문이라고 보고 있다. 하지만 앞에서 살펴보았듯이, 임란이후 남포현에 입향한 성씨들은 대부분

2) 창건 주체

남포현에서 백이정 향사를 위한 사우 건립을 처음으로 추진한 사람은 남포현감 권상신(權常愼, 1759-1824)이다. 1796년 12월 남포현감으로 부임한 권상신은 남포현 신안면이 주자가 살던 중국의 지명과 같고 더욱이 백이정을 배출한 고장임에도 백이정을 향사하는 사우가 없다는 사실을 알고 신안사 창건을 추진하였다. 그러면 신안사 창건을 주도한 권상신은 누구인가? 권상신의 초명은 권선(權禩)이고 자는 경호(絅好), 호는 서어(西漁)(초호 일홍당(日紅堂)), 시호는 효헌(孝獻)이다. 그는 사마시(1786)와 문과(1801)에 각각 장원하여 남포현감(1796.12.21.-1797.5.10.), 병조판서 등을 지냈다. 권상신 가계의 세계는 다음과 같다.

[표1] 권상신 가계 세계도

중시조13세	…	17세	…	23세		24세		25세		26세		27세		28세
權溥 삼중대광	…	權踶	…	權佺	–	權讓 사간원사간	–	權[illegible]	–	權噵 옥당	–	權植	–	權常愼 남포현감

위 [표1]에서 알 수 있듯이 권상신의 15세조가 백이정의 제자인 권부(權溥, 1262-1346)이다. 그는 평소 주자와 송시열을 학문적으로 존경해오던 터라 남포현감 부임 이후 신안사 건립에 박차를 가했다. 더욱이 남포현의 '신안(新安)', '매천(梅川)', '옥산(玉山)', '무이산(武夷山)' 이 주자가

중앙과 연계된 성씨들이다. 그런데도 남포현에서 백이정 향사를 위한 사우나 서원 건립 발의가 태학에서 처음 시작되었다는 사실을 주목할 필요가 있다. 앞의 황의천(2019, 39쪽 및 2020, 110쪽) 참조.

살던 중국의 지명과 같다는 점도 한몫을 하였다. 이에 현감 권상신은 윤형국, 박노환(朴魯煥, 1746-1811), 조진만 등의 유생들과 모의하고 향교 재임 김우필(金禹弼)의 이름으로 사우영건 통문을 돌려 마침내 1797년 봄에 남포현 신안면 매천[14]에 신안사 건립이 시작되었다.

하지만 이해 5월 10일 남포현감이 교체되어 권상신은 한양으로 올라갔고 신임 현감 윤기(尹愭, 1741-1826, 남포현감1797.5.10.-1797.8.18.)가 신안사 상량문을 지어 축하했다. 백이정은 영당 곁에 사당를 지어 위패로 모심으로써 이해 8월 마침내 신안사 건립이 마무리 되었다.

3) 신안사의 훼철

하지만 신안사는 건립된 지 얼마 지나지 않아 새로 부임한 충청도 관찰사 한용화(韓用和, 1732-1799)[15]에 의해 훼철되었다. 신안사가 금령을 어기고 건립되었다는 이유였다.[16] 한용화는 신안사를 훼철하면서 주

---

14 현재의 보령시 남포면 신흥리 70번지 일대로 현재 매내(梅川), 옥산(玉山)이란 지명이 남아 있다. '신안'이란 지명은 없어졌으나 조선시기 웅천면에서 신안면으로 넘어가던 고개를 지금도 '신안재'라고 부르고 있다고 한다. 이에 관해서는 황의천(2020) 참조.

15 한용화가 충청도관찰사로 부임한 것은 1797년 윤 6월 19일이다. 『정조실록』, 정조21년(1797) 윤 6월 19일 정사조.

16 한용화는 다음의 장계를 올려 전임 현감 권상신과 후임 현감 윤기의 죄를 물을 것을 함께 청하였다:

"남포현(藍浦縣)의 신안면(新安面) 무이봉(武夷峰)에, 유생(儒生)들이 남양(南陽)에서 제갈량(諸葛亮)을 제사 지내는 의리를 모방하여 주자(朱子)의 영당(影堂)을 창건하고 얼마 뒤에 또 고려의 명현(名賢)인 백이정(白頤正)의 사당을 그 옆에 지었다. 관찰사 한용화(韓用和)가 서원을 창건하는 것은 금령이 있다 하여 본현(本縣)에 관문(關文)으로 알려, 주자의 영정(影幀)은 전일 봉안(奉安)하던 곳에 도로 봉안하고 백이정의 사당은 헐어버리게 하였다. 그리고 해당 현감의 죄를 계청(啓請)하여 전임 현감 권손(權禩)과 신임 현감 윤기(尹愭) 모두를 나문(拿問)하여 죄를 감정(勘定)하게 하였다. 이때에 와서 대사성 조진관(趙鎭寬)이 아뢰기를, "주자의 화상을 모신 서원도 장차 헐어버리려 한다 하는데, 이미 만든 뒤에 곧바로 또 헐어버린다면 매우 불경스럽게 될 것입니다."하니, 상이 이르기를, "이것은 조정에서 알 바가

자의 영정은 덕산의 회암사(晦菴祠)로 돌려보내고 백이정의 위패는 땅에 묻었다. 영건유사인 유림 윤재복, 박노환, 윤필리 등은 투옥되었다가 풀려났다. 이 시기는 서원의 남설이나 첩설이 금지되던 때로 신안사의 창건이 불법이었기 때문이다. 따라서 한용화의 신안사와 백이정 사당의 훼철은 정당한 법의 집행이었다.

이상의 신안사 창건과 1차 훼철 과정은 다음의 연표로 정리할 수 있다.

[표2] 신안사 창건 및 1차 훼철 주요 연표

시기	인물	내용	비고
숙종조 1674-1720	태학	백이정 사당 건립 통문 남포향교에 발송	
경종조 1720-1722	황익증 등	순무사에게 유장 발송	내용은 위 태학의 내용과 같음
경종조	조태만	남포향교 재임에게 백이정 서원건립 호소	
1797.1	권상신	현감으로 부임 후 5일 만에 남포 신암면 매천에 신안사 창건 추진	윤형국, 박노환 ,조진만 등의 유생과 참여
1797.1.	김우필	신안사 영건통문 작성	
1797.2.		주자 영당 건립 시작	
1797. 4.		상량식	
1797.5.		주자영당 완공	신임현감 윤기 주자영당 상량문 지어 축하
1797. 8.		신안사 완공	백이정은 별도의 사당에 위패로 모심
1797.8.	한용화	신안사 불법 건립에 관한 장계를 올림	전 현감 권상신, 윤기, 윤재복, 박노환, 윤필리 구금
1797.8.		신안사 훼철	주자영정 덕산 회암사로 보냄 유사 윤재복, 박노환, 윤필리 석방

아니니 경이 해당 도신과 좋은 쪽으로 처리하도록 하라."하였는데, 한용화가 마침내 헐어버렸다." 『정조실록』, 정조 21년 정사(1797) 8월 29일 을축조.

2. 신안사의 중건과 2차 훼철

신안사가 훼철된 이후 신안사 복설을 위한 유림들의 노력이 이어졌다. 무엇보다도 신안사 중건에 앞장선 인물은 보령현의 진사 이의준(李宜俊, 1743-1808)[17]이다. 그는 신안사가 훼철된 1797년 가을 한용화가 왕의 명령을 듣지 않고 신안사를 훼철한 것을 당시 주자를 비판하다가 사문난적으로 내몰린 윤휴(尹鑴, 1617-1680)에 비유하면서 도내 유림들에게 통문을 돌려 여론을 조성하였다. 남포현의 유생 최재양(載陽, 1770-1828)도 성균관 대사성 조진학(趙鎭寬, 1739-1808, 1775문과)에게 신안사 재건에 협조를 부탁하는 편지를 발송하였다.[18]

1798년 이의준은 박노환, 김태주 등과 함께 경기도 여주의 사림과 연대하여 상소를 추진하기도 하였다.

1799년 윤재복, 박노환 등이 상소하여 성균관의 협조를 구했으나 장의 홍수준(洪秀俊, 1763-?, 1790사마)의 비협조로 이루어지지 않았다.

1804년 휴암(休菴) 백인걸(白仁傑, 1497-1579)의 후손인 홍주 유생 백동섭(白東攝)이 한용화가 덕산 회암사로 돌려보낸 주자의 영정을 다시 가져와 훼철된 신안사에 남아있던 전청(典廳)에 임시로 모셨다. 같은 해 2월 홍주 유생 백동섭, 임천 유생 유준주(兪準柱), 보령진사 이의준, 남포 유생 박노환 등은 성균관이 신안사 재건을 주선해달라는 통문을 보

17 수원이씨 유일의 보령현 사마시(1783) 입격자로 생원을 지냈다. 상의원직장을 지낸 서한재(棲閒齋) 이박(李璞, 1575-?)의 6세손이다. 앞의 제1부 2장 '수원이씨' 참조.

18 '與大司成趙公鎭寬書', 앞의 『국역이재실기』. 최재양이 대사성 조진관에게 편지를 보낸 시기는 그가 대사성으로 재직한 시기(1797.7.29. - 1798.1.7.)로 볼 때 1797년 가을에서 12월 말 사이로 보인다. 『정조실록』 정조 21년(1797) 7월 29일 병신조 및 정조 22년(1798) 1월 8일 무오조 참조.

냈고,[19] 신안사가 신설이 아닌 중수(重修)라 합당하다는 답을 성균관으로부터 받았다. 그 해 9월 진사 이의준이 소를 짓고, 유준주가 소두(疏頭)가 되어 진사 이의준, 윤재복, 진사 이명호(1767-?, 1798사마)[20], 진사 박성(1744-?. 1789사마), 이봉채 등의 연명으로 '청신안원복설소(請新安院復設疏)'를 올려 마침내 왕의 윤허를 받았다.

1807년 2월 신안사 복설작업이 신안사가 창건되었던 곳에서 조금 떨어진 곳에서 진사 이의준, 윤재복, 이건운 등의 주도로 진행되었다. 신안사가 훼철된 장소가 주자가 욕을 당한 곳이라는 것이 주된 이유였다. 신안사 복설 상량문은 이의준이 지었다. 그 해 8월 신안사 복설이 완성되어 주자영정을 모시고 낙성식을 거행한 후 백이정은 지패(紙牌)로 모시고 배향하였다.

9월 이의준, 이병룡, 백동섭 등이 이러한 사실을 성균관에 통문으로 알렸고 성균관으로부터 계속하여 풍속교화에 힘쓰라는 답신을 받았다.

이처럼 신안사 중건은 남포현감 권상신이 창건 발의하여 유림과 함께 신안사 창건(1797)이 진행된 것과는 달리 소를 올리고 통문을 보내고 결과를 보고하는 등의 형식과 절차를 갖추어 진행되었다.[21] 1838년부터는 남포현감에게 요청하여 제향 경비보조를 지원받았다.

하지만 1863년 대원군 섭정 이후 서원철폐를 단행하면서 전국에 47

---

19 앞의 『국역 이재선생실기』, <태학에 올리는 통문>, 순조 갑자 2월.

20 보령현의 전주이씨로 1798년 사마시에 합격하여 진사를 지냈다. 진사 이재동(1740-?, 1792사마)의 아들이다.

21 1811년에는 이조판서 박종경(朴宗慶, 1765-1817)을 1841년에는 의정부 좌참찬 이지연(李志淵, 1766-?)을 차례로 원장으로 청해 모심으로써 서원 본연의 모습을 갖추게 되었다.

개의 서원을 제외하고 첩설서원이 모두 훼철되었다. 이로 인해 주자를 모신 남포현의 신안사도 첩설서원으로 훼철되었다.[22] 이 때 주자 등 5위의 위패는 땅에 묻고 백이정의 위패만이 후손들에 의해 동막동으로 옮겨져 옥산사에 모셔져 오늘에 이른다.[23]

현재는 몇 개의 초석과 '서원터', '홍살문앞' 등의 지명만이 전하여 오고 있다.[24]

이상의 신안사 중건과 2차 훼철과정은 다음 연표로 정리할 수 있다.

[표3] 신안사 중건 및 2차 훼철 주요 연표

시기	인물		비고
1797.가을	이의준	도내 유림에게 통문을 돌려 신안사 중건 호소	보령현 진사
1797.가을-겨울	최재양	대사성 조진관에게 편지	신안원 재건 협조를 부탁하는 편지
1798	이의준, 박노환, 김태주	여주 사림과 연대하여 상소	
1799	윤재복, 박노환	성균관 협조 상소	

22 이해준은 신안사의 훼철 시기를 1864-1871로 보고 있고 황의천은 1872년 간행된 <남포현지도>를 근거로 하여 1868년으로 보고 있다. 이해준, 앞의 논문(2015) 및 앞의 황의천(2019).

23 일부 논저에서 옥산사의 창건연대를 1710년으로 기록하고 있으나 신안사의 창건과 중건과정을 고려해볼 때 신안사가 훼철되면서 백이정의 위폐를 그의 묘소가 있는 동막동에 현재의 옥산사를 건립하여 모시게 된 것으로 보여진다. 따라서 옥산사의 건립연대는 1865년 이후가 더 타당하다고 본다.

24 이후 조선말기인 고종조에 남포향교와 태학을 중심으로 백이정의 문묘승무를 위한 운동이 있었으나 성공하지 못하였다. 1883년 6월 승지를 지낸 보령현의 신응선(申應善, 1893문과)이 글을 지어 남포향교에서 백이정의 문묘승무를 청하는 통문을 남포향교 재임 이구석, 황직, 박영태 등의 이름으로 올렸고, 이어서 태학에서도 백이정의 문묘승무를 위한 통문을 돌렸다. 또한 그해 6월 남포현의 유생 조진학(趙鎭鶴)도 글을 지어 남포향교가 백이정의 문묘승무를 청하는 유장을 남포향교 재임 이구석, 백낙형 등 42명의 연명으로 올렸다. 특히 조진학은 그 해 10월 백이정의 문묘승무를 청하는 소를 짓기도 하였다. 이에 관해서는 앞의 『국역 이재선생실기』 참조.

1804	백동섭	회암사에서 주자영정을 가져와 전청에 임시로 모심	홍주유생
1804.2.	백동섭, 유준주, 이의준, 박노환	신안사 재건 건의 통문발송	신설이 아니라 중수가 합당하다는 성균관의 답을 받음
1804.9.	이의준, 유준주, 윤재복, 이명호, 박성, 이봉채	'청신안원복설소(請新安院復設疏)'를 올림	이의준 짓고 유준주 소두 왕의 윤허
1807.2	이의준, 백동섭, 윤재복, 이건운	신안사 복설 추진	상량문 이의준 지음
1807.8.		신안사 복설	주자영정 모시고 낙성식 거행. 백이정은 지패로 모심 상량문 이의준이 지음
1807.9.	이의준, 이병룡, 백동섭	성균관에 통문발송	
1838	남포현감	제향 경비 지원	

마지막으로 남포현 신안사에 배향된 인물을 정리하면 다음과 같다.

[표4] 신안사 배향인물

이름	생졸	본관	자	호	관직	향사년도
주희	1130-1200		晦庵			1797
백이정	1247-1323	남포	若軒	彝齋	상당군	1797
송시열	1607-1689	은진	英甫	尤菴	좌의정	1808
이제현	1287-1367	경주	仲思	益齋	정승	1819
권상하	1641-1721	안동	致道	遂菴	대사헌	1823
한원진	1682-1751	청주	德昭	南塘	경연관	1838

위의 [표4]에서 알 수 있듯이, 신안사에 배향된 6위의 인물 중 송시열 이하 4위의 인물 모두가 조선후기 성리학을 대표하는 호서 기호학맥의 학자들이다. 호서기호학은 주자 성리학을 들여와 국내에 전파시킨

백이정 이후 조선시기 율곡 이이, 사계 김장생, 우암 송시열을 거쳐 남당 한원진으로 이어지는 계보이다. 따라서 신안사는 호서기호학의 학맥을 이어받는다고 할 수 있다.

3. 신안사 창건 및 중건에 참여한 인물을 통해본 남포현 사족의 동향

신안사는 남포현 유일의 노론 기호학파의 학맥을 상징하는 서원이다. 그럼에도 불구하고 신안사는 다음과 같은 몇 가지 의문이 제기된다. 하나는 신안사의 창건 및 중건과정에서 남포현 사족의 활동이 두드러져 보이지 않는다는 점이다.[25] 신안사의 창건 및 중건에 참여한 유사(有司) 및 인물들을 우선 정리하면 다음과 같다.

25 황의천은 신안사 창건 및 중건 시에 남포현 유력성씨(남포백, 경주이)의 영향력이 작용한 것으로 보고 있다. 하지만 신안사 창건 및 중건 유사에 이들 성씨가 보이지 않는다. 다만 권상신의 '신안서원기(新安書院記)'(1822)에 "백사형이 앞뒤에서 현명한 노력을 했으나 불행하게도 일찍 세상을 떠났다"라는 기록과 백사형이 신안사 훼철 이후 '신안원 복설을 위한 소(新安院毁撤後復設上言)'(1807)를 짓고, 조병덕이 지은 '이경식 묘비명'에 '이경식이 익재 추배시에 조력했다'라는 기록 등에서 재지사족의 활동을 유추해볼 수 있다. 참고로 신안사 창건 당시 백사형과 이예환은 20대였다(백사형 29세, 이예환 25세). 앞의 『국역이재실기』, 및 조병덕, 『숙재집(肅齋集)』 참조.

[표5] 신안사 창건 및 중건 시 유사(有司) 및 참여인물[26]

	이름	본관	남포현		유사	비고
			재지사족	신사족		
창건 (1797)	권상신	안동			0	남포현감
	김우필					향교재임
	윤형국	칠원			0	
	조진만	양주		0	0	
	김이상	안동			0	
	이호집	전의		0	0	남포유생
	박홍덕	함양			0	
	박노환	밀양		0	0	남포유생
	이천규	청해		0	0	남포유생
	윤재복	파평				남양유생
	윤필리					남포유생
중건 (1807)	이건운	함평			0	홍주유생
	이의준	수원			0	보령유생
	최재양	강릉		0		남포유생
	유준주	기계			0	임천유생
	박치관	경주			0	
	황옥	창원			0	부여유생
	송재덕	진천			0	
	송환증	은진			0	
	백동섭	수원			0	홍주유생
	이영석	한산			0	
	황상희	장수		0	0	남포유생
	박노환	밀양		0		남포유생
	김태주					
	윤재복	파평				남양유생
	윤재록					
	이명호	전주				보령유생
	박성	울산				대흥유생
	이봉채					
	백사형	남포	0			남포유생
	이예환	경주	0			남포유생

26 '신안사영건사실기' 및 신안사 창건과 중건에 참여한 인물들 중에서 본관과 거주지를 알 수 없는 사람들은 남포현에 입향한 사족의 성씨를 고려해볼 때 타지역 인물들로 보인다.

위 [표5]에서 알 수 있듯이, 신안사 창건을 주도한 인물이 남포현감 권상신이었고[27], 훼철 이후 중건을 주도한 인물 또한 보령현의 진사 이의준과 홍주목의 이건운과 백동섭, 임천군의 유준주 등 대부분이 외지의 유생들이다. 남포현의 인물로는 창건 시 유사로 참여한 박노환, 이의집, 이천규 등과 1차 훼철 이후 신안사 재건을 위해 노력한 최재양과 중건 시 유사로 참여한 이영석과 황상희 등이다. 창건과 중건에 참여한 박노환[28]은 밀양박씨 남포현 입향조 박승안의 6세손이고 황상희는 장수황씨 남포현 입향조 황정직의 7세손이다. 이호집(浩集, 1750-1806)은 전의이씨 남포현 입향조 이광조의 6세손이고 이천규(天逵)는 청해이씨 남포현 입향조 이유민의 증손으로 사마시(1780)에 입격하여 진사를 지낸 이성규(聖逵)가 그의 형이다.[29] 최재양은 최광필의 후손으로 이의준과 처 재종간이다. 이처럼 이들은 모두가 조선후기 남포현에 입향한 신사족의 후손들이다. 하지만 신안사 창건 시나 중건 시에 재지사족의 모습은 보이지 않는다.[30] 재지사족의 인물로는 1818년 이제현 추배 시에 그의 후손인 이경식이 유일하다. 그런데 남포현이 백이정의 고향이고 더욱이 임자순과 이제현의 그의 제자라는 점을 감안한다면 신안사의 창건 및 중건과정에서 재지사족의 부재는 쉽게 납득되

27 권상신은 신안사의 창건뿐만 아니라 비용 일부를 부담하고 '신안서원기'(1822)를 짓기도 하였다. 앞의 『이재실기』 참조.

28 밀양박씨 남포현 입향조 박승안의 6세손이다. 앞의 '밀양박씨' 참조.

29 앞의 남포현 '청해이씨' 참조.

30 황의천은 남포현의 과거 급제자인 남포백씨 백홍수(1808-?)와 백세진(1823-?) 등이 백이정 추배를 위한 사론 형성에 영향을 미쳤을 것으로 보고 있다. 하지만 백이정은 신안사 중건 시(1807) 주자와 함께 위패로 봉안되었고 위의 남포백씨 과거급제자들은 백이정의 봉안 이후 과거에 급제한 인물들이다(백홍수, 1837문과, 백세진, 1879문과) 앞의 『국역이재실기』 및 앞의 황의천(2019) 참조.

지 않는다. 왜냐하면 남포현의 풍천임씨와 경주이씨가 모두 임자순과 이제현의 후손들이고 이 시기 이미 재지사족의 집성촌이 형성되었기 때문이다.[31] 그렇다면 이러한 모순은 무엇 때문일까? 이것은 앞에서 살펴보았듯이, 조선시기 남포현 사족의 동향, 즉 재지사족과 신사족과의 양립관계에서 비롯된 것으로 보인다.[32] 향권에 관계되는 사마시의 재지사족과 신사족의 비율과 시기별 합격률이나 사우나 묘비의 건립 등과 같은 재지에서의 향촌활동이 이를 반증하고 있기 때문이다.[33]

따라서 이같은 남포현의 재지사족과 신사족과의 양립은 보령현에 비해 유학의 수용이 늦어졌고 신안사의 창건이나 중건에서 타 군현의 사족이 주도하게 된 주요한 원인으로 보여진다.

특히 신안사에 마지막으로 한원진이 추배되는 과정에서 남포현 사족의 동향과 유학의 일면을 엿볼 수 있다. 한원진의 추배는 신학현(申

31 앞의 입향성씨 참조.

32 황의천은 그 이유 중의 하나가 조선후기 남포현에 문중세력이 형성되지 못하여 사족활동이 미약했기 때문이라고 보고 있다. 하지만 앞에서 살펴보았듯이, 남포현에는 집성촌이 형성되어 이 시기에는 이미 문중세력화하였음을 알 수 있다. 당시 남포현 성씨의 동향은 최재양이 대사성 조진학에게 보낸 편지를 통해서도 유추가 가능하다. 그 편지에 따르면, "신안사의 창건과 제향 당시 풍도가 있고 명망이 있는 유생들만을 선택했기 때문에 참여하지 못한 자들이 비방을 일으켜 한용화가 이들의 말을 듣고 훼철한듯하다"고 기술하고 있기 때문이다. 앞의 황의천 논문 및 최재양의 편지 참조.

33 사마시가 향권에 미치는 영향은 절대적이다. 예컨대 재지사족의 경우 신안사의 창건 및 중건 시기를 전후하여 사마시 입격자는 확인되지 않는다(의성김씨 김명귀(1666), 경주이씨 이홍재(1699), 경주김씨 김석래(1705)). 재지사족의 사마시 입격자는 신안사 중건 이후에 그 모습이 보인다(경주이씨 이규환(1823), 이희익(1837), 백영수(1867)). 하지만 신사족인 성주이씨 2명(이형원(1612), 이선원(1616), 광주안씨 1명(안우성(1633), 강릉최씨 4명(최업(1618), 최비원(1673), 최익원(1679), 최일태(1714)), 장수황씨 2명(황익증(1679), 황만증(1681)), 전주이씨 4명(이시개(1690), 이세황(1725), 이익재(1741), 이진정(1725), 청해이씨 2명(이홍규(1744), 이성규(1781)) 등 입격자 대부분이 신사족이다(부록 '남포현 사마시 입격자' 참조). 사우나 묘비의 건립 또한 마찬가지이다(옥산사(1710), 용암영당(1740), 백이정(묘비 1848, 신도비 1822), 임향(묘비 1908, 신도비 1907) 등).

學顯) 등 보령현의 유생들이[34] 1835년 송시열, 권상하의 적전(嫡傳)인 한원진의 신안사 제향을 요청하는 통문으로 보냄으로써 시작되어 3년 후인 1838년에 이루어졌다. 한원진이 신안사에 마지막으로 제향될 수 있었던 배경에는 남포현의 이예환(李禮煥, 1772-1837)[35]과 백사형(白師亨, 1768-1808)[36] 또한 한몫하였다. 이들이 한원진의 사숙문인인 보령현의 유학자 정혁신의 제자들이기 때문이다.

이처럼 한원진의 추배를 요청하는 통문의 주축이 보령현 유생들이었다는 점과 보령현의 유학자 정혁신이 한원진의 사숙문인이라는 점 그리고 남포현의 이예환과 백사형이 보령현의 정혁신을 찾아가 배웠다는 사실만으로도 남포현 유학의 수용 및 전개가 보령현에 비해 크게 늦었다는 사실을 보여준다고 할 수 있다.

남포현의 유학은 신안사의 2차 훼철 이후 1898년 집성당(集成堂)이 창건되면서 항일 독립운동으로 이어진다. 그런데 집성당 창건을 주도한 사람이 남포현의 인물이 아닌 경기도 포천 출신의 화서학파 삼희당(三希堂) 윤석봉(尹錫鳳, 1844-1910)이라는 점이 또한 주목된다.[37]

보령현의 화암서원이 대원군의 첩설 금지정책에 의해 훼철된 이후

---

34 앞의 황온의 기(記): '南塘先生追配時保寧通文' 이때 참여한 유생은 신국현을 비롯하여 이민기(李敏箕), 이정년(李鼎年), 이항년(李恒年), 김행(金杏), 이징기(李徵箕) 등이다.

35 남포현 수부리 출신의 경주이씨로 정혁신의 호론을 남포현에 전수한 인물이다. 스승 정혁신이 죽자 이시덕 등과 함께 정혁신의 문집 『성당집』을 교정하고 발문을 지었다. 저서로 『난국재집(蘭菊齋集)』이 있다.

36 백이정의 후손으로 일찍이 정혁신을 찾아가 수학하였다. 1807년 남포현 유생을 대표하여 '신안원 복설을 위한 소(新安院毁撤後復設上言)'를 지었다. 문집으로 『청계유고(淸溪遺稿)』가 있다.

37 윤석봉과 집성당에 관해서는 졸고(「항일독립운동가 복암 김화식 재조명」, 『충청문화연구』 25집, 2021.)를 참조.

1922년 그 후손들에 의해 재건되어 현재에 이르고 있으나 남포현의 신안사는 훼철 이후 복설되는 대신에 또다시 외지 인물의 주도로 주희와 송시열을 모신 새로운 집성당이 창건된 것이다.[38]

이상에서 알 수 있듯이, 남포현의 유학은 신구사족의 경쟁 속에서 타 지역 유림을 중심으로 신안사(1797)가 건립되어 남포현의 구심점이 모아지는 듯했으나 곧 이은 훼철과 복설(1807)에 이은 2차 훼철로 그 중심이 흔들리고 말았다.

남포현은 고려 말 성리학의 거유 백이정을 배출하였음에도 그의 학문이 이어지지 못하였고 지연과 혈연과는 달리 조선후기에 학연이나 색연 또한 크게 부각되지 못하였다.

38 조선시기 남포현의 신안사가 갖는 의의는 크다. 대원군에 의해 훼철된 서원이나 사우가 후손들이나 지역 유림들에 의해 재건되고 있는 현실에서 신안사의 재건은 남포현 정체성 제고에서 필요하다고 본다.

결론(結論)

지금까지 고려말에서 조선시기 18세기 말까지 충청우도의 두 벽촌 보령현과 남포현의 109개 성씨(土姓 22(보령현12, 남포현10), 來姓 87(보령현58, 남포현29))를 중심으로 조선시기 한국사회의 추이를 살펴보았다. 그 결과 조선시기 두 현의 사회 문화적 변화와 차이를 대체적으로 파악할 수 있었다. 조선시기 두 현은 그동안의 향촌사회사의 연구 결과와 일부에서는 일치하였고 또 일부에서는 상반되었다. 보령현은 토성 대신 내성(來姓)을 중심으로 안정이 유지된 사회였으나 남포현은 토성인 남포백씨를 비롯하여 임란 이전까지 입향한 성씨와 임란 이후 입향한 성씨가 크게 양립한 사회였다.

이상의 개략적인 결과가 충청우도의 두 현을 대상으로 하여 얻어진 것이지만 조선시기 향촌사회사의 이해에서 참고가 될 수 있기를 기대하며 다음과 같이 본서의 결론을 몇 가지로 나누어 정리해보기로 한다.

첫째, 토성의 경우 재지의 토성이 사족으로 성장해가는 조선시기의 사회현상과는 거리가 있었다. 보령현의 경우 모든 토성이 소멸하였고 남포현은 남포백씨가 현전하는 유일의 토성이었으나 재지에서의 영향력은 크게 없었다. 이것은 백이정의 상경종사 이후 재지의 남포백씨의 족세와 관련이 있었다. 그런데 다음 몇 가지 사실에서 두 현의 토성은 공통점을 보였다. 무엇보다도 옛 읍치지역 일원에 소멸된 토성과 동성이본의 성씨들이 현재까지 세거해오고 있다는 점이다. 또한 이들 세거 성씨 중 일부는 입향시기에 비해 호구수가 지나치게 많거나 적다는 점이다. 아울러 이들 성씨의 입향시기나 사유 및 재지활동을 알 수 없다는 점이다. 마지막으로 이들 성씨의 입향사실은 1900년 이후 간행된 이들 가계의 파보나 대동보에서 확인되지만 18세기 이전에 간행된 족보나 현조의 묘비명이나 행장에 빠져있고 입향조에 관한 기록이 사실과 다르다는 점이다. 이 모두는 토성의 개관 가능성을 보여주는 것으로 이에 관한 향후 심층연구가 필요하다고 본다.

둘째, 성씨의 입향 시기와 사유 그리고 이들 성씨의 묘산과 세거지와 혼연 등에서도 두 현은 큰 차이를 보였다.

보령현은 고려 말 김성우의 사패지로 입향 이후 광산김씨와의 혼연을 통하여 처변이나 외변으로 본서의 연구시기인 18세기 말까지도 계속하여 입향이 이루어졌다. 본서의 연구과정에서 보령현 입향이 확인된 대부분의 성씨는 광산김씨와의 혼연(교유)을 통해 입향한 성씨였고 (57개 성씨 중 48개 성씨) 방목(2)이나 지리지나 족보(7)에서만 확인되는 성씨와 입향사유를 알 수 없는 성씨는 드물었다. 이것은 토성을 기반으로 혼인을 통하여 성씨의 입향이 이루어진 삼남지방이나 경기북부지역과는 또 다른 모습이었고 17세기 중반을 고비로 상속제도가 장자상속으로 바뀌었다는 일반적인 이론과도 상반되었다. 보령현은 18세기 말까지도 남귀여가혼(男歸女家婚)의 결혼풍습이 계속하여 유지된 것으로 이해되었다. 이처럼 많은 성씨의 보령현 입향은 광산김씨의 경제력이 있었기에 가능하였고 그 기저에는 입향조 김성우의 토왜활동이 자리하였다. 따라서 『동국여지지』, 『여지도서』 등의 지리지에 김성우가 왜구토벌의 공으로 보령현을 사전(賜田)으로 받아 '이 땅의 주인(玆土地主人)'이라는 기록을 입증하였다. 특히 광산김씨와의 혼연을 통해 입향한 모든 성씨들의 세거지와 묘산은 그의 현손인 김극성의 사패지인 청소면 일부 지역과 충청수영이 위치한 오천을 제외한 전 지역이 김성우의 왜구토벌과 관련된 전적지(군입리, 청라동 등)를 중심으로 형성되는 또 다른 특징을 보였다.

남포현의 경우 남포현의 토성인 남포백씨의 세거지에 고려말에 입향한 풍천임씨를 시작으로 경주김, 순천김, 경주이씨 등이 입향하고 임란 이후에 광주안, 장수황, 무송윤, 강릉최씨 등이 입향하였다. 이들 성씨의 남포현 입향사유는 정변, 피화, 복장, 은거, 우거, 피란 등으로 이들의 가계 기록에서만 확인되는 또 다른 특징을 보였다. 특히 남포현은 임란이전에 입향한 성씨를 중심으로 한 재지사족과 임란 이후 입향한 성씨를 중심으로 한 신사족이 조선시기 내내 양립하였다. 이 같은 두 사족 사이의 양립은 이들 성씨의 세거지와 묘산, 혼연에서 살필 수 있었다. 이들 사족의 세거지와 묘산은 조선전기까지 입향한 재지사족 성씨들은 주로 구 읍치 일원을 포함한 북부권인 반면 임란 이후 입향한 신사족 성씨들의 세거지는 해안지역을 포함한 남부권으로 크게 양분되었다. 또한 혼연의 경우 재지사족은 재지사족끼리 신사족은 신사족끼리 혼연이 이루어졌다. 이처럼 남포현은 성씨의 입향과 세거지 및 혼연에서도 서로 양립하였고 보령현과는 확연히 구별되었다.

셋째, 두 현은 방목과 향권에서도 큰 차이를 보였다. 보령현은 조선시기 132명의 생원 진사를 배출하였고 남포현의 생원 진사는 55명으로 큰 차이를 보였다. 문과의 경우 보령현은 30명, 남포현은 8명의 급제자를 배출하였다. 무과의 경우 두 현의 급제자는 모두 38명으로 서로 같았으나 내용에서 차이가 있었다. 보령현은 대부분의 무과 급제자들이 광산김씨 또는 광산김씨 외손, 원외손이었다. 하지만 남포현은 조선전기와 후기가 뚜렷이 구별되었다. 조선전기에는 해안백, 약목김씨 등 주로 타지역 토성의 무과급제자가 대부분이지만 이들 성씨의 조선후기 남포현 세거는 알 수 없었다. 조선후기 무과 급제자들은 남포현에 입향한 성씨의 후손들이 다수를 차지하였다.

특히 보령현은 조선전기에 광산김씨가 가장 많은 사마, 문무과 급제자들을 배출하였으나 조선후기에 한산이씨의 급제자들이 광산김씨보다 수적으로 훨씬 많았다. 이같은 수치는 조선후기 한산이씨의 보령현 향권과 관계되는 것으로 조선후기 보령현의 향권은 한산이씨가 주도하였음을 보여주었다. 조선후기 보령현에서 한산이씨의 위상은 『증보신안지』 편찬과정에서도 여실히 입증되었다. 반면에 남포현의 경우 조선전기에 입향한 재지사족의 경우 사마시나 문과 급제자를 배출하지 못하였고 사마시의 경우 임란이후 입향한 신사족이 주를 이루었다. 이러한 방목의 결과는 조선시기 내내 재지사족과 신사족 사이의 양립 관계가 이어지는 결정적인 계기였다.

넷째, 집성촌 형성의 시기에서도 두 현은 큰 차이를 보였다. 보령현의 경우 고려 말 김성우의 입향 이후 15세기 말에 청라동을 중심으로 집성촌이 형성되어 16세기 초에 김성우의 별묘에 이어 김극성의 부조묘의 건립과 족보 편찬 등의 문중활동으로 이어졌다. 이후 광산김씨와의 혼연으로 입향한 성씨들이 외연을 김성우의 전적지를 중심으로 확장해가며 집성촌이 형성되었다. 남포현은 17세기 중반부터 집성촌이 형성되기 시작하여 입향조 묘비와 현조의 사우 건립 등의 문중활동을 이어갔다.

다섯째, 재지활동에서도 두 현은 큰 차이를 보였다. 청금록, 선생안, 읍지, 서원을 통하여 두 현의 사족의 동향을 파악할 수 있었다. 무엇보다도 청금록이나 향안, 동안 등 향촌사회사를 살펴볼 수 있는 자료가 절대적으로 부족한 현실에서 현전하는 청금록과 선생안, 읍지 등은 성씨의 입향과 사족의 동향 연구에서 절대적이었다. 보령현의 경우 향교의 청금록과 화암서원 선생안에 수록된 도유사와 전교의 수치는 보령현 향권을 그대로 보여주었고 특히 방목의 성씨와 일치하였다. 남포현의 경우 유일한 자료인 1900년에 작성된 선생안을 통하여 남포현의 향교가 재지사족을 중심으로 운영된 것으로 파악되었다.

또한 보령현의 『증보신안지』는 충청도 최고의 사찬읍지 중의 하나로 인물조에 수록된 보령현의 인물들은 고려말에서 영조시기까지 보령현에 입향한 성씨를 총망라하였고 수록 순서 또한 성씨의 입향순서와 일치하였다. 따라서 『증보신안지』는 조선시기 보령현 향촌사회사

연구에서 매우 중요한 자료로 평가되었다.

마지막으로 유학과 서원을 중심으로 두 현의 향촌사회사를 살필 수 있었다. 보령현은 김맹권의 유학 수용 이후 내외 자손들에 의해 유학이 진흥되어 18세기 정혁신의 호서유학으로 이어졌다. 김맹권 이후 보령현 유학은 이지함, 이산보의 사당 건립으로 이어졌고 마침내 '화암'으로 사액되면서 한산이씨의 재지에서의 영향력을 크게 높였다. 화암서원의 창건 및 사액과정은 당시의 보령현 사회상을 그대로 보여주었다. 조선시기 광산김씨와 한산이씨는 보령현의 주도세력이면서도 조선후기에 이르러 내부적으로 당색을 서로 달리하여 남인과 북인, 소론과 노론으로 양분되었다. 당색이 다르면 제사에도 참여하지 않는다는 당시의 색연을 화암서원의 창건 및 사액과정에서 살필 수 있었다.

남포현의 경우 조선후기에 창건된 신안사는 남포현 유학의 실상을 그대로 보여주었다. 백이정의 고향인 남포현에 그의 사우가 건립되지 못한 것은 무엇보다도 백이정 직계 후손이 살지 않음에서 비롯되었다. 이후 재지에서 백이정 사우 건립 운동이 일어나지만 백이정의 제자인 임자순, 이제현의 후손인 남포현의 풍천임, 경주이씨 등 재지사족이 유사 명단에 빠진 것은 신사족과의 양립에서 비롯되었다. 향권과 관계되는 사마시 입격자 대부분이 임란 이후 입향한 신사족이란 사실이 이를 입증하였다. 남포현의 재지사족과 신사족과의 양립은 결국 외지 인물의 주도하에 뒤늦게 신안사의 창건 및 중건이 이루어지는 결과를 초래하였다. 이러한 남포현 유학의 구심점의 부재는 신안사의 2차 훼철 이후 복설되지 못하고 결국 외지 인물에 의해 '집성당'

이라는 또 다른 사우가 건립되는 계기로 이어졌다.

이상에서 알 수 있듯이, 조선시기 충청우도의 두 현 보령현과 남포현은 지리적으로 서로 인접해있으면서도 행정구역뿐만 아니라 사회문화적으로 큰 차이가 있었다.

현전하는 자료의 절대적 한계로 인하여 두 현의 면면을 보다 속속들이 진단하지 못한 단점에도 불구하고 본서를 통하여 조선시기 한국사회의 일면을 살필 수 있었다고 본다. 본서를 바탕으로 향후 보다 심층적인 연구가 진행되길 기대한다.

참고문헌

1. 자료

1) 연대기류

『고려사』

『고려사절요』

『서원등록』

『승정원일기』

『일성록』

『조선왕조실록』

2) 문집

권상신, 『서어유고』.

김극성, 『우정집』, 1860.

김수항, 『문곡집』, 한국문집총간.
김장생, 『사계전서』, 한국문집총간.
김조순, 『풍고집』, 한국문집총간.
김집, 『신독재전서』 제18권, 한국문집총간.
박상, 『눌재집』, 한국고전번역원.
백문보, 『담암일집』, 한국문집총간.
백사형, 『청계유고』.
성현, 『용재총화』, 1525.
송시열, 『송자대전』175, 한국문집총간.
송준길, 『동춘당집』, 한국문집총간.
신용개, 『이요정집』, 한국문집총간.
윤기, 『무명자집』, 한국문집총간.
윤증, 『명재유고』, 한국문집총간.
이경전, 『석루유고』, 한국문집총간.
이긍익, 『국역연려실기술』 1집, 한국고전번역원, 1977.
이광윤, 『양서집』.
이맹휴, 『아술록(蛾述錄)』, 18세기 후반.
이무, 『과암집』, 한국문집총간.
이산해, 『아계유고』, 한국문집총간.
이언적, 『회재집』, 한국문집총간.
이지함, 『토정유고』, 한국문집총간.
이황, 『퇴계집』, 한국문집총간.
정권, 『명고집』, 한국문집총간.
정혁신, 『성당집』, 1845.
조병덕, 『숙재집』, 한국문집총간.
차전로, 『오산집』, 한국문집총간.
한국유교학회, 『국역이재선생실기』, 민족문화문고, 2005.
허목, 『기언별집』, 한국문집총간.
홍양호, 『이계집』, 한국문집총간.

3) 읍지, 지리지. 향교지, 금석문 등

『경상도지리지』.

『고양 금석문 대관』, 고양문화원, 1998.

『고지도를 통해 본 충청지명 연구』1,2, 국립중앙도서관, 2012-2014.

『남포향교지』, 남포향교지 편찬위원회, 회상사, 1993.

『대록지』(안정복), 1779.

『동국여지지』, 1656-1673.

『보령군지』, 보령군지 편찬위원회, 1991.

『보령시지』, 보령시지 편찬위원회, 2010.

『보령의 금석문』, 보령문화원, 2010.

『보령향교지』, 보령향교지 편찬위원회, 회상사, 1998.

『서원등록』

『세종실록』「지리지」, 1417.

『신증동국여지승람』, 1530.

『여지도서』, 1795-1765.

『애향』, 보령문화원.

『증보신안지』(정권), 1748.

『척주지』(허목), 1662.

『충남의 서원 · 사우』, 충청남도, 1999.

『충청남도도지』, 권5, 권17, 2006, 2010.

『충청도읍지』(18-19세기)

『한국민족문화백과대사전』, 웅진출판사, 1991.

『한국지명총람』, 충남편, 한글학회, 1988.

『호산록』(한여현), 1619.

『호서읍지』(1895)

〈辛卯九月八日 通文〉

1872년 지방도(보령부지도, 남포현지도), 서울대규장각.

4) 족보, 파보, 가승

『가승』(18세기), 광산김씨.

『강릉최씨족보』, 1915.

『고령신씨족보』, 1938.
『고성이씨족보』, 1938.
『경주김씨세보』, 1726.
『경주김씨태사공파대동보』, 1997.
『경주이씨마곡공파보』 2006.
『경주이씨익재공파세보』, 1995.
『경주이씨대동보』, 2009.
『경주정씨세보』 1857.
『경주최씨관과정파보』, 1985.
『공주이씨세보』, 1921.
『광산김씨세계』(18세기 초).
『광산김씨족보』, 1832.
『광산김씨천년사』, 2014.
『광주안씨족보』, 1985.
『교동인씨족보』, 1937.
『기계유씨족보』, 1704, 1991.
『김해김씨석성공파세보』, 1989.
『김해김씨선원세보』, 1986.
『김해김씨세보』, 1985.
『김해김씨안경공파세보』, 2000.
『나주김씨세보』, 1926.
『나주김씨대동보』, 2001.
『나촌유사』(17세기 말)
『남포백씨족보: 미산공파보』, 2003.
『능성구씨세보』, 1827.
『남양홍씨세보』, 1834.
『단양우씨예안군파보』, 2000.
『동국세보』, 1849.『동화성보』 19세기
『만가보』, 19세기.
『무송윤씨족보』, 1909.
『무주김씨족보』, 1905.

『문화유씨세보』, 2008.
『밀양박씨세보』, 1863.
『밀양박씨규정공파세보』, 1928.
『밀양박씨낙촌공파보』, 1867.
『밀양박씨낙촌공파대동보세적편』, 1983.
『백씨대동보』, 1982.
『보성오씨세보』, 1870.
『보성오씨남포파세보』, 1989.
『성주이씨세보』, 1896.
『성주이씨세진록』, 1995.
『성주이씨족보』, 1926.
『수안이씨세파』, 1720.
『수안이씨세보』, 1928.
『수원이씨세보』, 1996.
『순천김씨족보』, 1857.
『순천박씨충정공파세보』, 2007.
『순흥안씨족보』, 1864.
『신천강씨대동보』, 2007.
『씨족원류』(조중운), 17세기 중반
『안동김씨세보』, 1833.
『안동권씨족보』(안동권씨성화보), 1476.
『안동권씨추밀공파족보』, 1936.
『양주조씨보』, 1845.
『양천최씨직계보령파보』, 2016.
『양천최씨세보』, 1917.
『여주이씨세보』, 1832.
『여흥민씨입암공파보』, 2021. 뿌리미디어.
『연안김씨의민공파보』, 1870.
『연안이씨족보』, 1996.
『연안이씨첨사공파대보』, 1984.
『연안이씨판사공파대보』, 2002.

『은진송씨동춘당문정공파보』, 1994.
『용인이씨족보』, 1869.
『우봉이씨세보』, 1927.
『인동장씨대동보』, 1998.
『의성김씨세보』, 1876.
『의령남씨족보』, 2006.
『원주김씨대동보』, 2009.
『원주원씨세보』, 1936.
『인천채씨족보』, 1936.
『장수황씨세보』, 1848, 1959.
『장흥임씨세보』, 2005.
『장흥임씨문충공파세보』, 2005.
『전의이씨족보』, 1955.
『전주이씨영해군파보』(1996)
『전주이씨임영대군정간공파대동보』, 1985.
『전주이씨완원군파세보』, 1853.
『전주류씨족보』, 2010.
『전주이씨효령대군파세보』, 1988.
『진주강씨족보』, 1955.
『진주류씨세보』, 2005.
『창녕성씨족보』, 1925.
『청송심씨족보』, 1978.
『창원황씨족보』, 1998.
『청주경씨족보』, 1983.
『청주한씨족보』, 1986.
『청해이씨세보』, 2010.
『청풍김씨족보』, 2010.
『통천김씨족보』, 1861.
『파평윤씨노종파보』, 1983.
『평강채씨대동보』, 1991.
『평산신씨한성판윤파보』, 1904.

『평산신씨사간공파세보』, 1925.
『평택임씨족보』, 1988.
『평택임씨충정공계대동보』, 2018.
『풍양조씨세보』, 1898.
『풍천임씨세보』, 1797.
『한국족보대전』, 도서출판 청화, 1989.
『한산이씨양경공파세보』, 1986.
『한산이씨문열공파세보』, 1986.
『한산이씨문열공파문헌』, 1986.
『한양조씨고사공파보』, 1919.
『한양조씨대보』, 2005.
『함안조씨참판공파보』, 2007.
『함양박씨세보』, 1982.
『해주최씨세보』, 1744.
『해주최씨대동보』, 1990.
『홍주이씨대동보』, 1999.

2. 단행본

강은경, 『고려시대 호장층 연구』, 도서출판 혜안, 2002.
고석규, 『19세기 조선의 향촌사회연구』, 서울대출판부, 1998.
김영모, 『김성우 평전』, 궁미디어, 2017.
김영모, 『한국 사회계층 연구』, 일조각, 1982.
백승종, 『한국사회사연구 - 15-19세기 전라도 태인현 고현내면을 중심으로』, 일조각, 1996.
송준호, 『조선사회사 연구』, 일조각, 1987.
신병주, 『이지함 평전』, 글항아리, 2008.
윤용혁, 『충남, 내포의 역사와 바다』, 서경문화사, 2016.
이수건, 『조선시대 지방행정사』, 민음사, 1989.

이수건,『한국의 성씨와 족보』, 서울대출판부, 2003.
이수건,『한국중세사회사』, 일조각, 1988.
이원명,『조선시대 문과급제자 연구』, 국학자료원, 2004.
이해준,『조선시기 촌락사회사』, 민족문화사, 1996.
이해준,『조선후기 문중서원 연구』, 국민대박사학위논문, 1993.
정만조 외 3인,『조선시대 경기북부지역 집성촌과 사족』, 국민대출판부, 2004.
정만조,『조선시대 서원연구』, 집문당, 1997.
정진영,『조선시대 향촌사회사』, 한길사, 1988.
최실광,『한국족보대전』, 도서출판 청화, 1989.
최완기,『조선시대사의 이해』, 느티나무, 1992.
최재남,『사림의 향촌생활과 시가문학』, 국학자료원, 2006.
최진옥,『조선시대 생원진사 연구』, 집문당, 1998.
황의천,『남포 신안사』, 보령문화원, 2020.

3. 논문

강은경,「고려후기 호장층의 변화와 세종실록지리지의 토성, 망성」,『동방학지』 99권.
권기석,「조선시대 족보의 입록계층 확대와 한계」,『조선시대사학보』 154, 2014.
김경란,「조선후기 도시지역의 성관변동-대구부 서상면을 중심으로」,『대동문화연구』, 71집, 성균관대학교대동문화연구원, 2010.
김경란,「조선후기 충청도 공주목의 유력성씨와 향촌지배세력의 추이-향안, 거접명록의 분석을 중심으로,『역사와 담론』 92, 호서사학회, 2019.
김경수,「정구의『함주지』 연구」,『우강권태원교수정년기념논총』, 세종문화사, 1994.
김경수,「조선시대 홍성지역 재지세력의 형성과 추이」,『조선시대사학보』 53, 조선시대사학회, 2010.
김동수,「세종실록지리지 성씨조의 검토」,『동아연구』 6, 1985.
김문택,「17-19세기 영천지역의 재지동향과 임고서원」,『조선시대의 사회와 문화』,

조선사회연구회, 1998.
김미영, 「불천위 추대 기준에 대한 제도적, 담론적 고찰, - 안동지역 사례를 중심으로」, 『국학연구』 제17집, 2010.
김수태, 「안정복의 대록지」, 『백제연구』 18, 1987.
김영모, 「보령 광산김씨의 유적과 유물」, 『김성우 장군의 왜구토벌과 보령』, 제2회 김성우 장군 추모기념 학술대회, (재)국방문화재연구원 · 한국역사문화연구원, 2011.
김영모, 「보령현 읍지 『증보신안지』 연구」, 『충청학과 충청문화』 24집, 충남역사문화연구원, 2018.
김영모, 「보령지방의 토성(土姓) 연구」, 『충청학과 충청문화』 25집, 충남역사문화연구원, 2018.
김영모, 「조선전기 보령지방 사족의 형성」, 『충청학과 충청문화』 26집, 충남역사문화연구원, 2019.
김영모, 「조선후기 보령현과 남포현의 사족의 동향」, 『충청학과 충청문화』 27집, 충남역사문화연구원, 2019.
김영모, 「화암서원 연구」, 『충청학과 충청문화』 29집, 충남역사문화연구원, 2020.
김영모, 「항일 독립운동가 복암 김화식 재조명」, 『충청문화연구』 25집, 충남대학교 충청문화연구소, 2021.
김영모, 「조선후기 보령현 신사족의 동태에 관한 연구」, 『충청문화연구』 27집, 충남대학교 충청문화연구소, 2022.
김인걸, 「조선후기 신분사 연구 현황」, 『한국중세사회의 제문제』(하), 한울, 2008.
김학수, 「고문서를 통해본 한산이씨 아계-후곡 가문의 사회경제적 기반」, 『아계 이산해의 학문과 사상』, 아계 서거 400주년 추모 기념학술발표대회, 한국역사문화연구원, 2010.
김효기, 「성당 정혁신 선생 생애」, 『보령문화』 제10집, 보령문화연구회, 2001.
김효기, 「경주김씨 양주목사공파 남포 입향고」, 『보령문화』 11집, 보령문화연구회, 2002.
문경호, 「증보신안지의 편찬배경과 특징」, 『역사와 담론』 제97집, 2021.
박상현, 「17-18세기 울산지역 학성이씨의 혼인양상」, 『울산사학』 21, 울산대학교사학회, 2017.
박승호, 「조선후기 보송의 일사례 - 종통계승과 위보」, 『한국계보연구』 1, 한국계보연구회, 2010.
박인수, 「조선시대의 규범과 신분제도」, 『영남법학』, 제7권, 2001.
박인호, 「안동읍지 『옥산지』의 편찬과 편찬정신」, 『장서각』 22, 2009.
박홍갑, 「안강 기계노씨를 통해 본 족보자료의 실상과 허상」, 『국학연구』16, 한국학진흥원, 2010.
송인협, 「17-18세기 옥천지방 재지사족의 동향: 삼계서원의 치폐를 중심으로」, 『충남사학』 11, 충남대학교사학회, 1999.
신명호, 「조선시대 불천위」, 『조선시대의 사회와 사상』, 조선사회사연구, 1998,
안다미, 「부여현 사족의 서원활동과 원향지가의 의미」, 『역사와 담론』 89, 호서사학회, 2019.
안현주, 「조선시대 장흥의 읍지 특성에 관한 연구」, 『한국도서관정보학회지』 44. 2013.
양보경, 「16-17세기 읍지의 편찬배경과 그 성격」, 『지리학』 32, 1983.
양보경, 「조선중기 사찬읍지에 관한 연구」, 『국사관논총』 81, 1998.
윤용혁, 「고려 말 보령지역의 왜구와 김성우」, 『역사와 담론』, 제66집, 호서사학회, 2013.
윤용혁, 「조선 후기 공주읍지의 편찬과 공산지(1859) - 지방읍지의 연구(1)」, 『공주사범대학논집』, 19, 1981.
윤종빈, 「18세기 후반 내포지역 유학자 정혁신의 경학관」, 『동서철학연구』, 34호, 한국동서철학회, 2004.
이동규, 「호적자료를 통해 본 조선후기 한량의 존재양상」, 『사림』 51호, 2014.
이문종, 「17세기 초 서산지방의 지리적 상황—호산록의 내용을 중심으로」, 『문화역사지리』 4, 1992.
이상순, 「18-19세기 회인현 지역 재지사족의 결합양상」, 『지방사와 지방문화』 17, 역사문화학회, 2014.
이성무, 「조선초기의 향리」, 『한국사연구』 5, 1970.
이성무, 「한국의 성씨(姓氏)와 족보(族譜)」, 『한국계보연구』 1, 한국계보학회, 2010.
이수건, 「17,18세기 안동지방 유림의 정치사회적 기능」, 『대구사학』, 30, 1986.
이수건, 「조선 초기 토성연구」, 『민족문화논총』 17집, 1997.
이수건, 「조선기 향리의 일연구 - 호장에 대하여」, 『문리대학보』 3, 1973.
이수건, 「조선전기의 사회변동과 상속제도」, 『한국친족제도연구』, 일조각, 1992.

이연숙,「동족마을의 서당 설립과 근대적 변화」,『조선시대사학보』 37, 2006.
이연숙,「조선시대 충청도 사마방목 입록실태와 추이」,『역사와 담론』 58, 호서사학회, 2011.
이연숙,「학문과 정치의 장 '서원'」,『내포의 전통시대 사상과 삶』, 충남역사문화연구원, 2015.
이정우,「조선후기 내포지역 서원 사우의 건립과 운영의 성격」,『지방사와 지방문화』 7권 1호, 2004.
이준구,「조선후기 신분구조 이해의 제문제 검토」,『대구사학』 34, 1988.
이태진,「사림과 서원」,『한국사』 12, 국사편찬위원회, 1978.
이태진,「사림파의 유향소복설운동」,『진단학보』 34, 1972.
이태진,「조선후기 양반사회의 변화-신분제와 향촌사회 운영구조에 대한 연구를 중심으로」,『한국사회발전사론』, 일조각, 1993.
이해준,「내포의 동족마을과 종가」,『내포의 전통시대 사상과 삶』, 충남역사문화연구원, 2015.
이해준,「다시 챙겨야 할 보령의 선비들」,『애향』 19호, 2015, 보령문화원.
이해준,「보령광산김씨 사적과 그 문화사적 성격」,『고려절신 김성우 장군 재조명』, 제1회 김성우 장군 추모기념 학술대회, 충남대 인문학연구원, 2010.
이해준,「조선후기 문중화 경향과 친족조직의 변질」,『역사와 현실』 48, 2003.
이해준,「호서지역 서원의 지역적 특성과 정치적 성격-숙종대 노 · 소론계 서원을 중심으로」,『국학연구』 11, 2007.
임선빈,「토정 이지함의 생애와 평가」,『보령문화』 13집, 보령문화연구회, 2004.
임세권,「영가지의 편찬 및 간행의 의의, 안동문화의 재인식」,『인문화연구회』, 1986.
전용우,「조선조 서원 사우에 대한 일고찰-건립추이 및 제향인물을 중심으로」,『호서사학』 제13집, 1985.
전종한,「사족집단의 사회관계망과 촌락권 형성과정 - 오서산의 계거지 청라동을 사례로」,『충청남도 내포지역 지역엘리트의 재편과 근대(IV)』, 충남대학교 인문과학연구소, 2004.
정두희,「조선 초기 지리지의 편찬」,『역사학보』 69,70, 1976.
정승모,「서원사우 및 향교조직과 지역사회체계」,『태동고전연구』 상, 태동고전연구소, 1987.

정진영,「조선전기 안동부 재지사족의 향촌지배」,『대구사학』 27호, 1985.
최근묵,「보령지방 성리학의 수용과 그 학맥」,『대보문화』 6, 대보문화연구회, 1977.
최근묵,「고려절신 김성우 장군과 보령」,『고려절신 김성우 장군 재조명』, 제1회 김성우 장군 추모기념 학술대회, 충남대 인문학연구원, 2010.
최근묵,「성(姓)·관(貫)과 문중」,『한국문중문화연구』, 한국문중문화연구원, 2018.
최근묵,「유학의 수용」,『내포의 전통시대 사상과 삶』, 충남역사문화연구원, 2015.
최근묵,「충남지방 서원·사우의 제향인물과 사상배경」,『충남의 서원·사우』, 충청남도, 1999.
최근묵,「토정 이지함의 생애」,『토정 이지함과 토정비결의 문화사적 재조명』, 충남역사문화연구원, 2011.
한기범,「우정 김극성의 관료활동과 경세관」,『한국사상과 문화』 56, 한국사상문화학회, 2011.
홍제연,「금산향교 소장 고문서를 통해본 19세기 금산의 재지세력」,『역사와 담론』 88, 호서사학회, 2018.
홍제연,「충청지역 서원 연구의 현황과 과제」,『충청학과 충청문화』 28집, 2020.
홍제연,「토정 이지함의 경세사상」,『내포의 전통시대 사상과 삶』, 2015, 충남역사문화연구원.
홍제연,「호산록에 나타난 조선전기 서산의 사회상」,『역사민속』 2집, 2000.
황기준,「18·19세기 회덕 송촌 대동계 하계의 구성과 운영」,『역사민속학』52, 한국역사민속학회, 2017,
황의동,「내포 유학의 학통」,『내포의 전통시대 사상과 삶』, 충남역사문화연구원, 2015.
황의천,「장수황씨 보령입향고」,『보령문화』 16집, 보령문화연구회, 2007.
황의천,「보령지역의 향토사 연구현황과 자료」,『충청문화연구』창간호, 충남대학교 충청문화연구소, 2008.
황의천,「전의이씨 남포현 입향고」,『보령문화』 17집, 2008, 보령문화연구회.
황의천,「강순 장군과 보령 신천강씨」,『보령문화』 22집, 보령문화연구회, 2013.
황의천,「남포 신안사와 신안사영건」,『보령문화』 28집, 보령문화연구회, 2019.

4. 기타

인터넷 국사편찬위원회.

인터넷 규장각.

인터넷 한국고전종합DB.

인터넷 한국민족문화대백과사전.

인테넷 한국역대인물정보시스템, 한국학중앙연구원.

인터넷 한국학자료센터.

동방미디어(http://www.dbmedia.co.kr/)

후기

21세기 보령의 정체성을 찾아 겁 없이 떠난 여행이 어느덧 20여 성상이 지났다. 그동안 그 끝이 보이지 않는 여행에 뛰어들어 목적지를 행해 묵묵히 전진해오면서 마음의 갈등이 많았다. 왜냐하면 급변하는 사회변화 속에서 전통의 발자취를 찾아 타임머신을 타고 시대를 거슬러 올라간다는 것이 어쩌면 시류에 역행하는 행동이 아닐까 하는 생각이 동시에 들었기 때문이었다. 21세기 우주 시대에 14세기 고려 말에서 19세기 조선으로의 시대 여행을 거꾸로 하고 있으니 말이다.

더욱이 의욕 하나로 한국사의 시대사 연구에 겁 없이 뛰어들어 틈틈이 논문을 발표해왔으니 폐쇄적인 국내 학계 사정을 고려하면 충분히 이해할 수 있으리라. 그런데도 내가 이 긴 학문적 여행을 멈출 수 없었던 것은 내가 인문학자이었기에 가능하였다. 평생을 인문학적으로 사고하고 행동하면서 나의 황금 같던 청년기에 내가 수학한 프랑스 대학 은사들의 학문적 가르침이 큰 원동력이었다.

아무튼 긴 시간을 잘도 버텨왔고 마침내 고려 말 역사에서 이름 없이 사라진 한 인물에 관한 연구서인 『김성우 평전』(2017)에 이어 두 번째 책을 출간하게 되어 기쁘다. 이 순간이 있기까지 늘 격려를 잊지 않고 매주 수요일마다 만나 학문적 조언과 따끔한 비평을 아끼지 않으신 이제는 두 번 다시 뵐 수 없는 고(故) 최근묵 교수님께 다시 한 번 이 자리를 빌려 머리 숙여 깊이 감사드린다. 당신께서 평생 하지 못한 일을 대신하고 있다는 칭찬과 격려가 있어 이 책이 마침내 빛을 보게 되었으니 마냥 감사할 따름이다. 최근묵 교수님 생전에 이 책의 출간을 그토록 갈망하셨기에 마음의 짐을 조금은 던 것 같아 홀가분하면서도 오늘따라 교수님이 마냥 그립다.

우여곡절 끝에 21세기 보령의 정체성을 다시 생각해볼 수 있는 이 책이 빛을 보게 되었다. 이 책의 독자들은 조선 시기 보령현과 남포현이 행정적으로나 사회 문화적으로 크게 달랐다는 점을 알았을 것이다. 따라서 21세기의 보령을 논의하는 과정에서 조선 시기를 거론할 때 보령현과 남포현으로 반드시 구분하여 접근해야만 두 현의 본래의 모습이 보이고 그 실체가 21세기 보령의 정체성이라고 할 수 있다. 숲 전체를 보고 그 숲을 말하는 것이 아닌 나무 몇 그루를 보고 숲을 얘기하는 식의 논리 전개는 때론 자기모순에 빠져 숲 본연의 모습을 볼 수가 없어 늘 경계해야 하는 이유이다.

그동안 필자는 미력하나마 21세기 보령의 정체성 제고를 위하여 틈틈이 글을 발표해왔다. 조선 시기 보령현과 남포현의 사회사를 정리하지 않고서는 산재한 제 문제를 풀 수 없다는 일종의 사명감 때문이었다. 그래서 그동안의 고민을 하나의 책으로 엮어 출간하여 조선시기 보령현과 남포현의 향촌사회사를 정리하기로 한 것이 바로 이 책의 출간이다.

이 책은 책머리에서 밝혔듯이 현재의 보령 땅에서 조선말기까지 살아간 사람들의 흔적을 추적한 것이다. 21세기 보령의 역사와 사회문화를 만든 사람들의 발자취를 따라가다 보니 자연스럽게 그 주체인 성씨를 이야기하지 않을 수 없었다. 그러다 보니 일부 성씨의 경우 자신의 선조 이야기에 대한 미담이 아니라고 해서 반감이 들 수도 있을 것이고 또 일부 성씨의 경우 계보의 혼란스러움에 대해 당황스러울 수 있을 것이다. 하지만 분명한 것은 이 책이 어느 성씨나 문중을 폄훼하기 위함이 결코 아닌 학술적 차원의 정리라는 것이다. 21세기 보령 땅에서 살아나는 보령의 주인으로서의 자긍심을 갖기를 바라는 것이 이 책 저술의 첫 번째 목적이고 나의 간절한 소망이다. 말하자면 나의 선조가 보령 토박이이고 그래서 나의 뿌리가 21세기의 보령의 근원이라고 자랑스럽게 말하는 자신감을 말함이다.

국내의 향촌사회사 연구에서 조선 시기 군 · 현의 토성이나 입향성씨의 동태(動態)를 조선시대사적 측면에서 통시적으로 살펴본 연구는 찾아보기 어렵다. 이 책은 필자가 프랑스 소르본 대학의 박사과정에서 공부한 중세 필사본 연구과정의 방법을 그대로 적용하여 조선시기 충청우도 두 벽촌의 사회사를 들여다본 것이다. 따라서 국내 학계의 연구방법론과 내용의 전개에서 다소의 차이가 있을지는 몰라도 사료에 충실하여 깊이를 더하고자 나름으로 노력했다고 부언하고 싶다.

이 책에 수록된 성씨들이 현재의 보령지방의 모든 성씨를 포함하지 않는다. 실제로 누락된 성씨가 더 많고 특히 남포현의 경우는 더욱 그러하다. 따라서 이 책에서 다루지 못한 성씨들은 자료가 확보되는 대로 향후 수정 보완할 것이다.

부디 이 책이 조선시기 향촌사회사 연구의 한 보탬이 되기를 진심으로 기원한다.

2023년 7월 초하루 履露齋에서 필자 씀

조선시기 충청우도 향촌사회사

부록

1. 『세종실록』「지리지」에 기술된 보령현 · 남포현의 인문지리적 환경

1) 보령현(保寧縣)

본래 백제의 신촌현(新村縣)인데, 신라에서 신읍현(新邑縣)으로 고쳐 결성군(潔城郡)의 영현(領縣)을 삼았고, 고려에서 지금의 이름으로 고치어, 현종(顯宗) 9년에 운주(運州) 임내에 붙이었다가, 예종(睿宗) 원년 병술에 비로소 감무(監務)를 두었다. 본조 태종(太宗) 13년 계사에 예(例)에 의하여 현감으로 고쳤다.

사방 경계는 동쪽으로 홍주(洪州)에 이르기 24리, 서쪽으로 대해(大海)

에 이르기 13리, 남쪽으로 남포(藍浦)에 이르기 21리, 북쪽으로 결성(結城)에 이르기 22리이다.

호수가 3백 65호요, 인구가 1천 2백 13명이다. 군정은 시위군이 12명이요, 진군(鎭軍)이 1백 명이다.

토성(土姓)이 1이니, 최(崔)요, 망성(亡姓)이 3이니, 장(張) 임(任) 이(李)요, 촌성(村姓)이 4이니, 문(文) 진(陳) 유(兪) 나(那)이다.

땅이 기름지고 메마른 것이 반반이며, 간전(墾田)이 3천 1백 27결이요,【논이 9분의 4이다.】토의(土宜)는 오곡과 조 팥 메밀 밤 목화이다. 토공은 지초 종이 자리 잡깃 족제비털 여우가죽 삵괭이가죽 잘[山獺皮] 수달피(水獺皮) 참가사리[細毛] 어교(魚膠) 숭어 상어 홍어 조피나무열매 감이요, 약재(藥材)는 인삼 겨우살이풀[麥門冬] 단너삼뿌리[黃耆] 백출(白朮) 속서근풀[黃芩]이다. 어량(魚梁)이 5이요,【주로 청어 가오리 숭어 상어 홍어가 난다.】염소(鹽所)가 3이요,【가마가 18이다.】자기소(磁器所)가 1이요,【현의 서쪽 청연리(靑淵里)에 있는데, 하품이다.】도기소(陶器所)가 1이다.【현의 서쪽 장척동(長尺洞)에 있는데, 하품이다.】

석성(石城)【둘레 2천 1백 9척이다.】질재산 석성[地乙峴山石城]【현의 동쪽 5리에 있는데, 둘레가 3백 20보이다. 〈거의〉 무너졌고, 우물이나 샘도 없다.】읍 석성(邑石城)【둘레 1백 73보인데 우물이나 샘이 없다.】수군 도안무 처치사 수영(水軍都安撫處置使水營)이 현의 서쪽 13리 대회이포(帶回伊浦)에 있다. 역(驛)이 1이니, 청연(靑淵)이요, 봉화가 1곳이니, 조침산(助侵山)이다.【현의 서쪽에 있는데, 남쪽으로 남포(藍浦) 여도점(余道岾)에, 서쪽으로 홍주(洪州) 임내인 흥양(興陽)의 고산(高山)에 응한다.】

2) 남포현(藍浦縣)

본래 백제의 사포현(寺浦縣)인데, 신라에서 지금의 이름으로 고쳐 서림군(西林郡)의 영현(領縣)으로 하였고, 고려 현종(顯宗) 9년에 가림현(嘉林縣) 임내에 옮겨 붙이었다가, 다시 감무(監務)를 두었는데, 홍무(洪武) 13년 경신에 왜구(倭寇)로 인하여 인물(人物)이 사방으로 흩어졌으므로, 〈공양왕(恭讓王) 2년〉 경오에 비로소 진성(鎭城)을 설치하고, 유리(流離)해 흩어진 백성들을 불러 안집(安集)시켰다. 본조(本朝) 태조(太祖) 6년 정축에 비로소 진병마사(鎭兵馬使)를 두고 판현사(判縣事)를 겸하게 하였다.

진산(鎭山)은 구룡(九龍)이다. 사방 경계는 동쪽으로 홍산(鴻山)에 이르기 34리, 서쪽으로 죽도(竹島)에 이르기 10리, 남쪽으로 비인(庇仁)에 이르기 27리, 북쪽으로 보령(保寧)에 이르기 6리이다.

호수가 1백 80호요, 인구가 9백 49명이다. 군정은 시위군이 2명이요, 진군(鎭軍)이 17명이요, 선군이 61명이다.

토성(土姓)이 3이니, 임(任) 백(白) 이(李)요, 차성(次姓)이 3이니, 유(庾) 현(玄) 문(門)이다.

땅이 기름지고 메마른 것이 반반이며, 간전(墾田)이 2천 6백 68결이요,【논이 6분의 3에 좀 모자란다.】토의(土宜)는 기장 벼 콩 조 메밀 보리 삼 모시 가는대 왕대이다. 토공(土貢)은 자리 참가사리[細毛] 지초(芝草) 황각(黃角) 족제비털 잣 감 붉은 큰새우[紅大蝦]요, 약재(藥材)는 병풍나물뿌리[防風] 녹용(鹿茸) 연밥 목향(木香)이요, 토산(土産)은 은어[銀口魚] 신감초(辛甘草) 대합조개[生蛤] 낙지이다. 어량(魚梁)이 3이요,【주로 청어 상어 숭어 홍어가 난다.】염분(鹽盆)이 18이다.【염정(鹽井)이 3개이다.】 자기소(磁器所)가 1이요, 【현의 동쪽 취련(吹錬) 모로리(毛老里)에 있는데, 중품(中品)이다.】 도기소(陶器所)가 1이다. 【현의 동쪽 탄부포(炭釜浦)에 있는데, 하품이다.】

읍 석성(邑石城) 【둘레가 3백 17보이며, 안에 우물 3이 있는데, 겨울이나 여름에도 마르지 아니한다.】 역(驛)이 1이니, 남전(藍田)이요, 【태종(太宗) 계사에 비로소 두었다.】 옛 목장(牧場)이 1이다. 【토진곶(土津串)에 있다. 둘레가 16리 34보인데, 안의 토장(土場)이 8리 40보요, 석장(石場)이 7리 36보요, 목장(木場)이 1백 18보이다. 다만 도랑물[渠水]만이 있고, 또 띠와 고사리풀만 있다.】 봉화가 2곳이니, 현의 서쪽 덕산(德山)과 【남쪽으로 비인(庇仁) 칠지(漆枝)에, 북쪽으로 본군의 여도점(余道岾)에 응한다.】 현의 북쪽 여도점(余道岾)이다. 【북쪽으로 보령(保寧) 조침산(助侵山)에 응한다.】

* 위의 내용은 『세종실록』 149권, 지리지에 수록된 내용으로 동방미디어(http://www.dbmedia.co.kr/)에서 발췌한 것임.

2. 입향 성씨의 묘산과 세거지(집성촌)

1) 보령현(괄호안의 성씨는 입향 이후 이거지)

입향시기 세거지	15세기 이전	15세기	16세기		17세기	18세기	계
			전반	후반			
읍치 (주포,주교, 장곡)		신천강			경주최 김해김 해주최 진주류 창녕성 나주김 경주정 우봉이		9
청라동 (죽정동)	광산김	한양조 한산이 원주원 용인이 양천최	파평윤 나주김 경주이 단양우 청주한 보성오	거창신 전주이 능성구 양주조 문화유 청주경 밀양박	평강채 경주최 전주류 청해이 여흥민 함양여 파평윤 고령신 안동김 연안이 함양박 평택임 해주최 청풍김 진주강 풍양조 기계유 안동권 경주김 인동장	평산신 안동김 (밀양박)	41(1)
오천			공주이	원주김 평산신	연안이		4
청소 야현					나주김		1
청소 정전					평택임 밀양박		2

청소	신송 축하		수원이	교동인	수안이			3
	재정		(광산김)	인천채	무주김 교동인 수원이	(공주이)		4(2)
	성연		(광산김)			(수원이) 해주최	안동권	2(2)
		1	7(2)	9	13	33(2)	3	

*괄호안의 성씨는 보령현 입향 이후 이 지역으로 이거한 성씨

2) 남포현

세거지 \ 입향시기		15세기 이전	15세기	16세기	17세기	18세기	계
고읍	수부리	풍천임			보성오		2
	성동리			(풍천임)		보성오	1(1)
웅천	구룡리	남포백	경주김 의성김		인천채	(장수황) 함안조	5(1)
	두룡리		통천김 순천김		(성주이)		2(1)
	소황리			광주안 무송윤	강릉최	청해이 청송심	5
	황교리				장수황		1
미산	내동			경주이		장흥임	2
	늑전			우봉이			1
	도화담					밀양박	1
	삼계리					양주조	1
주산	송림			파평윤			1
	증산				전주이	무주김	2
남포	소송			성주이		인동장	2
	봉덕				전의이		1
	관당					의령남 김해김	2
계		2	4	6(1)	6(1)	9(1)	29(3)

*괄호안의 성씨는 남포현 입향 이후 이 지역으로 이거한 성씨

3. 조선시기 문과 급제자 목록

1) 보령현(30명)

시험종류	이름	본관	생졸	입격년도	관직	부명
별시	김극성	광산	1474-1540	1498	우의정	김맹권
식년시	김우필	안동		1504	성균관직강	김진
식년시	이산해	한산	1539-1609	1561	영의정	이지번
증광시	이산보	한산	1539-1594	1568	한림	이지무
식년시	이정래	한산	1636	1669	병조정랑	이경의
정시	김시걸	안동	1653-1701	1684	전라감사	김성우
식년시	이정익	한산	1655-1726	1684	승지	이필천
식년시	신역	고령	1650	1684	승문원정자	신득홍
식년시	채성윤	평강	1659-1733	1684	한림	채시상
식년시	송도석	여산	1652	1687	군수	송문명
증광시	채팽윤	평강	1669-1731	1689	부제학	채시상
증광시	채명윤	평강	1652-1720	1689	교리	채시상
증광시	이효근	한산	1662	1691	정언	이인빈
식년시	이완	한산	1668	1702	장령	이정래
증광시	이만	한산	1660-1730	1710	장령	이정래
식년시	이경석	한산	1685	1711	장령	이직
식년시	이형등	한산	1690	1717	병조좌랑	이해
식년시	신근	고령	1694-1764	1717	유학	신세제
식년시	유억기	진주	1699	1735	병조정랑	유회장
증광시	이제암	전주	1690-1778	1740	생원	이천령
증광시	이창섭	전주	1719	1754	진사	이후
정시	김중섭	원주	1726	1766	진사	김몽호
식년시	이주연	연안	1729	1771	유학	이지엽
정시	이의채	한산	1756	1795	진사	이이복
증광시	이인채	한산	1758	1783	생원	이윤건
식년시	신이록	고령	1783	1822	유학	신정권
식년시	채동직	평강	1786-1869	1822	유학	채중영

식년시	신윤록	고령	1798	1825	유학	신낙권
식년시	구상은	능성	1786	1843	생원	구익명
정시	신응선	평산	1843	1893	참판	신상조

2) 남포현(8명)

시험종류	이름	본관	생졸	입격년도	관직	부명
정시	조병규	양주	1747	1778	유학	조영건
식년시	이병귀	한산	1776	1819	유학	이백목
식년시	백홍수	남포	1808	1837	유학	백성진
식년시	이규덕	경주	1816	1865	찰방	이희익
정시	이희봉	한산	1836	1876	유학	이호영
식년시	백세진	남포	1823	1879	유학	백병후
별시	조중구	양주	1850	1888	도사	조봉희
증광시	조중엽	양주	1851	1891	생원	조기희

4. 조선시기 사마(생원 · 진사) 입격자 목록

1) 보령현

(1) 생원(77명)

이름	본관	생년	입격 년도	전력	부명 관직
김극성	광산	1474-1540	1496	유학	김맹권 진사
황진	창원	? - ?	1504		
김우필	안동	? - ?	1504		김령

김극견	광산	? - ?	1507	유학	김공권 건공장군
이지무	한산	? - ?	1543	유학	이치 수원판관
이산해	한산	1539-1609	1558	유학	이지번 사평
소개	진주	1524-?	1561	유학	소수영 학생
이산보	한산	1539-1594	1567	유학	이지무 생원
김삼로	나주	1527-?	1573	유학	김윤건 대호군
임근	전주	1572-?	1612	유학	임홍우 유학
이경흔	한산	1580-1614	1612	유학	이산보 판서
김응진	해남	1567-?	1624	유학	김영철 참의
김영후	광산	1601-?	1624	유학	김해수 유학
조성호	한양	1599-?	1630	유학	조원박
김해룡	원주	1583-?	1639	유학	김두남
정준	경주	1620-?	1651	유학	정신남 교감
정호	경주	1615-?	1652	유학	정신남
김여남	광산	1634-?	1660	유학	김영후 참봉
이정래	한산	1636-?	1662	유학	이경의 충의위
이필천	한산	1625-?	1663	유학	이체 충의위
김휴(황)	안동	1636-?	1663	유학	김석기 학생
이정석	한산	1648-?	1675	유학	이필천 생원
채준헌	인천	1647-?	1675	유학	채여인 유학
이정익	힌산	1655-?	1679	유학	이필천 생원

채명윤	평강	1652-?	1679	유학	채시상 통덕랑
이효근	한산	1662-?	1684	유학	이인빈 지제교
김철	안동	1659-?	1687	유학	김정아 생원
이완	한산	1668-?	1693	유학	이정래 경성판관
이진적	전주	1635-?	1693	유학	이명승 충의위
박기조	함양	1659-?	1693	유학	박유경 학생
이세욱	전주	1654-?	1693	유학	이오 학생
이한	한산	1671-?	1705	유학	이정석 생원
이융	한산	1683-?	1711	유학	이정봉 학생
성집대	창령	1676-?	1715	유학	성진표 통정대부
이준	한산	1676-?	1717	유학	이정린 통닥랑
이혼	한산	1695-?	1721	유학	이정규 사서
이진	한산	1686-?	1721	유학	이정억 사서
조봉휘	한양	1683-?	1721	유학	조유천 학생
채광국	평강	1688-?	1721	유학	채헌 유학
신광걸	거창	1684-?	1725	유학	신익상 학생
이제암	전주	1690-1778	1726	유학	이천령 학생
최명후	양천	1662-?	1727	유학	최유항 학생
한후원	청주	1695-?	1733	유학	한태진 통덕랑

김식	안동	1686-?	1733	유학	김상한 종사랑
한후술	청주	? - ?	1735		한태진
이광운	한산	1695-1787	1738	유학	이효근 정언
손하상	평해	1721-?	1740	유학	손흡 학생
이재운	한산	1711-?	1747	유학	이학근 통덕랑
이용서	한산	1727-?	1762	유학	이만 학생
이수하	한산	1725-?	1763	유학	이예 통덕랑
신종수	고령	1734-?	1771	유학	신지 통덕랑
조택현	한양	? - ?	1773	유학	조완 통덕랑
이인채	한산	1758-?	1780	유학	이윤건 유학
김계환	광산	1729-1789	1783	유학	김현경 학생
이의준	수원	1743-?	1783	유학	이진성 유학
김학연	연안	1759-?	1790	유학	김건 장사랑
조진수	양주	1773-?	1795	유학	조우철 유학
이형재	한산	1764-?	1798	유학	이희춘 유학
이각채	한산	1763-?	1801	유학	이이복 유학
신명현	평산	1776-?	1803	유학	신환 통덕랑
조하영	창녕	1767-?	1804	유학	조성태 부사
이광리	한산	1783	1809	유학	이호명 유학
김태근	안동	1778	1810	유학	김최순 학생

조하원	창녕	1766-?	1813	유학	조성태 부사
이대술	연안	1766-?	1819	유학	이창룡 통덕랑
성용주	창녕	1774-?	1822	유학	성덕운 학생
이준	우봉	1770-?	1822	유학	이광면 유학
구상은	능성	1786-?	1825	유학	구익명 유학
채승영	평강	1778-1863	1827	유학	채홍준 학생
이제병	한산	1806-?	1840	유학	이광현 유학
조인수	한양	1793-?	1840	유학	조방현 학생
신태두	평산	1805-?	1843	유학	신석보 판관
이준재	한산	1825-?	1850	유학	이희원 학생
신범조	평산	1814-?	1852	유학	신승현 학생
이교병	한산	1816-?	1855	유학	이광리 생원
유형	전주	1830-?	1865	유학	유난철 유학
조석원	한양	1849-?	1867	유학	조종영 학생

(2) 진사(65명)

이름	본관	생졸	입격년도	전력	부명 관직
김극성	광산	1474-1540	1496	유학	김맹권 진사
이치	한산	1477-1530	1507	유학	이장윤 현감
유하빈	전주	? - ?	1519	훈도	유석정 부사맹

이산해	한산	1539-1609	1558	유학	이지번 사평
이희삼	경주	1534-1594	1558	유학	이몽규 생원
이승헌	용인	1542-?	1568	유학	이요년 훈도
이호	용인	1585-?	1616	유학	이몽룡 참봉
김대명	광산	1569-?	1616	승사랑	김경의 학생
김명현	광산	1605-?	1630	유학	김근행 참봉
김상행	광산	1604-?	1642	유학	김태시 통덕랑
김서익	광산	1608-?	1646	유학	김명원 부사
김정필	광산	1615-?	1646	유학	김경복 승의랑
이상우	한산	1621-1685	1650	유학	이준발 부사과
이문욱	경주	1616-?	1654	유학	이승효 유학
임국주	나주	1635-?	1677	유학	임경 학생
김시걸	안동	1653-1701	1681	유학	김성우 진사
이설	전주	1639-?	1684	유학	이유철 봉직랑
이필진	한산	1633-?	1684	유학	이체 충의위
채팽윤	평강	1669-1731	1687	유학	채시상 통덕랑
한덕의	청주	1663-?	1689	유학	한성 학생
이선	연안	1651-?	1689	유학	이문징 군수
임연	평택	1644-?	1690	유학	임두교 유학
이연	연안	1653-?	1691	유학	이문징 군수

채정윤	평강	1666-1698	1693	유학	채시상 절제도위
윤시택	파평	1675-?	1699	유학	윤진령 유학
이흥운	한산	1675-?	1705	유학	이동근 부사
이관	우봉	1679-?	1705	유학	이만달 통덕랑
경반룡	청주	1680-?	1705	유학	경일창 통덕랑
윤동순	파평	1696-?	1723	유학	윤건교 통덕랑
신전	고령	1697-?	1723	유학	신석여 유학
유보중	기계	1677-?	1725	유학	유명린 생원
이형운	한산	1679-?	1733	유학	이효근 정언
이창섭	전주	1719-?	1747	유학	이후 유학
이관	한산	1702-?	1747	유학	이형운 진사
김성국	광산	1730-?	1756	유학	김계업 유학
이응경	전주	1717-?	1756	유학	이제항 학생
김건	연안	1729-?	1756	유학	김재상 유학
김중섭	원주	1726-?	1762	유학	김몽호 학생
조택현	한양	1733-?	1763	유학	조완 유학
이수백	한산	1711-?	1773	유학	이혜 부사
이희경	한산	1737-?	1786	유학	이헌영 학생
김양흠	광산	1763-?	1786	유학	김성진 학생

이재동	전주	1740-?	1792	유학	이항섭 학생
이명호	전주	1767-?	1798	유학	이재동 진사
이문복	한산	1754-?	1798	유학	이대영 학생
이부학	한산	1768-?	1803	유학	이근 유학
김낙항	광산	1782-?	1805	유학	김양흠 진사
조두현	한양	1769-?	1805	유학	조언 유학
김홍근	안동	1782-?	1807	유학	김최순 유학
이광년	한산	1784-?	1819	유학	이인채 지제교
김가균	안동	1794-?	1822	유학	김병상 학생
조용수	한양	1784-?	1825	유학	조방현 학생
김지흠	광산	1770-?	1837	유학	김성한 학생
신석룡	평산	1799-?	1848	유학	신재진 통례원인위
채정묵	평강	1835-1876	1865	유학	채동석 통덕랑
신응선	평산	1834-?	1880	유학	신상조 학생
이면직	한산	1860-?	1855	유학	이휘병 학생
조일원	한양	1860-?	1891	유학	조종만 유학
채장묵	평강	1847-1911	1891	유학	채동석 통덕랑
조중건	양주	1862-?	1891	유학	조종섭 통덕랑
조길원	한양	1878-?	1894	동몽 교관	조종의 학생

이관직	한산	1842-?	1894	유학	이교병 참봉
김사용	무주	1865-?	1894	유학	김수병 유학
신대영	평산	1861-?	1894	유학	신응선 지제교
김종학	연안	1874-?	1894	유학	김영기 도사

2) 남포현

(1) 생원(33명)

이름	본관	생졸	입격년도	전력	부명 관직
이형원	성주	1547-?	1612	유학	이여옥 가선대부
이선원	성주	1582-?	1616	유학	이여주 조봉대부
김명귀	의성	1601-?	1666	유학	김덕함 장사랑
최비원	강릉	1641-?	1673	허통	최집 진사
황익증	장수	1651-?	1679	유학	황유업 통덕랑
최익원	강릉	1644-?	1679	허통	최집 진사
황만증	장수	1649-?	1681	유학	황유손 어모장군
이광조	전의	1662-?	1689	유학	이세선 가선대부
이시개	전주	1652-?	1690	유학	이중석 유학
이홍재	경주	1670-?	1699	유학	이만규 유학

김석래	경주	1667-?	1705	유학	김현로 유학
이석상	한산	1668-?	1705	유학	이효원 첨절제사
심득삼	청송	1677-?	1711	유학	심발 지제교
최일태	강릉	1682-?	1714	유학	최단 유학
김양래	무주	1695-?	1723	유학	김호 학생
이세황	전주	1683-?	1725	유학	이시운 충의위
이익재	전주	1677-?	1741	유학	이한익 학생
조영건	양주	1727-?	1765	유학	조흥빈 군수
이진정	전주	1724-?	1765	유학	이기성 충의위
이성규	청해	1740-?	1780	유학	이경항 통덕랑
조병헌	양주	1790-?	1825	유학	조최순 유학
조봉희	양주	1810-?	1837	유학	조병헌 현감
이희익	경주	1795-?	1837	유학	이정식 학생
이희민	전의	1815-?	1840	유학	이응식 도호부사
이정한	전주	1810-?	1844	유학	이황 학생
조인희	양주	1813-?	1844	유학	조병헌 도호부사
조기희	양주	1811-?	1855	유학	조병소 학생
조중달	양주	1845-?	1865	유학	조인희 생원
이봉화	전주	1807-?	1865	유학	이응수 생원

황제현	장수	1837-?	1870	유학	황원근 유학
오사권	보성	1849-?	1870	유학	오종인 학생
김시수	연안	1852-?	1880	유학	김양연 부호군
권진구	안동	1852-?	1894	유학	권명규 학생

(2) **진사**(24명)

이름	본관	생졸	입격년도	전력	부명 관직
이관	고성	1561-?	1588	유학	이집 충의위
최업	강릉	1585-?	1618	유학	최광필 공조정랑
안우성	광주	1600-?	1633	유학	안대진 지제교
이홍재	경주	1670-?	1699	유학	이만규 유학
김경	광산	1650-?	1699	유학	김시휘 예조정랑
진정린	여양	1665-?	1702	유학	진석한 유학
권재	안동	1682-?	1723	유학	권성대 성균사예
김석래	무주	1689-?	1723	유학	김호 학생
도명원	성주	1700-?	1740	유학	도성중 생원
이홍규	청해	1732-?	1744	유학	이경태 수운판관
임주원	장흥	1726-?	1759	유학	임이언 학생
강술원	진주	1734-?	1805	유학	강행덕 통덕랑

박태진	밀양	1786-?	1819	유학	박재덕 유학
김준근	안동	1803-?	1846	유학	김기순 학생
이규환	경주	1823-?	1858	유학	이시영 유학
조장희	양주	1827-?	1861	유학	조병덕 부호군
홍세섭	남양	1832-1884	1865	유학	홍병희 현령
백영수	남포	1842-?	1867	유학	백태진 유학
조병주	양주	1837-?	1874	유학	조긍순 주부
유석준	기계	1864-?	1885	유학	유진일 주부
임승재	풍천	1852-?	1891	유학	임상호 부호군
이종흥	경주	1871-?	1891	유학	이규환 진사
김윤환	통천	1874-?	1891	유학	김영돈 현감
남성희	의령	1874-?	1894	유학	남종진 검서관

5. 조선시기 무과급제자 목록

1) 보령현(38명)

이름	본관	생졸	합격 년도	전력	부명 관직
이극공	수원	? - ?	1513	병절교위	이한 부사맹
최맹호	양천	? - ?	1513	수의부의	최웅 부사맹
김한필	안동	? - ?	1513	학생	김영 부사직
김문서	광산	1489-1546	1519	학생	김극신 생원
이잠	수원	? - ?	1540	학생	이극경 부사정
인완	교동	? - ?	1546	참군	인안필 부사직
이성남	수원	1552-?	1576	충순위	이간 충의위
이천문	경주	1552-?	1576	충순위	이관 현감
김홍달	광산	1543-?	1579	충순	김응정 현감
채진	인천	1564-?	1583	교생	채극명 주부
인언광	교동	1535-?	1583	정로위	인완 주부
김세웅	풍덕	1532-?	1583	내금위	김린 학생
이지인	수원	1567-?	1591	정로위	이금
김귀	무주	? - ?	1594	보인	김성해 내금위
한충원	청주	? - ?	1594	한량	한덕여 충순위
한진복	청주	? - ?	1594	보인	한덕유 창신교위

김백동		? - ?	1599	수문장	김치규
이괴	경주	1573-?	1599	주부	이천문 첨사
인벌	교동	1570-?	1609	전부장	인언광 봉사
신민	영해	1614-?	1637	겸사복	신정현 유학
박대승	경주	1615-?	1651	업무	박홍식 선교랑
이철웅	수안	1640-?	1666	근력부위	이성업 선략장군
이번	성주	1639-?	1670	겸사복	이성룡 지휘사
구필수	능성	1642-?	1673	업무	구문질 학생
노석기	교하	1656-?	1681	한량	노응창 유학
조유춘	한양	1655-?	1687	충의	조수한 어무장군
이진화	수원	1683-?	1707	한량	이세만 통덕랑
유용징	문화	1662-?	1712	한량	유진 학생
이세주	안평	1685-?	1722	한량	이홍근 학생
이흥윤	용인	1698-?	1723	한량	이유기 학생
채성린	인천	1697-?	1725	한량	채방서 학생
권계천	안동	1703-?	1726	한량	권림 유학
유하광	문화	1701-?	1728	한량	유용징 첨정
김몽표	원주	1698-?	1730	한량	김취원 유학
조육	한양	1704-?	1730	한량	조봉양 통덕랑
인국신	교동	? - ?	1736	한량	인덕기 유학

조국현	한양	1741-?	1767	통덕랑	조완 유학
유상립	진주	1764-?	1800	한량	유심원 통덕랑

2) 남포현(38명)

이름	본관	생졸	입격 년도	전력	부명 관직
백형	해안	? - ?	1594	보인	백수 정로위
김응걸	약목	1548-?	1594	보인	김극수 참봉
김원복	약목	1563-?	1594	정로위	김기하 유학
김문수	약목	? - ?	1594	보인	김취도 원순부위
김응준	약목	? - ?	1594	보인	김극수 참봉
김우수	약목	? - ?	1594	보인	김취도 원순부위
김정길	진잠	1567-?	1594	정로위	김심 보공장군
김광복	청산	1565-?	1594	정로위	김윤 별시위
김기수	의성	1550-?	1594	정로위	김예손 선략장군
김덕택	의성	? - ?	1594	보인	김권 유학
이몽춘	안성	? - ?	1594	갑사	이석경 학생
전낙수	곤양	? - ?	1594	정로위	전유벽 어모장군
김덕수	승평	? - ?	1594	정로위	김형 학생
김순장	승평	? - ?	1594	정로위	김덕명 유학

이종	우봉	? - ?	1594	보인	이세돈 유학
이범룡	우봉	? - ?	1594	보인	이세균 수위부의
이업종	경주	? - ?	1594	보인	이춘화 학생
오률	낙안	1601-?	1636	충익위	오인정 유학
황유손	장수	1625-?	1660	무공랑	황대명 중직대부
김석진	경주	1643-?	1670	업무	김취징 업무
윤신로	무송	1653-?	1678	업무	윤승위 어모장군
김대기	경주	1676-?	1707	통덕랑	김석창 부사과
이재성	전주	1686-?	1712	충의위	이행삼 충의위
김언경	강릉	1685-?	1718	한량	김일탁 절충장군
김일기	경주	1686-?	1723	통덕랑	김일창 절충장군
안익동	광주	1692-?	1728	한량	안필 학생
신흡	고령	1702-?	1730	한량	신세흔 부사직
이문욱	전주	1706-?	1736	통덕랑	이창재 통덕랑
채광욱	인천	1700-?	1740	한량	채시후 학생
김양빈	경주	1734-?	1763	한량	김경일 통덕랑
백사준	남포	1736-?	1767	부장	백상우 유학
이술훈	전주	1760-?	1784	한량	이삼 유학
이기혁	전주	1741-?	1784	통덕랑	이시욱 통덕랑

김정수	강릉	1749-?	1784	한량	김성천 통덕랑
백동주	남포	1757-?	1784	통덕랑	백사천 전현감
김기언	광산	1745-?	1784	한량	김상우 학생
이극래	광주	1808-?	1829	부사용	이병운 통덕랑
홍규영	남양	1805-?	1829	한량	홍진 첨정

6. 조선시기 문과 급제자 시기별 추이

1) 보령현

성관	15c말	16c초	16c후	17c전	17c후	18c전	18c후	계
광산김	1		1	1		1		4
안동김		1			1			2
한산이			4	4	6	8	1	23
원주김							1	1
평강채					3			3
전주이						1	1	2
청주한						1		1
고령신						1		1
여산송					1			1
9개	1	1	5	5	11	12	3	28

2) 남포현

성관	15c말	16c초	16c후	17c전	17c후	18c전	18c후	19c전	19c후	계
양주조							1		2	3
한산이								1	1	2
남포백								1	1	2
경주이							1			1
4개							2	2	4	8

7. 조선시기 사마시 입격자 시기별 추이

1) 보령현

성관	15c 전	15c 후	16c 전	16c 후	17c 전	17c 후	18c 전	18c 후	19c 전	19c 후	계
광산김		2	1		6	1		3	2		15
창원황			1								1
안동김			1			3	1		3		8
한산이			1	2	1	7	9	6	6	3	35
경주이				1		1					2
진주소				1							1
용인이				1	1						2
나주김				1							1
전주임					1						1
해남김					1						1
한양조					1		1	1	3	3	9
원주김					1			1			2
경주정						2					2

인천채						1					1
나주임						1					1
평강채						3	1		1	2	7
전주이						3	2	3			8
청주한						1	1				2
연안이						2			1		3
평택임						1					1
함양박						1					1
파평윤						1	1				2
창녕성							1		1		2
고령신							1	1			2
거창신							1				1
기계유							1				1
양천최							1				1
평해손							1				1
연안김								2		1	3
수원이								1			1
양주조								1		1	2
평산신									3	3	6
창녕조									2		2
우봉이									1		1
능성구									1		1
전주류										1	1
무주김										1	1
37개	0	2	4	6	12	28	22	19	24	15	132

2) 남포현

성관	15c 전	15c 후	16c 전	16c 후	17c 전	17c 후	18c 전	18c 후	19c 전	19c 후	계
고성이				1							1
성주이					1						1

강릉최					1	2	1				4
광주안					1						1
의성김						1					1
장수황						2				1	3
전의이						1			1		2
전주이						1	2	1	1	1	6
경주이						1			1	2	4
광주김						1					1
여양진							1				1
한산이							1				1
청송심							1				1
안동권							1			1	2
무주김							2				2
성주도							1				1
장흥임								1			1
양주조								1	2	5	8
청해이								2	1		3
진주강									1		1
밀양박									1		1
안동김									1		1
남양홍										1	1
남포백										1	1
보성오										1	1
연안김										1	1
기계유										1	1
풍천임										1	1
통천김										1	1
의령남										1	1
30개				1	3	9	10	5	9	18	55

찾아보기

ㄷ

ㄹ

ㅁ

ㅂ

ㅅ

ㅇ

ㅈ

ㅊ

ㅌ

ㅍ

ㅎ